알쏭달쏭
자바
200제

KB078933

알쏭달쏭 자바 200제

텍스트 출력부터 예외 처리까지 하나씩 만들어보는 기초 자바 프로그래밍

초판 1쇄 발행 2019년 5월 30일

지은이 시바타 보요, 유리 가오루 / **옮긴이** 김완섭 / **펴낸이** 김태헌
펴낸곳 한빛미디어(주) / **주소** 서울시 서대문구 연희로2길 62 한빛미디어(주) IT출판사업부
전화 02 – 325 – 5544 / **팩스** 02 – 336 – 7124
등록 1999년 6월 24일 제25100 – 2017 – 000058호 / **ISBN** 979 – 11 – 6224 – 193 – 6 93000
총괄 전태호 / **책임편집** 이상복 / **기획** 박지영 / **편집** 서현
디자인 표지 · 내지 신종식 조판 김민정
영업 김형진, 김진불, 조유미 / **마케팅** 송경석, 김나예, 이행은 / **제작** 박성우, 김정우

이 책에 대한 의견이나 오탈자 및 잘못된 내용에 대한 수정 정보는 한빛미디어(주)의 홈페이지나 아래 이메일로
알려주십시오. 잘못된 책은 구입하신 서점에서 교환해드립니다. 책값은 뒤표지에 표시되어 있습니다.
한빛미디어 홈페이지 www.hanbit.co.kr / 이메일 ask@hanbit.co.kr

지금 하지 않으면 할 수 없는 일이 있습니다.
책으로 펴내고 싶은 아이디어나 원고를 메일(**writer@hanbit.co.kr**)로 보내주세요.
한빛미디어(주)는 여러분의 소중한 경험과 지식을 기다리고 있습니다.

텍스트 출력부터 예외 처리까지
하나씩 만들어보는 기초 자바 프로그래밍

알쏭달쏭

자바

200제

한빛미디어
Hanbit Media, Inc.

지은이 · 옮긴이 소개

지은이 시바타 보요 柴田望洋

규슈 대학 공학부 및 동대학원 공학 연구과 수료 후 규슈 대학 조교, 국립특수교육 종합연구소 연구원으로 근무했으며, 후쿠오카 대학교 정보공학부 정보공학과 부교수, 후쿠오카 태극권 연구회 회장 등을 역임한 공학 박사다. 2000년에는 『알기 쉬운 C언어 교과서/참고서』를 집필했으며 이 책으로 일본공학교육협회에서 저작권 상을 수상했다. 대학에서 교육 연구 활동 외에도 프로그래밍이나 무술, 건강 지도법 등에 몰두하며 하루하루를 보내고 있다.

지은이 유리 가오루 由梨 かおる

언어과학연구소 수석연구원

옮긴이 김완섭 jinsilto@gmail.com

네덜란드 ITC에서 Geoinformation for Disaster Risk Management 석사 학위를 취득했다. 약 9년간 일본과 한국의 기업에서 IT 및 GIS/LBS 분야 업무를 담당했으며, 일본에서는 세콤(SECOM) 계열사인 파스코(PASCO)에서 일본 외무부, 국토지리정보원 같은 정부기관을 대상으로 한 시스템 통합(SI) 업무를 담당했다. 이후 야후 재팬으로 직장을 옮겨 야후맵 개발 담당 시니어 엔지니어로 근무했으며, 한국으로 돌아와 SK에서 내비게이션 지도 데이터 담당 매니저로 근무했다. 현재는 싱가포르에 있는 일본계 회사에서 은행 관련 IT 프로젝트를 담당하고 있다. 저서로는 『나는 도쿄 롯폰기로 출근한다』(삶과지식, 2014)가 있으며, 역서로는 『모어 이펙티브 C#』(한빛미디어, 2019), 『알고리즘 도감』(이하 제이펍), 『처음 만나는 HTML5 & CSS3』, 『인공지능 70』, 『처음 만나는 자바스크립트』, 『정규표현식』, 『IT 인프라 구조』, 『시스템 성능 구조』 등 30여 권이 있다. 블로그(https://blog.naver.com/itbk100)에 IT 번역 관련 이야기와 싱가포르 직장 생활을 소개한다.

자바 책을 접할 때마다 느꼈던 아쉬움은, 입문서는 너무 간단하고 중/고급자용 서적은 너무 어렵다는 점이었다. 자바는 그 내용이 방대해서 자칫 잘못하면 프로그래밍 입문서가 되어 자바 자체에 대해선 소홀하거나 반대로 자바에만 치우쳐서 프로그래밍의 핵심 사항은 놓치는 경우가 있다.

이 책은 입문서임에도 프로그래밍과 자바를 모두 고르게 잘 다루고 있으며, 입문자뿐만 아니라 중급자도 쉽게 개념을 이해하고 활용하도록 난이도를 점진적으로 높이고 있다. 특히, 딱딱한 설명보다는 실제 프로그래밍을 통해 개념을 설명하고 있어서 이해하기도 쉽게 구성되어 있다. 참고로 몇몇 문제들은 실제로 코딩 면접 시에 나오는 문제이기도 해서, 취업(또는 전직을) 준비하는 독자라면 한 문제 한 문제 주의를 기울여서 풀어보면 도움이 많이 되리라 생각한다.

장마다 마지막 부분에 실전 문제를 배치하므로, 해당 장에서 배운 내용을 복습할 수 있을 뿐만 아니라 응용도 할 수 있도록 구성한 것은 이 책의 큰 장점이다. 자칫 잘못하면 개념이나 코딩을 눈으로만 보고 지나칠 수 있으니 반드시 실전 문제를 스스로 풀어보자.

개인적으로는 좋은 자바 입문서를 독자에게 소개하는 데 기여한 것 같아서 영광이기도 하다. 그리고 이 책은 한빛미디어와 처음 같이 작업하는 일본어 번역서이기도 하다. 좋은 기회를 주신 박지영 과장님과 관계자분들께 감사를 드린다.

어느덧 싱가포르에서 생활이 4년 차에 들어간다. 이 책이 나올 때쯤이면 싱가포르에서 두 번째 직장에서 일하고 있을 듯하다. 역자의 싱가포르 생활이 궁금한 독자, 또는 해외 취업에 관심 있는 독자라면 역자 블로그를 통해 커뮤니케이션할 수 있다.

2019년 싱가포르에서 김완섭

이 책은 전 세계의 수많은 사람이 다양한 목적으로 사용하는 자바 문제를 풀면서 배울 수 있게 구성한 책이다. 전체 1,315 문제라는 많은 양의 문제를 풀어 보면서 프로그래밍 언어 자바에 대해 배울 뿐만 아니라 자바를 활용한 프로그래밍 방법도 배울 수 있다.

우리가 숫자를 처음 배웠을 때를 떠올려보자. 쉬운 한 자릿수 덧셈이라도 처음에는 손가락을 사용해서 계산했을 것이다. 이것을 몇 번이고 반복하거나 응용 문제를 풀면서 산수나 수학을 익히게 된다.

영어 등의 어학 학습도 크게 다르지 않다. 문장 내의 단어를 하나만 바꿔서 비슷한 문장을 만들거나 동일한 표현을 위해 다른 형식의 문장을 만들면서 언어를 익혔을 것이다.

물론 무조건 문제만 많이 푸는 것은 의미가 없지만, 여러분이 익혀 온 수학이나 영어 능력의 일부분은 착실하게 노력한 결과이자 반복적인 훈련에 의해 만들어진 것이다.

이 책은 이런 반복 학습 방법에 근거해서 기초 수준의 자바 지식을 활용한 프로그래밍 능력을 키워줄 것이다. 조금씩이라도 좋으니 문제 하나하나를 직접 풀어보자. 이 책의 문제는 실제 교육 현장에서 학습 효과가 검증된 예제이다.

모든 문제를 막힘없이 풀게 된다면 '초보자 수준'을 졸업할 수 있을 것이다.

이 책이 여러분의 자바 언어 훈련에 조금이나마 도움이 되길 바란다.

시바타 보요, 유리 가오루

- 1장 화면에 문자 표시하기
- 2장 변수 사용
- 3장 프로그램의 흐름: 분기
- 4장 프로그램의 흐름: 반복
- 5장 기본 자료형과 연산
- 6장 배열
- 7장 메서드
- 8장 클래스의 기본
- 9장 간단한 클래스 작성
- 10장 클래스 변수와 클래스 메서드
- 11장 패키지
- 12장 클래스의 상속과 다형성
- 13장 추상 클래스
- 14장 인터페이스
- 15장 문자와 문자열
- 16장 예외 처리

각 장은 '프로그램 작성 문제'와 '실전 문제'로 구성되어 있다.

프로그램 작성 문제 (총 200 문제)

200개의 프로그램을 작성해보는 문제로 다양한 문제들이 포함되어 있다. 문제 프로그램뿐만 아니라 상세한 해설도 함께 제시한다.

실전 문제 (총 1,115 문제)

자바와 프로그래밍 관련 용어 및 개념을 묻는 문제나 프로그램의 빈칸을 채우는 문제 등으로 구성되어 있다. '프로그램 작성 문제'보다 난이도가 높은 문제도 포함되어 있다.

참고로 실전 문제의 해답은 책 마지막 부분에 정리해두었다.

이 책은 프로그램 작성 문제뿐만 아니라 관련 응용 문제도 포함한다. 따라서 이 책은 '언어 자체'보다는 '프로그래밍'에 중점을 두고 설명한다. 또한, 난이도도 초급자도 쉽게 개념을 이해하고 활용하도록 난도를 점진적으로 높인다.

이 책을 읽을 때 알아두어야 할 사항이나 주의해야 할 것 등은 다음과 같다.

컴퓨터 관련 기초 용어에 대해

이 책에선 '메모리'처럼 일반적인 컴퓨터 기초 용어는 설명하지 않는다. 이런 용어들을 설명하다 보면 책의 분량이 늘어나며, 이미 알고 있는 독자에게는 불필요한 내용이 될 수 있다.

이 용어들에 대해선 인터넷이나 다른 서적을 참고하도록 하자.

숫자 및 문자 제로의 표기에 대해

숫자 제로는 안에 파선이 들어 있는 문자 0을 사용해서 알파벳 대문자 O와 구별하기 쉽게 하고 있다. 단, 장, 절, 그림, 표, 페이지 등의 번호나 연도 표기 시의 제로는 일반 0을 사용하고 있다. 숫자 1(일)과 소문자 l(엘), 대문자 I(아이), 기호 문자 ¦(세로 막대) 등도 구별하기 쉬운 문자를 사용해서 표기하고 있다.

역슬래시 (\ )와 원화 기호 (₩) 표기

자바 프로그램에서 사용되는 역슬래시(\)는 PC 환경에 따라 원화 기호(₩)로 표기될 수도 있다. 우리나라에서 가장 많이 사용하는 OS인 한국어판 마이크로소프트 윈도우 등에서 이런 현상이 나타난다. 자신의 환경에 맞추어 사용하거나 해석하면 된다.

※ 이 책은 저자의 요청에 따라 소스 코드는 별도로 제공하지 않습니다.

목차

화면에 문자 표시하기

1장에선 자신이 직접 입력한 문자를 콘솔 화면에 표시하는
프로그램을 배운다. 각 문제를 하나하나 실행하면서
자바와 친해져보자.

콘솔 화면에 "첫 Java 프로그램입니다."와 "화면에 출력하고 있습니다."를 한 줄씩 출력하는 프로그램을 작성하자.

```
// 화면에 출력을 지시하는 프로그램
class Hello {
    public static void main(String[] args) {
        System.out.println("첫 Java 프로그램입니다.");
        System.out.println("화면에 출력하고 있습니다.");
        // 주의! println에 사용한 l은 영문 소문자 l입니다.
    }
}
```

실행 결과

첫 Java 프로그램입니다.
화면에 출력하고 있습니다.

소스 프로그램과 소스 파일

소스 프로그램(source program)

사람이 인식할 수 있는 '문장(프로그래밍 언어)을 나열해서' 만든 프로그램을 소스 프로그램이라고 한다. 대문자와 소문자를 구분하며, 여백은 스페이스, 탭, 엔터를 사용한다. {}, ; 등의 기호를 읽는 방법은 [표 1-1]에서 정리한다.

소스 파일(source file)

소스 프로그램을 저장하고 있는 파일을 말한다. 소스 파일의 이름은 프로그램에서 class 뒤에 적은 클래스 이름(예에선 Hello)에 확장자 .java를 붙인다(그림 1-1).

▶ 소스(source)란 '밑바탕이 되는 것'이란 의미이다. 소스 프로그램의 저장 위치에 대해선 [문제 1-5]에서 다룬다.

소스 프로그램 컴파일(compile)과 클래스 파일(class file)

작성한 소스 프로그램은 바이트코드bytecode 형식으로 변환하는 컴파일 작업이 필요하다. 위 프로그램의 경우는 다음과 같이 컴파일을 할 수 있다. 여기서 확장자 .java는 생략할 수 없다.

javac Hello.java ↵ •·········· Hello.java를 [컴파일]

컴파일을 완료하면 Hello.class라는 이름을 가진 클래스 파일이 생성된다. 프로그램에 틀린 부분이 있으면 컴파일 시에 오류가 발생한다(메시지가 표시된다). 오류가 발생하면 틀린 부분을 수정한 후에 다시 컴파일 작업을 하자.

프로그램(클래스) 실행

java 명령은 클래스 파일 안에 있는 클래스를 실행한다. Hello 클래스 파일은 다음과 같이 실행한다. 실행 시 주의할 점은 확장자인 .class를 붙여서는 안 된다.

java Hello ⏎ ┈┈┈● ▸ Hello 클래스를 [실행]

프로그램을 실행하면 결과가 콘솔 화면에 출력된다.

그림 1-1 프로그램 컴파일 및 실행

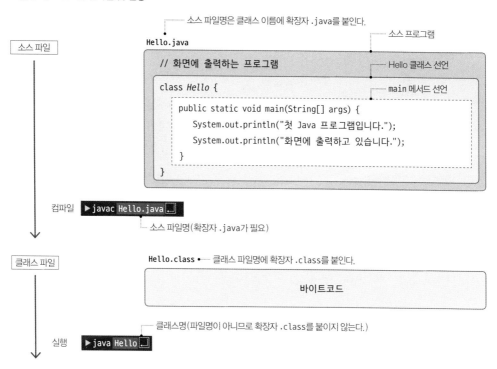

주석(comment)

주석은 작성자 본인이나 프로그램을 해석하는 사람에게 전달하고 싶은 정보를 짧은 문장으로 기술하는 것이다. 주석의 유/무와 내용은 프로그램 동작에 영향을 주지 않는다. 작성 방법에는 3가지가 있다.

ⓐ 전통적 주석traditional comment

주석을 /*와 */ 사이에 기술한다. 시작 부분인 /*와 종료 부분인 */가 같은 줄에 없어도 되며 여러 줄에 걸쳐 작성할 수 있다.

ⓑ 문서화 주석documentation comment

주석을 /**와 */로 감싼다. **ⓐ**와 마찬가지로 여러 줄에 걸쳐 기술할 수 있다. 자세한 내용은 13장에서 이야기한다.

ⓒ 한 줄 주석end of line comment

// 뒤에 나오는 모든 내용을 주석으로 처리한다. 여러 줄에 걸쳐 주석을 작성할 수는 없지만, 간단한 주석 작성에 편리하다.

```
/*
    ⓐ 전통적 주석
*/
```

```
/**
    ⓑ 문서화 주석
*/
```

```
// ⓒ 한 줄 주석
```

주석 작성 시의 주의 사항

전통적 주석과 문서화 주석에선 주석을 달을 때 사용하는 */를 사용하지 않거나 또는 /*로 잘못 사용하는 경우가 종종 있으므로 주의해야 한다. 또한, 문서화 주석과 전통적 주석은 중첩해서 사용할 수 없다. 즉, 주석 안에 또 다른 주석을 넣어서는 안 된다. 다음과 같은 주석은 컴파일 시에 오류를 발생한다.

```
/** /* 이와 같은 주석은 금지! */ */
```

프로그램의 구조

[그림 1-2]를 보면서 Hello 프로그램의 구조를 알아보자.

그림 1-2 프로그램 Hello의 구조

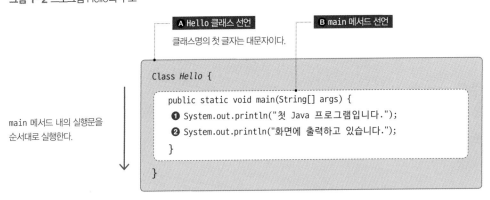

A Hello 클래스 선언
클래스명의 첫 글자는 대문자이다.

B main 메서드 선언

main 메서드 내의 실행문을 순서대로 실행한다.

```
Class Hello {

    public static void main(String[] args) {
    ❶ System.out.println("첫 Java 프로그램입니다.");
    ❷ System.out.println("화면에 출력하고 있습니다.");
    }

}
```

클래스 선언(class declaration)

🅐는 이름이 Hello인 클래스를 선언하는 부분이다. 클래스명의 첫 번째 글자는 대문자를 사용하는 것이 원칙이다. 소스 파일명은 대문자, 소문자를 구분하므로 클래스명과 동일해야 한다.

main 메서드(main method)

🅑는 main 메서드를 선언한다. 자세한 내용은 이 장의 후반부에 다시 설명한다.

실행문(statement)

프로그램을 실행하면 main 메서드 내의 실행문을 순서대로 실행한다. 실행문은 프로그램의 실행 단위다. 따라서 먼저 ❶번 실행문을 실행한 후 ❷번 실행문을 실행한다. 우리말도 문장 끝에 마침표를 사용하듯이, 자바도 실행문이 끝날 때는 원칙적으로 세미콜론(;)을 붙여야 한다.

문자열 리터럴(string literal)

"첫 Java 프로그램입니다."와 "화면에 출력하고 있습니다."처럼 큰따옴표(")로 감싼 문자를 문자열 리터럴이라 한다. 리터럴이란 '문자 그대로'라는 의미다. 예를 들어 문자열 리터럴 "ABC"는 3개의 문자 "A", "B", "C"를 나열한 것이다(그림 1-3).

그림 1-3 문자열 리터럴

문제 1-2

프로그램 내에서 실행문 끝에 세미콜론(;)을 빼면 어떤 일이 발생할까? 프로그램을 컴파일해서 확인해보자.

```
// 화면에 출력하는 프로그램(오류 : 세미콜론 누락)
public class HelloError {
    public static void main(String[] args) {
        System.out.println("첫 Java 프로그램입니다.")
        System.out.println("화면에 출력하고 있습니다.")
    }
}
```

실행 결과
컴파일 오류가 발생해서 실행되지 않는다.

실행문과 세미콜론

HelloError 프로그램처럼 세미콜론을 빠뜨리면 컴파일 오류가 발생하므로 프로그램이 실행되지 않는다.

콘솔 화면에 출력 및 스트림(stream)

콘솔 화면을 포함해서 외부 입/출력에 사용하는 것이 스트림이다. 즉, '문자가 흘러가는 강'을 의미한다(그림 1-4). System.out은 콘솔 화면에 연결된 표준 출력 스트림standard output stream (STD-OUT)이다. 그 바로 뒤에 연결된 println은 괄호( ) 안의 내용(그림 1-4에선 문자열 리터럴 "ABC")을 콘솔 화면에 표시한 후 줄 바꿈(줄 바꿈 문자를 출력)하는 프로그램에 '부품'이다. 이런 부품을 메서드라고 한다.

[문제 1-1]에서 본 Hello 프로그램은 먼저 "첫 Java 프로그램입니다."가 표시되고 그다음에 "화면에 출력하고 있습니다."가 다음 줄에 출력된다.

그림 1-4 콘솔 화면에 출력하기

"첫 Java 프로그램입니다."와 "화면에 출력하고 있습니다."를 줄 바꿈 없이 연속해서 표시하는 프로그램을 작성하자.

```java
// 화면에 연속 표시(방법1)
public class Hello1A {
   public static void main(String[] args) {
      System.out.println("첫 Java 프로그램입니다. 화면에 출력하고 있습니다.");
   }
}
```

실행 결과	첫 Java 프로그램입니다. 화면에 출력하고 있습니다.

```java
// 화면에 연속 표시(방법2)
public class Hello1B {
   public static void main(String[] args) {
      System.out.print("첫 Java 프로그램입니다. ");
      System.out.println("화면에 출력하고 있습니다. ");
   }
}
```

실행 결과	첫 Java 프로그램입니다. 화면에 출력하고 있습니다.

```java
// 화면에 연속 표시(방법3)
public class Hello1C {
   public static void main(String[] args) {
      System.out.println("첫 Java 프로그램입니다. " + "화면에 출력하고 있습니다. ");
   }
}
```

실행 결과	첫 Java 프로그램입니다. 화면에 출력하고 있습니다.

System.out.println과 System.out.print

[문제 1-3]은 System.out.println 메서드와 System.out.print 메서드를 사용해 동일한 결과를 보여주는 3가지 방법을 볼 수 있다.

Hello1A 프로그램 – 첫 번째 방법

문자열 리터럴 "첫 Java 프로그램입니다. 화면에 출력하고 있습니다."를 출력한다. 이때 사용하는 것이 System.out.println 메서드이다.

Hello1B 프로그램 – 두 번째 방법

println의 ln은 line의 약자로 '줄'을 의미한다. println에서 ln을 제외한 print는 문자를 표시한 후에 줄 바꿈을 하지 않는다. System.out.print를 사용해서 **"첫 Java 프로그램입니다."**를 표시한 후에는 줄 바꿈하지 않는다. 따라서 **"화면에 출력하고 있습니다."**가 같은 줄에 연속해서 표시되는 것이다.

Hello1C 프로그램 - 세 번째 방법

여러 개의 문자열 리터럴을 '+' 기호로 연결하면 해당 문자열들은 모두 결합한 새로운 문자열이 된다. 예를 들어 "ABC" + "DEF"는 "ABCDEF"가 된다. Hello1C 프로그램은 '문자열 연결'을 사용하는 것이다.

기호 문자 읽는 방법

자바 프로그램에서 사용되는 기호 문자 읽는 법을 [표 1-1]에 정리했다.

주의 : 한글 버전의 MS Windows 등에선 역슬래시 \ 대신에 원화 기호 ₩를 사용한다. 예를 들어 다음 페이지의 Print-Name1B에서 문자열 리터럴은 다음과 같이 표기된다. 자신이 환경에 맞게 읽으면 된다(옮긴이: 영문 버전이나 텍스트 편집기 등에선 원화 기호 대신에 역슬래시로 표기되기도 한다).

```
System.out.println("홍₩n길₩n동");
```

표 1-1 기호 문자 읽는 법

기호	읽는 법	기호	읽는 법
+	플러스 부호, 양의 부호, 플러스, 덧셈	}	오른쪽 중괄호, 오른쪽 브레이스
−	마이너스 부호, 음의 부호, 하이픈, 마이너스, 뺄셈	[	왼쪽 대괄호, 왼쪽 브래킷
*	아스타리스크, 아스타, 곱셈, 별표	]	오른쪽 대괄호, 오른쪽 브래킷
/	슬래시, 나눗셈	〈	작다, 왼쪽 방향 부등호
\	역슬래시, 백슬래시 ※한글 코드에선 ₩	〉	크다, 오른쪽 방향 부등호
₩	원화 기호, 원, 원 마크	?	의문 부호, 물음표, 퀘스천
$	달러	!	느낌표, 엑스클래메이션
%	퍼센트	&	앤드, 앰퍼샌드
.	피리어드, 마침표, 소수점, 닷, 점	~	틸드, 물결 마크
,	컴마, 쉼표	−	오버라인, 어퍼라인
:	콜론, 더블닷	^	서컴플렉스, 캐럿, 꺽쇠
;	세미콜론	#	샵, 우물 기호
'	단일 인용, 싱글 쿼테이션, 작은따옴표	_	언더바, 언더스코어, 언더라인
"	이중 인용, 디블 쿼테이션, 큰따옴표	=	등호, 이퀄
(	왼쪽 괄호, 왼쪽 둥근 괄호, 왼쪽 소괄호			버티컬바
)	오른쪽 괄호, 오른쪽 둥근 괄호, 오른쪽 소괄호	{	왼쪽 중괄호, 왼쪽 브레이스

한 줄에 한 글자씩 자신의 이름을 표시하는 프로그램을 작성하자.

```java
// 자신의 이름을 한 줄에 한 글자씩 표시(방법1)
public class PrintName1A {
    public static void main(String[] args) {
        System.out.println("홍");
        System.out.println("길");
        System.out.println("동");
    }
}
```

실행 결과
```
홍
길
동
```

```java
// 자신의 이름을 한 줄에 한 글자씩 표시(방법2)
public class PrintName1B {
    public static void main(String[] args) {
        System.out.println("홍\n길\n동");
    }
}
```

줄 바꿈

이름을 한 줄에 한 글자씩 표시하는 프로그램으로 2가지 방법을 제시한다. 위 프로그램에서는 "홍길동"이라는 이름을 사용하지만, 여러분은 자신의 이름을 표시해보자.

PrintName1A 프로그램

3개의 System.out.println 메서드를 사용해 문자열 리터럴 "홍", "길", "동"을 한 글자씩 표시한다. println 메서드를 사용하면 한 줄에 한 글자씩 표시된다.

PrintName1B 프로그램

하나의 System.out.println 메서드를 사용해서 글자를 출력한다. 문자열 리터럴에 포함된 \n은 '줄 바꿈 문자'를 의미하는 특수한 기호다. 줄 바꿈 문자를 출력하고 그 이후에 오는 문자열은 다음 줄에 표시한다(화면에 \n이 표시되는 것은 아니다).

"홍", "길", "동"의 각 글자는 표시된 후에 줄 바꿈 문자가 출력돼서 다음 줄로 옮겨간다. println 메서드를 사용하므로 마지막 "동" 뒤에는 별도의 줄 바꿈 문자가 필요 없다. println 메서드가 아닌 print 메서드를 사용하는 경우에는 다음과 같이 "동" 뒤에 \n을 붙인다.

```java
System.out.println("홍\n길\n동\n");
```

한 줄에 한 글자씩 자신의 이름을 표시하는 프로그램을 작성하자. 단, 성과 이름 사이에 빈 줄을 추가한다.

```java
// 자신의 이름을 한 줄에 한 글자씩 표시(방법1)
public class PrintName2A {
  public static void main(String[] args) {
    System.out.println("홍");
    System.out.println();  •————————————————————❶
    System.out.println("길");
    System.out.println("동");
  }
}
```

실행 결과
홍
길
동

```java
// 자신의 이름을 한 줄에 한 글자씩 표시(방법2)
public class PrintName2B {
  public static void main(String[] args) {
    System.out.println("홍\n\n길\n동");  •————————❷
  }
}
```

빈 줄 출력하기

[문제 1-5]는 2가지 방법으로 한 줄을 띄우는 법(빈 줄을 출력하는 방법)을 알아본다.

PrintName 2A 프로그램

Sytem.out.println을 사용할 때는 ( ) 안을 빈칸으로 둘 수 있다. 다음 코드를 실행하면 문자가 표시되지 않고 줄 바꿈만 이루어진다(줄 바꿈 문자가 출력되는 것이다).

```java
System.out.println();      // 줄 바꿈한다(줄 바꿈 문자를 출력한다).
```

❶은 성("홍")을 표시한 후에 빈 줄(줄 바꿈 문자)를 출력한다. ( ) 안을 공란으로 둘 수 있는 것은 println( )뿐이다. print에선 공란을 허용하지 않는다.

PrintName2B 프로그램

성("홍")과 이름("길동") 사이에 줄 바꿈 문자(\n)를 2개 사용하면(❷), 성을 표시한 후에 줄 바꿈 문자가 두 번 출력되므로 성과 이름 사이에 빈 줄이 생긴다.

주석 처리(comment out)

프로그램 개발 시에 '이 부분에 문제가 있을지도 몰라. 이 부분이 없으면 어떻게 동작할까?'하고 테스트해보는 경우가 있다. 이때 처리를 생략했으면 하는 부분을 삭제해버리면 원래대로 되돌리는 것이 매우 어렵다.

이때 자주 사용하는 방법이 프로그램으로서 작성한 부분을 주석으로 바꾸는 주석 처리라는 기법이다. 예를 들어 PrintName2A에 ❶을 다음과 같이 주석 처리하면 줄 바꿈 문자가 출력되지 않으므로 성과 이름을 빈 줄 없이 표시한다.

```
// System.out.println();
```

소스 프로그램과 디렉터리

이 책에서 다루는 수많은 소스 프로그램을 하나의 디렉터리로 관리하는 것은 효율적이지 못하다. 디렉터리와 파일은 [그림 1–5]처럼 구성하도록 하자.

사용하는 OS(운영체제)가 MS 윈도우라면 하드 디스크에 StudyJava 디렉터리를 만들고 그 안에 장별로 디렉터리(Chap 01, Chap 02…)를 만든다. 그리고 장별 디렉터리 안에 소스 프로그램을 저장한다.

그림 1–5 이 책의 소스 프로그램을 관리하기 위한 디렉터리 구성(예)

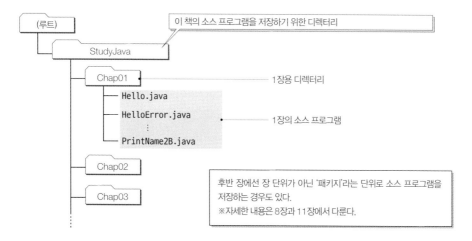

방대한 파일을 한곳에서 관리하는 것은 힘들다. 따라서 리눅스나 윈도우 등의 OS에선 계층 구조를 지닌 디렉터리를 사용해서 파일을 관리한다. 여러 디렉터리 중에서 현재 작업하는 디렉터리를 현재 디렉터리current directory 또는 작업 디렉터리working directory라고 한다.

자바 프로그램을 컴파일 및 실행할 때는 대상 파일이 있는 디렉터리를 현재 디렉터리로 만드는 것이 기본이다(즉, 대상 파일이 있는 곳으로 이동하는 것). 따라서 프로그램을 컴파일하기 전에 각 작용 디렉터리로 이동할 필요가 있다. 현재 디렉터리로 이동할 때 사용하는 것이 **cd** 명령이다.

```
cd /StudyJava/Chap01
```

MS 윈도우에서 하드 드라이브가 여러 개 있는 경우에는 해당 드라이브도 이동한다. 만약 **StudyJava** 디렉터리를 D 드라이브에 만들었다면 위 명령을 실행하기 전에 다음 명령을 사용해서 현재 드라이브를 변경한다.

```
d:
```

디렉터리와 파일을 구분하는 기호는 OS마다 다르다. 대부분의 환경에선 /, \ 중 하나를 사용한다. 이 책에선 /를 사용한다.

자바의 특징

자바는 사용자 수가 계속 증가하고 있는 프로그래밍 언어다. 미국의 썬 마이크로시스템즈Sun Microsystems사가 개발한 것으로 1995년 5월 선월드SunWorld에서 처음 공개했다. 여기선 자바의 특징을 간단히 살펴보도록 하겠다(이 책에서 배우지 않는 것도 있다).

무료로 제공한다.
자바로 프로그램 개발에 필요한 자바 개발 키트Java Development Kit(JDK)를 무료로 제공한다.

일단 만들기만 하면 어디에서든 실행할 수 있다 – Write Once, Run Anywhere
일반적으로 프로그래밍 언어로 작성한 프로그램은 특정 장비나 환경에서만 실행할 수 있다. 하지만 자바로 작성한 프로그램은 (자바가 동작하는 환경이라면) 어디에서든 실행할 수 있다.

C언어 및 C++과 유사한 실행문
프로그래밍에서 사용되는 명령이나 코드 구조 등의 문법 체계는 각 언어마다 독자적으로 결정한다. 자바의 문법 체계는 C언어 및 C++를 참고해서 만든 것으로 이 언어들을 다뤄본 사람이라면 비교적 쉽게 자바를 익힐 수 있다.

강력한 형결정

프로그램에선 정수, 실수(부동소수점), 문자, 문자열 등 다양한 데이터 형을 다룬다. 각종 연산 시에 허용하지 않는 값이나 애매한 값은 자바 개발 툴에 의해 엄격하게 검증되므로 신뢰도가 높은 프로그램을 만들 수 있다.

객체 지향 프로그래밍 지원

클래스를 사용한 캡슐화, 상속, 다형성 등의 객체 지향 프로그래밍Object Oriented Programming을 위한 기능을 제공한다. 높은 품질의 프로그램을 효율적으로 개발할 수 있게 해준다.

무료 라이브러리

화면에 문자를 표시하거나 도형을 그리기 위한 코드, 또는 네트워크를 제어하는 기능 등 자주 사용되는 기능은 APIApplication Programming Interface(프로그램 부품의 한 형태)의 라이브러리(부품의 집합)로 제공한다. API를 사용하면 원하는 기능을 쉽게 구현할 수 있다.

가비지 컬렉션을 활용한 메모리 관리

많은 프로그래밍 언어들이 객체(값을 나타내기 위하는 변수 같은 것)를 필요한 시점에 생성한다. 반면 '필요 없어진 객체를 처분'하기 위해선 주의가 필요하다. 자바에선 객체 처분(해제) 처리가 자동으로 이루어지므로 객체 관리가 편하다.

예외 처리

예측하지 못한 오류 등 예외적인 상황이 발생했을 때 똑똑하게 대처한다. 즉, 안정적인 프로그램 개발이 가능하다.

빈칸을 채우시오(다음 장 이후의 실전 문제도 동일).

- 자바는 [(1)] 지향 프로그래밍을 지원하는 언어이다. 자바 프로그램 개발에 사용하는 툴을 알파벳 세 글자로 [(2)] 라고 한다.

- 사람이 문자를 나열해서 작성하는 프로그램을 [(3)] 이라고 하며, 이것을 저장하는 파일에는 [(4)] 라는 확장자를 붙인다. [(3)] 은 바로 실행할 수 없으므로 [(5)] 작업이 필요하며 이때 필요한 것이 [(6)] 명령이다. [(5)] 의 결과로 생성되는 바이트코드를 저장하고 있는 파일을 [(7)] 이라고 하며, 확장자는 [(8)] 이다. 생성된 파일 내에 담겨 있는 [(9)] 를 실행하려면 [(10)] 명령을 실행한다.

- 작성자를 포함해서 코드를 읽는 사람에게 전달하고 싶은 정보를 프로그램 내에 간단히 기술하는 것을 [(11)] 이라 한다. 이것의 유/무나 내용에 따라 프로그램 동작이 바뀌는 경우가(는) [(12)] '전통적인 [(11)] '은 [(13)] 과 [(14)] 로 감싸며, '문서화 [(11)] '은 [(15)] 와 [(16)] 로 감싼다. 두 방식 모두 시작 기호와 종료 기호가 동일 행 안에 위치 [(17)] . '한 줄 [(11)] '은 [(18)] 부터 해당 줄의 마지막까지가 주석이 된다. 이 형식은 여러 줄에 걸쳐 사용할 수 [(19)]

  ▶ [(12)] 의 답: ⓐ 있다 ⓑ 없다
  ▶ [(17)] 의 답: ⓐ 해야 한다 ⓑ 하지 않아도 된다
  ▶ [(19)] 의 답: ⓐ 있다 ⓑ 없다

- "ABC"처럼 큰따옴표로 감싸 문자들을 나열한 것을 [(20)] 이라고 한다.

- System.out.println("AB\nC" + "D\n\nEFG");를 실행하면 [(21)] 라고 표시된다.

- 다음 프로그램은 '금상첨화'의 각 글자를 한 줄에 하나씩 출력하는 프로그램이다.

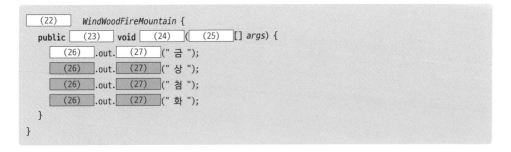

```
  (22)      WindWoodFireMountain {
 public   (23)   void   (24)  (  (25)  [] args) {
     (26)  .out.  (27)  (" 금 ");
     (26)  .out.  (27)  (" 상 ");
     (26)  .out.  (27)  (" 첨 ");
     (26)  .out.  (27)  (" 화 ");
  }
}
```

- 다음 기호의 명칭을 한글로 표기하자.

  : [(28)]   : [(29)]   . [(30)]   , [(31)]

  { [(32)]   ([(33)]   ' ' [(34)]   " " [(35)]

변수 사용

2장에선 숫자나 문자열을 저장하는 변수에 대해 배운다.
변수를 사용해서 연산하거나 키보드에서 입력한 값을
처리하는 프로그램을 작성해본다.

정수 82와 17의 합과 차를 구하는 프로그램을 다양한 방법으로 작성해보자.

```java
// 2개의 정숫값 82와 17의 합과 차를 구해서 표시(계산 결과만 표시)
class SumDiff1 {
  public static void main(String[] args) {
    System.out.println(82 + 17);
    System.out.println(82 - 17);
  }
}
```

실행 결과
```
99
65
```

```java
// 2개의 정숫값 82와 17의 합과 차를 구해서 표시(계산 식과 결과 표시)
class SumDiff2 {
  public static void main(String[] args) {
    System.out.println("82 + 17 = " + (82 + 17));     ❶
    System.out.println("82 - 17 = " + (82 - 17));     ❷
  }
}
```

실행 결과
```
82 + 17 = 99
82 - 17 = 65
```

정수 리터럴(integer literal)

[문제 2-1]은 정수 82와 17을 사용한다. 이처럼 정수를 나타내는 상수를 **정수 리터럴**이라 한다.

정숫값 출력

1장에서는 System.out.prinln의 괄호 ( ) 안에 문자열 리터럴을 사용했다. SumDiff1 프로그램에서는 숫자를 더하거나 빼는 식을 사용한다. 두 식의 계산 결과는 99와 65이므로 먼저 덧셈 결과인 95를 출력한 후 뺄셈 결과인 65를 출력한다. 하지만 실행 결과가 숫자만 표시되면 어떤 의미인지 파악하기 어렵다.

문자열과 숫자 연결하기

계산 결과뿐만 아니라 계산식도 함께 표시하도록 개선한 것이 SumDiff2 프로그램이다. 출력이 이루어지기 전까지 다양한 처리가 실행된다. [그림 2-1]은 ❶의 처리 과정을 보여준다. 처리 과정을 따라가 보도록 하자.

① ( ) 안에 82 + 17을 계산한다. ( ) 안의 수식을 계산하는 것은 일반적인 연산 수선순위와 같다.

② ( ) 정숫값 99를 문자열 "99"로 변환한다. 이 과정은 '**문자열 + 숫자' 또는 '숫자 + 문자열' 처리 시 숫자는 문자열로 변환한 후 다른 문자열과 연결한다**는 규칙 때문이다.

③ ( ) 문자열 "**82 + 17 =**"과 "**99**"가 연결되므로 "**82 + 17 = 99**"가 된다. 그리고 이 문자열이 화면에 표시되는 것이다.

그림 2-1 문자열 연결 과정(방법1)

```
System.out.println("82 + 17 = " + (82 + 17));
                                     ↓ ● ┈┈┈┈┈① ( ) 82 + 17를 계산한다.
System.out.println("82 + 17 = " +     99   );
                                     ↓ ● ┈┈┈┈┈② ( ) 정숫값 99를 문자열 "99"로 변환한다.
System.out.println("82 + 17 = " +    "99"  );
                                     ↓ ● ┈┈┈┈┈③ ( ) "82 + 17 ="와 "99"를 연결한다.
System.out.println(    "82 + 17 = 99"    );
```

다음은 계산식을 감싸는 ( )를 제거하면 어떻게 되는지 실험해보자.

실험: ❶의 ( )를 제거

프로그램 코드를 다음과 같이 수정한다.

```
System.out.println("82 + 17 = " + 82 + 17);
```

위와 같이 수정한 코드를 실행하면 "**82 + 17 = 8217**"이라고 표시된다. 문자열 연결 및 덧셈의 기능을 가진 +는 왼쪽부터 연산한다(일반적인 덧셈과 같다). a + b + c는 (a + b) + c라고 간주하므로, [그림 2-2] 같은 연결 처리가 이루어진다.

그림 2-2 문자열 연결 처리(방법2)

```
System.out.println("82 + 17 = " +  82  +  17);
                                  ↓ ● ┈┈┈┈┈①정숫값 82를 문자열 "82"로 변환한다.
System.out.println("82 + 17 = " + "82" + 17);
                                  ↓ ● ┈┈┈┈┈②"82 + 17 ="과 "82"를 연결한다.
System.out.println( "82 + 17 = 82"  + 17 );
                                  ↓ ● ┈┈┈┈┈③정숫값 17이 문자열 "17"로 변환된다.
System.out.println( "82 + 17 = 82"  + "17");
                                  ↓ ● ┈┈┈┈┈④"82 + 17 = 82"와 "17"을 연결한다.
System.out.println(    "82 + 17 = 8217"    );
```

실험: ❷의 ( )를 제거

프로그램 코드를 다음과 같이 수정한다.

```
System.out.println("82 - 17 = " + 82 - 17);
```

위 코드는 왼쪽에 있는 "82 - 17 = " + 82를 먼저 처리한다. '**문자열 + 숫자**' 형식이므로 82를 문자열 "82"로 변환한 후 연결한다. 그 결과 "82 - 17 = 82"가 된다. 계속해서 오른쪽에 있는 "82 - 17 = 82" - 을 처리한다. 이번에는 '**문자열 - 숫자**' 형식이다. 문자열에서 숫자를 빼는 것은 불가능하므로 컴파일 시에 오류가 발생한다.

그림 2-3 문자열 처리 오류

```
System.out.println("82 + 17 = " + 82 - 17);
                                  ↓ ⋯⋯⋯⋯⋯⋯ ① 정숫값 82를 문자열 "82"로 변환한다.
System.out.println("82 + 17 = " + "82" - 17);
                              ↓ ⋯⋯⋯⋯⋯⋯ ② "82 - 17 = "과 "82"를 연결한다.
System.out.println( "82 + 17 = 82"    - 17 );
                                  ↓ ⋯⋯ ③ '문자열 - 숫자' 형식이므로 오류 발생!!!
System.out.println( "82 + 17 = 82"    - "17");
```

2개의 변수 x와 y의 합과 평균을 구하자. x와 y에는 적당한 값을 대입해서 사용한다.

```java
// 2개의 변수 x와 y의 합과 평균을 표시
class SumAve1 {
    public static void main(String[] args) {
        int x;     // x는 int형 변수
        int y;     // y는 int형 변수          ●①

        x = 63;    // x에 63을 대입
        y = 18;    // y에 18을 대입           ●②

        System.out.println("x값은 " + x + "입니다.");          // x값 표시  ●③
        System.out.println("y값은 " + y + "입니다.");          // y값 표시
        System.out.println("합계는 " + (x + y) + "입니다.");    // 합계 표시
        System.out.println("평균은 " + (x + y) / 2 + "입니다.");  // 평균 표시
    }
}
```

> **실행 결과**
> x값은 63입니다.
> y값은 18입니다.
> 합계는 81입니다.
> 평균은 40입니다.

변수 선언(variable declaration)

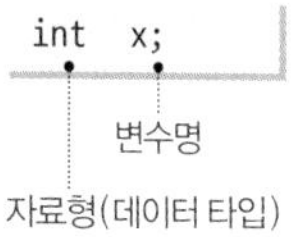

변수는 값을 저장하는 '상자'이다. 값을 상자에 넣으면(대입) 해당 상자가 존재하는 동안은 값이 유지된다. 또한, 값을 자유롭게 변경하거나 추출하는 것도 가능하다. 변수를 사용하려면 이름을 부여하는 선언 과정이 필요하다. 오른쪽 그림은 x라는 이름의 변수를 만들기 위한 선언문declaration statement구조이다.

int는 정수integer를 의미한다. ①의 변수 선언에서 이름이 x와 y인 변수(상자)가 만들어진다(그림 2-4). 변수 x와 y가 가질 수 있는 값은 정수로 제한되며, 이것은 int라는 자료형type이 가지는 성질이다. 다음과 같이 쉼표(,)를 사용해서 2개 이상의 변수를 한 번에 선언할 수 있다.

```java
// x와 y는 int형 변수(2개의 변수를 한 번에 선언)
int x, y;
```

그림 2-4 변수 선언과 값 대입

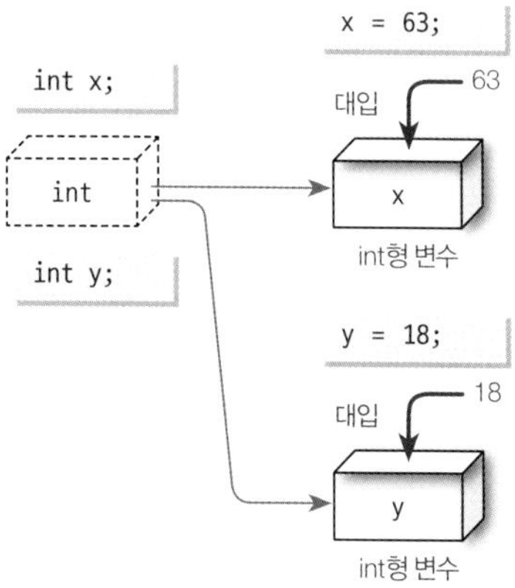

▶한 줄에 하나씩 선언할 때의 장점과 단점
  장점1. 개별 선언에 대한 주석 처리가 쉽다.
  장점2. 선언의 추가나 삭제가 용이하다.
  단점1. 프로그램의 줄 수가 늘어난다.

대입 연산자(assignment operator)

❷는 변수에 값을 넣는 것이다. [그림 2-4]에 =는 우변의 값을 좌변의 변수에 **대입**하기 위한 기호로 **대입 연산자**라고 한다. 프로그램에서 ❷를 삭제하고 컴파일하면 오류가 발생한다. 변수에 값을 넣지 않은 채로 사용할 수는 없기 때문이다.

변수 값 표시

변수에 저장한 값은 언제나 추출(사용)할 수 있다. ❸은 변수의 값을 꺼내서 표시한다(그림 2-5). 표시되는 것은 x의 '값'으로 '변수명'이 아니다. 문자열과 숫자를 + 연산자로 연결하면 숫자가 문자열로 변환된 후에 연결되는 것을 이용한다.

먼저 문자열 "x값은 "과 변수 x값 63이 문자열로 연결된다. 다음은 문자열 "x값은 63"과 문자열 "입니다."가 연결돼서 최종적으로 "x값은 63입니다."를 출력한다. 다음 두 코드를 혼동하지 않도록 주의하자.

```
System.out.println(x);      // 변수 x값 표시(정숫값)
System.out.println("x");    // 문자 'x' 표시(문자열)
```

그림 2-5 변수의 값을 추출해서 표시

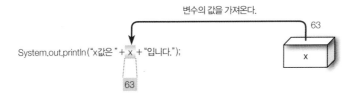

변수의 값을 가져온다.

System.out.println("x값은 " + x + "입니다.");

63

63

x

[문제 2-2]와 동일한 프로그램의 변수 x, y에 실숫값을 대입하고 그 결과를 알아보자.

```java
// 두 변수 x와 y의 합과 평균을 출력
class SumAveError {
  public static void main(String[] args) {
    int x;        // x는 int형 변수
    int y;        // y는 int형 변수

    x = 63.4;     // x에 63.4를 대입
    y = 18.3;     // y에 18.3을 대입

    System.out.println("x값은 " + x + "입니다.");        // x값 표시
    System.out.println("y값은 " + y + "입니다.");        // y값 표시
    System.out.println("합계는 " + (x + y) + "입니다.");      // 합계 표시  ●┄┄┄┄┄①
    System.out.println("평균은 " + (x + y) / 2 + "입니다.");   // 평균 표시
  }
}
```

> **실행 결과**
> 컴파일 오류가 발생해서 실행되지 않는다.

정수형(integer type)

자바에서 제공하는 대부분을 기본형primitive type이라고 하며, **정수형**과 **실수형** 등이 이에 속한다. 정수형에는 byte형, short형, int형, long형 등이 있다. 이 데이터형은 정수만 처리할 수 있으므로 실숫값은 저장할 수 없다. [문제 2-3]에서 int형인 x와 y에 정수가 아닌 실수를 대입해서 오류가 발생한 것이다.

실수형(floating type)

실수를 저장할 때 사용하는 것이 실수형이다. 실수형에는 float형, double형 등이 있다. 실수의 내부는 **부동소수점수**floating point number라는 형식으로 표현된다. 일단은 다음과 같이 이해하면 된다. '실수를 나타내는 전용 용어가 부동소수점수이다'. 63.4나 18.4 등의 상숫값을 실수 리터럴floating point literal이라고 한다.

SumAveError 프로그램에서 변수를 선언한 부분을 다음과 같이 변경해보자.

```java
double x;        // x는 double형 변수
double y;        // y는 double형 변수
```

위와 같이 바꿔주면 프로그램이 오류 없이 실행된다. 실행 결과는 다음과 같다.

실행 결과
```
x의 값은 63.4입니다.
y의 값은 18.3입니다.
합계는 81.7입니다.
평균은 40.85입니다.
```

기본형에는 이외에도 문자형char type과 논리형Boolean type이 있다. 기본형에 대해선 5장에서 자세히 다룬다.

산술 연산과 연산 그룹화

❶에선 x와 y의 합 (x + y)과 평균 (x + y) / 2를 각각 계산한다. 슬래시(/)는 나눗셈을 하기 위한 기호다. [그림 2-6❶]는 평균을 구하는 식을 보여준다. 먼저 x + y로 덧셈을 한 후 2로 나눈다. 만약 [그림 2-6❷]처럼 ( )를 제거하고 x + y / 2라고 작성하면 x와 y / 2의 합을 구하게 된다. 일반적인 계산 순서와 동일하게, 덧셈/뺄셈보다 곱셈/나눗셈이 먼저 계산되기 때문이다. '정수 / 정수' 연산에선 소수부(소수점 이하 부분)를 버린다. 실행 결과가 보여주듯이 63과 18의 평균값은 40.5가 아닌 40이 된다.

그림 2-6 ( )에 의한 계산 순위 변경

3개의 int형 변수에 각각 값을 대입해서 합계와 평균을 구하는 프로그램을 작성하자.

```java
// 3개의 변수 x, y, z의 합과 평균을 표시(방법1)
class SumAve3A {
  public static void main(String[] args) {
    int x, y, z;   // int형 x, y, z 변수 선언

    x = 63;        // x에 63을 대입
    y = 18;        // y에 18을 대입
    z = 52;        // z에 52을 대입

    System.out.println("x값은 " + x + "입니다.");              // x값 표시
    System.out.println("y값은 " + y + "입니다.");              // y값 표시
    System.out.println("z값은 " + z + "입니다.");              // z값 표시
    System.out.println("합계는 " + (x + y + z) + "입니다.");       // 합계 표시
    System.out.println("평균은 " + (x + y + z) / 3 + "입니다.");    // 평균 표시
  }
}
```

실행 결과

x값은 63입니다.
y값은 18입니다.
z값은 52입니다.
합계는 133입니다.
평균은 44입니다.

```java
// 세 개의 변수 x, y, z의 합과 평균을 표시(방법2)
class SumAve3B {
  public static void main(String[] args) {
    int x, y, z;      // int형 변수
    int sum;          // int형 변수(합계)

    x = 63;           // 변수 x에 63을 대입
    y = 18;           // 변수 y에 18을 대입
    z = 52;           // 변수 z에 52을 대입
    sum = x + y + z;  // x, y, z 합계

    System.out.println("x값은 " + x + "입니다.");              // x값 표시
    System.out.println("y값은 " + y + "입니다.");              // y값 표시
    System.out.println("z값은 " + z + "입니다.");              // z값 표시
    System.out.println("합계는 " + sum + "입니다.");             // 합계 표시
    System.out.println("평균은 " + sum / 3 + "입니다.");          // 평균 표시
  }
}
```

계산식

합계와 평균을 계산할 때 사용하는 변수가 2개에서 3개로 늘었다. 먼저 SumAve3A 프로그램을 보자. 합계를 구하는 식과 평균을 구하는 식에서 사용되는 x + y + z는 동일하다. 하지만 프로그램에 동일한 식을 몇 번이고 반복해서 작성하는 것은 좋지 않다. 이유는 다음과 같다.

· 프로그램 작성 시에 실수로 타이핑을 잘못할 가능성이 있다.

· 동일한 계산을 반복하면 실행 시에 불필요 계산 시간이 소요된다.

이런 사항을 개선한 것이 SumAve3B 프로그램이다. 3개 변수의 합을 일단 변수 sum에 저장한다. 그리고 sum의 값을 그대로 합계로 표시하고 sum을 3으로 나눈 값은 평균으로 표시한다. 변수가 하나 늘어났음에도 불구하고 x, y, z의 합을 구하는 횟수가 1회로 줄었다.

```java
// 3개의 변수 x, y, z의 합과 평균을 표시(방법3)
class SumAve3C {
  public static void main(String[] args) {
    int x = 63;          // x에 63을 대입
    int y = 18;          // y에 18을 대입
    int z = 52;          // z에 52을 대입
    int sum = x + y + z;   // x, y, z 합계

    System.out.println("x값은 " + x + "입니다.");        // x값 표시
    System.out.println("y값은 " + y + "입니다.");        // y값 표시
    System.out.println("z값은 " + z + "입니다.");        // z값 표시
    System.out.println("합계는 " + sum + "입니다.");      // 합계 표시
    System.out.println("평균은 " + sum / 3 + "입니다.");  // 평균 표시
  }
}
```

초기화와 대입

변수에 넣어야 할 값을 알고 있다면, 변수를 만들면서 값을 넣을 수 있다. 이 방식을 사용하는 것이 SumAve3C 프로그램이다. 변수 x, y, z를 생성하면서 63, 18, 52라는 값을 각각 넣는다. 이것을 초기화initialize라고 한다. 그리고 변수 sum은 세 변수 x, y, z의 합인 133으로 초기화된다. 변수 선언 시에 사용하는 = 기호의 오른쪽 부분은 변수에 대입할 값을 지정하는 것으로 초깃값initializer이라고도 한다(그림 2-7 ⓐ).

그림 2-7 초기화와 대입

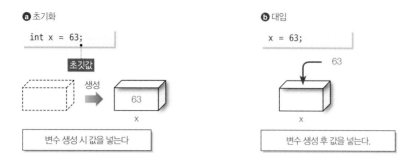

[그림 2-7❶]의 '초기화'와 [그림 2-7❷]의 '대입'은 값을 넣는다는 점에서는 차이가 없지만, 값을 넣는 시점에 차이가 있다. 다음과 같이 이해할 수 있다.

· 초기화: 변수를 생성할 때에 값을 넣는다.

· 대 입: 변수를 생성한 후에 값을 넣는다.

여러 변수를 한 번에 선언할 때는 쉼표로 구분해서 선언한다. SumAve3C 프로그램에 변수 선언을 다음과 같이 바꿀 수 있다.

```
int x = 63;
int y = 18;      ->     int x = 63, y = 18, z = 52;
int z = 52;
```

문제 2-5

키보드에서 입력한 정숫값을 표시하는 프로그램을 작성하자.

```
// 키보드에서 입력한 정숫값 표시
// 프로그램의 시작 부분(클래스 선언 이전)에 작성한다.  •········ⓐ
import java.util.Scanner;

class ScanInteger {
  public static void main(String[] args) {
    // main 메서드의 시작 부분(값을 입력받는 ⓒ 이전에)에 작성한다.  •········ⓑ
    Scanner stdIn = new Scanner(System.in);

    System.out.print("정숫값:");
    // 키보드를 통해 입력한 정숫값을 받는다  •········ⓒ
    int x = stdIn.nextInt();   // 입력받은 정숫값을 x에 저장한다.
    System.out.println(x + "를 입력했습니다.");
  }
}
```

실행 예
```
정숫값:123
123를 입력했습니다.
```

키보드로 입력하기

키보드로 값을 입력하려면 ⓐ, ⓑ, ⓒ 순서를 따른다(정해진 작성법이라고 생각하면 된다). ⓑ에서 System.in은 키보드와 연결된 표준 입력 스트림standard input stream(STDIN)이다(그림 2-8). 키보드로 입력하는 정숫값은 int형으로 표현할 수 있는 범위(-2,147,483,648 ~ 2,147,483,647)여야 한다. 또한, 알파벳, 기호, 문자 등을 입력해서는 안 된다.

그림 2-8 정숫값을 키보드로 입력하기

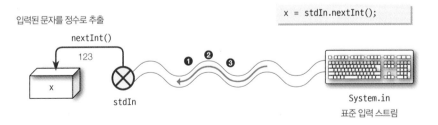

키보드와 연결된 표준 입력 스트림인 System.in에서 문자나 숫자를 꺼내는 '추출 장치'가 stdIn이다. stdIn은 다른 이름으로 변경할 수 있다(변경하려면 프로그램 내의 모든 stdIn을 해당 이름으로 변경해야 한다).

변수 x의 초깃값은 ⓒ에서 입력한 값을 사용하므로 변수 x는 키보드에서 입력한 정숫값으로 초기화된다. 그런데 이 선언이 main 메서드의 시작 부분이 아닌 중간에 있는 것에 주목하자. 변수는 필요할 때 해당 위치에 선언하는 것이 원칙이다.

다음과 같이 일단 변수를 선언하고 뒤에 식 stdIn.nextInt() 값을 변수에 대입할 수도 있다(단, 처리가 중복된다).

```
int x;                   // 변수 선언
x = stdIn.nextInt();     // 변수에 값을 대입
```

키보드에서 입력한 정숫값에 10을 더한 값과 10을 뺀 값을 출력하자.

```java
// 키보드에 입력한 정숫값에 10을 더하거나 뺀 값을 표시
import java.util.Scanner;

class PlusMinus10 {
  public static void main(String[] args) {
    Scanner stdIn = new Scanner(System.in);

    System.out.print("정숫값:");
    int x = stdIn.nextInt();    // x에 입력받은 정숫값을 저장한다.

    System.out.println("10을 더한 값은 " + (x + 10)+ "입니다.");
    System.out.println("10을 뺀 값은 " + (x - 10)+ "입니다.");
  }
}
```

```
실행 예
정숫값:7
10을 더한 값은 17입니다.
10을 뺀 값은 -3입니다.
```

연산자(operator)와 피연산자(operand)

[문제 2-6]에서 사용하는 +나 -기호를 **연산자**, 연산 대상이 되는 식(또는 값)을 **피연산자**라 한다. 예를 들어 x와 10의 합을 구하는 식 x + 10에선 +가 연산자이며 x와 10이 피연산자이다(그림 2-9). 왼쪽 피연산자를 제1 피연산자라고 하며 오른쪽 피연산자를 제2 피연산자라고 부르는 경우도 있다.

그림 2-9 연산자와 피연산자

가감 연산자(additive operator)

x + 10 또는 x - 10에서 연산자 +와 -를 **가감 연산자**라고 하며, 2개의 피연산자를 가지는 **이항 연산자**binary operator이다. 이항 연산자 외에 피연산자가 1개인 **단항 연산자**unary operator와 피연산자가 3개인 **삼항 연산자**ternary operator도 있다.

표 2-1 가감 연산자

x + y	x에 y를 더하는 연산
x − y	x에서 y를 빼는 연산

키보드에서 입력한 정숫값에서 마지막 자릿수를 제외한 값과 마지막 자릿수 값만 표시하는 프로그램을 작성하자.

```java
// 키보드에서 입력한 정숫값에 마지막 자릿수를 제외한 값과 마지막 자릿수를 표시
import java.util.Scanner;

class LowestDigit {
  public static void main(String[] args) {
    Scanner stdIn = new Scanner(System.in);

    System.out.print("정숫값:");
    int x = stdIn.nextInt();    // 입력받은 정숫값을 x에 저장한다

    System.out.println("마지막 자릿수를 제외한 값은 " + (x / 10) + "입니다.");
    System.out.println("마지막 자릿수는 " + (x % 10)+ "입니다.");
  }
}
```

실행 결과
정숫값 : 1275
마지막 자릿수를 제외한 값은 127입니다.
마지막 자릿수는 5입니다.

곱셈, 나눗셈 연산자

[문제 2-7]에서 구한 2개의 결괏값은 다음과 같이 구한다.

· 마지막 자릿수를 제외한 값: 10으로 나눈 몫(나머지는 버림)

· 마지막 자릿수의 값: 10으로 나눈 나머지

예를 들어 1275를 10으로 나누면 몫은 127이 되고 나머지는 5가 된다. 이 프로그램에선 나눗셈의 몫을 구하는 / 연산자와 나머지를 구하는 % 연산자를 사용한다. / 연산자를 나눗셈 연산자라고 하며 * 연사자를 곱셈 연산자라고 한다(표 2-2).

표 2-2 곱셈, 나눗셈 연산자

x * y	x와 y를 곱하는 연산
x / y	x를 y를 나누는 연산(x, y가 모두 정수인 경우 소수점 이하는 버림)
x % y	x를 y를 나누었을 때의 나머지는 구하는 연산

단항 부호 연산자

앞 문제에서 배운 + 연산자와 - 연산자에는 피연산자를 하나만 가지는 단항 연산자도 있다(표 2-3). 예를 들어 +a는 a가 가지는 값 자체를 생성하고 -a는 a의 반대 부호를 가지는 값을 생성한다.

표 2-3 단항 부호 연산자

+x	x값 자체를 생성
-x	X값의 반대 부호를 가지는 값을 생성

next_메서드

키보드를 통해 값을 입력할 때는 변수의 자료형에 맞추어 메서드를 구분해서 사용한다. [표2-4]는 각 자료형에 맞는 메서드를 보여준다.

표 2-4 Scanner 클래스의 next ... 메서드

메서드	자료형	입력받을 수 있는 값
nextBoolean()	boolean	true 또는 false
nextByte()	byte	−128 ~ + 127
nextShort()	short	−32768~+32767
nextInt()	int	−2147483648 ~ + 2147483646
nextLong()	long	−9223372036854775808 ~ +9223372036854775807
nextFloat()	float	±3.40282347E+38 ~±1.40239846E−45
nextDouble()	double	1.79769313486231507E+378 ~ ±4.94065645841246544E−324
next()	String	문자열(스페이스, 줄 바꿈 등으로 구분 가능)
nextLine()	String	한 줄의 문자열

2개의 실숫값을 입력받아 그 합과 평균을 구하는 프로그램을 작성하자.

```java
// 입력한 2개의 실숫값의 합과 평균을 표시
import java.util.Scanner;

class SumAveDouble {
    public static void main(String[] args) {
        Scanner stdIn = new Scanner(System.in);

        System.out.print("x값:");        // x값 입력 메시지
        double x = stdIn.nextDouble();   // 입력한 실숫값을 x에 저장한다.

        System.out.print("y값:");        // y값 입력 메시지
        double y = stdIn.nextDouble();   // 입력한 실숫값을 y에 저장한다.

        System.out.println("합계는 " + (x + y) + "입니다.");       // 합계값 구하기
        System.out.println("평균은 " + (x + y) /2 + "입니다.");    // 평균값 구하기
    }
}
```

실행 결과
x값:9.75
y값:2.5
합계는 12.25입니다.
평균은 6.125입니다.

실숫값 입력 받기

[문제 2-8]은 두 실숫값의 합과 평균을 구하는 프로그램이다. 정수만 표현하는 int형은 사용할 수 없으므로, 변수 x와 y의 자료형은 소수점을 지닐 수 있는 double형으로 선언한다.

지금까지 프로그램과 크게 다른 부분은 nextDouble()이다. 키보드를 통해 double형인 실숫값을 입력받을 때 nextInt() 대신에 nextDouble()을 사용한다. 소수점 이하 부분이 0인 값을 입력할 때는 소수점 이하를 생략할 수도 있다. 예를 들어 5.0은 5.0이라고 입력해도 되고 5 또는 5. 라고 입력해도 된다.

삼각형의 밑변과 높이를 입력받아 삼각형의 넓이를 구하는 프로그램을 작성하자.

```java
// 삼각형의 넓이를 구해서 표시
import java.util.Scanner;

class Triangle {
  public static void main(String[] args) {
    Scanner stdIn = new Scanner(System.in);

    System.out.println("삼각형의 넓이를 구합니다.");

    System.out.print("밑변:");               // 밑변의 길이 입력 메시지
    double width = stdIn.nextDouble();        // width에 실숫값을 입력 받음

    System.out.print("높이:");               // 높이 값 입력 메시지
    double height = stdIn.nextDouble();       // height에 실숫값을 입력 받음

    // 넓이를 구해서 표시
    System.out.println("넓이는 " + (width * height / 2) + "입니다.");
  }
}
```

```
실행 예
삼각형의 넓이를 구합니다.
밑변:6.5
높이:3.5
넓이는 11.375입니다.
```

삼각형의 넓이

[문제 2-9]는 삼각형의 넓이(밑변 높이 / 2)를 구하는 프로그램이다. 밑변을 나타내는 변수 width 와 높이를 나타내는 변수 height는 모두 double형이다.

곱셈, 나눗셈 연산 결과

[문제 2-7]에선 나머지를 구하는 연산자 %를 배웠다. 일반적으로 a % b 연산에선 (a / b) * b + (a % b)가 a랑 같아지며, 연산 결과의 크기와 부호는 다음과 같이 정해진다.

· 크기: 나누는 수보다 작아진다.

· 부호: 나누는 수가 음수이면 음수가 되고 양수이면 양수가 된다.

구의 겉넓이와 부피를 구하는 프로그램을 작성하자.

```java
// 구의 부피와 겉넓이 구하기(원주율 3.1416은 final 변수를 사용)
import java.util.Scanner;

class Globe {
    public static void main(String[] args) {
        Scanner stdIn = new Scanner(System.in);
        final double PI = 3.1416;        ●❶

        System.out.println("구의 겉넓이와 부피를 구합니다.");
        System.out.print("반지름:");        // 반지름 입력 메시지
        double r = stdIn.nextDouble();        // r에 실숫값을 입력 받음

        System.out.println("겉넓이는 " + (4 * PI * r * r)  + "입니다.");
        System.out.println("부피는 " + (4 / 3.0 * PI * r * r * r) + "입니다.");
    }
}
```

실행 예
```
구의 겉넓이와 부피를 구합니다.
반지름:12.5
겉넓이는 1963.4999999999998입니다.
부피는 8181.249999999998입니다.
```

final 변수

다음 식은 반지름이 r인 구의 겉넓이와 부피를 구하는 식이다. 이 프로그램에선 값을 변경할 수 없는 final 변수를 사용해서 원주율을 지정한다.

$$겉넓이 : 4 = \pi r2 \qquad 부피 : \frac{4}{3}\pi r3$$

❶은 final 변수 PI를 3.1416으로 초기화하는 부분이다. 원주율이 필요한 계산에선 이 변수 PI의 값을 이용한다. final 변수를 사용해서 얻을 수 있는 이점은 다음과 같다.

값의 관리를 한 곳에서 집중해서 할 수 있다

원주율인 3.1416을 다른 값(예를 들면 3.14159)으로 변경해야 할 경우 코드상에서 한 곳만 변경하면 된다. 입력 실수나 변환 실패 등에 의해 3.1416과 3.14159가 혼재하는 상황을 방지할 수도 있다.

프로그램의 가독성을 향상시킨다(읽기 쉬워진다)

프로그램 내에선 숫자가 아닌 변수명 PI로 원주율을 나타내기 때문에 프로그램이 읽기 쉬워진다. final 변수의 이름은 대문자를 사용하는 것이 일반적이다. final이 아닌 일반 변수와 쉽게 구분하기 위해서다.

final 변수는 원칙적으로 초기화해야 한다. 선언 시에 초기화하지 않은 final 변수에는 **한 번만** 값을 대입할 수 있다. 즉, 다음 코드에서 볼 수 있듯이, 초기화 또는 대입에 의해 한 번만 값을 지정할 수 있다.

```
final int A = 1;        // 초기화    final int B;
A = 2;                  // 오류       B = 1;              // 대입
                                     B = 2;              // 오류
```

다음은 / 연산자와 % 연산자의 계산 예다.

양수 ÷ 양수	5 / 3	→ 1	5 % 3	→ 2
양수 ÷ 음수	5 / (−3)	→ −1	5 % (−3)	→ 2
음수 ÷ 양수	(−5) / 3	→ −1	(−5) % 3	→ −2
음수 ÷ 음수	(−5) / (−3)	→ 1	(−5) % (−3)	→ −2

다음과 같은 프로그램을 작성하자.

· 한 자리 양의 정숫값(즉, 1이상 9이하의 값)을 랜덤으로 생성해서 표시

· 한 자리 음의 정숫값(즉, -9이상 -1이하의 값)을 랜덤으로 생성해서 표시

· 두 자리 양의 정숫값(즉, 10이상 99이하의 값)을 랜덤으로 생성해서 표시

```java
// 정수의 난수를 생성해서 표시
// 프로그램의 첫 부분(클래스 선언 이전)에 둔다. •————————— ⓐ
import java.util.Random;

class RandomInteger {
  public static void main(String[] args) {
    // main 메서드의 첫 부분(난수를 생성하는 c 이전)에 둔다. •————— ⓑ
    Random rand = new Random();

    // 난수를 생성한다. •————— ⓒ
    int n1 =  1 + rand.nextInt(9);     // 한 자리 양의 정수 ( 1 ~  9)
    int n2 = -1 - rand.nextInt(9);     // 한 자리 음의 정수 (-1 ~ -9)
    int n3 = 10 + rand.nextInt(90);    // 두 자리 양의 정수 (10 ~ 99)

    System.out.println("3개의 난수를 생성했습니다.");
    System.out.println("한 자리 양의 정수:" + n1);
    System.out.println("한 자리 음의 정수:" + n2);
    System.out.println("두 자리 양의 정수:" + n3);
  }
}
```

실행 예

```
3개의 난수를 생성했습니다.
한 자리 양의 정수:7
한 자리 음의 정수:-5
두 자리 양의 정수:34
```

난수 생성

랜덤으로 생성되는 값을 난수라고 한다. ⓐ, ⓑ, ⓒ는 난수 생성에 필요한 '정해진 구문'이다. ⓒ 에서 rand.nextInt(n)은 0이상 n미만의 랜덤한 정숫값(즉, 0, 1, …, n-1 중 하나)을 만든다. random.nextInt(9)의 값은 0~8이 되며, rand.nextInt(90)의 값은 0~89가 되므로 각 변수는 다음과 같이 초기화된다.

· 변수 n1: 0~8에 1을 더한 1~9

· 변수 n2: 0~8의 부호를 반대로 한 0~-8에 -1을 더한 -1~-9

· 변수 n3: 0~89에 10을 더한 10~99

키보드에서 입력한 정숫값을 +5 또는 -5범위의 랜덤 정숫값을 생성하자.

```java
//키보드를 통해 입력받은 값의 ±5 범위에 있는 난수 생성
import java.util.Random;
import java.util.Scanner;

class RandomPlusMinus5 {
  public static void main(String[] args) {
    Random rand = new Random();
    Scanner stdIn= new Scanner(System.in);

    System.out.print("정숫값:");
    int x = stdIn.nextInt();          // x에 정숫값을 대입

    System.out.println("입력 값의 ±5 범위의 난수를 생성했습니다.");
    System.out.println("값은 " + (x-5 + rand.nextInt(11))+"입니다.");
  }
}
```

결과 예

정숫값 : 7
입력 값의 ±5 범위의 난수를 생성했습니다.
값은 11입니다.

다양한 난수 생성 방법

[표 2-5]는 난수를 생성하는 메서드 목록이다. double형인 실숫값의 난수를 생성하는 nextDouble 메서드는 0.0이상 1.0미만의 실숫값을 생성한다.

표 2-5 Random 클래스의 메서드

메서드	자료형	생성된 값의 범위
nextBoolean()	boolean	true 또는 false
nextInt()	int	−2147483648 ~ + 2147483646
nextInt(n)	int	0 ~ n − 1
nextLong()	long	−9223372036854775808 ~ + 9223372036854775807
nextDouble()	double	0.0이상 1.0미만
nextFloat()	float	0.0이상 1.0미만

다음과 같은 프로그램을 작성하자.

· 0.0이상 1.0미만의 실숫값을 랜덤으로 생성해서 표시

· 0.0이상 10.0미만의 실숫값을 랜덤으로 생성해서 표시

· -1.0이상 1.0미만의 실숫값을 랜덤으로 생성해서 표시

```java
// 실수의 난수를 생성해서 표시
import java.util.Random;

class RandomDouble {
  public static void main(String[] args) {
    Random rand = new Random();

    double x1 = rand.nextDouble();           //  0.0이상  1.0미만의 난수
    double x2 = -1 - rand.nextDouble() * 10; //  0.0이상 10.0미만의 난수
    double x3 = -1 + 2 * rand.nextDouble();  // -1.0이상  1.0미만의 난수

    System.out.println("3개의 난수를 생성했습니다.");
    System.out.println(" 0.0이상  1.0미만:" + x1);
    System.out.println(" 0.0이상 10.0미만:" + x2);
    System.out.println("-1.0이상  1.0미만:" + x3);
  }
}
```

실행 예
```
3개의 난수를 생성했습니다.
 0.0이상  1.0미만:0.9397731137908585
 0.0이상 10.0미만:5.8760654163828026
-1.0이상  1.0미만:-0.5318865609127559
```

난수 생성

RandomPlusMinus5 프로그램은 키보드에서 입력한 정숫값에 +5 또는 -5 범위의 난수를 생성한다. 실행 예에서 볼 수 있듯이, 변수 x에 저장한 값이 7이면 x - 5는 2가 된다. 이 2에 0이상 11미만(0이 상 10이하)의 값을 더하면 2이상 12이하의 정수가 된다. RandomDouble 프로그램은 double형의 난 수를 nextDouble( ) 메서드로 생성한다.

키보드로 입력한 성과 이름으로 인사하는 프로그램을 작성하자.

```java
// 입력한 성과 이름을 인사
import java.util.Scanner;

class Greeting {
   public static void main(String[] args) {
      Scanner stdIn = new Scanner(System.in);

      System.out.print("성:");   String lastName = stdIn.next();      // 성
      System.out.print("이름:"); String firstName = stdIn.next();     // 이름
      System.out.println("안녕하세요. " + lastName + firstName + " 씨.");
   }
}
```

실행 예

```
성:홍
이름:길동
안녕하세요. 홍길동 씨.
```

입력한 주소를 표시하는 프로그램을 작성하자.

```java
// 주소를 읽어서 표시
import java.util.Scanner;

class Address {
   public static void main(String[] args) {
      Scanner stdIn = new Scanner(System.in);

      System.out.print("주소:");
      String address = stdIn.nextLine(); // 주소

      System.out.print("주소는 " + address + "입니다.");
   }
}
```

실행 예

```
주소:서울특별시 마포구
주소는 서울특별시 마포구입니다.
```

문자열과 String형

[문제 2-14, 2-15]는 문자열을 다루는 프로그램이다. 입력한 문자열은 각각 lastName과 firstName 그리고 address 변수에 저장되고, 각각의 자료형은 모두 String형이다. 문자열 리터럴과 마찬가지로 String형 변수에 넣은 문자열도 + 연산자를 사용해서 연결할 수 있다.

next()와 nextLine()

문자열 읽기 위해선 next 메서드를 사용한다. 단, next()를 사용한 키보드 입력에선 공백 문자나 탭^{tab} 문자가 문자열을 나누게 된다. 성에 공백 문자를 입력해서 '홍 길동'이라고 입력하면 변수 lastName에는 '홍'이 저장되고 firstName에 '길동'이 저장된다(이름을 입력할 수 없다).

공백 문자도 포함해서 한 줄의 입력을 문자열로 읽으려면 nextLine 메서드를 사용해야 한다. Address 프로그램에선 주소에 공백 문자가 포함될 가능성을 고려해서 nextLine()을 사용했다.

들여쓰기(indent)

main 메서드 안에 작성하는 코드는 모두 왼쪽 끝을 맞추어 7번째 칸부터 시작한다. {}는 코드를 하나의 그룹으로 묶은 것으로 '단락'과 같다. 단락 안의 코드는 [그림 2-10]과 같이 자리를 맞춰서 입력하면 구조를 파악하기 쉽다.

이런 목적으로 왼쪽에 공백을 두는 것을 들여쓰기라하며 들여쓰기를 사용해서 단락을 만드는 것을 인덴테이션^{indentation}이라 한다. 책의 프로그램은 [그림 2-10]과 같이 탭^{tab} 공백을 들여쓰기 단위로 적용한다. 즉, 왼쪽 여백은 계층의 깊이에 따라 탭 1회, 탭 2회, 탭 3회, … 분의 공백이 만들어진다.

그림 2-10 들여쓰기(구구단을 출력하는 프로그램)

계층 구조에 맞게 들여쓰기를 한다.

```java
public static void main(String[] args) {
    for (int i = 1; i <= 9; i++) {
        for (int j = 1; j <= 9; j++) {
            System.out.printf("%3d", i * j);
        }
        System.out.println();
    }
}
```

문제 2-16

String형의 변수를 문자열로 초기화하거나 변수에 문자열을 대입하는 프로그램을 작성하자.

```
// 문자열 초기화와 대입
class StringTester{
  public static void main(String[] args) {
    String s1 = "ABC";   // 초기화
    String s2 = "XYZ";   // 초기화

    System.out.println("문자열 s1은 " + s1 + "입니다.");   // 표시
    System.out.println("문자열 s2는 " + s2 + "입니다.");   // 표시

    s1 = "FBI";          // 대입(값을 변경한다)
    System.out.println("문자열 s1은 " + s1 + "입니다.");   // 표시
    System.out.println("문자열 s2는 " + s2 + "입니다.");   // 표시
  }
}
```

실행 결과
```
문자열 s1은 ABC입니다.
문자열 s2는 XYZ입니다.
문자열 s1은 FBI입니다.
문자열 s2는 XYZ입니다.
```

String형 변수 초기화와 대입

[문제 2-16]은 String형 변수에 문자열을 초기화하거나 대입하는 프로그램이다. 문자열 s1은 "ABC"로 초기화했지만, 뒤에서 다시 s1에 "FBI"를 대입했다. 따라서 s1의 값은 "ABC"에서 "FBI"로 변경된다. String은 8장에서 배우는 '클래스'로 만들어진 자료형이다. 지금 자세한 내용을 알 필요는 없지만, s1에 "FBI"를 대입하는 것은 '문자열의 내용을 변경하는 것이 아니라' '참조 위치를 변경하는 것' 정도라고 알아두도록 하자. 자세한 내용은 15장에서 다룬다.

빈칸을 채우시오.

• 82나 17 같은 정숫값을 나타내는 상수를 [(1)] 이라고 하며 3.14나 2.5 같은 실숫값을 나타내는 상수를 [(2)] 이라고 한다.

• 숫자 등의 데이터를 자유롭게 저장했다가 꺼낼 수 있는 것이 [(3)] 이다. [(3)] 는 필요한 시점에 [(4)] 을 이름을 부여해서 선언해야 한다. [(3)] 에서 값을 꺼내려면 사전에 값을 넣어두어야 한다. 생성 시에 값을 넣는 것을 [(5)] 라고 하며, 한 번 생성한 후에 값을 넣은 것을 [(6)] 이라고 한다.

• 계산하는 + 나 * 등의 기호를 [(7)] 라고 하며 연산 대상이 되는 식을 [(8)] 라고 한다. 연산 대상이 되는 [(8)] 의 개수는 [(7)] 에 따라 다르다. 적은 것은 [(9)] 개이고 많은 것은 [(10)] 개이다. 참고로 =의 명칭은 [(11)] 이다.

• 소스 프로그램은 그 구조에 맞게 왼쪽에서부터 공백을 두고 작성하면 읽기 쉬워진다. 이 공백을 [(12)] 라고 한다.

• 아래의 코드는 키보드를 통해 값을 받아서 2개의 int형 정수 x, y에 저장하고 이를 이용해 사칙연산을 하는 프로 그램이다.

```java
import java. (13) . (14) ;

class Arithmetic {
        (15)  static  (16)  main(String[] args) {
          (17)  stdIn = new  (17) ( (18) );

        System.out.println("x와 y를 곱하고 나눕니다.");
        System.out.print("x의 값:");           // x값 입력 메시지
        int x = stdIn. (19) ;                   // x에 정숫값을 저장한다.

        System.out.print("y의 값:");           // y값 입력 메시지
        int y = stdIn. (19) ;                   // y에 정숫값을 저장한다.

        System.out.println(x   +   y);          // x에 y를 더한 값
        System.out.println(x   -   y);          // x에서 y를 뺀 값
        System.out.println(x (20) y);           // x에 y를 곱한 값
        System.out.println(x (21) y);           // x를 y로 나눈 몫
        System.out.println(x (22) y);           // x를 y로 나눈 나머지
    }
}
```

- 다음에 나타내는 것은 double형 실수 x의 부호를 반대로 한 값(x가 5.3이면 −5.3)과 x와 y의 평균을 구하는 프로그램이다.

```
System.out.println("x의 부호를 반대로 한 값은" +   (23)   + "입니다.");
System.out.println("x와 y의 평균은" +   (24)   + "입니다.");
```

- 정수를 표현하기 위한 주요 정수형으로   (25) ,   (26) ,   (27) ,   (28)   이 있으며, 실수를 표현하기 위한 실수형으로는   (29) ,   (30)   이 있다.
  이런 형들과, 문자형, 논리형 등을 모두 통칭해서   (31)   이라고 한다.
  ※(25)~(28) 및 (29)~(30)은 알파벳 순으로 답할 것.

- 다음 프로그램들의 실행 결과를 표시하자.
  ※클래스 선언이나 main 메서드 선언 등은 생략했다. 이후 장에서도 동일하게 프로그램 부분만 보여준다.

```
System.out.println("13 + 57 = " +  13 + 57 );
System.out.println("13 + 57 = " + (13 + 57));
```
(32)

```
int x = 10;
System.out.println("x = " + "x");
System.out.println("x = " +  x );
```
(33)

```
System.out.println(10 - 7);
System.out.println(10 * 7);
System.out.println(10 / 7);
System.out.println(10 % 7);
```
(34)

```
System.out.println(  5 /   3 );
System.out.println(  5 / (-3));
System.out.println((-5) /   3 );
System.out.println((-5) / (-3));
```
(35)

```
System.out.println(  5 %   3 );
System.out.println(  5 % (-3));
System.out.println((-5) %   3 );
System.out.println((-5) % (-3));
```
(36)

- 다음 프로그램은 키보드를 통해 입력받은 double형의 값을 반지름로 하는 원의 둘레와 면적을 구하는 프로그램이다.

```
  (37)   java.util.Scanner;
  (38)   Circle {
  public static void main(String   (39)   args) {
     (40)   double PI = 3.1416;      // 원주율
    Scanner stdIn = new Scanner(System.in);
    System.out.print("반지름  :");
    double r =   (41)  .  (42)  ;   // 반지름 읽기
    System.out.println("원의 둘레는 " + 2 *   (43)   + " 입니다.");
    System.out.println("면적은 " + PI *   (44)   + " 입니다.");
  }
}
```

- 다음은 세 자리의 홀수(101, 103,…,999)를 난수로 생성해서 해당 난수와 그 난수를 10배한 값, 그리고 난수의 마지막 자릿수를 표시하는 프로그램이다(생성한 난수가 537이면 537과 5370, 7를 표시한다).

```
  (37)   java.  (45)  .  (46)  ;
  (38)   RandTen {
  public static void main(String   (39)   args) {
     (47)   rand = new   (47)  ();
    int k = 2 * rand.  (48)  (  (49)  ) +   (50)  ;
    System.out.println("생성한 난수는 " + k   + " 입니다.");
    System.out.println("10배한 값은 " +   (51)   + " 입니다.");
    System.out.println("마지막 자릿수는 " +   (52)   + " 입니다.");
  }
}
```

- 다음은 성과 이름을 읽어서 한글과 영어로 인사하는 프로그램이다. 예를 들어 성을 'Hong'이라고 입력하고 이름을 'Gildong'이라고 입력한 경우는, 먼저 '안녕하세요. Hong Gildong님'이라고 표시하고 다음은 'Hello, Gildong Hong.'이라고 표시한다.

```
  (37)   java.util.Scanner;
  (38)   HelloJE {
  public static void main(String   (39)   args) {
    Scanner stdIn = new Scanner(System.in);
    System.out.print("성:");
    String last = stdIn.  (53)  ;  // 성
    System.out.print("이름  :");
    String first  = stdIn.  (53)  ;  // 이름
    System.out.println(  (54)  ;   // 한글로 인사
```

```
        System.out.println(   (55)   );   // 영어로 인사
    }
}
```

• 다음은 프로그램에서 잘못된 부분을 찾아 수정하자.   (56)

 ※잘못된 곳은 한 곳이 아니라 여러 군데에 있음

```
crass A [
    pubilc static main(String[] args) [
        final int a = 3;
        final int b = 5;
        final int x = 1;
        x = (a   + b) / 2:
        System.out.plintln("a = ", a)
        System.out.plintln("b = ", b)
        System.out.plintln("x = ", x)
    ]
]
```

순서도

3장부터 사용할 순서도(flow chart, 플로차트)에 대해 배워보자.

순서도의 기호

문제 정의, 분석 및 해법을 도식화한 것이 순서도이며 그 기호는 다음 규격에 정의돼 있다.

프로그램 순서도(program flowchart)

프로그램 순서도는 다음과 같은 기호로 구성된다.

· 연산을 나타내는 기호
· 제어 흐름을 나타내는 선
· 프로그램 순서도를 이해하고 작성할 때 유용한 특수 기호

데이터(data)

매체를 지정하지 않은 데이터를 가리킨다.

처리(process)

임의의 처리 기능을 나타낸다. 예를 들어 정보의 값, 형태, 위치를 변경하도록 정의된 연산 또는 연산 그룹의 실행을 나타낸다. 또한, 연산 뒤의 흐름의 방향을 결정하는 연산 또는 연산 그룹을 실행하는 것을 나타내기도 한다.

사전 정의된 처리(predefined process)

서브 루틴이나 모듈 등 별도의 위치에 정의된 하나 이상의 연산 또는 명령 집합으로 구성된 처리를 나타낸다.

판단(decision)

하나의 입구와 다수의 출구를 가지며, 기호 안에 정의된 조건을 평가에 따라 하나의 출구를 선택하는 기능 또는 스위치 형태의 기능을 나타낸다. 평가 결과는 경로를 나타내는 선 근처에 표기한다.

반복(loop limit)

2개의 부분으로 구성되며 루프(반복) 시작과 종료를 나타낸다. 2개의 기호는 동일한 이름을 지닌다. 루프 시작 기호(판정 후 반복하는 경우) 또는 루프 종료 기호(반복 후 판정하는 경우) 안에 초기화, 증감, 종료 조건을 표기한다.

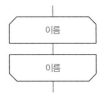

선(line)

제어 흐름을 나타낸다. 제어 방향을 명시할 필요가 있을 때는 화살표를 표기해야 한다. 제어 방향이 필요 없는 경우라도 화살표를 사용해서 흐름을 쉽게 이해할 수 있다.

단자(terminator)

외부 환경으로의 출구 또는 외부 환경으로부터의 입구를 표시한다. 예를 들어 프로그램 흐름의 시작 또는 종료를 나타낸다.

이 외에도 병렬 처리나 점선 등의 기호가 있다.

프로그램의 흐름
: 분기

3장에선 다양한 연산자와 프로그램의 흐름을 결정하는
if문, switch문, break문 등 분기에 대해 배운다.

키보드로 입력한 정숫값이 음이면 "이 값은 음의 값입니다."라고 표시하는 프로그램을 작성하자.

```java
// 읽은 정숫값이 음의 값인가?
import java.util.Scanner;

class Nagative {
    public static void main(String[] args) {
        Scanner stdIn = new Scanner(System.in);

        System.out.print("정숫값:");
        int n = stdIn.nextInt();

        // if-then문:if (조건식) 실행문
        if (n < 0)
            // n < 0이 true(참)일 때 실행한다.
            System.out.println("이 값은 음의 값입니다.");
    }
}
```

```
실행 예
정숫값:-10
이 값은 음의 값입니다.
```

```
실행 예
정숫값:35
```

if문(if statement) − 형식1: if−then문

입력한 값은 변수 n에 저장되며 이 n의 값을 판정하는 것은 if(n < 0)으로 if문이라 하는 구문을 사용한다. 형식은 다음과 같이 구성된다.

```
if (조건식)
    실행문
```

if-then문은 if문의 한 종류이다. if는 '만약 ~'이라는 의미로 식의 값을 확인해서 'true참'일 경우에만 '실행문'을 실행한다. 이 책에선 ( ) 안에 조건 판정을 위해 작성하는 식을 조건식이라고 부른다.

관계 연산자(relational operator)

피연산자의 대소 관계를 판정하는 연산자를 관계 연산자라 한다(표 3-1). 조건이 성립하면 true을, 그렇지 않으면 false를 생성한다. true와 false는 논리값 리터럴boolean literal이라고 하는 논리형boolean리터럴이다(5장). <= 연산자와 >= 연산자에서 등호를 왼쪽(=< 또는 =>)에 둘 수 없으며 <와 = 사이에 공백을 넣을 수도 없다.

[그림 3-1]은 if문의 프로그램 흐름을 보여주는 순서도이다. 첫 번째 실행 예처럼 n이 0보다 작으면 조건식의 값이 true가 되어 "이 값은 음의 값입니다"를 출력한다. 두 번째 실행 예처럼 n이 0이상이면 출력 코드가 실행되지 않으므로 화면에 아무것도 표시되지 않는다.

표 3-1 관계 연산자

x < y	x가 y보다 작으면 true, 그렇지 않으면 false를 생성한다.
x > y	x가 y보다 크면 true, 그렇지 않으면 false를 생성한다.
x <= y	x가 y보다 작거나 같으면 true, 그렇지 않으면 false를 생성한다.
x >= y	x가 y보다 크거나 같으면 true, 그렇지 않으면 false를 생성한다.

그림 3-1 Negative 프로그램의 if문 순서도

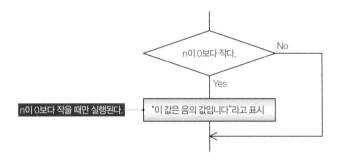

표현식(expression)

표현식은 변수나 리터럴 또는 변수와 리터럴을 연산자로 결합한 것을 말한다. 예를 들어 다음과 같은 경우이다.

```
xyz = abc + 32
```

xyz, abc, 32, abc + 32, xyz = abc + 32는 모두 표현식이다. 일반적으로 OO 연산자에 의해 결합한 식을 OO식이라고 부른다. 예를 들어 대입 연산자에 의해 xyz와 abc + 32가 연결된 식 xyz = abc + 32는 대입식assignment expression이다.

정숫값을 읽어서 절댓값을 구하는 프로그램을 작성하자.

```java
// 정숫값을 읽어서 절댓값을 표시(방법1)
import java.util.Scanner;

class Absolute1 {
  public static void main(String[] args) {
    Scanner stdIn = new Scanner(System.in);

    System.out.print("정숫값:");
    int n = stdIn.nextInt();

    // if (조건식) 실행문 else 실행문
    if (n >= 0)
      // n >=0이 true일 때 실행한다.
      System.out.println("절댓값은 "+ n + "입니다.");
    else
      // n>=0이 false일 때 실행한다.
      System.out.println("절댓값은 "+ -n + "입니다.");
  }
}
```

실행 예1

정숫값 : 62
절댓값은 62입니다.

```java
// 정숫값을 읽어서 절댓값을 표시(방법2)
import java.util.Scanner;

class Absolute2 {
  public static void main(String[] args) {
    Scanner stdIn = new Scanner(System.in);

    System.out.print("정숫값:");
    int n = stdIn.nextInt();
    int abs;

    // if (조건식) 실행문 else 실행문
    if (n >= 0)
      abs = n;   // n >=0이 true일 때 실행한다.
    else
      abs = -n;   // n>=0이 false일 때 실행한다.
    System.out.println("절댓값은 "+ abs + "입니다.");
  }
}
```

실행 예2

정숫값 : -35
절댓값은 35입니다.

if문 – 형식2: if-then-else문

변수 n의 절댓값은 n이 0이상이면 n이 되고, n이 0이하면 부호가 반대인 -n이 된다. 절댓값이란 숫자의 크기를 가리키는 것으로 0으로부터 얼마큼 떨어져 있는지 나타내는 값이다. 예를 들어 5와 -5의 크기는 5로 절댓값은 5가 된다.

n이 0이상인지 아닌지에 따라 다른 처리를 하기 위해 Absolute1에선 if문을 이용한다. 단, 이 구문은 [문제 3-1]과 달리 다음과 같은 형식을 사용한다.

```
if (조건식)
    실행문
else
    실행문
```

이 형식의 if문을 if-then-else문이라고 한다. 물론 else는 '~가 아니라면'이라는 의미다. 조건식의 값이 true이면 else 앞에 있는 실행문이 실행되고 false라면 else 뒤에 있는 실행문이 실행된다. 이 프로그램의 흐름을 보여주는 것이 [그림 3-2]이다. n이 0이상인지 아닌지에 따라 다른 처리가 실행된다.

그림 3-2 프로그램 Absolute1의 if문 순서도

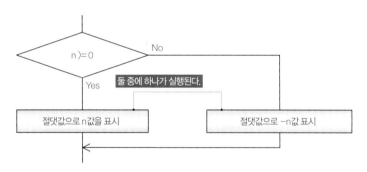

Absolute2 프로그램은 n의 절댓값을 변수 abs에 저장한 후 출력한다. 이렇게 변경하면 변수는 늘어나지만, 코드가 한 줄이 된다는 점에서 유용하다. 표시할 메시지 **"절댓값은 ~"**을, "이 값의 절댓값은 ~"이라고 변경해야 하는 경우, Absolute1 프로그램에선 두 곳을 변경해야 하지만, Absolute2에선 한 곳만 변경하면 된다.

구문 해석도(Syntax Diagram)

[그림 3-3**ⓐ**]는 if-then문과 if-then-else문을 모아서 구문 해석도로 표현한 것이며, 구문 해석도의 요소에는 타원형과 사각형이 있다.

타원형: 'if'와 같은 키워드(표 3-4)나 '[, (, {' 등의 구분 기호(표 3-5)는 정해진 글자(기호)를 사용해야 한다. 이런 경우에 타원형으로 표시한다.

사각형: '조건식'이나 '실행문'은 n > 0이나 a = 0; 처럼 구체적으로 형태로 기술해야 한다. 이처럼 문법상의 개념을 표기할 때 사각형을 사용한다.

구문 해석도를 읽을 때는 화살표 방향을 따라가면 된다. 왼쪽에서부터 시작하며 오른쪽 끝에서 종료된다. 분기점은 어느 쪽으로 진행하든 상관없다.

그림 3-3 if문/표현문/공문의 구문 해석도

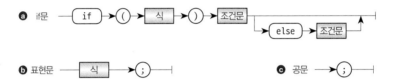

표현문과 공문

1장에서 배운 것처럼 실행문의 끝에는 원칙적으로 세미콜론(;)을 사용해야 한다. 예를 들어 a = c + 32라는 대입식에 세미콜론을 붙이면 문이 된다. 이와 같이 식에 세미콜론을 붙인 것은 표현문ex-pression statement이라고 한다(그림 3-3**ⓑ**).

앞 문제에선 변수 n의 값이 0이상일 때에 처리할 것이 없었으므로 else가 필요 없었다. 하지만 [그림 3-1]의 순서도를 보면 프로그램의 흐름이 ◇부분에서 두 방향으로 분기한다. 앞 문제의 if-then문은 다음과 같이 if-then-else로 표현할 수 있다.

```
if (n < 0)
    System.out.println("이 값은 음의 값입니다.");
else
    ;   // 공문(empty statement)
```

공문empty statement에서는 아무것도 실행하지 않는다(그림 3-3 **ⓒ**).

2개의 양의 정숫값을 읽어서, 후자가 전자의 약수이면 "B는 A의 약수이다."라고 표시하고, 그렇지 않으면 "B는 A의 약수가 아니다."라고 표시하는 프로그램을 작성하자.

```java
// 읽은 정숫값인지 약수인지 판별(등가 연산자)
import java.util.Scanner;

public class Measure1 {
    public static void main(String[] args) {
        Scanner stdIn = new Scanner(System.in);

        System.out.print("변수 A:");  int a = stdIn.nextInt();
        System.out.print("변수 B:");  int b = stdIn.nextInt();

        if (a % b == 0)
            System.out.println("B는 A의 약수입니다.");
        else
            System.out.println("B는 A의 약수가 아닙니다.");
    }
}
```

실행 예
변수 A : 12
변수 B : 4
B는 A의 약수입니다.

등가 연산자(equality operator)

변수 b가 변수 a의 약수인지 판별하려면 a를 b로 나누어 나머지가 0인지를 계산한다.

if문의 조건식에서 사용하는 ==는 좌우의 피연산자가 서로 '같은지'를 판정하는 연산자다. 이==와 '같지 않다'를 판정하는 != 연산자를 등가 연산자라고 한다(표 3-2). 두 연산자 모두 조건이 성립하면 true를 생성하고, 성립하지 않으면 false를 생성한다.

표 3-2 등가 연산자

x == y	x와 y가 같으면 true, 같지 않으면 false를 생성한다.
x != y	x와 y가 같지 않으면 true, 같으면 false를 생성한다.

!= 연산자를 사용하면 이 문제의 프로그램을 다음과 같이 변경할 수 있다. 출력하는 두 코드의 순서가 바뀌는 것에 주의하자.

```java
if (a % b != 0)
    System.out.println("B는 A의 약수가 아닙니다.");
else
    System.out.println("B는 A의 약수입니다.");
```

[문제 3-3]의 프로그램을 논리 부정 연산자(!)를 사용해서 수정하자.

```java
// 가져온 정수 값은 약 몇인지 여부 (논리 부정 연산자)
import java.util.Scanner;

public class Measure2 {
  public static void main(String[] args) {
    Scanner stdIn = new Scanner(System.in);

    System.out.print("변수 A:");  int a = stdIn.nextInt();
    System.out.print("변수 B:");  int b = stdIn.nextInt();

    if(!(a % b == 0))
      System.out.println("B는 A의 약수가 아닙니다.");
    else
      System.out.println("B는 A의 약수입니다.");
  }
}
```

실행 예
변수 A:12
변수 B:5
B는 A의 약수가 아닙니다.

논리 부정 연산자(logical negation operator)

단항 연산자인 !는 논리 부정 연산자라고 하며, 피연산자의 값이 false이면 true를 생성하고, true
이면 false를 생성한다(표 3-3).

이 프로그램에서 if문은 다음과 같이 분기된다.

```
a % b가 0이면    : a % b == 0은  true. 따라서 !(a%b == 0)은 false.
a % b가 0이 아니면: a % b == 0은 false. 따라서 !(a%b == 0)은 true.
```

표 3-3 논리 부정 연산자

!x	x가 false이면 true, true이면 false를 생성한다.

관계 연산자와 등가 연산자가 이항 연산자라는 것에 주의하자. 예를 들어 '변수 a의 값이 1이상 3이
하인지'를 다음과 같이 판정할 수 없다.

```
1 <= a <= 3      // 틀림!
```

이와 같은 경우에는 논리곱 연산자 &&를 사용해서 확인해야 한다(표 3–8).

```
a >=1 && a <= 3    // OK!!(a는 1이상이면서 3이하인지를 판정)
```

또한, '변수 a와 변수 b, 변수 c의 값이 같은지'도 다음과 같이 할 수 없다.

```
a == b == c        // 틀림!
```

이런 경우에는 논리곱 연산자 &&를 사용해서 확인해야 한다.

```
a == b && b == c    // OK!(a는 b와 같으며 b는 c와 같은지를 판정)
```

물론 다음과 같이 판정할 수도 있다.

```
a == b && a == c    // OK!(a는 b와 같으며 a는 c와 같은지를 판정)
```

식과 평가

식은 항상 값을 가지며 프로그램 실행 시에 이 값을 확인한다. 식의 값을 확인하는 것을 평가evaluation라 한다. [그림 3–4]는 평가의 구체적인 예를 보여준다. 이 그림은 int형의 변수 n의 값이 1254이다. 물론 n, 10, n % 10 모두 식이다. 변수 n의 값이 1254이므로 각 식을 평가한 값은 1254, 10, 4가 된다. 물론 3개의 값 모두 int형이다. 왼쪽의 작은 글자가 '자료형'이며 오른쪽의 큰 글자가 '값'이다.

그림 3-4 식과 평가

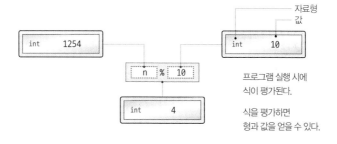

3장 — 프로그램의 흐름: 분기   **65**

정숫값을 읽어 부호(양수/음수/0)를 판정하는 프로그램을 작성하자.

```java
// 읽은 정숫값의 부호(양수/음수/0)를 판정해서 표시
import java.util.Scanner;

class Sign {
  public static void main(String[] args) {
    Scanner stdIn = new Scanner(System.in);

    System.out.print("정숫값:");
    int n = stdIn.nextInt();

    if (n > 0)
      System.out.println("값이 양수입니다.");
    else if (n < 0)
      System.out.println("값이 음수입니다.");
    else
      System.out.println("값이 0입니다.");
  }
}
```

실행 예1
정숫값:37
값이 양수입니다.

실행 예2
정숫값:0
값이 0입니다.

실행 예3
정숫값:-35
값이 음수입니다.

중첩 if문

이 프로그램에는 else if가 있지만 이런 구문이 특별하게 별도로 존재하는 것은 아니다. if문은 '구문의 한 종류'이므로 else가 제어하는 문은 당연히 if문이 될 수도 있다. [그림 3-5]는 프로그램의 if문의 구조를 보여주는 것이다. if문 안에 if문이 들어 있는 '중첩' 관계를 지닌다. 그림에선 'System.out.'를 생략했다(이후 그림에서도 생략하는 경우가 있을 것이다).

그림 3-5 프로그램 Sign의 if문(중첩 if문) 구조

```
if (n > 0)
    실행문 ·········   ❶ println("값이 양수입니다.");
else
    실행문 ·········   if (n < 0)
                          실행문 ·········   ❷ println("값이 양수입니다.");
                      else
                          실행문 ·········   ❸ println("값이 0입니다.");
```

[문제 3-5]의 프로그램에서 마지막 else를 else if (n==0)으로 변경하면 어떻게 되는지 확인하자.

if문과 프로그램 흐름의 분기

[문제 3-6]은 [문제 3-5]의 if문을 다음과 같이 변경하면 어떻게 되는지 검토하는 문제이다.

```
if (n > 0)
    System.out.println("값이 양수입니다.");
else if (n < 0)
    System.out.println("값이 음수입니다.");
else if (n == 0)
    System.out.println("값이 0입니다.");
```

if (n == 0)에 도달하는 것은 n > 0과 n < 0의 판정이 모두 false가 되는 경우로 n과 0이 같을 경우이다. 따라서 프로그램을 실행하면 변경 전과 동일한 결과를 얻을 수 있다. 애당초 n이 0과 같다는 것을 알고 있는 문맥에선, 일부러 같은지를 판정하는 것이 무의미하다. 여기서 약간의 실험을 해보자. 이 if문을 다음과 같이 변경한 프로그램을 작성해보자.

```
if (n == 1)
    System.out.println("이것은 1입니다.");     •⸱⸱⸱⸱⸱⸱⸱⸱⸱⸱⸱⸱⸱⸱⸱❶        코드1
else if (n == 2)
    System.out.println("이것은 2입니다.");     •⸱⸱⸱⸱⸱⸱⸱⸱⸱⸱⸱⸱⸱⸱⸱❷
else if (n == 3)
    System.out.println("이것은 3입니다.");     •⸱⸱⸱⸱⸱⸱⸱⸱⸱⸱⸱⸱⸱⸱⸱❸
```

n의 값이 1이면 ❶이, 2이면 ❷가, 3이면 ❸이 실행된다. 여기서 if (n == 3)을 제거하면 어떻게 되는지 보도록 하자.

구문은 'if (조건식) 실행문 else if (조건식) 실행문 else 실행문'이 된다. 이것은 프로그램의 흐름을 세 곳으로 분기하는 if문으로 앞 문제에서 본 것과 동일한 형식이다. 하지만 실행 상태가 다르다. n의 값이 4이든, 5이든 -10이든, 1 또는 2가 아닌 값이라면 ❸이 실행된다. 코드1은 다음 if문과 동일한 처리를 하기 때문이다.

```
if (n == 1)
    System.out.println("이것은 1입니다.");
else if (n == 2)
    System.out.println("이것은 2입니다.");
else if (n == 3)
```

```
    System.out.println("이것은 3입니다.");
  else
    ;    // 아무것도 하지 않는다(공문)
```

프로그램의 흐름은 4개로 분기되어 있다. 즉, 앞 문제의 if문과 구조가 다르기 때문에 if (n == 3) 을 지워서는 안 된다.

마지막으로 else 뒤에는 정말로 필요한 경우에만 if ( )를 사용해야 한다.

키워드

키워드란 if나 else 같은 어구에 특별한 의미가 부여된 것으로 이런 어구는 변수 등의 이름으로 사용할 수 없다. 자바에서는 [표 3-4]와 같이 50개의 키워드를 사용한다.

표 3-4 키워드 목록

abstract	assert	boolean	break	byte	case
catch	char	class	const	continue	default
do	double	else	enum	extends	final
finally	float	for	goto	if	implements
import	instanceof	int	interface	long	native
new	package	private	protected	public	return
short	static	strictfp	super	switch	syncronized
this	throw	throws	transient	try	void
volatile	while				

구분자(separator)

키워드는 일종의 '단어'와 같은 것이다. 단어를 구분하기 위해 사용하는 기호가 구분자이다. [표 3-5]은 9개의 구분자를 보여준다.

표 3-5 구분자 목록

[	]	(	)	{	}	,	:	.

2개의 변수 a, b에 값을 읽어서 a, b의 대소 관계를 다음과 같이 표시하는 프로그램을 작성하자.
"a가 크다.", "b가 크다.", "a와 b가 같다."

```java
// 읽은 정숫값의 대소 관계를 표시
import java.util.Scanner;

class Balance {
   public static void main(String[] args) {
      Scanner stdIn = new Scanner(System.in);

      System.out.print("변수 a:");  int a = stdIn.nextInt();
      System.out.print("변수 b:");  int b = stdIn.nextInt();

      if (a > b)
         System.out.println("a가 크다.");
      else if (a < b)
         System.out.println("b가 크다.");
      else
         System.out.println("a와 b가 같다.");
   }
}
```

실행 예1

변수 a:12
변수 b:3
a가 크다.

실행 예2

변수 a:5
변수 b:15
b가 크다.

```java
// 읽은 정숫값의 대소 관계를 표시(틀린 버전)
import java.util.Scanner;

class BalanceWrong {
   public static void main(String[] args) {
      Scanner stdIn = new Scanner(System.in);

      System.out.print("변수 a:");  int a = stdIn.nextInt();
      System.out.print("변수 b:");  int b = stdIn.nextInt();

      int diff = a - b;
      if (diff > 0)
         System.out.println("a가 크다.");
      else if (diff < 0)
         System.out.println("b가 크다.");
      else
         System.out.println("a와 b가 같다.");
   }
}
```

실행 예1

변수 a:2147483647
변수 b:-1
b가 크다.

실행 예2

변수 a:-2147483648
변수 b:1
a가 크다.

두 값의 대소 관계

[문제 3-7]은 2개의 변수 a와 b의 대소 관계를 판정하는 프로그램이다. 앞 문제와 마찬가지로 중첩 if문을 사용한다. 'a가 크다.', 'b가 크다.', 'a와 b가 같다.' 중 하나가 표시된다. 즉, 3개의 메시지 중 아무것도 표시되지 않거나, 2개가 표시되는 경우는 없다.

BalanceWrong 프로그램은 변수 a에서 b를 뺀 값을 diff에 넣은 후 해당 값이 0보다 큰지 여부로 두 변수의 대소 관계를 판단한다. 하지만 이 프로그램은 변수 a와 변수 b의 값에 따라 예상한 것과 다른 결과를 보여준다. 실행 예에선 2147483647보다 −1이 크다고 판정하며 1보다 −2147483648이 크다고 판정한다.

이런 결과가 발생하는 것은 현실 세계에선 무한의 수를 표현하지만, 프로그램 세계에선 유한의 수만 표현할 수 있기 때문이다. int형으로 사용 가능한 숫자는 −2147483648 ~ +2147483647이라는 것을 앞 장에서 설명했다. 실행 예에서처럼 2147483647에서 −1을 뺀 값이나, −2147483648에서 1을 뺀 값은 int형의 표시 범위를 벗어난다. 따라서 바른 판정이 이루어지지 않는 것이다.

입력한 정숫값이 5로 나누어떨어지면 "이 값은 5로 나누어집니다."라고 표시하고 그렇지 않으면 "이 값은 5로 나누어지지 않습니다."라고 표시하는 프로그램을 작성하자.

· 음수를 입력한 경우에는 "음의 정숫값을 입력했습니다."라고 표시할 것.

```java
// 읽은 정숫값이 양의 정수이면 5로 나누어 떨어지는지 여부를 표시
import java.util.Scanner;

class GoInto5 {
    public static void main(String[] args) {
        Scanner stdIn = new Scanner(System.in);

        System.out.print("정숫값:");
        int n = stdIn.nextInt();

        if (n > 0)
            if (n % 5 == 0)
                System.out.println("이 값은 5로 나누어집니다.");
            else
                System.out.println("이 값은 5로 나누어지지 않습니다.");
        else
            System.out.println("음의 정숫값을 입력했습니다.");
    }
}
```

실행 예1
정숫값:35
이 값은 5로 나누어집니다.

실행 예2
정숫값:36
이 값은 5로 나누어지지 않습니다.

중첩 관계의 if문

[그림 3–6]은 이 프로그램의 if문 구조를 보여준다. if문 안에 if문이 들어 있는 구조이다. 단, 앞서 본 중첩 if문과는 구조가 다르다.

그림 3–6 GoInto5 프로그램의 if문(중첩 관계의 if문) 구조

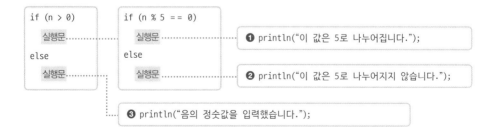

입력한 정숫값이 10의 배수이면 '이 값은 10의 배수입니다.'라고 표시하고, 그렇지 않으면 '이 값은 10의 배수가 아닙니다.'라고 표시하는 프로그램을 작성하라(음수를 읽은 경우 '음의 정숫값을 입력했습니다.'라고 표시할 것).

```java
// 읽은 정숫값이 양수이면 10의 배수인지 판정해서 표시
import java.util.Scanner;

class MultipleOf10 {
  public static void main(String[] args) {
    Scanner stdIn = new Scanner(System.in);

    System.out.print("정숫값:");
    int n = stdIn.nextInt();

    if (n > 0)
      if (n % 10 == 0)
        System.out.println("이 값은 10의 배수입니다.");
      else
        System.out.println("이 값은 10의 배수가 아닙니다.");
    else
      System.out.println("음의 정숫값을 입력했습니다.");
  }
}
```

실행 예1
```
정숫값:1250
이 값은 10의 배수입니다.
```

실행 예2
```
정숫값:1254
이 값은 10의 배수가 아닙니다.
```

대입식의 평가

대입식을 평가하면 대입 후의 왼쪽 피연산자의 형과 값을 얻을 수 있다. 예를 들어 변수 x가 int형이면 대입식 x = 2를 평가해서 얻을 수 있는 것은 대입 후의 왼쪽 피연산자 x의 형과 값으로 'int형의 2'가 된다. 여기서 변수 a와 b가 int형이라고 가정하고 다음 식을 보도록 하자(그림 3-7).

```
a = b = 1  ->  a = ( b= 1)       // 대입 연산자 =는 오른쪽 결합
```

먼저 대입식 b = 1에 의해 1을 b에 대입한다(❶). 다음은 대입식 b = 1을 평가한 값(대입 후의 b값)인 'int형의 1'을 a에 대입한다(❷). 그 결과 a와 b 양쪽에 1이 대입된다.

그림 3-7 대입식의 평가

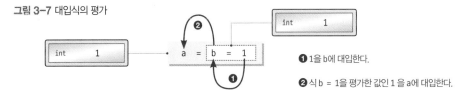

❶ 1을 b에 대입한다.

❷ 식 b = 1을 평가한 값인 1 을 a에 대입한다.

입력한 정숫값을 3으로 나눈다. 그리고 그 결과에 따라 "이 값은 3으로 나누어집니다.", "이 값을 3으로 나눈 나머지는 1입니다.", "이 값을 3으로 나눈 나머지는 2입니다." 중 하나를 표시하는 프로그램을 작성하자(단, 양수가 아닌 경우 "양수가 아닌 값을 입력했습니다."라고 표시할 것).

```java
// 읽은 정숫값이 양수이면 3으로 나눈 결과를 표시
import java.util.Scanner;

class Modulo3 {
    public static void main(String[] args) {
        Scanner stdIn = new Scanner(System.in);

        System.out.print("정숫값:");
        int n= stdIn.nextInt();

        if (n > 0)
            if (n%3 == 0)
                System.out.println("이 값은 3으로 나누어집니다.");
            else if (n%3 == 1)
                System.out.println("이 값을 3으로 나눈 나머지는 1입니다.");
            else
                System.out.println("이 값을 3으로 나눈 나머지는 2입니다.");
        else
            System.out.println("이 값은 양수가 아닙니다.");
    }
}
```

실행 예1

정숫값:1251
이 값은 3으로 나누어집니다.

실행 예2

정숫값:1253
이 값을 3으로 나눈 나머지는 2입니다.

중첩 if문

여기서 사용하는 if문은 앞 문제의 if문보다 약간 복잡하긴 하지만 이해하는데 어려움은 없을 것이다. 조건식 n > 0이 true이고, n값을 3으로 나눈 나머지 값이 0이면 "이 값은 3으로 나누어집니다."를 표시한다.

조건식 n > 0이 true이나, n값을 3으로 나눈 나머지 값이 1이면 "이 값을 3으로 나눈 나머지는 1입니다."를 표시한다.

조건식 n > 0이 true이고 이외의 경우에는 "이 값을 3으로 나눈 나머지는 2입니다."가 표시된다.

조건식 n > 0이 false인 경우는 "양수가 아닌 값을 입력했습니다."가 출력된다.

입력한 점수에 따라 수/우/미/양/가를 판정하는 프로그램을 작성하자.

```java
// 점수를 기준으로 성적 판정(방법1 : 논리곱 연산자 &&를 이용)
import java.util.Scanner;

class Grade1 {
    public static void main(String[] args) {
        Scanner stdIn = new Scanner(System.in);

        System.out.print("점수:");
        int point= stdIn.nextInt();

        if (point >= 0 && point <= 49)
            System.out.println("가");
        else if (point >= 50 && point <= 59)
            System.out.println("양");
        else if (point >= 60 && point <= 69)
            System.out.println("미");
        else if (point >= 70 && point <= 79)
            System.out.println("우");
        else if (point >= 80 && point <=100 )
            System.out.println("수");
        else
            System.out.println("잘못된 점수입니다.");
    }
}
```

실행 예1

점수 : 68
미

실행 예2

점수 : 89
수

실행 예3

점수 : 102
잘못된 점수입니다.

논리곱 연산자(logical and operator) &&

점수에 따라 판정 결과(수/우/미/양/가)를 표시하는 프로그램이다. (point >= 0 && point <= 49)의 조건식에서 점수가 '가'인 경우를 판정한다. 이 식에서 사용하는 && 연산자는 [그림 3-8ⓐ]의 '논리곱' 연산을 하는 논리곱 연산자이다. 이 연산자를 이용한 식 x && y를 평가하면 x와 y가 모두 true인 경우 true를, 그렇지 않으면 false를 반환한다. 우리말의 'x 그리고 y'에 해당한다 (표3-6).

(point >= 0 && point <= 49)의 조건식이 true가 되는 경우는 point 값이 0이상 그리고 49이하일 때이다. 나머지 '수/우/미/양/가'의 판정도 동일하게 && 연산자를 사용한다.

그림 3-8 논리곱과 논리합의 진리표

ⓐ 논리곱

양쪽 모두 참이면 참 ┐

x	y	x && y
true	true	true
true	false	false
false	true	false
false	false	false

ⓑ 논리합

한쪽이라도 참이면 참 ┐

x	y	x ‖ y
true	true	true
true	false	true
false	true	true
false	false	false

```java
// 점수를 기준으로 성적 판정(방법2:논리합 연산자 ‖를 이용)
import java.util.Scanner;

class Grade2 {
    public static void main(String[] args) {
        Scanner stdIn = new Scanner(System.in);

        System.out.print("점수:");
        int point= stdIn.nextInt();

        if (point < 0 ‖ point > 100)
            System.out.println("잘못된 점수입니다.");
        else if (point <= 49)
            System.out.println("가");
        else if (point <= 59)
            System.out.println("양");
        else if (point <= 69)
            System.out.println("미");
        else if (point <= 79)
            System.out.println("우");
        else
            System.out.println("수");
    }
}
```

논리합 연산자(logical or operator) ‖

Grade2 프로그램은 '논리합'을 구하는 논리합 연산자를 사용한다. [표 3-6]와 같이 x ‖ y를 평가하여 x와 y 중 하나라도 true이면 true를 반환하고 그렇지 않으면 false를 반환한다. 우리말에서 '나 또는 그녀가 갈 거야'라고 한 경우, '나'와 '그녀' 중 한 명만 간다는 의미지만, ‖ 연산자는 '어느 한쪽이라도'라는 의미에 가깝다. 참고로 ‖는 소문자 l (엘)이 아닌 파이프(세로줄) 기호이다.

(point < 0 ∥ point > 100)의 조건식은 point값이 0점 미만 **또는** 100점 초과일 때 true를 반환하여 '잘못된 값입니다.'를 표시한다. 따라서 프로그램의 흐름이 ❶에 도달하는 것은 point값이 0이상 그리고 100이하일 때이다. '가'의 판정에선 0이상인지를 판단할 필요가 없으므로 49이하인 경우만 확인한다.

또한, 프로그램의 흐름이 ❷에 도달하는 것은 point값이 50 이상 그리고 100이하일 때이다. 여기서도 50점 이상인지 판단할 필요가 없으므로 59점 이하인지만 확인한다(❸도 동일하다). Grade2 프로그램은 논리 연산자를 사용하는 부분이 한 곳밖에 없고 나머지 조건식이 단순해서 Grade1보다 우수한 코드라고 볼 수 있다.

표 3-6 논리곱 연산자와 논리합 연산자

x && y	x와 y 모두 true이면 true, 그렇지 않으면 false 생성
x ∥ y	x와 y 중 하나라도 true이면 true, 그렇지 않으면 false 생성

▶ 이 연산자의 단락 평가short-circuit evaluation는 [문제 3-12]를 참고한다.

단락 평가(short circuit evaluation)

[문제3-11]의 Grade1 프로그램에서 변수 point가 -10인 경우 첫 번째 if문의 조건식 (point >=0 && point <= 49) 결과를 생각해보자. 여기서 왼쪽에 있는 point >= 0은 false가 된다. 그러면 오른쪽의 point <=49를 확인하지 않아도 식 전체가 false가 된다는 것을 알 수 있다. 이런 이유로 논리곱 연산자(&&)의 왼쪽 식을 평가한 값이 false이면 오른쪽 식은 평가하지 않는다.

계속해서 Grade2 프로그램의 첫 번째 조건식 (point < 0 ∥ point > 100)을 보도록 하자. 만약 point가 -10이면 point < 0 이 true이므로 오른쪽의 point > 100을 확인하지 않아도 식 전체가 true가 된다는 것을 알 수 있다(즉, '잘못된 점수'이다). 따라서 논리합 연산자(∥)의 왼쪽 식을 평가한 값이 true이면 오른쪽 식은 평가하지 않는다.

논리 연산의 전체 결과가 왼쪽 식의 평가만으로 명확한 경우에는 오른쪽 식을 평가하지 않는 것을 단락 평가라 한다. 연산자 &&, ∥와 닮은 것으로 논리곱을 구하는 &와 논리합을 구하는 ∣가 있다. 단, &와 ∣를 사용한 연산에선 단락 평가를 하지 않는다. 자세한 것은 7장에서 다룬다.

2개의 실숫값 중 큰 값을 표시하는 프로그램을 작성하자.

```java
// 읽은 2개의 실숫값 중에서 큰 쪽을 표시(방법1:if문)
import java.util.Scanner;

class Max2A {
  public static void main(String[] args) {
    Scanner stdIn = new Scanner(System.in);

    System.out.print("실수 a:"); double a = stdIn.nextDouble();
    System.out.print("실수 b:"); double b = stdIn.nextDouble();

    double max;   // 큰 값을 저장
    if (a > b)
      max = a;
    else
      max = b;

    System.out.println("큰 쪽의 값은 " + max + "입니다.");
  }
}
```

```java
// 2개의 실수값을 읽어서 큰 쪽을 표시(방법2:조건 연산자)
import java.util.Scanner;

class Max2B {
  public static void main(String[] args) {
    Scanner stdIn = new Scanner(System.in);

    System.out.print("실수 a:"); double a = stdIn.nextDouble();
    System.out.print("실수 b:"); double b = stdIn.nextDouble();

    double max = a > b ? a : b;
    System.out.println("큰 쪽의 값은 " + max + "입니다.");
  }
}
```

실행 예
```
실수 a:25.7
실수 b:15.3
큰 쪽의 값은 25.7입니다.
```

조건 연산자(conditional operator)

Max2A 프로그램은 if문을 이용해 2개의 값 중 큰 값을 표시하는 프로그램이다. 변수 a, 변수 b에 각

각 값을 저장한 후 a가 b보다 크면 max에 a를 대입하고 그렇지 않으면 max에 b를 대입한다. 결과적으로 if문이 종료된 시점에는 변수 max에 큰 쪽의 값이 들어 있게 된다.

Max2B 프로그램은 조건 연산자를 이용해 동일 결괏값을 가지는 프로그램이다.

```
max = a > b ? a : b;
```

[그림 3-9]는 조건 연산자를 이용한 조건 표현식conditional expression을 정리한 것이다. 변수 max에는 a가 b보다 크면 a의 값이, 그렇지 않으면 b의 값을 저장한다. 조건 표현식은 if문을 압축한 것으로 자바 프로그램에서 자주 사용한다.

그림 3-9 조건식의 평가

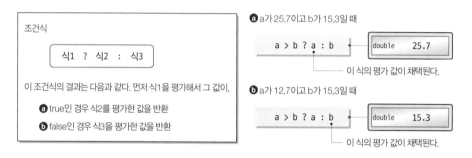

표 3-7 조건 연산자

x ? y : z	x가 true인 경우 y를 평가한 값을, false인 경우 z를 평가한 값을 생성한다.

x를 평가한 값이 true인 경우 z는 평가되지 않으며, false인 경우는 y를 평가하지 않는다.

큰 쪽의 값을 구하는 조건식을 println 안에 넣으면, 변수 max를 사용하지 않아도 된다. 여기서 a > b ? a : b 부분을 감싼 ( )는 생략할 수 없다.

```
System.out.println("큰 쪽의 값은 " + (a > b ? a : b) + "입니다.");
```

2개의 정숫값을 읽어서 두 값의 차를 표시하는 프로그램을 작성하자.

```java
// 읽은 두 정숫값의 차를 표시(방법1:if문)
import java.util.Scanner;

class Diff2A {
   public static void main(String[] args) {
      Scanner stdIn = new Scanner(System.in);
      System.out.print("정수 a:"); int a = stdIn.nextInt();
      System.out.print("정수 b:"); int b = stdIn.nextInt();

      int diff;
      if (a >= b)
         diff= a - b;
      else
         diff = b - a;

      System.out.println("두 값의 차는 " + diff + "입니다." );
   }
}
```

```java
// 읽은 두 정숫값의 차를 표시(방법2:조건 연산자)
import java.util.Scanner;

class Diff2B {
   public static void main(String[] args) {
      ... 중략: Diff2A와 동일

      int diff = a >= b ? a - b : b - a;

      System.out.println("두 값의 차는 " + diff + "입니다." );
   }
}
```

실행 예1

정수 a : 12
정수 b : 3
두 값의 차는 9입니다.

실행 예2

정수 a : 3
정수 b : 12
두 값의 차는 9입니다.

두 값의 차

두 변수의 차는 값을 뺀 결과의 절댓값으로 구할 수 있다. Diff2A 프로그램는 if문을 사용한 것이고 Diff2B는 조건 연산자를 사용한다. 만약 차를 구하는 조건 연산식을 println 안에 넣으면 변수 diff는 필요 없다.

```java
System.out.println("두 값의 차는 " + (a >= b ? a-b : b-a) + "입니다." );
```

두 정숫값의 차가 10이하인 경우 "두 값의 차는 10이하입니다."라고 표시하고, 그렇지 않으면 "두 값의 차는 11이상입니다."라고 표시하는 프로그램을 작성하자.

```java
// 읽은 두 값의 차가 10이하인지를 표시(방법1:if문)
import java.util.Scanner;

public class Diff2Digits1 {
   public static void main (String[] args) {
     Scanner stdIn = new Scanner(System.in);

     System.out.print("정수 a:"); int a = stdIn.nextInt();
     System.out.print("정수 b:"); int b = stdIn.nextInt();

     int diff = a >= b ? a -b : b - a;

     if (diff <=10)
       System.out.println("두 값의 차는 10이하입니다." );
     else
       System.out.println("두 값의 차는 11이상입니다." );
   }
}
```

```java
// 읽은 두 값의 차가 11이상인지를 표시(방법2:조건 연산문)
import java.util.Scanner;

public class Diff2Digits2 {
   public static void main (String[] args) {
     Scanner stdIn = new Scanner(System.in);

     System.out.print("정수 a:"); int a = stdIn.nextInt();
     System.out.print("정수 b:"); int b = stdIn.nextInt();

     int diff = a >= b ? a -b : b - a;
     System.out.println("두 값의 차는 " +
                 (diff <= 10 ? "10이하" : "11이상") +"입니다." );
   }
}
```

실행 예1
정수 a:12
정수 b:3
두 값의 차는 10이하입니다.

실행 예2
정수 a:35
정수 b:23
두 값의 차는 11이상입니다.

조건 연산자를 이용한 문자열 결합

두 프로그램 모두 조건 연사자를 이용해 변수 a, b의 차를 구한다(앞 문제의 **Diff2B**와 같다). 두 프로그램이 다른점은 **Diff2Digits1**은 **if**문을 사용하고 **Diff2Digits2**는 조건 연산자를 사용한다. 조건 연산자에 익숙해지기 전까지는 **Diff2Digits2** 프로그램이 어렵게 느껴질 수도 있다. 하지만 **"두 값의 차는"** ~ **"입니다."** 부분을 잘 보면 다음과 같은 측면에서 편리하다는 것을 알 수 있다.

· 메시지 출력 부분을 한 번만 작성하면 된다

· 다른 문자열의 변경이 용이하다

키보드에서 입력한 3개의 정수 중 최솟값을 구하는 프로그램을 작성하자.

```java
// 3개의 정수 중 최솟값 구하기
import java.util.Scanner;

public class Min3 {
    public static void main(String[] args) {
        Scanner stdIn = new Scanner(System.in);

        System.out.print("정수 a:"); int a = stdIn.nextInt();
        System.out.print("정수 b:"); int b = stdIn.nextInt();
        System.out.print("정수 b:"); int c = stdIn.nextInt();

        int min = a;
        if (b < min) min = b;
        if (c < min) min = c;

        System.out.println("최솟값은 " + min +"입니다." );
    }
}
```

실행 예

정수 a : 3
정수 b : 1
정수 b : 2
최솟값은 1입니다.

세 값의 최솟값

3개의 값 중 최솟값을 구하는 순서는 다음과 같다.

1. min을 a의 값으로 초기화한다.

2. b의 값이 min보다 작으면 min에 b의 값을 대입한다.

3. c의 값이 min보다 작으면 min에 c의 값을 대입한다.

이와 같이 '처리 흐름'을 정의하는 것을 알고리즘 algorithm이라고 한다. 세 값의 최솟값을 구하는 알고리즘을 순서도로 표현한 것이 [그림 3-10]이다. 실행 예와 같이 변수 a, b, c에 각각 3, 1, 2를 각각 입력하면 프로그램의 흐름은 순서도에서 굵은 선 ⬛⬛⬛⬛⬛⬛⬛ 으로 표시한 곳을 따라간다. 이때 변수 min은 [그림 3-11]에 있는 것처럼 변한다.

그림 3-10 세 값의 최솟값을 구하는 순서도

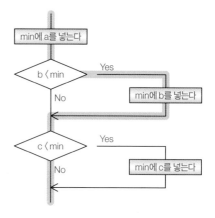

다른 값을 입력한 경우에 순서도를 따라가보자. 예를 들어 a, b, c의 값이 1, 2, 3이나 3, 2, 1이어도 제대로 최솟값을 구할 수 있다. 물론 입력한 값이 5, 5, 5처럼 3개 값이 같거나 3, 1, 3처럼 2개 값이 같은 경우에도 최곳값을 구할 수 있다.

그림 3-11 최솟값을 구하는 과정에서의 min값 변화

```
int min = a;
if (b < min) min = b;
if (c < min) min = c;
```

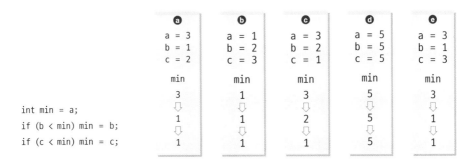

'알고리즘'이란 용어는 다음과 같이 정의한다.

문제를 해결하기 위한 것으로, 명확하게 정의돼 있으며 순서가 정해져 있는 유한 개의 규칙들의 집합이다

구문 해석도 읽는 법

구문 해석도를 이해하기 위해서 [그림 3-12]에 있는 구체적인 예를 보도록 하자.

A 앞에서부터 뒤로 진행해서 종료하는 경로와 분기점을 통해 아래로 내려가서 실행문을 지나는 경로가 있다. **'0개의 실행문, 또는 1개의 실행문'**을 나타낸다.

그림 3-12 구문 해석도

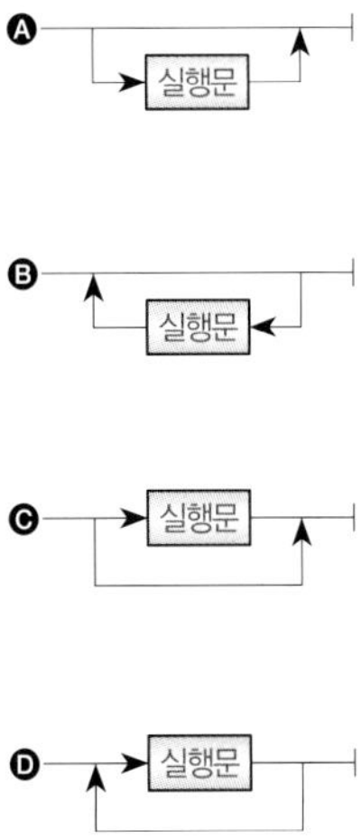

B 앞에서부터 뒤로 진행해서 종료하는 경로가 있는 것은 A와 같다. 분기점에선 아래로 내려가서 '문'을 지나 앞으로 돌아간다. 돌아간 후에는 뒤로 가서 종료할 수도 있고, 다시 분기점에서 '실행문'을 지나 앞으로 돌아갈 수 있다. **'0개 이상의, 임의의 개수의 실행문'**을 나타낸다.

C A와 같이 **'0개의 문, 또는 1개의 실행문'**을 나타낸다.

D 앞에서부터 뒤로 진행하는 경로의 도중에 '실행문'이 있다. 또한, 분기점에서 아래로 내려가면 앞으로 돌아가게 된다. 돌아간 후에는 다시 '실행문'을 지나서 종료할 수도 있고, 앞으로 돌아갈 수도 있다. **'1개 이상, 임의의 개수의 실행문'**을 나타낸다.

 **3-16**

키보드에서 입력한 3개의 정숫값 중 중앙값을 구해서 표시하는 프로그램을 작성하자. 예를 들어 2, 3, 1의 중앙값은 2이고 1, 2, 1의 중앙값은 1이고, 3, 3, 3의 중앙값은 3이다.

```java
// 3개의 정수 중 중앙값 구하기
import java.util.Scanner;

public class Med3 {
  public static void main (String[] args) {
    Scanner stdIn = new Scanner(System.in);

    System.out.print("정수 a:"); int a = stdIn.nextInt();
    System.out.print("정수 b:"); int b = stdIn.nextInt();
    System.out.print("정수 c:"); int c = stdIn.nextInt();

    int med;
    if (a >= b)
      if (b >= c)
        med = b;    - ABFG
      else if (a <= c)
        med = a;    - DEH
      else
        med = c;    - C
    else if (a > c)
      med = a;      - I
    else if (b > c)
      med = c;      - JK
    else
      med = b;      - LM

    System.out.println("중앙값은 " + med +"입니다." );
  }
}
```

실행 예
정수 a : 152
정수 b : 324
정수 c : 75
중앙값은 152입니다.

세 값의 중앙값

세 값의 대소 관계 조합은 [그림 3-13]에 있는 것처럼 열거할 수 있다(결정 트리). 왼쪽 끝에서부터 시작하며, ⬚ 내의 조건이 성립하면 실선(위쪽 선)을 따라가고 그렇지 않으면 점선(아래쪽 선)을 따라간다. 오른쪽 끝의 ⬚ 내에 있는 것이 세 변수 a, b, c의 대소 관계이다. 모두 13종류가 있다. 각 사각형 위에 표시한 숫자는 3개 값의 조합 예이다.

최댓값, 최솟값과 달리 중앙값을 구하는 순서는 매우 복잡하다(따라서 여러 경우의 알고리즘을 고려할 수 있다). Med3 프로그램은 여러 알고리즘의 한 예이다. 중앙값을 med에 대입하는 문 **Ⓐ**, **Ⓑ**, …, **Ⓜ**은 [그림 3-13]에 표시한 알파벳에 해당한다.

```
if ((b >= a && c <= a) || (b <= a && c >= a))
    med = a;
else if ((a > b && c < b) || (a < b && c > b))
    med = b;
else
    med = c;
```

그림 3-13 세 값의 대소 관계 비교

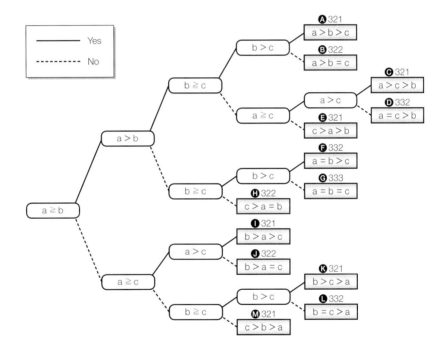

if문 보충 설명

오른쪽에 있는 if문을 생각해보자. 실행문1과 실행문2가 실행되는 조건은 아래 표의 '조건1'과 같다고 생각할 수 있다. 하지만 이런 if문에서 else는 가장 가까이에 있는 if문과 짝을 이룬다. 즉, else에 해당하는 if문은 if (a==1)이 아닌 if (b==1)이다.

```
if (a == 1)
    if (b == 1)
        실행문₁
else
    실행문₂
```

조건1

실행문	실행되는 조건
실행문₁	a가 1이고 b도 1일 때
실행문₂	a가 1이 아닐 때

조건2

실행문	실행되는 조건
실행문₁	a가 1이고 b도 1일 때
실행문₂	a가 1이고 b가 1이 아닐 때

이 if문의 들여쓰기가 '거짓말을 하고 있다'고 볼 수도 있다. 다음과 같이 기술하면 명확해진다.

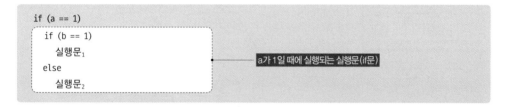

2개의 문이 실행되는 조건이 '조건2'라는 것을 명확히 알 수 있다. a값이 1이 아니면 아무것도 실행되지 않는다는 것을 바로 알 수 있다.

키보드에서 입력한 2개의 정숫값 중 작은 값과 큰 값을 표시하는 프로그램을 작성하자. 두 정숫값이 같으면 "두 값이 같습니다."라고 표시한다.

```java
// 두 정숫값 중 작은 값과 큰 값을 구해서 표시
import java.util.Scanner;

class MinMaxEq {
   public static void main(String[] args) {
      Scanner stdIn = new Scanner(System.in);

      System.out.print("정수 a:"); int a = stdIn.nextInt();
      System.out.print("정수 b:"); int b = stdIn.nextInt();

      if (a == b)
         System.out.println("두 값이 같습니다.");
      else {
         int min, max;
         if (a < b) {          ❶
            min= a;
            max= b;
         } else {          ❷
            min = b;
            max = a;
         }
         System.out.println("작은 값은 " + min +"입니다.");
         System.out.println("큰 값은 " + max +"입니다.");
      }
   }
}
```

실행 예1

정수 a : 12
정수 b : 3
작은 값은 3입니다.
큰 값은 12입니다.

실행 예2

정수 a : 17
정수 b : 17
두 값이 같습니다.

블록

[문제 3-17]은 두 정숫값을 읽어서 작은 쪽 값과 큰 쪽 값을 구하는 프로그램이다. 입력한 값이 같으면(a==b) "두 값이 같습니다"라고 표시한다. 두 값이 같지 않은 경우는 [그림 3-14]를 통해 확인해 보자.

그림 3-14 MinMaxEq 프로그램의 if문 구조

```
if (a == b)                                                    if (조건식)
    System.out.println("두 값이 같습니다.");                       실행문
else {                                                         else {
    int min, max;           •────────────────────────────      선언문
    if (a < b) {
        min= a;
        max= b;
    } else {                •────────────────────────────      if문
        min = b;
        max = a;
    }
    System.out.println("작은 값은 " + min +"입니다.");    •──────  표현문
    System.out.println("큰 값은 " + max +"입니다.");      •──────  표현문
}                                                              }
```

이 그림에서 음영 부분은 { } 안에 다음 문이 들어가는 구조이다.

· 변수를 선언하는 선언문

· 큰 값과 작은 값을 구하는 if문

· 표시(출력)하는 표현문

이와 같이 나열한 실행문을 {}로 감싼 것을 블록^{block}이라고 한다. [그림 3-15]는 블록의 구문 해석도를 보여준다. 블록은 구문상 단일 문으로 간주된다.

그림 3-15 블록의 구문 해석도

여기서 if문의 구조는 다음 중 하나의 형식 중 하나이다.

```
if (조건식) 실행문
if (조건식) 실행문 else 실행문
```

즉, if문이 제어하는 문은 하나뿐이다(else 이후도 하나뿐이다). 따라서 이 프로그램의 if문은 이 구문 해석도를 제대로 따른다. 단일 문이 요구되는 곳에 여러 개의 문을 실행해야 할 때는 블록으로 모아서 표현하는 것이다.

위 프로그램에서 블록의 시작은 변수 min과 max의 선언이다. 이처럼 블록 안에서 선언된 변수는 해당 블록 내에서만 사용할 수 있다. 바꿔 말하자면, 블록 내에서만 이용할 변수는 해당 블록 내에서 선언하는 것을 원칙으로 해야 한다.

블록 안에 있는 if문에선 작은 값과 큰 값을 구한다. 이 if문은 a가 b보다 작으면 ❶의 블록

```
{ min = a; max =b;}
```

를 실행하고 그렇지 않으면 ❷의 블록을 실행한다.

```
{ min = b; max = a;}
```

이 if문에서 {}를 2개 모두 삭제하면 어떻게 되는지 실험해보도록 하자.

---

❹ if문	❷ 표현문	⬇ 이해 불가!!
if (a < b) min = a;	max = b;	else min = b; max = a;
if (조건식)　　실행문	표현식;	

---

if문이라고 간주되는 것은 Ⓐ이며 뒤에 오는 Ⓑ는 표현식이다. 그 뒤에 있는 else는 if와 상관이 없다. 따라서 컴파일 시에 오류가 발생한다.

두 값의 교환

블록 내에 '두 값의 교환' 순서를 알아보자 (그림 3-16).

❶ a의 값을 t에 저장해둔다.

❷ b의 값을 a에 대입한다.

❸ t에 저장해둔 a의 값을 b에 대입한다.

그림 3-16 두 값의 교환 순서

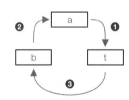

이 3단계를 거치면 a와 b의 값 교환이 완료된다. 두 값의 교환을 다음과 같이 하면 안 된다.

```
a = b;
b = a;
```

이 방식에선 두 변수 a와 b의 값이 모두 대입 전의 b의 값이 된다.

2개의 정숫값을 내림차순(큰 순)으로 정렬하는 프로그램을 작성하자.

```java
// 두 정숫값을 읽어서 내림차순(큰 순)으로 정렬
import java.util.Scanner;

public class Sort2Descending {
  public static void main(String[] args) {
    Scanner stdIn = new Scanner(System.in);

    System.out.print("정수 a:"); int a = stdIn.nextInt();
    System.out.print("정수 b:"); int b = stdIn.nextInt();

    if (a < b) {    // a가 b보다 작으면
      int t = a;    // 순서를 교환
      a= b;
      b= t;
    }
    System.out.println("a>=b가 되도록 정렬했습니다.");
    System.out.println("변수 a는 " + a + "입니다.");
    System.out.println("변수 b는 " + b + "입니다.");
  }
}
```

실행 예

```
정수 a:13
정수 b:57
a>=b가 되도록 정렬했습니다.
변수 a는 57입니다.
변수 b는 13입니다.
```

두 값의 정렬

두 변수 a, b에 정숫값을 읽어 내림차순, 즉 a ≥ b가 되도록 정렬하는 프로그램이다. 정렬 순서는 다음과 같다.

· a의 값이 b보다 작으면: a와 b의 값을 교환한다.

· a의 값이 b보다 크면: 아무 것도 하지 않는다(변경하지 않아도 된다).

a와 b의 값을 교환하는 블록은 다음과 같다. 블록 시작 부분에 선언한 변수 t는 두 정숫값을 교환할 때 필요한 작업용 변수이다.

```java
if (a < b) {
      int t = a
      a = b;
      b = t;
}
```

3개의 정숫값을 오름차순(작은 순)으로 정렬하는 프로그램을 작성하자.

```java
// 3개의 정숫값을 오름차순으로 정렬
import java.util.Scanner;

public class Sort3 {
  public static void main(String[] args) {
    Scanner stdIn = new Scanner(System.in);

    System.out.print("정수 a:"); int a = stdIn.nextInt();
    System.out.print("정수 b:"); int b = stdIn.nextInt();
    System.out.print("정수 c:"); int c = stdIn.nextInt();

    if (a > b) {      // a가 b보다 크면 a와 b를 교환      ❶
      int t = a; a= b; b= t;
    }

    if (b > c) {      // b가 c보다 크면 b와 c를 교환      ❷
      int t = b; b= c; c= t;
    }

    if (a > b) {      // a가 b보다 크면 a와 b를 교환      ❸
      int t = a; a= b; b= t;
    }

    System.out.println("a ≤ b ≤ c가 되도록 정렬했습니다.");
    System.out.println("변수 a는 " + a + "입니다.");
    System.out.println("변수 b는 " + b + "입니다.");
    System.out.println("변수 c는 " + c + "입니다.");
  }
}
```

실행 예

```
정수 a : 53
정수 b : 35
정수 c : 42
a ≤ b ≤ c가 되도록 정렬했습니다.
변수 a는 35입니다.
변수 b는 42입니다.
변수 c는 53입니다.
```

세 값의 정렬

[문제 3–19]는 3개의 변수 a, b, c를 오름차순으로 정렬하는 프로그램이다. 3개의 if문에 각각 변수 t가 선언되어 있다. 블록 내에서 선언한 변수는 해당 블록에만 소속되므로 변수의 이름도 해당 블록 내에서만 통용된다. 따라서 3개의 변수 t가 서로 충돌하는 경우는 없다.

❶ 먼저 a와 b의 값을 비교한다. 작은 순으로 나열해야 하므로 왼쪽 a가 오른쪽 b보다 커서는 안 된다. 따라서 값을 서로 교환한다.

❷ 두 번째 if문에선 b와 c에 동일한 처리를 한다. 즉, 왼쪽 b가 오른쪽 c보다 크면 값을 교환한다. 지금까지의 2단계 처리로 가장 큰 값이 c에 저장된다.

❸ 최댓값이 c에 저장됐으므로, 다음으로 해야 할 것은 남은 a와 b에서 큰 값을 b에 저장하는 것이다. 이것은 2위를 결정짓는 '패자 부활전' 같은 것이다. if문을 실행하면 a와 b 중 큰 값이 b에 저장된다. 최댓값은 c에 저장되고 두 번째로 큰 값이 b에 저장되므로 당연히 a에는 최솟값이 저장된다. 이것으로 정렬이 완료된다.

문제 3-20

0, 1, 2 중 하나의 난수를 생성해서 0이면 "가위", 1이면 "바위", 2이면 "보"를 표시하는 프로그램을 작성하자.

```java
// 생성된 난수에 따라 가위바위보 중 하나를 표시
import java.util.Random;

public class FingerFlashing {
    public static void main (String[] args) {
        Random rand = new Random();

        System.out.print("컴퓨터가 낸 것:");
        int hand = rand.nextInt(3);    // 0~2 사이의 난수

        switch(hand) {
         case 0: System.out.println("가위");  break;
         case 1: System.out.println("바위");  break;
         case 2: System.out.println("보");    break;
        }
    }
}
```

```
실행 예
컴퓨터가 낸 것:바위
```

switch문(switch statement)

이번 프로그램에선 switch문을 사용해서 처리를 분기한다. switch문은 식을 평가한 결과에 따라 프로그램의 흐름이 여러 갈래로 분기되는 것으로 '전환 스위치'와 비슷하다(그림 3-17).

레이블(label)

프로그램의 흐름이 switch문에 이르면 ( ) 내의 조건식을 평가해서 그 결과에 따라 switch문 내의 적절한 위치로 흐름을 이동한다. 만약 조건식 hand의 값이 1이면 프로그램의 흐름은 case 1:로 바로 이동한다(case와 1사이에는 공백이 필요하다).

이처럼 프로그램의 이동 위치를 나타내는 표식을 레이블이라고 한다. 서로 다른 레이블이 동일한 값을 지닐 수는 없다. 또한, 레이블 값은 '상수'여야 하며, 변수는 허용되지 않는다. 자바 SE 7부터는 레이블 값으로 문자열 리터럴을 사용할 수 있게 됐다.

프로그램의 흐름이 레이블로 이동한 후에는 그 뒤에 있는 문이 순서대로 실행된다. 따라서 hand가 1이면 "**바위**"가 출력된다. 조건식은 char, byte, short, int, Character, Byte, Short, Integer, 열거형 중 하나를 사용할 수 있다. 자바 SE 7부터는 정수형뿐만 아니라 문자열 형도 허용한다.

break문(break statement)

프로그램의 흐름이 break문인 break; 에 이르면, switch문 실행이 종료된다(구문 해석도는 그림 3-17). break 뒤에 식별자가 놓이는 프로그램은 4장에서 배운다.

그림 **3-17** switch문과 break문의 구문 해석도

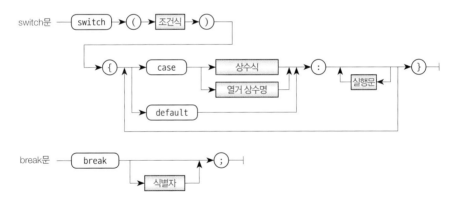

break란 '휴식', '벗어나다' 등의 의미이다. break문이 실행되면 프로그램 흐름은 switch문을 빠져 나온다. 따라서 hand의 값이 1일 때는 화면에 "**바위**"만 표시된다. 그 아래에 있는 "**보**"를 출력하는 문은 실행되지 않는다. 물론 hand가 0일 때는 "**가위**"가 출력되며, 2이면 "**보**"만 출력된다.

break문으로 벗어난 후에는 switch문 다음에 있는 처리가 실행된다. 여기서는 switch문 다음에 처리가 없으며 실행이 종료된다. hand의 값이 0, 1, 2 이외의 값이면, 일치하는 레이블이 없으므로 switch문을 그냥 지나치게 된다(아무것도 표시되지 않는다).

마지막 case에 있는 break문

case 2:를 자세히 보자. "**보**"를 표시한 후에 break문이 나온다. 이것을 삭제해도 프로그램의 결과는 바뀌지 않는다(break문이 없어도 switch문이 종료되기 때문이다). 그렇다면 이 break문의 용도는 무엇일까?

```
switch (hand) {
 case 0: System.out.println("가위") ; break;
 case 1: System.out.println("바위") ; break;
 case 2: System.out.println("보")   ; break;
 case 3: System.out.println("빠")   ; break;
}
```

만약 가위바위보에서 4번째 종류인 "**빠**"가 추가됐다고 해보자. 이때 오른쪽에 있는 것처럼, 점선 부분을 추가해서 switch문을 변경하게 된다. 이 switch문에선 case 2:의 break문을 생략할 수 없다. 만약 변경 전의 프로그램에서 case 2:의 break문을 생략했다면 '레이블 추가에 따른 break문 추가를 잊는 실수'를 범할 수 있다. 마지막의 break문이 레이블 추가에 따른 프로그램 변경을 오류 없이 용이하게 해준다는 것을 알 수 있다.

월을 1~12의 정숫값으로 읽어서 해당하는 계절을 표시하는 프로그램을 작성하자.

```java
// 읽은 월의 계절을 표시
import java.util.Scanner;

public class Season {
   public static void main (String[] args) {
      Scanner stdIn = new Scanner(System.in);

      System.out.print("몇 월입니까?:");
      int month = stdIn.nextInt();

      switch(month) {
       case  3 :
       case  4 :
       case  5 : System.out.println("봄");    break;
       case  6 :
       case  7 :
       case  8 : System.out.println("여름");  break;
       case  9 :
       case 10 :
       case 11 : System.out.println("가을");  break;
       case 12 :
       case  1 :
       case  2 : System.out.println("겨울");  break;
       default : System.out.println("그런 월은 없습니다."); break;
      }
   }
}
```

실행 예

몇 월입니까?:6
여름

몇 월입니까?:11
가을

몇 월입니까?:13
그런 월은 없습니다.

default 레이블

위 'default :' 레이블은 이전 프로그램에는 없었던 것이다. 조건식을 평가한 값이 어떤 case에도 해당하지 않는 경우에는 default 레이블로 이동한다. 또한, break문이 없는 부분에선 프로그램이 아래로 계속 이동하게 된다. 따라서 month가 3, 4, 5인 경우에 "봄"이 표시된다. 이 프로그램에서 switch문 내의 레이블 사용 순서를 변경하면 실행 결과가 달라진다. switch문을 사용할 때는 레이블 순서를 고려해야 한다.

선택문(selection statement)

if문과 switch문은 프로그램의 흐름을 분기한다는 점에선 동일하다. 따라서 이 둘을 합쳐서 선택문이라고 부른다.

식별자(identifier)

식별자란 변수(2장), 레이블(4장), 메서드(7장), 클래스(8장) 등에 사용되는 이름으로 다음과 같은 규칙을 따라야 한다.

> · 식별자의 1번째 글자는 문자($와 _를 포함)여야 한다.
> · 식별자의 2번째 이후 글자는 문자($와 _를 포함) 또는 숫자여야 한다.

숫자를 사용할 수 있는 것은 두 번째 이후 글자이다. 또한, 키워드와 마찬가지로 true와 false, null을 식별자로 사용할 수 없다. 한자와 한글도 식별자로 사용할 수 있으나, 한글 이외의 언어권 사람들은 이해할 수 없으므로 사용하지 않는 것이 좋다.

리터럴

숫자 리터럴, 부동소수점 리터럴, 문자열 리터럴 등도 프로그램을 구성하는 요소 중 하나다.

연산자의 우선순위(precedence)와 결합 규칙(associativity)

3장에선 다양한 연산자를 배웠다. [표 3-8]은 자바에서 사용할 수 있는 모든 연산자를 정리한 것이다. 이 표는 위에 있는 것일수록 우선순위가 높고 아래로 갈수록 낮아진다. 예를 들어 곱셈(*), 나눗셈(/), 덧셈(+), 뺄셈(-)보다 우선순위가 높은 것을 일상 생활에서 사용하는 계산 순위와 같다.

따라서 a + b * c는 (a + b) * c가 아닌 a + (b * c)라고 해석한다. 덧셈(+)이 앞(왼쪽)에 있지만 뒤(오른쪽)에 있는 곱셈(*) 연산이 우선되는 것이다. 덧셈(+) 연산자보다 우선순위가 낮은 연산자를 문자열 연결에 사용할 때는 ( )가 필요하다는 것에 유의하자. 다음 예를 보자.

```
// * 는 + 보다 우선순위가 높으므로 ()가 필요 없다
System.out.println("a와 b의 곱은" + a * b +"입니다.");
```

```
// ? : 는 + 보다 우선순위가 낮으므로 ()가 필요하다
System.out.println("큰 쪽의 값은 " + (a > b ? a : b) + "입니다.");
```

아무리 우선순위가 + 보다 높은 연산자를 사용한 식이라도 ( )를 사용하는 것이 읽기 쉬우므로 가능하면 ( ) 사용을 권장한다.

같은 우선순위의 연산자를 연결할 때에 어느 쪽 연산을 먼저 할지 지정하는 것이 결합 규칙이다. 즉, 이항 연산자를 O로 나타내는 경우 식 a O b O c 에서 다음과 같은 경우는 좌결합 연산자이다.

(a O b) O c •━━━━[좌결합]

다음과 같은 경우는 우결합 연산자이다.

a O (b O c) •━━━━[우결합]

예를 들어 뺄셈을 하는 − 연산자는 좌결합이므로,

5 - 3 - 1 → (5 - 3) - 1 •━━━━[이항 연산자 - 는 좌결합]

이 된다. 만약 우결합이라면 5 − (3 − 1)로 해석돼서 계산 결과가 틀리게 나온다.

표 3-8 모든 연산자 목록

우선순위	연산자	형식	명칭	결합 규칙
1	[ ]	x[y]	인덱스 연산자	좌
	( )	x(argopt)	메서드 호출 연산자	
	.	x.y	멤버 접근 연산자	
	++	x++	후위 증가 연산자	
	--	x--	후위 감소 연산자	
2	++	++x	전위 증가 연산자	우
	--	--x	전위 감소 연산자	
	+	+x	단항 + 연산자	
	-	-x	단항 − 연산자	
	!	!x	논리 부정 연산자	
	~	~x	비트 단위 부정 연산자	
3	new	new	new 연산자	좌
	( )	( )	캐스트 연산자	
4	*	x * y	곱셈, 나눗셈 연산자	좌
	/	x / y		
	%	x % y		

5	+	x + y	가감 연산자	좌
	-	x - y		
6	<<	x << y	시프트 연산자	좌
	>>	x >> y		
	>>>	x >>> y		
7	<	x < y	관계 연산자	좌
	>	x > y		
	<=	x <= y		
	>=	x >= y		
	instanceof	x instanceof y	instanceof 연산자	좌
8	==	x == y	등가 연산자	좌
	!=	x != y		
9	&	x & y	비트 논리곱 연산자	좌
10	^	x ^ y	비트 배타적 논리합 연산자	좌
11	¦	x ¦ y	비트 논리합 연산자	좌
12	&&	x && y	논리곱 연산자	좌
13	¦¦	x ¦¦ y	논리합 연산자	좌
14	? :	x ? y : z	조건 연산자	좌
15	=	x = y	단순 대입 연산자	우
	*= /= %= += -= <<= >>= >>>= &= ^= ¦=		복합 대입 연산자	

- 변수, 리터럴 또는 변수와 리터럴을 연산자로 연결한 것을 [(1)] 이라고 한다. [(1)] 에 세미콜론이 붙이면 [(2)] 이 되며, 세미콜로만 있는 문을 [(3)] 이라고 한다.

- 하나 이상의 문을 { }로 감싸 문을 [(4)] 이라고 한다.

- a + b * c에선 왼쪽 덧셈보다 오른쪽 곱셈이 먼저 계산된다. 이것은 연산자 *의 [(5)] 가 +보다 높기 때문이다. 참고로 같은 [(5)] 의 연산자가 연속되는 경우에 어느 쪽이 먼저 계산되는지는 연산자의 [(6)] 에 의해 정해진다.

- 피연산자의 대소 관계를 판정하는 연산자 ⟨, ⟩, ⟨=, ⟩=를 [(7)] 라고 하며, 같은지를 판정하는 연산자 ==, !=를 [(8)] 라고 한다.

- 연산자 &&, ||는 [(9)] 이며, 연산자 !는 [(10)], ?:는 [(11)] 라고 한다.

- 논리 연산자의 평가 결과가 왼쪽 피연산자만으로도 명확한 경우에는 오른쪽 피연산자는 평가하지 않는다. 이것을 [(12)] 라고 한다.

- if나 else처럼 특별한 의미가 부여된 어구를 [(13)] 라고 한다. 변수나 메서드 등에 부여하는 이름은 [(14)] 라고 한다.

- 변수의 값이 작은 것부터 큰 순서로 나열하는 것을 [(15)] 이라고 한다.

- 알고리즘이란 문제를 해결하기 위한 것으로 [(16)] 하게 정의돼 있으며, 순서가 정해져 있는 [(17)] 의 규칙의 집합이다.

- 다음 논리값표의 빈칸을 채우시오.

논리곱

x	y	x && y
false	false	(18)
false	true	(19)
true	false	(20)
true	true	(21)

논리합

x	y	x || y
false	false	(22)
false	true	(23)
true	false	(24)
true	true	(25)

- 다음 프로그램의 실행 결과를 표시하자.

```
int a = 1, b = 3, c = 5;
System.out.println("a < b    : " + (a < b));
System.out.println("a <= b   : " + (a <= b));
System.out.println("b > c    : " + (b > c));
System.out.println("b >= c   : " + (b >= c));
System.out.println("a == b   : " + (a == b));
System.out.println("a != b   : " + (a != b));
System.out.println("a - b - c : " + (a - b - c));
System.out.println("c - b - a : " + (c - b - a));
System.out.println("a = b = c : " + (a = b = c));
System.out.println("c = b = a : " + (c = b = a));
```

a < b :	
a <= b :	
b > c :	
b >= c :	
a == b :	(26)
a != b :	
a - b - c :	
c - b - a :	
a = b = c :	
c = b = a :	

- 다음은 변수 c의 마지막 자릿수가 0이면(예를 들어 50이나 250이면), "변수 c의 마지막 자릿수가 0입니다"라고 표시하는 프로그램이다.

```
 (27)  (c  (28)  % 10 == 0)
     System.out.println("변수 c의 마지막 자릿수는 0입니다.");
```

- 다음은 변수 x의 값이 0이면 "0입니다."라고 표시하고 그렇지 않면 "0이 아닙니다."라고 표시하는 프로그램이다.

```
 (29)  ( x == 0)
     System.out.println("0입니다.");
 (30)
     System.out.println("0이 아닙니다.");
```

- 다음은 변수 a의 절댓값을 표시하는 프로그램이다.

```
System.out.prinln("a의 절댓값은: " + (31) );
```

- 다음은 변수 a와 b의 작은 값과 큰 값을 표시하는 프로그램이다.

```
System.out.println("a와 b 중 작은 값은 " + (32) + "입니다.");
System.out.println("a와 b 중 큰 값은 " + (33) + "입니다.");
```

- 다음은 변수 w의 값이 0이면 "맑음", 1이면 "비", 2이면 "구름"을 표시하는 프로그램이다.

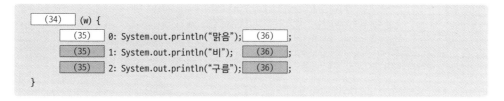

```
    (34)  (w) {
      (35)  0: System.out.println("맑음");   (36)  ;
      (35)  1: System.out.println("비");     (36)  ;
      (35)  2: System.out.println("구름");   (36)  ;
    }
```

- 참과 거짓을 나타내는 논리값 리터럴은 각각 (37) 와 (38) 이다.

- 덧셈을 하는 + 연산자는 (39) 이며, 대입을 하는 = 연산자는 (40) 이다.

- 다음은 변수 m의 값이 3, 4, 5중 하나이면 "입니다."를 표시하고 그렇지 않으면 "봄이 아닙니다."를 표시하는 프로그램이다.

```
if ( (41)  ||  (42)  ||  (43)  )
    System.out.println("봄입니다.");
else
    System.out.println("봄이 아닙니다.");
```

```
if ( (44)  &&  (45)  )
    System.out.println("봄입니다.");
else
    System.out.println("봄이 아닙니다.");
```

```
if ( (46) ( (47)  ||  (48)  ))
    System.out.println("봄입니다.");
else
    System.out.println("봄이 아닙니다.");
```

- 다음은 변수 m의 값을 3으로 나눈 나머지 값에 따라 "3으로 나누어집니다.", "3으로 나눈 나머지는 1입니다.", "3으로 나눈 나머지는 2입니다."를 표시하는 프로그램이다.

```
if ( (49)  )
    System.out.println("3으로 나누어집니다.");
else  (50)
    System.out.println("3으로 나눈 나머지는 1입니다.");
else  (51)
    System.out.println("3으로 나눈 나머지는 2입니다.");
```

```
switch (   (52)   ) {
 case    (53)    System.out.println("3으로 나누어집니다.");           break;
 case    (54)    System.out.println("3으로 나눈 나머지는 1입니다."); break;
 case    (55)    System.out.println("3으로 나눈 나머지는 2입니다."); break;
 }
```

• 다음은 변수a의 값이 b의 배수인지를 판단해서 그 결과를 표시하는 프로그램이다.

```
if (   (56)   )
   System.out.println("a는 b의 배수입니다.");
else
   System.out.println("a는 b의 배수가 아닙니다.");
```

• 오른쪽에 있는 것은 변수a와 b의 값이 a b가 되
도록 정렬하는 프로그램이다.

```
if (   (57)   ) {
   int t = a; a =   (58)   ; b =   (59)   ;
}
```

• 오른쪽에 있는 switch문은 int형 변수n의 값
이 1, 2, 3일 때에 각각   (60) ,   (61) ,
  (62) 를 표시한다.

```
switch (n) {
 case  1: System.out.print("A");
 case  2: System.out.print("B"); break;
 default: System.out.print("C");
}
```

• 오른쪽 프로그램은 int형 변수 n의 값이 0, 1일
때에 각각   (63) ,   (64) 를 표시한다.

```
if (n    == 0);
   System.out.println("A");
```

• 다음은 변수 a의 값이 b의 제곱근보다 작으면 "a는 b의 제곱근보다 작습니다"라고 표시하는 프로그램이다.

```
if (a *   (65)   <   (66)   )
   System.out.println("a는 b의 제곱근보다 작습니다 ");
```

• 다음은 변수 a, b, c의 값이 모두 같을 때에만 '★'를 표시하는 프로그램이다.

```
if (   (67)   &&   (68)   )
   System.out.print("★");
```

• 다음은 변수 a와 b에 정숫값을 읽어서 양쪽 모두 홀수인지, 한쪽만 홀수인지, 또는 양쪽 모두 짝수인지를 표시하는 프로그램이다.

```java
import    (69)   .util.Scanner;
  (70)   Even {
  public   (71)   void main(   (72)   args) {
    Scanner stdIn = new Scanner(System.in);
    System.out.print("a:");  int a =   (73)   .nextInt();
    System.out.print("b:");  int b =   (73)   .nextInt();
    int c = 0;
    if (   (74)   ) c  = c  + 1;
    if (   (75)   ) c  = c  + 1;
    if (   (76)   == 0)
      System.out.println("양쪽 모두 홀수입니다.");
    else if (   (77)   )
      System.out.println("한쪽만 홀수입니다.");
    else if (   (78)   )
      System.out.println("양쪽 모두 짝수입니다.");
  }
}
```

 **문제 4-1**

정숫값의 부호를 판정해서 표시하는 Sign 프로그램인 [문제 3-5]를 원하는 만큼 반복해서 입력 및 표시하도록 수정하자.

```java
// 읽은 정숫값의 부호를 판정해서 표시(원하는 만큼 반복)
import java.util.Scanner;

class SignRepeat {
    public static void main(String[] args) {
        Scanner stdIn = new Scanner(System.in);
        int retry; // 다시 한번?

        // do문에 의해 반복되는 루프 바디                    do문
        do {
            System.out.print("정숫값:");
            int n = stdIn.nextInt();

            if (n > 0)
                System.out.println("이 값은 양수입니다.");
            else if (n < 0)
                System.out.println("이 값은 음수입니다.");
            else
                System.out.println("이 값은 0입니다.");

            System.out.print("다시 한번? 1-Yes / 0-No:");
            retry = stdIn.nextInt();
        } while (retry==1);
    }
}
```

```
실행 예
정숫값:12
이 값은 양수입니다.
다시 한번? 1-Yes / 0-No:1
정숫값:-531
이 값은 음수입니다.
다시 한번? 1-Yes / 0-No:0
```

do문(do statement)

do와 while로 감싼 부분을 do문이라 하며 구문 해석도는 [그림 4-1]과 같다.

그림 4-1 do문의 구문 해석도

do문은 while (조건식)을 평가한 결과가 truc인 동안 {} 안에 실행문을 반복한다. 여기서 do문이 반복하는 대상을 이 책에선 루프 바디loop body라고 한다. do {부터}까지 do문의 루프 바디이다.

그림 4-2 SignRepeat의 do문 순서도

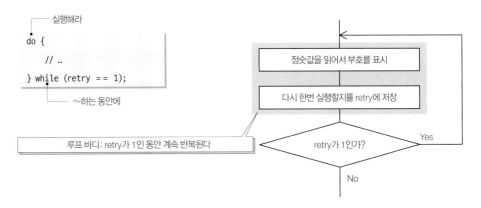

do문을 계속 반복할지를 정하는 조건식 (retry == 1)에 주목하자. 변수 retry에 저장한 값이 1이면 이 조건식은 true로 평가되며, 그 결과 루프 바디인 블록이 다시 실행된다. true로 판정된 경우 프로그램의 흐름이 블록의 처음으로 이동해서 블록을 다시 실행한다.

변수 retry에 1이외의 숫자가 저장된 경우 조건식의 평가 결과가 false가 되기 때문에 do문의 실행이 종료된다. 콘솔창에 "**다시 한번? 1-Yes / 0-No:0**"이라고 물을 때 1이외의 값을 입력하면 프로그램이 종료된다. do문을 다음 코드와 같이 수정하면 입력할 수 있는 숫자를 0과 1로만 한정할 수 있다.

```
do {
  System.out.print("정숫값:");
  int n = stdIn.nextInt();
  if (n > 0)
    System.out.println("이 값은 양수입니다.");
  else if (n < 0)
    System.out.println("이 값은 음수입니다.");
  else
    System.out.println("이 값음 0입니다.");
  do {
    System.out.print("다시 한번? 1-Yes / 0-No:");
    retry = stdIn.nextInt();
  } while (retry !=0 && retry !=1);
} while (retry==1);
```

위 프로그램은 do문 안에 또 다른 do문이 들어 있는 구조이다. 이와 같은 구조를 **다중 루프**라 한다. [문제 4-20] 이후에 배운다.

3자리의 양의 정숫값(100~999)을 읽는 프로그램을 작성하라(입력한 값이 3자리 양의 정숫값이 아니면 다시 입력하게 할 것).

```java
// 3자리의 양의 정숫값 읽기
import java.util.Scanner;

class ThreeDigits {
  public static void main(String[] args) {
    Scanner stdIn = new Scanner(System.in);
    int x;                          // 읽는 값
    do {
      System.out.print("세 자리의 정숫값:");
      x = stdIn.nextInt();
    }while (x < 100 || x >999);
    
    System.out.print("입력한 값은 " + x + "입니다.");
  }
}
```

> x는 3자리 양의 정수이어야 한다.

실행 예
```
세 자리의 정숫값 : 59
세 자리의 정숫값 : 1052
세 자리의 정숫값 : 235
입력한 값은 235입니다.
```

드모르간의 법칙

do문의 조건식인 (x < 100 || x > 999)에 주목하자. 변수 x의 값이 세 자리의 양의 정수가 아닌 경우(100보다 작거나 **또는** 999보다 큰 값)는, 이 식을 평가한 값이 true가 된다. 따라서 x가 **3자리의 양의 정수가 아닌 경우** 루프 바디가 반복 실행되며 "세 자리의 양의 정숫값:"을 표시해서 다시 입력해야 한다.

do문의 조건식을 논리 부정 연산자(!)를 사용해서 작성하면 다음과 같이 된다.

```
!(x >= 100 && x <= 999)
```

'각 조건을 부정한 후, 논리합 및 논리곱을 서로 바꾼 식'의 부정은 원래 조건과 같다. 이것을 드모르간의 법칙(De Morgan's laws)이라고 한다. 이 규칙을 식으로 나타내면 다음과 같다.

· x && y 와 !(!x || !y)는 같다

· x || y 와 !(!x && !y)는 같다

[그림 4-3 ⓐ]는 원래 식을 반복해서 실행하기 위한 '지속 조건'이다. 한편, ! 연산자를 사용해서 변경

한 식이 [그림 4-3 ⓑ]로, 반복 '종료 조건'의 부정을 사용한다.

그림 4-3 do문을 사용한 반복(지속 조건과 종료 조건)

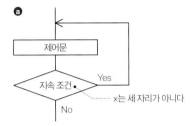 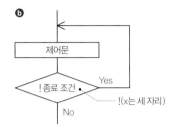

2자리의 정숫값(10~99)을 맞추는 '숫자 맞추기 게임'을 만들자. 난수 생성과 if문 그리고 do문을 사용할 것.

```java
// 숫자 맞추기 게임
import java.util.Random;
import java.util.Scanner;

class Number2digits {
    public static void main(String[] args) {
        Random rand = new Random();
        Scanner stdIn = new Scanner(System.in);
        int no = 10 + rand.nextInt(90);    // 맞춰야 하는 숫자 : 10~99의 난수 생성
        System.out.println("숫자 맞추기 게임 시작!");
        System.out.println("10부터 99사이의 숫자를 맞추세요.");
        int x;                             // 읽는 값
          do {
          System.out.print("어떤 숫자일까?:");
          x = stdIn.nextInt();     •————————❶

            if (x > no)                                 •————————❷
                System.out.println("더 작은 숫자입니다.");
            else if (x < no)
                System.out.println("더 큰 숫자입니다.");
        // 정답이 아니면 반복한다.
        } while (x != no);
        System.out.print("정답입니다.");
    }
}
```

실행 예
```
숫자 맞추기 게임 시작!
10부터 99사이의 숫자를 맞추세요.
어떤 숫자일까?:50
더 큰 숫자입니다.
어떤 숫자일까?:75
정답입니다.
```

숫자 맞추기 게임

'맞춰야 할 숫자'인 변수 no값은 10이상 99이하의 난수로 생성한다. 실제 코드에서는 0~89의 난수를 생성하고 10을 더한다.

❶ '어떤 숫자일까?:'라고 숫자를 입력하도록 입력한 값을 변수 x에 저장한다.

❷ 읽은 x값이 no값보다 크면 "더 작은 숫자입니다."라고 표시하고 x값이 no값보다 작으면 "더 큰 값입니다."라고 표시한다. 만약 x와 no값이 같으면 아무것도 표시하지 않는다.

루프 바니를 반복할지 여부를 판정하기 위한 do문의 조건식은 다음과 같다.

```
x != no    // 읽은 x값과 맞춰야 하는 no값이 다른가?
```

x값이 no값과 같지 않으면 do문은 반복된다. x와 no값이 서로 같으면 do문은 종료되고 **"정답입니다."** 를 표시한 후 프로그램이 종료된다.

2개의 정숫값을 읽어서 두 정수 사이에 있는 모든 정숫값 작은 것부터 큰 순으로 표시하는 프로그램을 작성하자.

```java
// 두 정수 사이의 정수를 작은 것부터 순서대로 표시
import java.util.Scanner;

class EnumScope {
    public static void main(String[] args) {
        Scanner stdIn = new Scanner(System.in);
        System.out.print("정수 A:");    int a = stdIn.nextInt();
        System.out.print("정수 B:");    int b = stdIn.nextInt();
        if (a > b) {            //a가 b보다 크면      ●❶
            int t = a;          //두 값을 교환
            a = b;
            b = t;
        }

        do {    ●────────❷
            System.out.print(a + " ");    ●────────ⓐ
            a = a + 1;    ●────ⓑ
        } while (a <= b);
        System.out.println();
                            ●────────❸
    }
}
```

실행 예

```
정수 A:33
정수 B:28
28 29 30 31 32 33
```

a부터 b까지 열거

두 변수의 값을 포함해서 그 사이에 있는 모든 정숫값을 작은 것부터 순서대로 표시하는 프로그램이다. 프로그램의 주요 부분은 if문과 do문으로 구성돼 있다.

❶ a ≤ b가 되도록 a와 b를 정렬

변수 a와 b에 어떤 값이 입력될지는 아무도 모른다. 따라서 두 변수의 대소 관계는 실제로 입력된 시점에 결정된다. 이 if문에선 [문제 3-18]과 같은 방식으로 변수 a와 b(오름차순)를 정렬한다. if문의 실행이 끝난 시점에 (a ≤ b)가 된다.

❷ a이상 b이하의 모든 정수를 순서대로 표시

a이상 b이하의 모든 정수를 순서대로 표시한다. 이를 위해서 다음과 같은 처리를 a가 b이하인 동안

에 반복한다.

　　ⓐ a의 값을 표시한다.

　　ⓑ a의 값을 1씩 증가시킨다(a에 1을 더한 값을 a에 다시 대입한다).

[그림 4-4]에 있는 순서도를 보면서 확인해보도록 하자. 오른쪽에 있는 것은 프로그램의 흐름이 do
문의 조건식을 통과할 때에 a값이 어떻게 변하는지를 보여준다(do문 시작 시의 a가 28이고 b가 33
이라고 가정한 것이다).

그림 4-4 EnumScope 프로그램의 do문 순서도

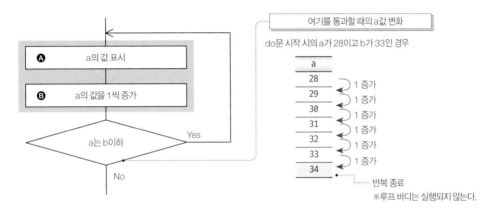

가장 먼저 **ⓐ**에서 a의 값 28을 표시한다. 다음은 **ⓑ**에서 a + 1 즉 29가 a에 대입되므로 a가 28에서
29로 변경된다. 그리고 do문의 반복 여부를 결정하기 위해 조건식 (a <= b)를 평가한다. a의 값 29
는 33이하이므로 조건식은 true가 된다.

do문의 루프 바디인 블록이 다시 실행된다. **ⓐ**에서 a의 값 29를 표시하고 **ⓑ**에서 a + 1을 하므로 30
이 a에 대입된다. 따라서 a가 29에서 30으로 변경된다. 그리고 do문의 반복 여부를 조건식 (a <= b)
의 평가를 통해 결정한다. a의 값 30은 33이하이므로 조건식은 true가 된다(이후 동일한 처리를 반
복한다).

그림을 보면 알 수 있겠지만, b와 같은 값인 33이 a의 값으로 표시되고 그 뒤에 a의 값이 33에서 34
로 변하면 do문이 종료된다. 즉, 화면에 표시되는 마지막 숫자는 b와 같은 값이지만, do문 종료 시의
a의 값은 b가 아닌 b + 1이 된다. 따라서 **ⓒ**의 위치에,

```
System.out.print(a);
```

를 추가하면, 앞의 실행 예에선 '34'가 표시된다. 다음 문제에서 배우는 후위 증가 연산자 사용하면 이번 프로그램의 do문을 다음과 같이 변경할 수 있다.

```
do {
    System.out.print((a++) + " ");
} while (a <= b);
```

문제 4-5

입력받은 정숫값부터 0까지 카운트다운하는 프로그램을 작성하라. 카운트다운 종료 후의 변숫값을 확인할 수 있게 할 것.

```java
// 양의 정숫값을 0까지 카운트다운
import java.util.Scanner;

class CountDown {
  public static void main(String[] args) {
    Scanner stdIn = new Scanner(System.in);
    System.out.println("카운트다운 합니다.");
    int x;
    do {  ●──────────❶
      System.out.print("양의 정숫값:");
      x = stdIn.nextInt();
    } while (x <= 0);
    // do문 종료 시 x는 반드시 양의 값이 된다.

    // while문
    while (x >=0)  ●──────────❷
      System.out.println(x--);                          // x값을 표시한 후 감소시킴
      System.out.println("x의 값이" + x + "이 됐습니다.");  // x값 표시
  }
}
```

```
실행 예
카운트다운 합니다.
양의 정숫값 : -3
양의 정숫값 : 5
5
4
3
2
1
0
x의 값이-1이 됐습니다.
```

while문(while statement)

❶에서 입력한 x값이 0 이하면 계속 반복되므로 do문이 종료된 시점의 x는 반드시 양의 값이 된다. 변수 x에 저장한 값을 0까지 카운트다운하는 과정을 보여주는 것이 ❷이다. 이것은 do문이 아닌 [그림 4-5]의 구문을 지니는 while문이다.

그림 4-5 while문의 구문 해석도

while문 ── (while) ──▶ ( ) ── 조건식 ──▶ ( ) ──▶ 실행문 ──┐

while문은 조건식을 평가한 값이 true인 동안 문을 반복해서 실행한다.

후위 증가 연산자와 후위 감소 연산자

[문제 4-5] 프로그램의 while문은 x가 0 이상인 동안 다음의 루프 바디를 반복한다.

```
System.out.println(x--);          //x의 값을 표시한 후 감소시킴
```

여기서 카운트다운을 위해 변수의 값을 1씩 감소시키는 연산자는 --이다. 단항 연산자인 감소 연산자 --는 피연산자의 값을 1씩 감소시킨다. -- 연산자와는 반대로 피연산자의 값을 1씩 증가시키는 것이 ++ 연산자이다. 이 연산자들을 정리한 것이 [표 4-1]이다.

표 4-1 후위 증감 연산자

x++	x의 값을 1씩 증가시킨다. 생성하는 값은 증가 전의 값
x--	x의 값을 1씩 감소시킨다. 생성하는 값은 감소 전의 값

표에 있는 것처럼 x++와 x--가 생성하는 것은 증가 또는 감소 **전의 값**이다.

```
System.out.println(x--);          //x의 값을 표시한 후 감소시킴
```

따라서 위의 경우 x의 값이 5라면 바로 표시되는 것은 5이다(x--가 감소 전의 값을 생성하기 때문이다). x의 값이 감소해서 4가 되는 것은 표시 바로 직후이다.

후위 증가 연산자와 후위 감소 연산자에서 '후위'는 연산자가 피연산자의 뒤(오른쪽)에 있음을 의미이다.

while문은 식(조건식)을 평가한 값이 **true**인 동안 실행문을 반복 실행하므로 이번 프로그램의 while문의 흐름은 [그림 4-6]과 같이 된다. x의 값을 카운트다운 하는 과정을 이해할 수 있을 것이다. xx값으로 0을 표시한 후에 x의 값이 감소해서 -1이 되고 while문이 종료된다. 따라서 카운트다운 과정에서 화면에 표시되는 마지막 숫자는 0이지만, while문 종료 시의 x**값**은 0이 아닌 -1이다.

그림 4-6 CountDown 프로그램의 while문 순서도

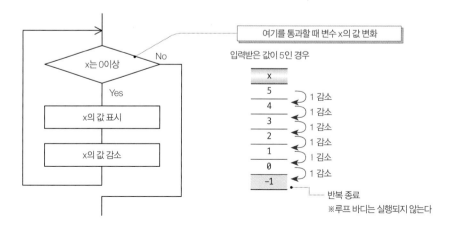

 **문제** **4-6**

[문제 4-5]에서 x--를 --x로 고치면, 어떻게 출력이 바뀌는지 검증하자. 프로그램을 작성해서 실행 결과를 확인할 것.

```java
//양의 정숫값을 0까지 카운트다운(잘못된 버전)
import java.util.Scanner;

class CountDownPre {
  public static void main(String[] args) {
    Scanner stdIn = new Scanner(System.in);
    System.out.println("카운트다운 합니다.");
    int x;
    do {
      System.out.print("양의 정숫값:");
      x = stdIn.nextInt();
    } while (x <= 0);

    while (x >=0)
      System.out.println(--x);                    // x값을 표시한 후 감소시킴
    System.out.println("x의 값이 " + x + "이 됐습니다.");  // x값 표시
  }
}
```

```
실행 예
카운트다운 합니다.
양의 정숫값 : 4
3
2
1
0
-1
x의 값이 -1이 됐습니다.
```

전위 증가 연산자와 전위 감소 연산자

연산자 ++와 --에는 피연산자의 앞(왼쪽)에 연산자를 적용하는 전위 증가 연산자와 전위 감소 연산자가 있다. [표 4-2]는 각각을 정리한 것이다.

표 4-2 전위 증감 연산자

++x	x의 값을 증가시킨다(1씩 증가). 생성하는 값은 증가 후의 값
--x	x의 값을 감소시킨다(1씩 감소). 생성하는 값은 감소 후의 값

x의 값이 5일 때에 다음과 같은 대입 처리를 하면 어떻게 되는지 생각해보자.

```
y = ++x;
```

식 ++x를 평가해서 얻을 수 있는 것은 증가 '후'의 값이므로 y에 대입되는 것은 6이다(대입 완료 후의 x값도 6이다). 이번 프로그램에선 변수 x의 값을 표시하기 '전'에 감소가 이루어지므로 실행 결과가 달라진다. 읽은 값이 4이면 4부터가 아닌 3부터 카운트다운이 이루어진다. 또한, 0이 아닌 -1까지 카운트다운한다.

입력한 값의 개수만큼 '*'를 표시하는 프로그램을 작성하자. 마지막에는 줄 바꿈 문자를 출력할 것. 단, 읽은 값이 1 미만이면 줄 바꿈 문자를 표시해서는 안 된다.

```java
// 지정한 개수만큼 * 표시(방법 1)
import java.util.Scanner;

class PutAsterisk1 {
    public static void main(String[] args) {
        Scanner stdIn = new Scanner(System.in);
        System.out.print("몇 개의 *를 표시할까요?:");
        int n = stdIn.nextInt();
        if (n > 0) {
            int i = 0;
            while(i < n) {
                System.out.print('*');        // ●········●➊
                i++;
            }
            System.out.println();
        }
    }
}
```

```java
// 지정한 개수만큼 * 표시(방법 2)
import java.util.Scanner;

class PutAsterisk2 {
    public static void main(String[] args) {
        Scanner stdIn = new Scanner(System.in);
        System.out.print("몇 개의 *를 표시할까요?:");
        int n = stdIn.nextInt();
        if (n > 0) {
            int i = 0;
            while(i < n) {
                System.out.print('*');
                i++;
            }
            System.out.println();
        }
    }
}
```

```
실행 예
몇 개의 *를 표시할까요?:12
************
```

반복 제어

if문은 입력한 변수 n값이 0이상일 때만 실행되므로, n이 0이하이면 아무것도 실행되지 않는다(즉, 아무것도 표시되지 않는다). while문은 0으로 초기화된 변수 i의 값을 증가시키면서 '*'를 출력한다. 처음 '*'를 출력한 후에 증가된 i의 값은 1이 되며 2회째 출력 후에는 2가 된다. n개째의 표시가 끝난 직후에 증가된 i의 값은 n과 같아지며, 그 시점에 while문의 반복이 종료된다.

증가하는 식 i++를 평가한 값은 사용되지 않고 버려지므로 이 식을 ++i로 변경해도 같은 결과를 얻을 수 있다. PutAsterisk2는 while문의 반복 방법을 약간 변경한 것으로, PutAsterisk1과의 차이점은 int i = 1과 (i <= n) 부분이다. i의 값을 1부터 시작해서 증가시키며 그 값이 n이하인 동안 반복하기 때문에 반복 횟수는 n회이다. while문 종료 시의 i값은 PutAsterisk1에선 n이고, PutAsterisk2에선 n + 1이다.

문자 리터럴(character literal)

PutAsterisk1 프로그램 ❶에서 화면에 출력하는 것은 '*'이다. 이와 같이 단일 문자를 작은따옴표(' ')로 감싼 식을 문자 리터럴이라고 한다. 문자열 리터럴과는 다르므로 주의하도록 하자.

- 문자 리터럴 '*' : 단일 문자 *를 표시. char형
- 문자열 리터럴 "*" : 문자 *로만 구성된 문자의 나열을 표시. String형

문제 **4-8**

읽은 값의 개수만큼 '*'와 '+'를 번갈아 가며 표시하는 프로그램을 작성하자(마지막에는 줄 바꿈 문자를 출력할 것).

```java
// 읽은 개수만큼 *와 +를 교대로 표시(방법1)
import java.util.Scanner;

class PutAsteriskAlt1 {
    public static void main(String[] args) {
        Scanner stdIn = new Scanner(System.in);
        System.out.print("몇 개를 표시할까요?:");
        int n= stdIn.nextInt();
        if (n > 0) {
            int i=0;
            while(i < n) {
                if (i % 2 == 0)        //i가 짝수이면 '*'를 출력
                    System.out.print('*');
                else                   //i가 홀수이면 '+'를 출력
                    System.out.print('+');
                i++;
            }
            System.out.println();
        }
    }
}
```

실행 예1
```
몇 개를 표시할까요?:12
*+*+*+*+*+*+
```

실행 예2
```
몇 개를 표시할까요?:11
*+*+*+*+*+*
```

반복 제어

앞 문제를 변화해서 '*'과 '+'를 교대로 표시하는 문제이다. 2가지 방법을 제시한다.

PutAsteriskAlt1 프로그램

프로그램의 골격은 앞 문제와 같다. 차이점은 while문의 루프 바디이다. 변수 i의 값을 0, 1, 2, ⋯ 로 증가시키는 과정에서 i가 짝수(2로 나누어서 나머지가 0)이면 '*'를, 홀수이면 '+'를 출력해서 서로 교대로 표시된다. 이 프로그램에는 2가지 결점이 있다.

반복할 때마다 if문을 판정한다

while문에 의해 반복이 이루어질 때마다 if문이 실행된다. 따라서 i가 짝수인지 홀수인지 판정하는 것이 n회 이루어진다.

변경에 대응하기가 어렵다

이 프로그램에선 while문의 반복을 제어하기 위해 변수 i의
값을 0부터 증가시킨다. 이것은 앞 문제의 PutAsterisk1과
같다. 만약 PutAsterisk2처럼 i값을 시작 값을 1로 변경하
면 프로그램이 오른쪽과 같이 된다.

```java
int i = 1;
while(i <= n) {
  if (i % 2 == 1)
    System.out.print('*');
  else
    System.out.print('+');
  i++;
}
```

```java
//읽은 개수만큼 *와 +를 교대로 표시(방법2)
import java.util.Scanner;

class PutAsteriskAlt2 {
  public static void main(String[] args) {
    Scanner stdIn = new Scanner(System.in);
    System.out.print("몇 개를 표시할까요?:");
    int n= stdIn.nextInt();
    if (n > 0) {
      int i=0;       ·——————————————❶
      while(i < n / 2) {      // n/2개의 "*+"를 출력
        System.out.print("*+");
        i++;
      }
      if (n % 2 == 1)        //n이 홀수일 때만   ·——————————❷
        System.out.print('*');
      System.out.println();
    }
  }
}
```

반복을 제어하는 while문 외에도 if문 조건식(❶, ❷)도 작성해야 하는 것에 주목해자. 이 부분을
변경하지 않으면 '+'가 먼저 출력되므로 실행 결과가 달라진다.

PutAsteriskAlt2 프로그램

위 프로그램의 결점을 해결한 프로그램이다. 2개의 주요 부분으로 구성된다. [그림 4-7]을 보면서
다음 내용을 살펴보자.

❶ n/2개의 "*+"를 출력

while문은 n / 2회 반복하면서 "*+"를 출력한다. 출력 횟수는 예를 들어 n가 12이면 6회, n가 11이

면 5회이다. 따라서 n가 **짝수일 때의 표시가 완료된다.**

❷ n이 홀수일 때만 '*' 출력

n이 홀수이면 '*'를 출력한다. 이것으로 **n이 홀수일 때의 표시가 완료된다.** 이 프로그램은 반복할 때마다 if문을 사용한 판정이 필요 없다. 또한, 반복 제어를 0부터가 아닌 1부터 시작하도록 변경할 수도 있다.

그림 4-7 기호 문자 *와 +를 교대로 n회 표시

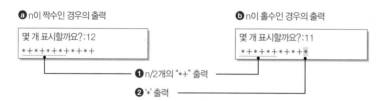

ⓐ n이 짝수인 경우의 출력

```
몇 개 표시할까요?:12
*+*+*+*+*+*+
```

ⓑ n이 홀수인 경우의 출력

```
몇 개 표시할까요?:11
*+*+*+*+*+*
```

❶ n/2개의 "*+" 출력

❷ '*' 출력

문제 4-9

양의 정숫값을 읽어서 그 자릿수를 출력하는 프로그램을 작성하자.

```java
// 양의 정숫값을 읽어 자릿수를 표시한다
import java.util.Scanner;

class DigitNo {
  public static void main(String[] args) {
    Scanner stdIn = new Scanner(System.in);
    System.out.println("양의 정숫값의 자릿수를 표시합니다.");
    int x;
    do {
      System.out.print("양의 정숫값:");
      x= stdIn.nextInt();
    } while (x <= 0);

    int digit=0;   // 자릿수
    while (x > 0) {
      digit++;   // 자릿수를 증가   •·············❶
      x /= 10;   // x를 10으로 나눔   •·············❷
    }
    System.out.println("입력한 숫자는 " + digit + "자리입니다.");
  }
}
```

> **실행 예**
> 양의 정숫값의 자릿수를 표시합니다.
> 양의 정숫값 : 1254
> 입력한 숫자는 4자리입니다.

복합 대입 연산자

읽은 정숫값의 자릿수를 구하는 프로그램이다. while문의 루프 바디에선 다음 2가지를 처리한다.
[그림 4-8]을 보면서 내용을 확인하자.

❶ 변수 digits를 증가시킨다

자릿수를 나타내기 위한 변수 digits를 증가시킨다. 변수 digits의 값은 while문 실행 시작 시에는
0이며, 반복할 때마다 1→2→3 … 으로 증가한다.

❷ x를 10으로 나눈다

처음 등장하는 연산자인 /=는 왼쪽 피연산자의 값을 오른쪽 피연산자의 값으로 나눈다. 예를 들
어 x가 1254면 10으로 나누면 125가 된다(정수끼리의 계산이므로 나머지 값이 버려진다). 따라서
while문이 반복될 때마다 변수 digits의 값이 1씩 증가하면서 변수 x의 마지막 자릿수가 잘려나
간다.

그림 4-8 변수 x의 자릿수를 구하는 처리

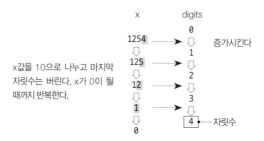

위 처리를 반복해서 x값이 0이 되면 while문은 종료된다. 이때 digits에는 변수 x의 자릿수(이 값은 while문이 반복된 횟수와 일치한다)가 저장된다.

연산자 *, /, %, -, <<, >>, >>>, &, ^, |에 =를 붙인 연산자가 있다. 원래 연산자를 @라고 하면 식 a @= b는 a = a @ b와 거의 같은 동작을 한다.

이 연산자들은 '연산'과 '대입'이라는 2가지 처리를 하므로, 복합 대입 연산자compound assignment operator라고 한다 [표 4-3]에 이 연산자들을 정리했다.

표 4-3 복합 대입 연산자 목록

*=	/=	%=	+=	-=	<<=	>>=	>>>=	&=	^=	|=

연산자 중간에 공백을 넣어서 + =나 >> = 처럼 할 수는 없다. 어떤 연산자든 대입 후의 왼쪽 피연산자의 형과 값을 생성하는 것은 대입 연산자 =와 동일하다. 연산자 <<, >>, >>>, &, ^, |는 7장에서 배운다.

x를 10으로 나누는 연산자는 다음과 같이 /와 =를 사용해서 표현할 수 있다.

```
x = x / 10;      //x를 10으로 나눈 몫을 x에 대입한다
```

하지만 복합 대입 연산자에는 다음과 같은 장점이 있다.

· **해야 할 연산을 간략하게 표시한다**

'x를 10으로 나눈 몫을 x에 대입한다'는 것보다 'x를 10으로 나눈다'고 하는 것이 간략하도 이해하기 쉬운 표현이다.

· **좌변의 변수명을 한 번만 작성해도 된다**

변수명이 긴 경우나 (뒤에서 배울) 배열 및 클래스를 이용한 복잡한 식이 포함되는 경우는 입력 실수를 할 가능성이 있으며, 프로그램 가독성도 떨어진다.

· 좌변의 평가가 1회로 제한된다

복합 대입 연산자를 이용하는 가장 큰 장점은 좌변의 '평가'가 1회만 이루어진다는 것이다. 지금까지 다룬 프로그램들에선 그 진가를 보기 힘들다. 하지만 복잡한 프로그램에선 이 장점이 매우 큰 영향을 준다.

예를 들어,

```
comp.memory[vec[++i]] += 1_;          //i를 증가시킨 후 10을 더한다
```

i의 값이 증가되는 것은 한 번뿐이다. 복합 대입 연산자를 사용하지 않고 작성하려면 다음과 같이 길어진다.

```
++i;                                           // 먼저 i를 증가시킨다.
comp.memory[vec[i]] = comp.memory[vec[i]] + 1_;    // 그리고 10을 더한다
```

= 연산자는 복합 대입 연산자과 구별하기 위해 단순 대입 연산자simple assignment operator라고 부르기도 한다. [ ] 연산자는 6장, . 연산자는 8장에서 자세히 알아보도록 하자.

문제 4-10

양의 정숫값 n을 읽어서 1부터 n까지의 곱을 구하는 프로그램을 작성하자.

```java
//n의 자승 구하기
import java.util.Scanner;

class Factorial {
   public static void main(String[] args) {
      Scanner stdIn = new Scanner(System.in);
      int n;
      do {
         System.out.print("양의 정숫값:");
         n= stdIn.nextInt();
      } while (n <= 0);

      int factorial = 1;    ●————————❶
      int i = 1;

      while (i <= n) {  ●—————❷
         factorial *= i;   //factorial에 i 곱하기
         i++;              //i 증가
      }
      System.out.println("1부터   " + n + "까지의 곱은 "+ factorial + "입니다.");
   }
}
```

> **실행 예**
> 양의 정숫값:5
> 1부터 5까지의 곱은 120입니다.

자승

1부터 n까지의 곱, 즉 n의 자승을 구하는 프로그램이다. 예를 들어, 입력한 값이 5라면, 1 * 2 * 3 * 4 * 5를 계산한다. [그림 4-9]는 자승을 구하는 순서도를 보여준다. 프로그램과 순서도의 ❶과 ❷ 부분은 다음과 같은 처리를 한다.

❶ 자승을 구하기 위한 준비 처리이다. 자승을 저장하기 위한 변수 factorial를 1로 초기화하고, 반복을 제어하는 변수인 i를 1로 초기화한다.

❷ 변수 i의 값이 n이하인 동안에는 다음 while문을 반복 실행한다. i의 값이 1씩 증가하므로 반복 횟수는 n회가 된다.

```java
factorial *= i;    // factorial에 i 곱하기
i++;               // i 증가
```

i가 n회 이하인지를 판정하는 조건식(i <= n)(순서도의 ◇)를 통과할 때 변수 i와 factorial값은 [그림 4-9]와 같이 변한다. 프로그램과 표를 함께 보면서 설명을 보도록 하자.

조건식을 처음 통과할 때 변수 i와 factorial의 값은 ❶에서 설정한 값과 같다. 이후로는 반복이 이루어질 때마다 변수 i의 값이 1씩 증가한다. 변수 factorial값은 '해당 시점의 자승'이고 변수 i의 값은 '다음에 곱할 값'이 된다. 예를 들어, i가 6일 때의 변수 factorial값은 120으로 5의 자승, 즉 1부터 5까지의 곱이다(변수 i의 값은 곱하기 전의 값이다).

그림 4-9 1부터 n까지의 곱(n의 자승)을 구하는 순서도

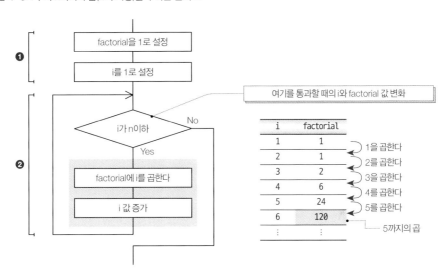

참고로 i의 값이 n를 초과할 때에 while문의 반복이 종료되므로 최종적인 i의 값은 n이 아닌 n + 1 이 된다. 표에 있는 것처럼 n이 5일 때에는 최종적으로 i가 6이 돼서 factorial은 120이 된다.

식의 평가 순서

이항 연산자의 왼쪽 피연산자는 오른쪽 피연산자보다 먼저 평가한다. 이것을 다음 프로그램으로 검증해보겠다.

```
int a = 3;
int x = (a++) * (2 + a);
System.out.println("a = " + a);
System.out.println("x = " + x);
```

```
a = 4
x = 18
```

주목해야 할 부분은 (a++) * (2 + a)이다. 먼저 왼쪽 피연산자(a++)를 평가하고 다음으로 오른쪽 피연산자(2+a)를 평가한 후 마지막 곱셈(*)을 한다. 따라서 이 식은 다음과 같은 순서로 계산된다.

1. 식 a++가 평가된다. 평가에 의해 얻은 값은 증가하기 전의 3이다. 평가가 완료되면 a의 값이 증가되어 4가 된다.

2. 식 2 + a가 평가된다. 평가에 의해 생성되는 값은 6이다. a의 값은 변하지 않는다.

3. 3 * 6에 의해 18이 되면 이 x값을 저장한다.

결과적으로 마지막에 표시되는 값은 a가 **4**이고 x가 **18**이다.

기호 문자를 임의의 개수만큼 출력했던 [문제 4-7]을 for문으로 작성하자.

```java
// 읽은 개수만큼 * 표시
import java.util.Scanner;

class PutAsteriskFor {
   public static void main(String[] args) {
      Scanner stdIn = new Scanner(System.in);
      System.out.print("몇 개의 *를 표시할까요?:");
      int n= stdIn.nextInt();
      if (n > 0) {
         for(int i=0; i < n; i++)
            System.out.print('*');
         System.out.println();
      }
   }
}
```

```
실행 예
몇 개의 *를 표시할까요?:12
************
```

for문(for statement)

[문제 4-11]은 [문제 4-7] 프로그램을 while문이 아닌 for문으로 재작성한 프로그램이다. for문의 구문은 [그림 4-10]과 같으며, for문의 ( ) 안에는 ;로 구분된 ❶, ❷, ❸로 구성된다. for에는 '~하는 동안에'라는 의미가 있다.

그림 **4-10** for문의 구문 해석도

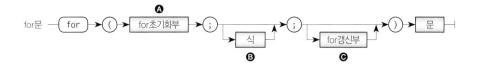

구문 해석도가 복잡하다고 느낄 수도 있다. 하지만 for문이 익숙해지면 while문 보다 직관적이라는 것을 알 수 있을 것이다. 무엇보다 while문보다 작성하는 양이 짧다. 이번 프로그램에서 사용하는 for문은 while문을 재작성한 것이다. for문과 while문은 상호간에 변경이 가능하다. [그림 4-11]을 보면 for문과 while문이 '거의 동일하다'는 것을 알 수 있다.

그림 4-11 for문과 while문

이 프로그램에서 for문의 흐름은 다음과 같다.

· 먼저 '처리부'라고 할 수 있는 **Ⓐ**를 평가, 실행한다.

· '지속 조건'인 **Ⓑ**의 조건식이 true인 동안 문이 실행된다.

· 다음은 '후처리'라고 할 수 있는 '다음 반복을 위한 준비'를 **Ⓒ**에서 평가 및 실행한다.

이 프로그램에서 for문은 '변수 i를 0에서부터 1씩 증가시키고 n회 루프 바디를 반복한다'라고 해석할 수 있다. 처음에 0으로 초기화된 변수 i는 n회 증가한다(그림 4-12). for문의 각 부분에 대한 자세한 규칙 등은 아래에 정리했다.

Ⓐ for문 초기화부

Ⓐ에선 변수 선언이 가능하다(이 프로그램에서도 변수를 선언한다). 여러 개의 변수를 선언할 때는 쉼표(,)로 구분한다(일반적인 변수 선언 방법과 같다). 여기서 선언하는 변수의 사용 범위는 **해당 for문 내로 한정된다**. 다른 for문에서 동일 명칭의 변수를 사용할 때는 각 for문마다 선언해야 한다.

Ⓐ에서 선언이 필요 없는 경우에는 생략을 할 수도 있다.

Ⓑ 식(조건식)

Ⓑ도 생략할 수 있다. 이때는 반복 지속 판정은 항상 true로 간주된다. 뒤에서 배울 break문과 return문을 루프 바디에서 실행하지 않는 한, 영원히 반복되는 **무한 루프가** 된다.

Ⓒ for 갱신부

여러 식을 쉼표로 구분해서 연결할 수 있다. 참고로 아무것도 할 필요가 없으면 역시 생략할 수 있다.

그림 4-12 PutAsteriskFor의 for문 순서도

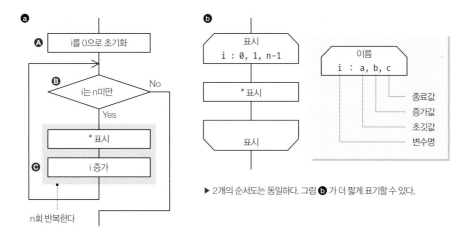

▶ 2개의 순서도는 동일하다. 그림 ⓑ 가 더 짧게 표기할 수 있다.

문제 4-12

양의 정숫값을 0까지 카운트다운하는 [문제 4–5]를 for문으로 작성하라(단, 반복 종료 후의 x값은 표시하지 않아도 된다).

```java
// 양의 정숫값을 0까지 카운트다운 (for문)
import java.util.Scanner;

class CountDownFor {
  public static void main(String[] args) {
    Scanner stdIn = new Scanner(System.in);
    System.out.println("카운트다운 합니다.");
    int x;
    do {
      System.out.print("양의 정숫값:");
      x = stdIn.nextInt();
    } while (x <= 0);

    for (; x >=0 ; x--)
      System.out.println(x);      // x값을 표시
  }
}
```

실행 예
```
카운트다운 합니다.
양의 정숫값:4
4
3
2
1
0
```

앞 문제와 반대로 0부터 양의 정수까지 카운트업하는 프로그램을 작성하자.

```java
// 양의 정숫값을 0부터 카운트업
import java.util.Scanner;

class CountUp {
  public static void main(String[] args) {
    Scanner stdIn = new Scanner(System.in);
    System.out.println("카운트업 합니다.");
    int x;
    do {
      System.out.print("양의 정숫값:");
      x = stdIn.nextInt();
    } while (x <= 0);

    for (int i = 0 ; i <= x ; i++)
      System.out.println(i);    //i 값 표시
  }
}
```

```
실행 예
카운트업 합니다.
양의 정숫값:4
0
1
2
3
4
```

x + 1회 반복

두 프로그램 모두 반복 횟수가 x + 1이다(x가 아닌 것에 주의하자). 프로그램 CountDownFor의 for문은 반복할 때마다 x값을 감소시킨다. for문 초기화부는 생략한다(굳이 초기화하지 않아도 되기 때문이다)

1부터 n까지의 합을 구하는 프로그램을 for문을 사용해 작성하자.

```java
// 1부터 n까지의 합 구하기
import java.util.Scanner;

class SumUpFor {
  public static void main(String[] args) {
    Scanner stdIn = new Scanner(System.in);
    System.out.print("1부터 n까지의 합을 구합니다.");
    int n;
    do {
      System.out.print("n의 값:");
      n = stdIn.nextInt();
    } while (n <= 0);

    int sum = 0;          ●──────────────●❶
    for (int i = 0; i <= n; i++)  ●────────●❷
      sum += i;      //sum에 i를 더한다
    System.out.print("1부터 " + n + "까지의 합은 " + sum+"입니다.");
  }
}
```

> **실행 예**
> 1부터 n까지의 합을 구합니다.n의 값 : 5
> 1부터 5까지의 합은 15입니다.

1부터 n까지의 합

합을 구하는 부분은 2가지 처리로 구성된다(그림 4-13).

❶ 합을 구하기 위한 준비이다. 합을 저장할 변수 sum의 값을 0으로 초기화한다.

❷ 변수 i의 값을 1부터 시작하고, n이하인 동안 그림의 ❶, ❷를 반복 실행한다. i의 값이 1씩 증가하므로 반복 횟수는 n회가 된다.

그림 4-13 1부터 n까지의 합을 구하는 순서도

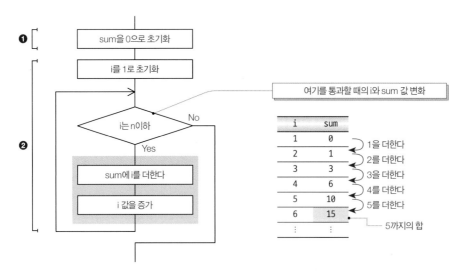

[문제 4-14] 프로그램을 수정해서 결과뿐만 아니라 계산식까지 표시하는 프로그램을 작성하자.

```java
//1부터 n까지의 합 구하기(계산식을 표시)
import java.util.Scanner;

class SumUpForExp {
    public static void main(String[] args) {
        Scanner stdIn = new Scanner(System.in);
        System.out.println("1부터 n까지의 합을 구합니다.");
        int n;
        do {
            System.out.print("n의 값:");
            n = stdIn.nextInt();
        } while (n <= 0);
        int sum = 0;
        for (int i = 1; i < n; i++) {        ●❶
            System.out.print(i + " + ");
            sum += i;        // sum에 i를 더한다
        }
        System.out.print(n + " = ");        ●❷
        sum += n;            // sum에 n을 더한다
        System.out.println(sum);        ●❸
    }
}
```

실행 예1
1부터 n까지의 합을 구합니다.
n의 값:1
1 = 1

실행 예2
1부터 n까지의 합을 구합니다.
n의 값:3
1 + 2 + 3 = 6

실행 예3
1부터 n까지의 합을 구합니다.
n의 값:5
1 + 2 + 3 + 4 + 5 = 15

계산식 표시

❶ 1부터 n - 1까지의 값을 +와 함께 표시하고 sum에 i를 더한다. [그림 4-14❶]는 그림 기호가 보여주듯이 n의 값이 1이면 i < n가 false가 되므로 for문을 빠져나간다(루프 바디가 실행되지 않는다).

❷ 마지막에 더하는 값인 n과 =를 표시하고 sum에 n을 더한다.

❸ 변수 sum에 저장된 합을 표시한다.

그림 4-14 계산식을 표시하는 과정

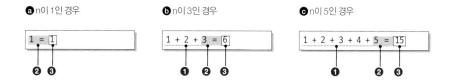

❶ n이 1인 경우   ❶ n이 3인 경우   ❸ n이 5인 경우

신장별 표준 체중 대응표를 표시하는 프로그램을 작성하자. 표시할 신장의 범위(시작값/종료값/증가값)는 정수값으로 입력받을 것.

· 표준 체중 = (신장 − 100) x 0.9

```
신장별 표준 체중 대응표 표시
import java.util.Scanner;

class HeightWeight {
    public static void main(String[] args) {
        Scanner stdIn = new Scanner(System.in);
        System.out.print("몇 cm부터:");
        int hMin = stdIn.nextInt();
        System.out.print("몇 cm까지:");
        int hMax = stdIn.nextInt();
        System.out.print("몇 cm 단위:");
        int step = stdIn.nextInt();
        System.out.println("신장 표준 체중");
        System.out.println("---------");

        for (int i = hMin; i <= hMax; i+=step)
            System.out.println(i + " " + 0.9 * (i - 100));
    }
}
```

실행 예
몇 cm부터:150
몇 cm까지:180
몇 cm 단위:5
신장 표준 체중
----
150 45.0
155 49.5
160 54.0
165 58.5
170 63.0
175 67.5
180 72.0

for 갱신부와 복합 대입 연산자

신장별 표준 체중 대응표를 표시하는 프로그램이다. 지금까지의 for문에선 반복 제어를 위해 변수의 값을 1씩 증가/감소시켰다. 이 프로그램의 for문은 임의의 값('몇 cm 단위:'에서 변수 step에 입력한 값)만큼 증가시킨다.

for문의 C부분(갱신부)인 i += step에서 사용하는 +=는 오른쪽 피연산자 값을 왼쪽 피연산자에 더하는 복합 대입 연산자(표 4-3)이다. 변수 i에 step을 더하므로 반복할 때마다 i의 값이 step만큼 증가한다.

프로그램을 다음과 같이 변경하면 컴파일 오류가 발생한다.

```
for (int i = hMin; i <= hMax; i+=step);
            System.out.println(i + " " + 0.9 * (i - 100));
```

오류의 원인은 i += step) 뒤에 있는 ; 이다. 이것은 공문이므로 다음과 같이 해석된다.

```
for (int i = hMin; i <= hMax; i+=step);                 // 공문 실행을 반복하는 for문
    System.out.println(i + " " + 0.9 * (i - 100));       // 1회만 실행되는 표현식문
```

for문에서 선언한 변수 i는 for문 내에서만 통용된다. 따라서 System.out.println 안의 i는 '선언되지 않은 변수'로 오류가 발생한다.

문제 4-17

읽은 개수만큼 '*'를 표시하는 [문제 4-11]을 변경해서 5개 단위로 줄 바꿈해서 표시하는 프로그램을 작성하자.

```
// 읽은 개수만큼 *를 표시 (5개 단위로 줄 바꿈)(방법1)
import java.util.Scanner;

class PutAsterisk5A {
    public static void main(String[] args) {
        Scanner stdIn = new Scanner(System.in);
        System.out.print("몇 개의 *를 표시할까요?:");
        int n= stdIn.nextInt();
        if (n > 0) {
            for(int i=0; i < n; i++) {
                System.out.print('*');
                if (i % 5 == 4)          ●──────────❶
                    System.out.println();
            }
            if (n % 5 !=0)          ●──────────❷
                System.out.println();
        }
    }
}
```

실행 예1
```
몇 개의 *를 표시할까요?:15
*****
*****
*****
```

실행 예2
```
몇 개의 *를 표시할까요?:14
*****
*****
****
```

프로그램의 효율

PutAsterisk5A 프로그램

변수 i의 값을 0, 1, 2, …로 증가시키면서 기호 '*'를 출력한다. 줄 바꿈하는 부분은 다음 두 곳이다.

❶ 기호 문자를 출력한 후 변수 i의 값을 5로 나눈 나머지가 4이면 줄 바꿈한다. [그림 4-15]에서 볼 수 있듯이, 줄 바꿈 문자가 출력되는 것은 i가 4, 9, 14, … 일 때이다.

❷ [그림 4-15❶]처럼 n이 5의 배수이면 마지막에 출력한 * 뒤에 줄 바꿈이 완료된다. 한편, [그림 4-15❷]처럼 n이 5의 배수가 아닌 경우에는 마지막 줄 바꿈이 실행되지 않으므로, 별도로 줄 바꿈 처리를 실행한다. for문에 의해 반복이 이루어질 때마다 if문 판정이 이루어지므로 효율이 높지 않다는 단점이 있다.

그림 4-15 5개 단위로 줄 바꿈(PutAsterisk5A)

```java
// 읽은 개수만큼 * 표시(5개 단위로 줄 바꿈)(방법2)
import java.util.Scanner;

class PutAsterisk5B {
  public static void main(String[] args) {
    Scanner stdIn = new Scanner(System.in);
    System.out.print("몇 개의 *를 표시할까요?:");
    int n= stdIn.nextInt();
    if (n > 0) {
      for(int i=0; i < n / 5; i++)            ❶
        System.out.println("*****");
      int rest = n % 5;                       ❷
      if (rest > 0) {
        for(int i=0; i < rest; i++)
          System.out.print("*");
        System.out.println();
      }
    }
  }
}
```

PutAsterisk5B 프로그램

PutAsterisk5B의 결점을 해결한 프로그램으로 크게 세 부분으로 구성돼 있다. 그림 4–16을 참고하면서 설명을 보자.

❶ n / 5개의 "*****" 출력

for문은 "*****" 출력을 n / 5회 반복한다. 예를 들어 출력 횟수는 n이 15이면 3회, n이 14이면 2회가 된다. 출력은 print가 아닌 println 메서드를 사용하므로 줄 바꿈은 자동으로 이루어진다. n이 5의 배수일 때는 이 단계에서 출력이 완료된다.

❷ n % 5개의 '*'와 줄 바꿈 출력

n이 5의 배수가 아닐 때 여분의 마지막 줄을 출력한다. n을 5로 나눈 나머지 수(예를 들어 n이 14이면 4개)만큼 *를 표시한 후 줄 바꿈 문자를 출력한다. n이 5의 배수이면 변수 rest값이 0이 되므로 기호와 줄 바꿈 문자 모두 출력되지 않는다.

그림 **4–16** 5개 단위로 줄 바꿈(PutAsterisk5B)

입력한 정숫값의 모든 약수와 그 개수를 표시하는 프로그램을 작성하자.

```java
// 입력한 정숫값의 모든 약수 표시
import java.util.Scanner;

class Measure {
  public static void main(String[] args) {
    Scanner stdIn = new Scanner(System.in);
    System.out.print("정숫값:");
    int n = stdIn.nextInt();
    int count = 0;                      // 약수의 개수  •---------❶
    for (int i = 1; i <= n; i++)  •-------❷
      if (n % i == 0) {                 // 나누어 떨어지면
        System.out.print(i + " ");    // 표시
        count++;
      }
    System.out.println("\n의 약수는 " + count + "개입니다.");   //개수를 표시  •---------❸
  }
}
```

실행 예

```
정숫값:12
1 2 3 4 6 12
의 약수는 6개입니다.
```

약수 열거하기

❶ 약수의 개수를 저장하기 위한 변수 count를 0으로 초기화한다.

❷ for문에선 변수 i값을 1부터 n까지 증가시킨다. 실행 예처럼 n이 12라면 i는 1부터 12까지 증가
한다(그림 4-17). n을 i로 나눈 나머지가 0이면(n이 i로 나누어 떨어지면), i는 n의 약수이므
로 count를 증가시킨다.

❸ 약수의 개수인 count를 표시한다.

그림 4-17 약수의 열거

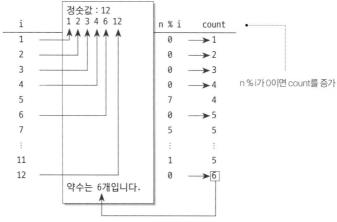

1부터 n까지의 정숫값에 각 값을 제곱해서 표시하는 프로그램을 작성하라(n값을 입력받을 것).

```java
// 정숫값의 제곱 표시(방법1)
import java.util.Scanner;

class Square1 {
   public static void main(String[] args) {
      Scanner stdIn = new Scanner(System.in);
      System.out.print("정숫값:");
      int n = stdIn.nextInt();
      for (int i = 1; i <= n; i++)
        System.out.println(i + "의 제곱은 " + i * i +"입니다.");
   }
}
```

> **실행 예**
> 정숫값 : 3
> 1의 제곱은 1입니다.
> 2의 제곱은 4입니다.
> 3의 제곱은 9입니다.

```java
// 정숫값의 제곱 표시(방법2)
import java.util.Scanner;

class Square2 {
   public static void main(String[] args) {
      Scanner stdIn = new Scanner(System.in);
      System.out.print("정숫값:");
      int n = stdIn.nextInt();
      for (int i = 1, j = 1; i <= n; i++, j = i * i)
        System.out.println(i + "의 제곱은 " + j +"입니다.");
   }
}
```

여러 변수의 동시 제어

Square1은 지금까지의 for문과 마찬가지로 단일 변수인 i를 사용해서 반복을 제어한다. 반면, Square2에 for문은 2개의 변수 i와 j를 동시에 제어한다. for의 각 부분은 다음과 같이 구성돼 있다.

· for **초기화부**: 변수 i와 j를 선언하고 1로 초기화한다.

· **조건식**: i <= n이 성립하지 않으면 반복을 종료한다. 루프 바디는 n회 실행된다.

· for **갱신부**: 변수 i값을 증가시켜서 1, 2, 3, ...으로 변경된다. 반면 i의 제곱이 대입되는 변수 j는 1 * 1, 2 * 2, 3 * 3으로 변경된다.

달(月)을 정숫값으로 읽어서 해당하는 달의 계절을 표시하는 프로그램을 작성하자. 원하는 만큼 입력 및 출력할 수 있게 하며, 1~12 이외의 값이 입력된 경우에는 재입력 하도록 할 것(do문 안에 do문이 들어가는 이중 루프가 된다).

```java
//입력한 달의 계절 표시
import java.util.Scanner;

class SeasonRepeat {
  public static void main(String[] args) {
    Scanner stdIn = new Scanner(System.in);
    int retry;
    System.out.println("계절을 찾습니다.");
    do {
      int month;  //월 저장
      do {
        System.out.print("몇 월입니까?:");
        month = stdIn.nextInt();
      } while (month < 1 || month > 12);

      if (month >= 3 && month <= 5)                        //  3월,    4월,    5월
        System.out.println("봄입니다.");
      else if (month >= 6 && month <= 8)                   //  6월,    7월,    8월
        System.out.println("여름입니다.");
      else if (month >= 9 && month <= 11)                  //  9월,    10월,   11월
        System.out.println("가을입니다.");
      else if (month == 12 || month == 1 || month == 2)    // 12월,    1월,    2월
        System.out.println("여름입니다.");

      System.out.print("다시 하겠습니까? 1…Yes/0…No:");
      retry = stdIn.nextInt();
    } while (retry == 1);
  }
}
```

실행 예

```
계절을 찾습니다.
몇 월입니까?:13
몇 월입니까?:6
여름입니다.
다시 하겠습니까? 1…Yes/0…No:1
몇 월입니까?:11
가을입니다.
다시 하겠습니까? 1…Yes/0…No:0
```

원하는 만큼 반복 하기

지금까지 프로그램은 단순한 반복(루프)을 사용했다. 반복 내에서 다시 반복하는 것도 가능하다. 이런 반복은 '중첩 성도'에 따라 이중 루프, 삼중 루프 등으로 부르며, 이런 반복 루프들을 통틀어서 '다중 루프'라고 한다. 이번 프로그램은 do문 안에 do문이 들어 있는 이중 루프이다.

안쪽 do문

변수 month에 1이상 12이하의 값을 입력하기 위한 반복이다. 키보드를 통해 입력한 값이 1미만이거나 12초과이면 루프 바디가 반복된다. month의 값은 반드시 1이상 12이하여야 하므로, 계절을 판정하는 if문 중 12월, 1월, 2월은 판정하는 if문은 생략할 수 있다.

바깥쪽 do문

"다시 하겠습니까?"라고 물어 "1"(Yes)이 입력되면 처리를 재실행하는 do문이다.

기호 문자 '*'를 나열해서 n단의 정방형을 표시하는 프로그램을 작성하자.

```java
// 정방형을 표시
import java.util.Scanner;

class Square {
  public static void main(String[] args) {
    Scanner stdIn = new Scanner(System.in);

    System.out.println("정방형을 표시합니다.");
    System.out.print("단수는:");
    int n = stdIn.nextInt();

    for (int i=1; i <= n; i++) {          행 루프
      for (int j=1; j <= n;j++)     열 루프
        System.out.print('*');
      System.out.println();
    }
  }
}
```

실행 예

정방형을 표시합니다.
단수는:3
***
***
***

이중 루프를 사용한 정방형 표시

기호 문자를 나열해서 정방형으로 표시하는 프로그램이다. 바깥쪽 for문(행 루프)에선 i를 1부터 n까지 증가시킨다. 이 반복은 1행째, 2행째, …n행째에 해당한다. 즉, 세로 방향의 반복이다. 각 행에서 실행되는 안쪽 for문(열 루프)는 j를 1부터 n까지 증가시킨다. 이것은 각 행에서 가로 방향으로 진행(반복)하기 위한 것이다(그림 4-18).

그림 4-18 정방형 표시에서 변수의 변화 과정

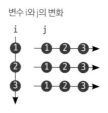

변수 i를 1부터 n까지 증가시키는 '행 루프'는 n회 반복된다. 그리고 각 행의 반복 내에서 변수 j를 1부터 n까지 증가시키는 '열 루프'가 n회 반복된다. 열 루프 종류 후의 줄 바꿈 출력은 다음 행으로 이동하기 위한 준비 처리이다. n이 3이라면 다음과 같은 처리가 이루어진다.

· i가 1일 때: j를 1 → 3으로 증가시키며 '*'를 표시 후 줄 바꿈
· i가 2일 때: j를 1 → 3으로 증가시키며 '*'를 표시 후 줄 바꿈
· i가 2일 때: j를 1 → 3으로 증가시키며 '*'를 표시 후 줄 바꿈

문제 4-22

기호 문자 '*'를 나열해서 직각의 이등변 삼각형을 표시하는 프로그램을 작성하자. 직각의 위치가 왼쪽 아래, 왼쪽 위, 오른쪽 아래, 오른쪽 위에 표시하는 프로그램을 각각 작성할 것.

```java
// 왼쪽 아래가 직각인 이등변 삼각형
import java.util.Scanner;

class IsoscelesTriangleLB {
   public static void main (String[] args) {
      Scanner stdIn = new Scanner(System.in);

      System.out.println("왼쪽 아래가 직각인 이등변 삼각형을 표시합니다.");
      System.out.print("단수는?  :");
      int n = stdIn.nextInt();

      for (int i=1; i <= n; i++) {
         for (int j=1; j <=i; j++)
            System.out.print('*');
         System.out.println();
      }
   }
}
```

실행 예

```
왼쪽 아래가 직각인 이등변 삼각형을 표시합니다.
단수는?:5
*
**
***
****
*****
```

```java
//왼쪽 위가 직각인 이등변 삼각형
import java.util.Scanner;

class IsoscelesTriangleLU {
   public static void main (String[] args) {
      Scanner stdIn = new Scanner(System.in);

      System.out.println("왼쪽 위가 직각인 이등변 삼각형을 표시합니다.");
      System.out.print("단수는?:");
      int n = stdIn.nextInt();

      for (int i=1; i <= n; i++) {
         for (int j=1; j <= n-i+1; j++)
            System.out.print('*');
         System.out.println();
      }
   }
}
```

실행 예

```
왼쪽 아래가 직각인 이등변 삼각형을 표시합니다.
단수는?:5
*****
****
***
**
*
```

직각 이등변 삼각형 표시

어떤 방향을 직각으로 하든 단 수를 변수 n에 저장하고 변수 i를 1부터 n까지 증가시키며 '*'를 표시한다. [그림 4-19]는 '*'를 표시하는 과정을 보여준다.

왼쪽 아래 / 오른쪽 위가 직각인 이등변 삼각형

각 단에 기호 문자 *와 줄 바꿈 문자를 출력한다. 기호 문자의 개수는 왼쪽 아래 삼각형에선 i행째에 i개를, 왼쪽 위 삼각형에선 i행째에 n - i + 1개가 된다.

오른쪽 아래 / 오른쪽 위가 직각인 이등변 삼각형

각 단에 공백 문자와 기호 문자 * 그리고 줄 바꿈 문자를 출력한다. 공백 문자와 기호 문자의 개수는 행에 따라 다르지만, 각 행의 합은 n개가 된다.

```java
//오른쪽 아래가 직각인 이등변 삼각형
import java.util.Scanner;

class IsoscelesTriangleRB {
  public static void main (String[] args) {
    Scanner stdIn = new Scanner(System.in);

    System.out.println("오른쪽 아래가 직각인 이등변 삼각형을 표시합니다.");
    System.out.print("단수는?:");
    int n = stdIn.nextInt();

    for (int i = 1; i <= n; i++) {
      for (int j = 1; j <= n - i; j++)
        System.out.print(' ');
      for (int j = 1; j <= i; j++)
        System.out.print('*');
      System.out.println();
    }
  }
}
```

```
실행 예
오른쪽 아래가 직각인 이등변 삼각형을 표시합니다.
단수는?:5
    *
   **
  ***
 ****
*****
```

```java
//오른쪽 위가 직각인 이등변 삼각형
import java.util.Scanner;

class IsoscelesTriangleRU {

  public static void main (String[] args) {
    Scanner stdIn = new Scanner(System.in);
```

```
System.out.println("오른쪽 위가 직각인 이등변 삼각형을 표시합니다.");
System.out.print("단수는?:");
int n = stdIn.nextInt();

for (int i = 1; i <= n; i++) {
    for (int j = 1; j <= i-1; j++)
        System.out.print(' ');
    for (int j = 1; j <= n-i+1; j++)
        System.out.print('*');
    System.out.println();
    }
  }
}
```

실행 예

오른쪽 위가 직각인 이등변 삼각형을 표시합니다.
단수는?:5
```
*****
 ****
  ***
   **
    *
```

그림 4-19 직각 이등변 삼각형 표시

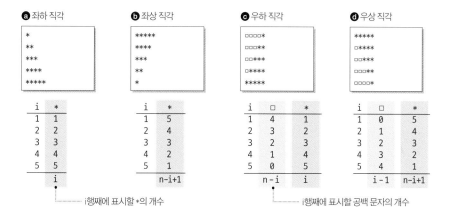

ⓐ 좌하 직각   ⓑ 좌상 직각   ⓒ 우하 직각   ⓓ 우상 직각

i	*
1	1
2	2
3	3
4	4
5	5
	i

i	*
1	5
2	4
3	3
4	2
5	1
	n-i+1

i	□	*
1	4	1
2	3	2
3	2	3
4	1	4
5	0	5
	n-i	i

i	□	*
1	0	5
2	1	4
3	2	3
4	3	2
5	4	1
	i-1	n-i+1

i행째에 표시할 *의 개수   i행째에 표시할 공백 문자의 개수

n단 피라미드를 표시하는 프로그램을 작성하자. i행째에는 (i - 1) * 2 + 1개의 '*' 기호를 표시하고 마지막 행인 n행째에는 (n - 1) * 2 + 1개의 '*'를 표시할 것.

```java
// 피라미드 표시
import java.util.Scanner;

class Pyramid {
    public static void main (String[] args) {
        Scanner stdIn = new Scanner(System.in);

        System.out.println("피라미드를 표시합니다.");
        System.out.print("단수는?:");
        int n = stdIn.nextInt();

        for (int i = 1; i <= n; i++) {
            for (int j = 1; j <= n-i; j++)
                System.out.print(' ');
            for (int j = 1; j <= 2*i-1; j++)
                System.out.print('*');
            System.out.println();
        }
    }
}
```

```
실행 예

피라미드를 표시합니다.
단수는?:5
    *
   ***
  *****
 *******
*********
```

피라미드 표시

피라미드(엄밀하게는 이등변 삼각형)를 표시하는 문제이다. [그림 4-20]에서 볼 수 있듯이 i행째에는 n - i개의 공백 문자와 2 * i -1개의 '*'를 표시한다.

그림 4-20 피라미드 표시

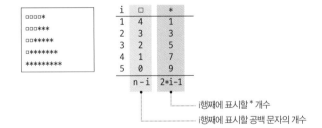

수학 피라미드 표시

다음 [문제 4-24]는 이번 문제와 같은 구조의 프로그램이다. 표시하는 문자가 기호가 아닌 숫자인 것이 차이이다. i행째에는 i % 10을 표시하므로 각 행의 행 번호를 한눈에 파악할 수 있다.

문제 4-24

n단의 숫자 피라미드를 표시하는 프로그램을 작성하라. i번째 행에는 i % 10을 표시할 것.

```java
// 숫자 피라미드 표시
import java.util.Scanner;

class DigitPyramid {
  public static void main(String[] args) {
    Scanner stdIn = new Scanner(System.in);
    System.out.println("숫자 피라미드를 표시합니다.");
    System.out.print("단수는:");
    int n = stdIn.nextInt();
    for (int i = 1; i <= n; i++) {
      for (int j = 1; j <= n - i; j++)
      System.out.print(' ');
      for (int j = 1; j <= 2 * i - 1; j++)
      System.out.print(i % 10);
      System.out.println();
    }
  }
}
```

실행 예1
```
숫자 피라미드를
표시합니다.
단수는: 5
    1
   222
  33333
 4444444
555555555
```

실행 예2
```
숫자 피라미드를 표시합니다.
단수는: 12
          1
         222
        33333
       4444444
      555555555
     66666666666
    7777777777777
   888888888888888
  99999999999999999
 0000000000000000000
111111111111111111111
22222222222222222222222
```

반복문

이 장에서 학습한 do문, while문, for문을 모두 반복문라고 한다. 반복문은 반복할지를 판정하는 조건을 어느 시점에 확인하느냐에 따라 다음 두 가지로 구분할 수 있다.

후판정 반복: do문

루프를 실행한 후에 지속 조건을 판정한다. 루프가 적어도 1회는 실행된다.

전판정 반복: while문과 for문

루프를 실행하기 전에 지속 조건을 판정한다. 판정 결과에 따라선 루프가 1회도 실행되지 않을 가능성이 있다. 이 장에서 학습한 for문은 기본 for문이다. 확장 for문에 대해선 6장에서 배우도록 한다. 1장에선 '문의 끝은 원칙적으로 세미콜론(;)으로 끝난다'고 배웠다. 이 설명은 항상 정답인 것은 아니다. 구문상은 다음과 같이 된다.

· **끝이 세미콜론인 문**

  null문, 식문, do문, 선언문

· **끝이 세미콜론이 아닌 문**

  if문, switch문, while문, for문, 블록

반복문 중에서 끝이 세미콜론인 것은 do문 밖에 없다.

문제 4-25

양의 정숫값을 읽어서 소수인지를 판정하는 프로그램을 작성하자. 소수란 2이상 n미만인 수중 어떤 수로도 나누어지지 않는 정숫값 n이다(즉, 자기 자신과 1로만 나누어지는 수)

```java
// 소수 판정
import java.util.Scanner;

class Prime {
    public static void main (String[] args) {
        Scanner stdIn = new Scanner(System.in);

        int n;
        do {
            System.out.print("2이상의 정숫값:");
            n = stdIn.nextInt();
        } while (n < 2);

        int i;              ●────────────①
        for (i = 2; i < n; i++)
            if (n % i == 0)              // 나누어 떨어진다(소수가 아니다)
                break;

        if (i == n)     ●────────────②
            System.out.println("소수입니다.");
        else
            System.out.println("소수가 아닙니다.");
    }
}
```

실행 예1
2이상의 정숫값:13
소수입니다.

실행 예2
2이상의 정숫값:14
소수가 아닙니다.

break문

소수란 자기 자신과 1로만 나누어지는 정수를 가리킨다(예를 들어 소수인 13은 2, 3, … 12중 어떤 수로도 나누어지지 않는다). 따라서 특정 정수 n이 '2부터 n − 1까지의 어떤 정수로도 나누어떨어지지 않는다'는 조건을 만족하면 소수라고 판정할 수 있다.

n이 나누어지는 수를 하나라도 가지면 소수가 아니다. 이런 수를 합성수라고 한다. 이번 프로그램은 입력한 변수 n값이 소수인지 판정한다. n값은 2이상이 되어야 한다. [그림 4-21]은 n이 9인 경우와 13인 경우에 소수 판정 과정을 보여준다.

그림 4-21 소수 판정

❶ 9가 소수인지 판정

for문에선 변수 i값을 2, 3, …, 8로 증가시킨다. i가 3일 때에 n이 i로 나누어떨어지므로 break문이 실행된다. [그림 4-22]에서 볼 수 있듯이 반복문(do문/while문/for문) 안에서 실행되는 break문은 해당 반복문을 강제 중단 및 종료시킨다. 다중 루프 안에서 break문이 실행되면 해당 break문을 **직접 감싸고 있는 반복문의** 실행이 중단된다. 다중 루프의 바깥쪽 반복문까지 한 번에 빠져나오는 방법은 [문제 4-29]에서 다룬다.

따라서 2와 3을 계산한 시점(2회 계산)에 for문의 반복이 중단된다. for문 종료 시의 변수 i의 값은 3이다. for문 종료 시에도 변수 i의 값을 확인할 필요가 있으므로 for문 안이 아닌 ❶에서(for문 이전에) 변수 i를 선언한다.

❷ 13이 소수인지 판정

for문에선 변수 i값을 2, 3, …, 12로 증가시킨다. 이 과정에서 n이 i로 나누어지는 경우는 없으며, 11회의 연산(나눗셈)이 모두 이루어진다. for문 종료 시의 i값은 13이다. for문 종료 시의 i값이 12가 아닌 13인 것에 주의하자. n을 12로 나눈 후에 i가 증가해서 13이 되며 이 시점에 조건식 i < n이 false가 돼서 for문이 종료되기 때문이다.

그림 4-22 반복문에서의 break문

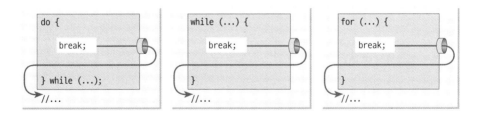

두 예에서 볼 수 있듯이 안쪽 for문이 종료된 시점에 i값은 다음과 같다.

- n이 소수일 때: n과 같은 값(for문은 마지막까지 실행된다)
- n이 합성수일 때: n보다 작은 값(for문은 중단된다)

❷ if문에선 i가 n과 같을 때 해당 값을 소수로 표시한다.

정숫값을 연속해서 입력을 받아 합계와 평균을 구하는 프로그램을 작성하자(0 입력시 프로그램 종료).

```java
// 읽은 정숫값들을 합산(0이 입력되면 종료)
import java.util.Scanner;

class SumBreak1Ave {
    public static void main(String[] args) {
        Scanner stdIn = new Scanner(System.in);
        System.out.println("정수를 더합니다.");
        System.out.print("몇 개를 더할까요?:");
        int n = stdIn.nextInt();          //정수의 개수
        int sum = 0;                       // 합계
        int i;
        for (i = 0; i < n; i++) {
            System.out.print("정수(0으로 종료):");
            int t = stdIn.nextInt();
            if (t == 0) break;             // for문을 빠져나감
            sum += t;
        }
        System.out.println("합계는 " + sum + "입니다.");
        if (i != 0)
            System.out.println("평균은 " + sum / i + "입니다.");
    }
}
```

실행 예1

정수를 더합니다.
몇 개를 더할까요?:2
정수(0으로 종료):15
정수(0으로 종료):37
합계는 52입니다.
평균은 26입니다.

실행 예2

정수를 더합니다.
몇 개를 더할까요?:5
정수(0으로 종료):82
정수(0으로 종료):45
정수(0으로 종료):0
합계는 127입니다.
평균은 63입니다.

합계와 평균(방법1)

입력한 정수의 합을 구하는 프로그램이다. 먼저 정수의 개수를 n에 저장한다. 다음은 for문을 사용해 n회를 반복하며, n개의 정수를 읽어서 더한다. 변수 t값을 읽은 직후에 해당 값을 sum에 더한다. 단, 정수 t에 읽은 값이 0이면 break문이 실행되므로, for문 반복이 중단되면 입력도 함께 중단된다.

0이 입력되지 않은 경우에는 for문이 마지막까지 실행되므로 for문 종료 시의 변수 i값은 n과 일치한다. 도중에 0이 입력된 경우에는 for문이 중단된다. 따라서 for문 종료 시의 변수 i는 그때까지 읽은 정수의 개수와 일치한다. 예를 들어 실행 예2의 경우에는 변수 i의 값이 0, 1, 2로 증가해서 3회째에 for문의 반복이 종료된다.

입력과 계산이 끝나면 합계와 평균이 표시된다. 평균을 표시하는 것은 읽은 값의 개수가 0이 아닌 경우이다. 변수 i값이 0일 때에 sum / i를 계산하면 프로그램 실행 시에 오류가 발생하기 때문이다.

정숫값을 읽어서 합계와 평균을 구하는 프로그램을 작성하자. 단, 정숫값의 입력은 합계가 1,000을 넘지 않은 범위에서 이루어질 것.

```java
// 읽은 정숫값들을 합산(1,000이 넘지 않은 범위에서 합산)
import java.util.Scanner;

class SumBreak2Ave {
   public static void main(String[] args) {
      Scanner stdIn = new Scanner(System.in);

      System.out.println("정수를 더합니다.");
      System.out.print("몇 개를 더할까요?: ");
      int n = stdIn.nextInt(); //정수의 개수

      int sum = 0; // 합계
      int i;
      for (i = 0; i < n; i++) {
         System.out.print("정수:");
         int t = stdIn.nextInt();
         if (sum + t > 1000) {
            System.out.println("합계가 1,000을 넘었습니다.");
            System.out.println("마지막 값은 무시합니다.");
            break;        ●──────────❶
         }
         sum += t;
      }
      System.out.println("합계는 " + sum + "입니다.");
      if (i != 0)
         System.out.println("평균은 " + sum / i + "입니다.");
   }
}
```

실행 예

```
정수를 더합니다.
몇 개를 더할까요?: 5
정수:127
정수:534
정수:392
합계가 1,000을 넘었습니다.
마지막 값은 무시합니다.
합계는 661입니다.
평균은 330입니다.
```

합계와 평균(방법2)

앞 문제와 마찬가지로 입력한 정숫값을 더하는 프로그램이다. 단, 합계가 1,000을 넘지 않는 범위에서 계산한다는 점이 다르다. 실행 예에선 3개의 정수를 읽는다. 3번째인 392를 더하면 합계가 1,000을 넘으므로, 입력을 중단한다(❶에 break문이 실행돼서 for문이 중단된다). 따라서, sum에는 처음 두 수의 합계가 저장된다. 또한, 변수 i의 값은 합계가 1,000에 도달하기 전까지 읽은 값의 개수가 된다.

정숫값을 연달아 읽어서 음수가 아닌 값의 합계와 평균을 구하자. 음수의 개수는 평균을 구할 때 분모에서 제외할 것.

```java
// 읽은 정수를 합산(음수는 제외)
import java.util.Scanner;

class SumContinueAve {
  public static void main(String[] args) {
    Scanner stdIn = new Scanner(System.in);
    System.out.println("정수를 더합니다.");
    System.out.print("몇 개를 더할까요?:");
    int n = stdIn.nextInt(); //정수의 개수
    int sum = 0; // 합계
    int count = 0; //음수의 개수
    int i;
    for (i = 0; i < n; i++) {
      System.out.print("정수:");
      int t = stdIn.nextInt();
      if (t < 0) {
        System.out.println("음수는 더하지 않습니다.");
        continue; •————————❶
      }
      sum += t; •
      count++;          ————————❷
    }
    System.out.println("합계는 " + sum + "입니다.");
    if (i != 0)
      System.out.println("평균은 " + sum / count + "입니다.");
  }
}
```

```
실행 예

정수를 더합니다.
몇 개를 더할까요?:3
정수:2
정수:-5
음수는 더하지 않습니다.
정수:13
합계는 15입니다.
평균은 7입니다.
```

continue문(continue statement)

이 프로그램은 앞 문제와 동일하게 읽은 정숫값을 더한다. 단, 더하는 것을 0이상인 값으로 제한한다. ❶에서 사용하는 것은 [그림 4-23]의 구문을 가지는 continue문이다.

그림 4-23 continue문의 구문 해석도

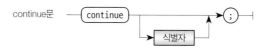

Continue문이 실행되면 루프 바디의 나머지 부분을 건너뛰고 루프 바디의 끝으로 바로 이동한다. [그림 4–24]는 각 반복 내에서 continue문이 어떻게 동작하는지를 보여준다. 즉, continue문을 실행한 직후의 프로그램 흐름은 다음과 같다.

do문과 while문

continue문의 뒤에 있는 실행문2를 건너뛰고 반복을 지속할지 판정하는 조건식 평가가 실행된다.

for문

continue문의 뒤에 있는 실행문2를 건너뛴다. 다음 반복을 준비하기 위해 갱신부가 실행되고 조건식이 평가된다.

다시 프로그램으로 돌아가보자. 음수가 아닌 정수의 개수를 저장하기 위해 도입한 것인 변수 count이다. 변수 t에서 읽은 값이 0미만이면 **"음수는 더하지 않습니다."**고 표시한 후 continue문을 실행한다. 따라서 [그림 4–24❻]의 실행문2에 해당하는 ❷는 실행되지 않는다. sum에 t를 더하는 처리와 count를 증가시키는 처리는 건너뛴다. 이 때문에 n회 반복되는 for문이 종료될 때는 양수의 개수가 변수 count에 저장된다.

그림 4–24 continue문의 흐름

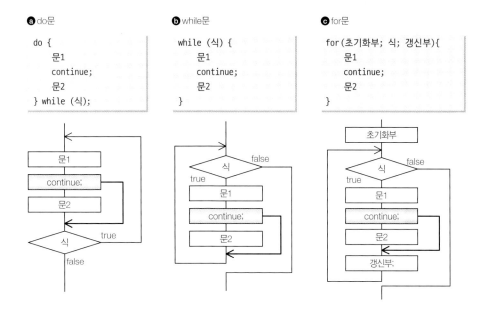

[문제 4-3]의 숫자 맞추기 게임에서 숫자의 범위를 0~99로 변경하고 플레이어가 입력할 수 있는 횟수를 제한하도록 프로그램을 수정하자. 제한 횟수 내에 맞추지 못한 경우에는 정답을 표시하고 게임을 종료할 것.

```java
// 숫자 맞추기 게임(0~99)
// 숫자 맞추기 게임(10~99를 맞추기)
import java.util.Random;
import java.util.Scanner;

class FindNumber {
    public static void main(String[] args) {
        Random rand = new Random();
        Scanner stdIn = new Scanner(System.in);

        final int MAX_NO = 6;          // 최대 입력 횟수
        int leftNo = MAX_NO;           // 남은 횟수
        int no = rand.nextInt(100);    // 맞춰야 하는 숫자: 0~99의 난수 생성

        System.out.println("숫자 맞추기 게임 시작!");
        System.out.println("0부터 99사이의 숫자를 맞추세요.");

        int x;                         // 플레이어가 입력한 값
        do {
            System.out.print("남은 횟수 " + (leftNo--)+ "회, 어떤 숫자일까?:");
            x = stdIn.nextInt();

            if (x > no)
                System.out.println("더 작은 숫자입니다.");
            else if (x < no)
                System.out.println("더 큰 숫자입니다.");
        } while (x != no && leftNo > 0);

        if (x == no)
            System.out.print((MAX_NO - leftNo) + "회만에 맞추었습니다.");
        else
            System.out.print("아쉽네요. 정답은 "+ no + "입니다.");
    }
}
```

실행 예

```
숫자 맞추기 게임 시작!
0부터 99사이의 숫자를 맞추세요.
남은 횟수 6회, 어떤 숫자일까?:50
더 큰 숫자입니다.
남은 횟수 5회, 어떤 숫자일까?:75
더 작은 숫자입니다.
남은 횟수 4회, 어떤 숫자일까?:62
3회만에 맞추었습니다.
```

숫자 맞추기 게임

플레이어가 입력할 수 있는 최대 횟수는 `final` 변수인 `MAX_NO`를 이용해 6회로 지정한다. 변수 `leftNo`는 남은 횟수를 저장하며 초깃값은 `MAX_NO`와 동일한 6이다. 플레이어가 값을 입력할 때마다 6, 5, 4, …로 감소하며 0이 되면 게임을 종료한다.

`do`문의 조건식인 `x != no`와 `leftNo > 0`은 논리곱 연산자인 `&&`로 연결된다. 따라서 숫자를 맞춘 경우뿐만 아니라 `leftNo`가 0이 된 경우에도 반복이 종료된다. 몇 번만에 맞추었는지는 `MAX_NO`에서 `leftNo`를 빼면 알 수 있다. 평균적으로 가장 빨리 맞추는 방법이 있다. 처음에 50을 입력하고 그것보다 큰지, 작은지에 따라서 75 또는 25를 입력하는 방법이다. 즉, 반씩 범위를 줄여나가면 된다.

- 'A'처럼 작은따옴표로 문자를 감싼 식을 [(1)] 이라고 하며, 그 형은 [(2)] 이다.

- 연산자 +=, /=, %=, +=처럼 연산과 대입을 동시에 하는 연산자를 [(3)] 라고 한다.

- 연산자 ++에는 2종류가 있다. ++a처럼 피연산자의 앞에 있는 것을 [(4)] 라고 하며, a++처럼 피연산자의 뒤에 있는 것을 [(5)] 라고 한다.

- 반복을 다른 말로(영어식 표현 두 글자) [(6)] 라 하며, 중첩(내포) 관계에 있는 반복을 [(7)] [(6)] 라고 한다.

- 이항 연산자에 의한 연산에선, 먼저 왼쪽 피연사자가 [(8)] 되며 다음으로 오른쪽 피연산자 [(8)] 된다.

- 다음 각 프로그램의 실행 결과를 표시하자.

```
int a = 135;
System.out.println("a *= 10 : " + (a *= 10));
System.out.println("a /= 10 : " + (a /= 10));
System.out.println("a %= 10 : " + (a %= 10));
System.out.println("a += 10 : " + (a += 10));
System.out.println("a -= 10 : " + (a -= 10));
```

```
a *= 10 :
a /= 10 :
a %= 10 :              (9)
a += 10 :
a -= 10 :
```

```
int a = 1, b = 3, c = 5;
System.out.println("a++ : " + (a++));
System.out.println("++a : " + (++a));
System.out.println("b-- : " + (b--));
System.out.println("--b : " + (--b));
System.out.println("c   : " + (c = a++ + --b));
```

```
a++ :
++a :
b-- :              (10)
--b :
c   :
```

- 다음은 짝수만 입력 받아서 n에 저장하는 프로그램이다(홀수를 입력하면 재입력하도록 할 것).
  ※변수 **stdIn**은 [문제 2-5]의 프로그램과 동일하게 선언한다고 간주한다(이 장 이후부터 실전 문제에 동일한 규칙을 적용)

```
int n;
  (11)  {
  System.out.println("짝수  :");
  n    = stdIn.nextInt();
}  (12)  (  (13)  );
```

- 다음은 1부터 n까지의 값(예를 들어 n이 5이면, 1, 2, 3, 4, 5)를 한 줄에 하나씩 표시하는 프로그램이다.

```
int i = 1;
  (14)  (i <= n) {
    System.out.println(  (15)  );
      (16)  ++;
}
```

```
  (17)  (int i = 1; i <= n;  (16)  ++)
    System.out.println(  (15)  );
```

- 다음은 n이하의 모든 홀수(예를 들어 n이 8이면, 1, 3, 5, 7)를 작은 것부터 순서대로 한 줄에 하나씩 표시하는 프로그램이다.

```
int i = 1;
  (14)  (i <= n) {
    System.out.println(  (18)  );
    i   (19)   2;
}
```

- 다음은 n이하의 10의 배수(예를 들어 n이 45이면, 10, 20, 30, 40)을 작은 것부터 순서대로 한 줄에 하나씩 표시하는 프로그램이다.

```
  (20)  (int i =   (21)  ; i <= n / 10; i   (22)  )
    System.out.println(  (23)  );
```

- 다음은 세 자리의 정수를 맞추는 게임이다. 숫자를 맞출 때까지 값을 입력하며, 몇 번만에 맞추었는지를 마지막에 표시한다.

```
Random rand = new Random();
Scanner stdIn = new Scanner(  (24)  );

int no =   (25)   + rand.nextInt(  (26)  ); // 맞춰야 하는 숫자: 100~999의 난수 생성

System.out.println("숫자 맞추기 게임 시작!");
System.out.println("100부터 999사이의 숫자를 맞추세요.");

int x;          // 읽는 값
int count = 0;  // 입력 횟수
  (27)   {
        System.out.print("어떤 숫자일까?:");
        x = stdIn.nextInt();
        count  (28)  ;
```

```
            if (x > no)
                System.out.println("더 작은 숫자입니다.");
            else if (x < no)
                System.out.println("더 큰 숫자입니다.");

    }  [  (29)  ] (x != no);

System.out.print("정답입니다.");
System.out.print( [  (30)  ] + "회만에 맞추었습니다.");
```

- if문과 switch문을 통틀어서 [(31)] 이라고 한다. 또한, do문과 while문을 [(32)] 이라고 한다.

- do문에선 루프 바디는 [(33)] . while문에선 루프 바디는 [(34)] . for문에서 루프 바디는 [(35)] .
  ▶ 공통 보기: (a) 반드시 한 번은 실행된다. (b) 한 번도 실행되지 않는 경우가 있다.

- 오른쪽에 있는 것은 세 자리 홀수만 읽어서 n에 저장하는 프로그램이다(다른 값이 입력되면 재입력할 것).

```
int n;
do {
    System.out.print("3 자리의 홀수:");
    n = stdIn.nextInt();
} while (!( [  (36)  ] ));
```

- 다음은 n부터 1까지의 값(예를 들어 5이면, 5, 4, 3, 2, 1)을 한 줄에 하나씩 표시하는 프로그램이다.

```
int i = 1;
while (i <= n) {
    System.out.println( [  (37)  ] );
    [  (38)  ] ++;
}
```

```
for (int i = 1; i <= n; [  (38)  ] ++)
    System.out.println( [  (37)  ] );
```

```
int i = 0;
while (i < n) {
    System.out.println( [  (39)  ] );
    [  (40)  ] ++;
}
```

```
for (int i = 0; i < n; [  (40)  ] ++)
    System.out.println( [  (39)  ] );
```

```
int i = n;
while ( [  (41)  ] ) {
    System.out.println(i);
    [  (42)  ] --;
}
```

```
for (int i = n; [  (41)  ] ; [  (42)  ] --)
    System.out.println(i);
```

- 다음은 2의 n승(예를 들어 n이 3이면 8)을 구하는 프로그램이다.

```java
int x =   (43)   ;
int c = n;
while (   (44)   > 0)
  x   (45)   2;
System.out.println("2의   " + n + "승은 " + x + " 입니다.");
```

```java
int x =   (46)   ;
for (int i = 1; i <=   (47)   ; i++)
  x   (48)   2;
System.out.println("2의   " + n + "승은 " + x + " 입니다.");
```

- 다음은 기호 문자 '–'를 n개 연속해서 표시하는 프로그램이다.

```java
int i = 0;
  (49)   {
  System.out.print('-'); i++;
} while (   (50)   );
```

```java
int i = 1;
  (49)   {
  System.out.print('-'); i++;
} while (   (51)   );
```

```java
int i = 0;
while (   (52)   ) {
  System.out.print('-'); i++;
}
```

```java
int i = 1;
while (   (53)   ) {
  System.out.print('-'); i++;
}
```

```java
while (   (54)   >= 1)
  System.out.print('-');
```

```java
while (   (55)   > 0)
  System.out.print('-');
```

```java
for (int i = 0;   (56)   ; i++)
  System.out.print('-');
```

```java
for (int i = 1;   (57)   ; i++)
  System.out.print('-');
```

- 다음은 0과 1을 교대로 총 n개 연속해서 표시하는 프로그램이다(예를 들어 n이 5이면 01010를 표시)

```java
for (int i = 0; i <   (58)   ; i++)
  System.out.print(   (59)   );
```

```java
for (int i = 1; i  <=   (60)   ; i++)
  System.out.print(   (61)   );
```

- 다음은 1234567890의 숫자를 순환해서 n개 표시하는 프로그램이다(예를 들어 n이 15이면 123456789012345 를 표시)

```
for (int i = 1; i   <= n; i++)
    System.out.print(    (62)    );
```

- 다음은 0123456789의 숫자를 순환해서 n개 표시하는 프로그램이다(예를 들어 n이 15이면 012345678901234 를 표시)

```
for (int i = 0; i   < n; i++)
    System.out.print(    (63)    );
```

```
for (int i = 1; i   <= n; i++)
    System.out.print(    (64)    );
```

- do문이 [(65)   ] 판정 반복을 하며, while문과 for문은 [(66)   ] 판정 반복을 한다.

- 다음 프로그램의 실행 결과를 표시하자.

```
for (int i = 1; i < 3; i++);
    System.out.print("안녕하세요.");
```

(67)

- 다음은 양의 정숫값 n의 각 자릿수를 더해서 변수 sum에 저장하는 프로그램이다(예를 들어 n이 513이면 sum 은 5 + 1 + 3 즉 9가 된다).

```
sum = 0;
while (n >    (68)    ) {
    sum +=    (69)    ;
    n /=    (70)    ;
}
```

- 오른쪽에 있는 것은 1부터 n까지의 모든 정수의 곱을 fact에 저장하고 계산식과 결과를 표시하는 프로그램이다(n이 5이면, 1 * 2 * 3 * 4 * 5 = 120 이라고 표시). 참고로 n은 1이상의 양의 정수라고 간주한다.

```
int fact =    (71)    ;
for (int i = 1; i <    (72)    ; i++) {
    System.out.print(    (73)    );
    fact    (74)    i;
}
System.out.print(    (75)    );
fact    (76)    n;
System.out.println(    (77)    );
```

- 오른쪽에 있는 것은 구구단을 출력하는 프로그램이다.

```
System.out.print("  ¦");
for (int i = 1; i <= 9; i++)
    System.out.print(  (78)  );
System.out.print("\n--+");
for (int i = 1; i <=  (79)  ; i++)
    System.out.print('-');
System.out.println();
for (int i = 1; i <=  (80)  ; i++) {
    System.out.print(  (81)  );
    for (int j = 1; j <=  (82)  ; j++) {
        int t =  (83)  ;
        if (t < 10)
            System.out.print(  (84)  );
        else
            System.out.print(  (85)  );
        System.out.print(t);
    }
    System.out.println();
}
```

```
  ¦ 1  2  3  4  5  6  7  8  9
--+------------------------
1 ¦ 1  2  3  4  5  6  7  8  9
2 ¦ 2  4  6  8 10 12 14 16 18
3 ¦ 3  6  9 12 15 18 21 24 27
4 ¦ 4  8 12 16 20 24 28 32 36
5 ¦ 5 10 15 20 25 30 35 40 45
6 ¦ 6 12 18 24 30 36 42 48 54
7 ¦ 7 14 21 28 35 42 49 56 63
8 ¦ 8 16 24 32 40 48 56 64 72
9 ¦ 9 18 27 36 45 54 63 72 81
```

- 다음은 기호 문자 '*'를 나열해서 height행, width열의 직사각형을 표시하는 프로그램이다(실행 예에 있는 것은 heigh이 4이고 width가 9인 경우이다).

```
for (int i = 0; i <  (86)  ; i++) {
    for (int j = 0; j <  (87)  ; j++)
        System.out.print('*');
    System.out.println();
}
```

```
*********
*********
*********
*********
```

- 다음은 기호 문자 '*'를 나열해서 왼쪽 아래/왼쪽 위가 직각이고 한 변의 길이가 n인 이등변 삼각형을 표시하는 프로그램이다(실행 예에 있는 것은 n이 4인 경우이다).

```
for (int i = 0; i <  (88)  ; i++) {
    for (int j = 0; j <  (89)  ; j++)
        System.out.print('*');
    System.out.println();
}
```

```
*
**
***
****
```

```
for (int i =    (90)   ; i >= 0; i--) {
   for (int j = 0; j <    (91)   ; j++)
      System.out.print('*');
   System.out.println();
}
```

```
****
***
**
*
```

- 다음은 기호 문자 '*'를 나열해서 오른쪽 아래/오른쪽 위가 직각이고 한 변의 길이가 n인 이등변 삼각형을 표시하는 프로그램이다(실행 예에 있는 것은 n이 5인 경우이다).

```
for (int i = 0; i <    (92)   ; i++) {
   for (int j = 0; j <    (93)   ; j++)
      System.out.print(' ');
   for (int j = 0; j <    (94)   ; j++) System.out.print('*');
      System.out.println();
}
```

```
    *
   **
  ***
 ****
*****
```

```
for (int i =    (95)   ; i >= 0; i--) {
   for (int j = 0; j <    (96)   ; j++)
      System.out.print(' ');
   for (int j = 0; j <    (97)   ; j++) System.out.print('*');
      System.out.println();
}
```

```
*****
 ****
  ***
   **
    *
```

- 오른쪽에 있는 것은 기호 문자 '+'를 w개 단위로 줄 바꿈하면서 총 n 개 표시하는 프로그램이다(n과 w는 양의 정숫값). 마지막의 '+'는 출력 후에 줄 바꿈 문자를 하나만 출력하며, 2개 이상 출력해서는 안 된다(실행 예에 있는 것은 n이 15이고 w가 6인 경우).

```
for (int i = 1; i <= n; i++) {
   System.out.print('+');
   if (    (98)    )
      System.out.println();
}
if (    (99)    )
   System.out.println();
```

- 오른쪽에 있는 것은 int형 정수 n의 값을 15자리 폭으로 오른쪽 정렬하는 프로그램이다(실행 예는 n이 1,234,567,890인 경우과 n이 −1,234,567,890인 경우다. □는 공백 문자이다).

```
□□□□□1234567890
□□□□−1234567890
```

```
int d = (    (100)    ) ? 1 : 0;
int x = (    (101)    ) ? n : -n;
while (x > 0) {
   d    (102)   ;
   x    (103)    10;
}
for (int i = 0; i <    (104)   ; i++)
   System.out.print(' ');
System.out.print(    (105)    );
```

- 다음은 기호 문자 '+'를 w개 단위로 줄 바꿈하면서 총 n개 표시하는 프로그램이다. 3줄 단위로 빈 줄을 출력하며 마지막 '+' 뒤에는 줄 바꿈 문자를 하나만 출력할 것(n과 w는 양의 정수여야 한다. 실행 예에 있는 것은 n이 45이고 w가 6인 경우).

```
int p =  (106)  ;
int q =  (107)  ;
for (int i = 1; i <=  (108)  ; i++) {
   for (int j = 1; j <= w; j++)
      System.out.print('+');
   System.out.println();
   if (i % 3 == 0 &&  (109)  )
      System.out.println();
}
for (int i = 1; i <=  (110)  ; i++)
   System.out.print('+');
if (q != 0) System.out.println();
```

- 다음은 n단의 역방향 피라미드를 표시하는 프로그램이다. i단째에 표시하는 것은 i의 마지막 자릿수 숫자이다(실행 예에 있는 것은 n이 13인 경우다).

```
for (int i = 0; i <  (111)  ; i++) {
   for (int j = 1; j <  (112)  ; j++)
      System.out.print(' ');
   for (int j = 1; j <  (113)  ; j++)
      System.out.print(  (114)  );
   System.out.println();
}
```

```
11111111111111111111111111
 2222222222222222222222222
  33333333333333333333333
   444444444444444444444
    5555555555555555555
     66666666666666666
      777777777777777
       8888888888888
        99999999999
         0000000000
          11111111
           222222
            3333
```

- 다음은 height행, width열의 직사각형을 숫자를 이용해서 표시하는 프로그램이다. 표시할 숫자는 1행째는 1234567890, 2행째는 2345678901 의 형식이다(실행 예는 height이 13이고 width가 12인 경우다).

```
for (int i = 1; i <=  (115)  ; i++) {
   for (int j = 1; j <=  (116)  ; j++)
      System.out.print(  (117)  );
   System.out.println();
}
```

```
123456789012
234567890123
345678901234
456789012345
567890123456
678901234567
789012345678
890123456789
901234567890
012345678901
123456789012
234567890123
345678901234
```

• 다음은 면적이 a인 직사각형의 한 변의 길이를 열거하는 프로그램이다. 세로 길이와 가로 길이는 정수이며, 세로 길이가 가로 길이 이하여야 한다(실행 예는 a가 12인 경우다).

```java
for (int i = 1; i < a; i++) {
    if (i * i > a)  (118)  ;
    if (a % i != 0)  (119)  ;
    System.out.println("세로 " + i + "× 가로 " +  (120)  );
}
```

세로1 × 가로12
세로2 × 가로6
세로3 × 가로4

• 다음 프로그램의 실행 결과를 기입하자.

x가 1인 경우 (121)   x가 2인 경우 (122)

x가 3인 경우 (123)   x가 4인 경우 (124)

x가 5인 경우 (125)   x가 6인 경우 (126)

```java
abc:
for (int i = 1; i < 3; i++) {
    System.out.print("A");
    xyz:
    for (int j = 1; j < 2; j++) {
        int t = i + j;
        if (t == x + 1) continue abc;
        if (t == x + 2) break abc;
        if (t == x + 3) continue xyz;
        if (t == x + 4) break xyz;
        System.out.print("B");
    }
}
```

기본 자료형과 연산

5장에선 기본 자료형과 연산에 대해 배운다.

· 정수형과 정수 리터럴
· 부동소수점형과 부동소수점 리터럴
· 논리형(Boolean형)과 논리 리터럴
· 연산과 자료형
· 자료형 변환
· 기본형의 확대 변화, 축소 변환
· 확장 표기
· System.out.prinf를 사용한 형식화

문제 5-1

8진수 12, 10진수 12, 16진수 12를 각각 10진수로 표시하는 프로그램을 작성하자.

```java
// 8진수 12, 10진수 12, 16진수 12를 10진수로 표시
class Print12 {
  public static void main(String[] args) {

    System.out.println(" 8진수 12는 10진수로 "+  012 + "입니다.");
    System.out.println("10진수 12는 10진수로 "+   12 + "입니다.");
    System.out.println("16진수 12는 10진수로 "+ 0x12 + "입니다.");
  }
}
```

실행 예

```
8진수 12는 10진수로 10입니다.
10진수 12는 10진수로 12입니다.
16진수 12는 10진수로 18입니다.
```

정수 리터럴(integer literal)

정수 리터럴 표현 범위는 매우 넓다. 10진수, 8진수, 16진수 각각에 자료형은 int형과 long형이 있다. [표 5-1]과 [표 5-2]는 정수 리터럴로 표현할 수 있는 값의 범위이다.

정수 접미어(integer type suffix)

정수 리터럴은 기본적으로 int형이지만, long형을 사용할 때에는 l 또는 L의 정수 접미어를 뒤에 붙여 사용한다. 예를 들어 5는 int형이지만 5l(또는 L)은 long형이다. 여기서 소문자 l은 1과 혼동하기 쉬우므로 대문자 L을 사용하는 것이 좋다.

10진 정수 리터럴

10이나 57등 일상생활에서 사용하는 10진수를 표기하는 정수 리터럴이다.

8진 정수 리터럴

10진 정수 리터럴과 구별할 수 있게 앞에 0을 붙여 두 자리 이상으로 표기한 정수 리터럴이다. 이번 프로그램에서 사용하는 12는 10진 정수 리터럴이고 012는 8진 정수 리터럴이다.

16진 정수 리터럴

앞에 0x 또는 0X를 붙여서 표기한다. 10진수의 10~15에 해당하는 A~F는 대문자와 소문자 모두 사용할 수 있다. 이번 프로그램의 0x12가 16진 정수 리터럴이다. 자바 SE8 버전부터는 2진 정수 리터럴도 사용할 수 있다. 앞에 0b 또는 0B를 붙여서 2진수를 표기한다.

표 5-1 10진 정수 리터럴로 표현할 수 있는 최솟값과 최댓값

자료형	최솟값	최댓값	단항 마이너스 연산자의 최댓값
int형	0	2147483647	2147483648
long형	0	9223372036854775807L	9223372036854775808L

표 5-2 8진 정수 리터럴, 16진 정수 리터럴로 표현할 수 있는 최솟값과 최댓값

	자료형	최솟값	최댓값
8진 정수 리터럴	int	020000000000	017777777777
	long	01000000000000000000000L	0777777777777777777777L
16진 정수 리터럴	int	0x80000000	0x7fffffff
	long	0x8000000000000000L	0x7fffffffffffffffL

10진 정수를 8진수와 16진수로 표시하는 프로그램을 작성하자.

```java
// 10진수를 읽어서 8진수, 16진수로 표시(방법1)
import java.util.Scanner;

class OctHex {
  public static void main(String[] args) {
    Scanner stdIn = new Scanner(System.in);

    System.out.print("정수:");
    int x = stdIn.nextInt();

    System.out.printf(" 8진수는 %o입니다.\n", x);
    System.out.printf("16진수는 %x입니다.\n", x);
  }
}
```

실행 예
정수:27
8진수는 33입니다.
16진수는 1b입니다.

printf 메서드

OctHex 프로그램에서 사용한 `System.out.printf`는 형식을 제어해서 화면에 표시하는 메서드이다. `printf` 메서드의 동작을 [그림 5-1]를 통해 살펴보도록 하자. `%d`는 '쉼표 다음에 오는 정수를 10진수로 표시해주세요'라고 지시하는 형식 문자열format string이다. `%`는 형식 지정을 위한 시작 문자이고 변환 문자 d는 '10진수'라는 의미의 decimal의 머릿 글자이다. `println` 메서드와 달리, `printf` 메서드는 줄 바꿈 문자를 출력하지 않는다. 따라서 출력 마지막에 줄 바꿈이 필요한 경우에는 확장 기호인 \n을 사용해야 한다.

그림 5-1 printf 메서드를 사용한 표시(방법1: 10진수의 형식화)

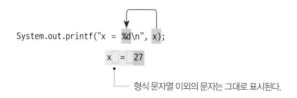

```
System.out.printf("x = %d\n", x);
```
x = 27

형식 문자열 이외의 문자는 그대로 표시된다.

`%d`를 포함해서 기본적인 형식 문자열을 정리한 것이 [표 5-3]이다. 이번 프로그램에선 `%o`와 `%x`를 이용해서 8진수와 16진수를 표시한다. 문자 `%`는 형식 지정의 시작 문자이므로 `%` 기호 자체를 출력하고 싶을 때는 `%%`라고 표기해야 한다. 자바 SE8 버전부터는 정수 리터럴의 임의의 위치에 밑줄을 넣을

수 있다. 예를 들면 32767을 32_767이라고 표기할 수 있다.

표 5-3 printf의 형식 문자열

형식 문자열	설명
%d	10진수로 출력
%o	8진수로 출력
%x	16진수로 출력(a～f는 소문자)
%X	16진수로 출력(A～F는 대문자)
%f	소수점 형식으로 출력
%c	문자로 출력
%s	문자열로 출력

```java
// 10진수를 읽어서 8진수, 16진수로 표시(방법2)
import java.util.Scanner;

class OctHex1Line {
   public static void main(String[] args) {
      Scanner stdIn = new Scanner(System.in);

      System.out.print("정수:");
      int x = stdIn.nextInt();

      System.out.printf("8진수는 %o이고 16진수는 %x입니다.\n", x, x);
   }
}
```

```
실행 예
정수:27
8진수는 33이고 16진수는 1b입니다.
```

OctHex1Line 프로그램은 실행 결과를 한 줄로 표시하도록 변경한 것이다. 여기선 2가지 형식화를 한 번에 한다. [그림 5-2]를 참고하자. 형식 지정에 해당하는 각 식(값을 표시하는 식)을 쉼표로 연결한다.

```java
System.out.printf("8진수는 %o이고 16진수는 %x입니다.\n", x, x);
```

그림 5-2 printf 메서드를 사용한 표시(방법2:2개의 값을 형식화)

System.out.printf("8진수는 %o이고 16진수는 %x입니다.\n", x, x);

[그림 5-3]은 `printf` 메서드를 이용한 또 다른 예를 보여준다. 두 변수의 출력은 다음과 같이 이루어진다.

- 정수 x: 적어도 4자리인 10진수로 표현

- 실수 y: 전체를 적어도 7자리, 소숫점 이하를 2자리로 표시

▶ '4자리'가 아니라 '적어도 4 자리'라고 표현하는 이유는 출력하는 값이 지정된 자리수에 들어 가지 않는 경우는, 그 수치의 모든 것이 출력되기 때문입니다.

그림 5-3 printf 메서드를 사용한 표시(방법3: 정수와 실수)

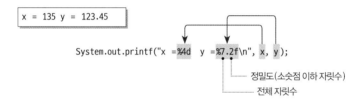

x = 135 y = 123.45

System.out.printf("x =%4d y =%7.2f\n", x, y);

정밀도(소숫점 이하 자릿수)
전체 자릿수

이외에도 다음과 같은 사용법이 있다.

```
System.out.printf("ABC\n");                // 그대로 표시              ABC
System.out.printf("%d\n",    12345);       // 10진수                  12345
System.out.printf("%3d\n",   12345);       // 적어도 3자리            12345
System.out.printf("%7d\n",   12345);       // 적어도 7자리              12345
System.out.printf("%5d\n",   123);         // 적어도 5자리                123
System.out.printf("%05d\n",  123);         // 적어도 5자리   ●         00123
```

여백을 0으로 채운다

float형 변수와 double형 변수에 값을 읽어서 표시하는 프로그램을 작성하자.

```java
// float형 변수와 double형 변수에 실숫값을 읽어서 표시
import java.util.Scanner;

class FloatDoubleScanPrint {
   public static void main (String[] args) {
      Scanner stdIn = new Scanner(System.in);

      System.out.println("변수 x는 float형입니다. 변수 y는 double형입니다.");
      System.out.print("x : ");
      float x = stdIn.nextFloat();
      System.out.print("y : ");
      double y = stdIn.nextDouble();

      System.out.println("x = " + x);
      System.out.println("y = " + y);
   }
}
```

실행 예
```
변수 x는 float형입니다. 변수 y는 double형입니다.
x : 0.12345678901234567890
y : 0.12345678901234567890
x = 0.12345679
y = 0.12345678901234568
```

부동소수점형(floating-point type)

실수를 나타내는 부동소수점형은 float형과 double형이 있다. 이 프로그램에선 이들 자료형의 변수에 숫자를 대입한 후 표시한다. 부동소수점형의 표현 범위는 크기와 정밀도에 제한을 받는다. 실행예에서 볼 수 있듯이, 변수에 넣은 값이 정확하게 표현돼지 않는다는 것과 float형과 double형의 정밀도(소수점 이하 자릿수)가 다르다는 것을 알 수 있다. [표 5-4]는 각 형의 성질을 정리한 것이다.

표 5-4 부동소수점형의 특성

자료형	형식	표현 범위	정밀도	비트수(부호/지수/가수)
float	IEEE754 형식	±3.4028235E+38～±1.40E−45	약 6～7자리	32(1/8/23)
double	IEEE754 형식	±1.7976931348623157E+308～±4.9E−324	약 15자리	64(1/11/52)

57.3처럼 실수를 나타내는 상수를 부동소수점 리터럴이라 한다. 자료형을 지정하는 것이 부동소수점 접미어이다. float형을 지정하는 것은 f와 F이고 double형을 지정하는 것은 d와 D이다. 지정하지 않는 경우에는 double형으로 간주한다. 몇 가지 예를 아래에 보여준다.

```
80.0      // double형
80.0D     // double형
80.0F     // float형
.5        // 0.5
10.       // 10.0
.5f       // float형의0.5
1         // 잘못된 형식(실수형이 아닌 정수형으로 간주된다)
1D        // 1.0
1.23E4    // 1.23×10⁴
80.0E-5   // 80.0×10⁻⁵
```

▶ 정수 리터럴과 마찬가지로 자바 SE8 이상에선 숫자 사이에 밑줄을 넣을 수 있다.

문제 5-4

논리형 변수에 true나 false를 대입해서 표시하는 프로그램을 작성하자.

```java
// 논리형 변수의 값 표시
class PrintBoolean {
    public static void main (String[] args) {
        boolean b1 = true;
        boolean b2 = false;

        System.out.println("b1 = " + b1);
        System.out.println("b2 = " + b2);
    }
}
```

실행 결과
```
b1 = true
b2 = false
```

논리형(Boolean형)과 논리 리터럴

논리값을 나타내는 논리형은 3장에서 간단히 배웠다. 논리형은 참을 나타내는 true와 거짓을 나타내는 false 중 하나를 취하는 형이다. 다음과 같은 상황에선 논리형만 사용할 수 있다.

· if문의 제어식(조건 판정을 위한 식)
· do문, while문, for문의 제어식(반복을 지속할지 여부를 판정하기 위한 식)
· 조건 연산자 ? : 의 첫 번째 피연산자

▶ 논리형 이외에 래퍼wrapper클래스(문제 11-3)인 Boolean형도 사용할 수 있다.

논리형의 값인 false와 true를 논리 리터럴이라고 한다. [그림 5-4]는 논리 리터럴의 구문 해석도를 보여준다.

그림 5-4 논리 리터럴의 구문 해석도

논리 리터럴 ──► false
           ──► true

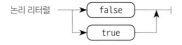

프로그램의 실행 결과로부터 Boolean형 변수 b1과 b2의 값이 각각 true와 false로 표시되는 것을 알 수 있다. '문자열 + 숫자'와 '숫자 + 문자열'의 연산에선 숫자가 문자열로 변환된 후에 연결됐었다. 마찬가지로, '문자열 + 논리값'과 '논리값 + 문자열'도 논리값이 'true' 또는 'false'라는 문자열로 변환된 후에 연결된다.

문제 5-5

3개의 정숫값을 읽어서 합계와 평균을 구하는 프로그램을 작성하자. 평균을 실수로 표시할 것.

```java
// 3개의 정숫값을 읽어서 평균을 실수로 표시(잘못된 버전)
import java.util.Scanner;

class Average3Wrong {
    public static void main (String[] args) {
        Scanner stdIn = new Scanner(System.in);

        System.out.println("정숫값 x, y ,z의  평균을 구합니다.");
        System.out.print("x값:"); int x = stdIn.nextInt();
        System.out.print("y값:"); int y = stdIn.nextInt();
        System.out.print("z값:"); int z = stdIn.nextInt();

        double ave = (x + y + z) / 3;                        // 평균값
        System.out.printf("x, y, z의 평균은 %.3f입니다.\n", ave);  // 표시
    }
}
```

```
실행 예

정숫값 x, y ,z의 평균을 구합니다.
x값 :7
y값 :8
z값 :10
x, y, z의 평균은 8.000입니다.
```

동일 형의 연산

3개의 정수를 읽어서 평균을 구하는 프로그램이다. double ave = (x + y + z) / 3; 은 실수를 의미하는 double형 변수 ave에 평균값을 대입하지만, 실행 예에선 7, 8, 10의 평균인 8.333…이 아닌 8.0을 표시한다. 왜 이런 결과라 나오는지 생각해보도록 하자.

변수 ave의 초기화 식인 (x + y + z) / 3에 주목하자. x + y +z는 int+int+int로 그 연산 결과도 int가 된다. 이것을 3으로 나누는 연산은 int / int이므로 [그림 5-5❹]에 있는 것처럼 결과도 int 형 값이 된다. 변수에 넣는 값이 소수부를 가지고 있지 않으므로 ave도 소수부를 가지지 않는다.

[그림 5-5❺]는 double형 간의 나눗셈을 보여준다. 이 연산에 의해 얻을 수 있는 결과는 double형 이다.

그림 5-5 동일 형끼리의 연산 결과

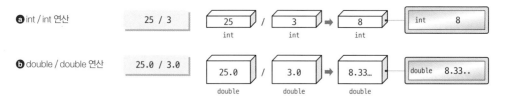

이진 숫자 승격(binary numerical promotion)

[그림 5-6]은 int형과 double형을 같이 연산하는 상황을 보여준다. 나눗셈이 이루어지기 전에 int형 피연산자의 값이 double형으로 격상된다. 이것은 암묵적으로 이루어지는 형 변환type conversion으로 이진 숫자 승격이라 한다.

산술 연산의 대상이 되는 피연산자의 자료형이 서로 다를 때에 자료형이 작은 피연사자가 자료형이 큰 피연산자로 변환된 상태에서 연산이 이루어진다. 여기서 '크다'라는 표현은 논리적인 크기를 의미하는 것이 아니다. double형은 소수점 이하 값을 저장하고 있어 int형보다 '여유가 있다'(크다)는 의미다. 구체적으로는 이진 숫자 승격에서 자료형 변환은 다음과 같이 이루어진다.

- 한 쪽의 피연산자가 double형이면 다른 쪽을 double형으로 변환한다.
- 그렇지 않고, 한 쪽의 피연산자가 float형이면 다른 쪽을 float형으로 변환한다.
- 그렇지 않고, 한 쪽의 피연산자가 long형이면 다른 쪽을 long형으로 변환한다.
- 그렇지 않으면, 양쪽 피연산자를 int형으로 변환한다.

2진 숫자 승격의 결과 양쪽 피연산자가 double형이 되므로, 연산을 통해 얻을 수 있는 결과는 [그림 5-6ⓐ, ⓑ] 모두 double형이 된다. 소수부를 포함한 평균을 구하려면 '**정수 / 정수**' 연산으로는 무리다. 적어도 한 쪽의 피연산자가 부동소수점형이어야 한다는 것을 알 수 있다. 평균값을 실숫값으로 구하도록 변경한 것이 Average3A 프로그램이다.

그림 5-6 int형과 double형이 함께 사용되는 산술 연산

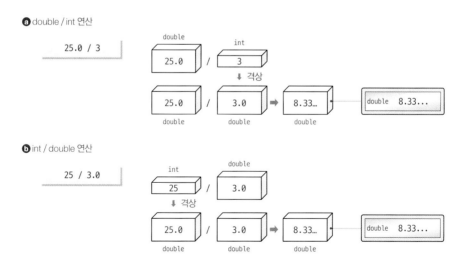

```
// 3개의 정숫값을 읽어서 평균을 실수로 표시
import java.util.Scanner;

class Average3Wrong {
  public static void main (String[] args) {
    Scanner stdIn = new Scanner(System.in);

    System.out.println("정숫값 x, y ,z의  평균을 구합니다.");
    System.out.print("x값:"); int x = stdIn.nextInt();
    System.out.print("y값:"); int y = stdIn.nextInt();
    System.out.print("z값:"); int z = stdIn.nextInt();

    double ave = (x + y + z) / 3.0;                    // 평균값
    System.out.printf("x, y, z의 평균은 %.3f입니다.\n", ave);  // 표시
  }
}
```

```
실행 예
정숫값 x, y ,z의 평균을 구합니다.
x값:7
y값:8
z값:10
x, y, z의 평균은 8.333입니다.
```

평균을 구하는 (x + y + z) / 3.0에 주목하자. 제일 먼저 이루어지는 연산은 ( )로 감싼 x + y +z 이다. 이것은 int + int + int로 연산 결과도 int형이 된다. 한편, 나누는 수인 부동소수점 리터럴 3.0은 double형이다. 따라서 전체 연산은 다음과 같다.

int / double •⋯⋯⋯⋯⋯ 정수를 실수로 나눈다

[그림 5-6ⓑ]에 나타내는 것처럼 이 연산 결과는 double형이 된다. 실행 결과는 입력한 각각의 값 인 7, 8, 10의 평균인 8.333..를 표시한다.

정수형

유한한 범위의 연속된 정수를 표현하는 정수형에는 5종류가 있다. [표 5-5]는 각 형에서 표현할 수 있는 범위와 비트 수를 보여 준다.

char형

문자를 나타내는 자료형이다. 양수만 표시할 수 있다는 점에서 다른 정수형과 성질이 다르다. 0과 양수를 표현하는 부호 없는 정수형이다. 자세한 내용은 15장에서 배운다.

byte형/short형/int형/long형

정수를 나타내는 자료형이다. 음수, 0, 양수를 표현하는 부호 있는 정수형이다. 비트 수가 n인 형으로 표현할 수 있는 것은 $-2n-1$부터 $2n-1-1$까지의 정수이다.

표 5-5 정수형의 특성

자료형	표현할 수 있는 값의 범위		비트 수
Char	0	~ 65,535	16
Byte	-128	~ 127	8
Short	-32,768	~ 32,767	16
Int	-2,147,483,648	~ 2,147,483,647	32
Long	-9,223,372,036,854,775,808	~ 9,223,372,036,854,775,807	64

3개의 정숫값의 합계와 평균을 구하는 프로그램을 작성하자. 평균은 캐스트 연산자를 이용해서 구하고 실수로 표시할 것.

```java
// 세 정수의 평균값 구하기(캐스트 연산자 이용)
import java.util.Scanner;

class Average3B {
    public static void main (String[] args) {
        Scanner stdIn = new Scanner(System.in);

        System.out.println("정숫값 x, y, z의  평균을 구합니다.");
        System.out.print("x값:"); int x = stdIn.nextInt();
        System.out.print("y값:"); int y = stdIn.nextInt();
        System.out.print("z값:"); int z = stdIn.nextInt();

        double ave = (double) (x + y + z) / 3;               // 평균값
        System.out.printf("x, y, z의 평균은 %.3f입니다.\n", ave);   // 표시
    }
}
```

실행 예
```
정숫값 x, y, z의  평균을 구합니다.
x값:7
y값:8
z값:10
x, y, z의 평균은 8.333입니다.
```

캐스트 연산자(cast operator)

일반적으로 숫자 3개의 평균을 구할 때는 '3.0으로 나눈다.'고 하지 않고 '3으로 나눈다.'고 한다. Average3B 프로그램에선 3개의 정수의 합을 '일단' 실수로 변환한 후에 3으로 나누어 평균을 구한다. 평균값을 구하는 (double) (x + y + z) / 3 식은 앞 페이지의 Average3A 프로그램과 다르다. 나눗셈을 하는 / 연산자의 왼쪽 피연산자는 (double) (x + y + z)이다. 이 형식을 일반적으로 표시하면 다음과 같다.

(자료형) 표현식

위의 식은 값을 지시한 자료형으로 변환한다는 의미다. 예를 들어 (int)5.7은 double형의 유동소수점 리터럴인 5.7에서 소수점 이하를 버린 int형인 5를 생성한다. 또한, (double)5에선 int형인 정수 리터럴 5를 double형의 부동소수점 리터럴인 5.0을 생성한다. 이때 이루어지는 형 변환을 캐스트cast라고 한다. ( )는 우선적으로 연산을 하라는 의미가 아닌, 캐스트 연산자라 불리는 연산자이다(표 5-6).

이 프로그램에선 평균값을 구할 때에 가장 먼저 (double)(x + y + z)를 사용해 x + y + z의 값을

double형으로 변환한다.

표 5-6 캐스트 연산자

(자료형)x	x를 자료형으로 변환한 값 생성

▶ ()는 메서드 호출 연산자(7장)로서도 사용한다.

[그림 5-7]에 있는 것처럼 x + y + z가 25이면 캐스트를 평가한 값은 double형인 25.0이 된다.

그림 5-7 캐스트 식 평가

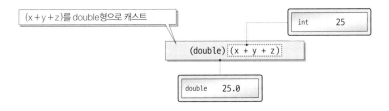

int형인 (x + y + z) 식의 값이 double형으로 캐스트되므로, 평균값을 구하는 연산은 다음과 같다.

---

double / int •·············· 실수를 정수로 나눈다

연산의 결과는 double형이 된다. 따라서 x + y + z가 25이면 평균값은 8.333...이 된다.

기본형의 확대 변환(widening primitive conversion)
다음 19종류의 형 변환을 기본형의 확대 변환 이라 한다.

· byte에서 short, int, long, float, double로 변환
· short에서 int, long, float, double로 변환
· char에서 int, long, float, double로 변환
· int에서 long, float, double로 변환
· long에서 float, double로 변환
· float에서 double로 변환

이 변환은 대입 또는 초기화 시에 자동으로 이루어지기 때문에 다음과 같은 예에선 캐스트가 필요하지 않다(int형인 10이 double형인 10.0으로 변환된다).

```
double x =10;      // 캐스트하지 않고 대입(초기화)할 수 있다
```

▶ 기본형의 확대 변환에선 숫자의 '크기'와 관련된 정보는 원칙적으로 유지된다. 단, 다음 변환에선 '정밀도'(소수점 이하 자릿수)가 줄어들 수 있다. 이때 부동소수점수의 변환 결과는 가장 가까운 값으로 반올림한 정숫값이 된다.

　· int 또는 long을 float으로 변환

　· long을 double로 변환

이때 부동소수점수의 변환 결과는 가장 가까운 값으로 반올림한 정숫값이 된다.

int형 변환에 실숫값을 대입해서 표시하는 프로그램을 작성하자.

```java
// int형 변화에 실숫값을 대입
import java.util.Scanner;

class FloatToInteger {
  public static void main (String[] args) {
    int a;

    a = (int) 10.0;          ●❶
//  a= 10.0;          // 오류  ●❷

    System.out.println("a = " + a);
  }
}
```

실행 결과

a = 10

기본형의 축소 변환(narrowing primitive conversion)

[문제 5-6]에선 int형을 double형으로 변환하기 위해 캐스트 연산자를 이용했다. 이번 프로그램의 형 변환은 반대의 경우이다. 프로그램을 컴파일하면 ❷에선 오류가 발생한다(주석 처리하므로 실제로는 컴파일 오류가 발생하진 않는다). ❶처럼 캐스팅를 반드시 사용해야 하는 이유를 [그림 5-8]을 보며 생각해보도록 하자.

그림 5-8 작은 형에 값을 대입

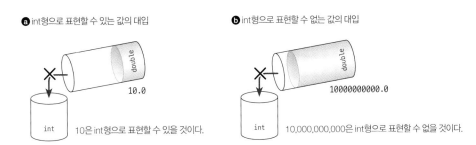

ⓐ int형으로 표현할 수 있는 값의 대입

double
10.0
int 10은 int형으로 표현할 수 있을 것이다.

ⓑ int형으로 표현할 수 없는 값의 대입

double
10000000000.0
int 10,000,000,000은 int형으로 표현할 수 없을 것이다.

[그림 5-8ⓐ]처럼, 대입할 값이 10.0이면 int형의 표현 범위 안에 있으므로 대입이 가능할 거라 생각할 수도 있다. 또한, [그림 5-8ⓑ]에 있는 것처럼 대입할 값이 10,000,000,000.0이면 표현 범위를 넘기 때문에 대입이 불가능할 것이다. int형의 표현 범위는 -2,147,483,648~2,147,483,647이다. 10은 표현 범위 내에 있지만 10,000,000,000는 범위 밖이다.

무엇보다 대입할 값이 대입할 형의 표현 범위 내에 있는지를 대입할 때마다 확인해야 한다면 프로그램이 복잡해지고 실행 속도도 저하된다. 따라서 double형의 값을 int형에 대입하는 것을(대입하는 값과 관계없이, 그것이 10.0이든 10,000,000,000.0이든) 허용하지 않는다. 더 작은 형의 값을 대입할 때에는 캐스트가 필수인 이유를 알 수 있을 것이다. 다음 22개의 변환을 기본형 축소 변환이라 한다.

· short에서 byte, char로 변환
· char에서 byte, short로 변환
· int에서 byte, short, char로 변환
· long에서 byte, short, char, int로 변환
· float에서 byte, short, char, int, long로 변환
· double에서 byte, short, char, int, long, float로 변환

축소 변환에선 원칙적으로 캐스트가 필수이다. 또한, 변환을 통해 숫자의 '크기'나 '정밀도'를 잃는 경우도 있다.

상수의 대입 및 상수를 사용한 초기화

기본형의 축소 변환에선 캐스트가 불필요한 경우도 있다. 예를 들면 다음과 같은 경우다.

```
byte a = 0;      // OK
a = 5;           // OK
short b = 53;    // OK
```

이미 학습한 것처럼 정수 접미어 l이나 L이 없는 정수 리터럴은 int형이다. 따라서 int형인 0이나 5, 53의 값을 넣을 때는 캐스트를 사용해야 한다. 하지만 캐스트하지 않아도 컴파일 오류가 발생하지 않는 것은 다음과 같은 규칙 때문이다.

대입 왼쪽 변의 식이 byte, short, char, int형의 상수식이고 대입 또는 초기화할 변수의 형이 byte, short, char이면서 상수식의 값이 변수의 형으로 표현할 수 있는 경우에는 기본형의 축소 변환이 자동으로 이루어진다 (캐스트가 필요 없다).

캐스트하지 않고 넣을 수 있는 것은 '**상수식으로 한정한다**'는 것에 주의해야 한다. 변수라면 반드시 캐스트가 필요하다.

```
short a = 1;     // OK
byte b = a;      // 오류
```

부동소수점형에는 이런 규칙이 없다. 따라서 double형의 상숫값을 캐스트하지 않고는 float형의 변수에 넣을 수는 없다.

기본형의 확대 변환과 축소 변환

다음 변환은 기본형의 확대 변환과 축소 변환, 2단계로 이루어진다.

- byte에서 char로 변환

먼저 byte형는 기본형의 확대 변환에 의해 int형로 변환되며, 다시 기본형의 축소 변환에 의해 int 형에서 char형으로 변환된다.

float형의 변수를 0.0부터 1.0까지 0.001씩 증가시키며 표시하고, 그 옆에 int형 변수를 0부터 1000까지 1씩 증가시켜가며 1000으로 나눈 값을 표시하자.

```
// 0.0부터 1.0까지 0.001 단위로 증가시켜 가며 표시
class LoopFloatInt {
  public static void main (String[] args) {
    System.out.println("float        int");
    System.out.println("--------------------");

    float x = 0.0F;
    for (int i = 0; i <= 1000; i++, x += 0.001F)
       System.out.printf("%9.7f   %9.7f\n", x, (float)i / 1000);
  }
}
```

실행 결과

```
float        int
--------------------
0.0000000   0.0000000
0.0010000   0.0010000
...중략...
0.9989907   0.9990000
0.9999907   1.0000000
```

반복 제어

float형의 변수를 0.0부터 1.0까지 0.001씩 증가시키고, int형 변수를 0부터 1000까지 1씩 증가한 값을 1000으로 나눈 것을 나란히 표시하는 프로그램이다. 수학적으로는 동일한 처리를 하고 있지만 다른 값이 표시된다.

float형에 의한 반복

0.0F로 초기화한 float형의 변수 x에 반복해서 0.001F를 더한다. 앞 페이지에서 학습한 것처럼 float형의 변수에 대해 double형의 값을 넣을 수 없으므로 변수 x의 선언을 다음과 같이 하면 컴파일 오류가 발생한다.

```
float x = 0.0;   // 오류: double형인 0.0을 float형 변수에 넣을수 없다
```

마지막으로 표시되는 x값이 1.0이 아닌 0.9999907인 것에 주의하자. 부동소수점수가 모든 자릿수의 정보를 유지할 수 있는 것이 아니기 때문에 실제로는 1,000개분의 오차가 x에 누적된다. 만약 for문의 종료 조건이 x != 1.0F이라면 어떻게 될까? x값이 정확하게 1.0이 되지 않으므로 1.0을 넘어서 for문이 계속 반복된다.

int형에 의한 반복

0으로 초기화된 int형 변수i에 반복해서 1을 더한다. 반복할 때마다 표시하는 것은 변수 i 자체가

아니라, float형으로 캐스트한 후에 1000으로 나눈 값이다. 나눗셈 (float) i / 1000의 결과가 원하는 실숫값을 완벽하게 표현할 수 잇는 것은 아니다. 하지만 반복할 때마다 값을 다시 구하므로 float형에 의한 반복과 달리 오차가 누적되지 않는다.

0.0부터 1.0까지 0.001단위로 증가시키면서 해당 값의 제곱을 표시하자.

```java
// 0.0부터 1.0까지 0.001 단위로 증가시키며 제곱 표시(반복을 float형으로 제어)
class SquareFloat {
    public static void main (String[] args) {
        System.out.println("x        x의 제곱");
        System.out.println("--------------------");

        for (float x =0.0F; x <= 1.0F; x += 0.001F)
            System.out.printf("%5.3f    %10.7f\n", x, x * x);
    }
}
```

실행 결과

```
x      x의 제곱
--------------------
0.000  0.0000000
0.001  0.0000010
0.002  0.0000040
…중략…
0.998  0.9959855
0.999  0.9979824
1.000  0.9999814
```

```java
// 0.0부터 1.0까지 0.001 단위로 증가시키며 제곱 표시(반복을 int형으로 제어)
class SquareInt {
    public static void main (String[] args) {
        System.out.println(" x  x의 제곱");
        System.out.println("--------------------");

        for (int i =0; i <= 1000; i++) {
            float x = (float) i / 1000;
            System.out.printf("%5.3f    %10.7f\n", x, x * x);
        }
    }
}
```

실행 결과

```
x      x의 제곱
--------------------
0.000  0.0000000
0.001  0.0000010
0.002  0.0000040
…중략…
0.998  0.9960040
0.999  0.9980010
1.000  1.0000000
```

반복 제어

앞 문제와 마찬가지로 int형을 사용해 반복하는 것이 더 정확한 결과를 얻을 수 있다.

SquareFloat 프로그램

마지막 표시는 1.000과 그 제곱값인 0.9999814이다. 소수점 이하 3자리를 출력하므로 변수 x의 값을 반올림한 1.000으로 표시하지만 앞 문제와 동일하게 정확한 값은 약 0.999907이다. 따라서 x를 제곱한 값도 1.0이 되지 않는다.

SquareInt 프로그램

마지막 표시는 1.000 과 그 제곱값인 1.000000 으로 납득할 수 있는 결과다. 오차가 포함되지만 누적되지 않는다는 점에서 SquareFloat보다 우수하다.

 **문제 5-10**

"ABC\n"을 표시하는 프로그램을 작성하자(큰따옴표 등의 기호 문자도 같이 표시할 것).

```java
// "ABC\n"을 표시
class PrintABC {
    public static void main (String[] args) {
        System.out.println("\"ABC\\n\"");
    }
}
```

실행 결과
"ABC\n"

확장 표기(escape sequence)

역슬래시 기호와 특정 문자를 함께 사용해 단일 문자를 표현하는 것을 확장 표기(또는 이스케이프 문자)라 한다. [표 5-7]은 확장 표기 목록을 보여준다..

\b: 백스페이스

\b를 출력하면 현재 표시 위치(출력 대상이 콘솔 화면이라면 커서 위치)가 '해당 줄의 직전 위치'로 이동한다.

\f: 폼피드

\f를 출력하면 현재 위치가 '다음 페이지의 처음'으로 이동한다. 일반적인 환경에서 폼피드를 하면 콘솔 화면에는 아무런 변화가 없다.

\n과 \r: 줄 바꿈과 캐리지 리턴

\n을 출력하면 현재 위치가 '다음 줄의 처음'으로 이동한다.

\r을 출력하면 현재 위치가 '현재 줄의 처음'으로 이동한다.

\t: 수평 탭

\t를 출력하면 현재 위치가 현재 줄의 '다음 수평 탭 위치'로 이동한다. 수평 탭 위치는 OS 등의 환경에 따라 달라진다.

\"와 \': 큰따옴표와 작은따옴표

문자열 리터럴 안에선 큰따옴표는 \"로 표시하며 작은따옴표는 \'로 표시한다.

\\: 역슬래시

문자 \를 표기할 때 사용하는 것이 확장 표기 \\이다. [그림 5-9]에 있는 것은 이번 프로그램의 출력

과정이다.

8진 확장 표기

8진수의 코드로 문자를 나타낸다. 지정할 수 있는 값은 0 ~ 377이다. 예를 들어 숫자 문자 '0'의 문자 코드는 10진수로 48이고, 8진수 확장 표기에선 '\60'로 표시한다.

그림 5-9 큰따옴표와 역슬래시 표시

표 5-7 확장 표기와 Unicode 확장

확장 표기(escape sequence)			
\b	백스페이스(backspace)	표시 위치를 직전 위치로 이동	\u0008
\f	폼피드(form feed)	다음 페이지의 처음으로 이동	\u000c
\n	줄 바꿈(new line)	줄 바꿈해서 다음 줄의 처음으로 이동	\u000a
\r	캐리지 리턴(carrieage return)	현재 줄의 처음 위치로 이동	\u000d
\t	수평 탭(horizontal tab)	다음 수평 탭 위치로 이동	\u0009
\"	문자 "	큰따옴표	\u0022
\'	문자 '	작은따옴표	\u0027
\\	문자 ₩	역슬래시(백슬래시)	\u005C
\ooo	ooo는 8진수	8진수로 ooo의 값을 지니는 문자	
Unicode 확장(Unicode escape)			
\uhhhh	hhhh는 16진수	16진수로 hhhh의 값을 지니는 문자	

빈칸을 채우시오.

- 다음 표는 정수형이 표현할 수 있는 범위와 비트 수를 정리한 것이다.

형	표현할 수 있는 범위		비트 수
char	(1)	~ (2)	(3)
byte	(4)	~ (5)	(6)
short	(7)	~ (8)	(9)
int	(10)	~ (11)	(12)
long	−9223372036854775808	~ 9223372036854775807	(13)

- 정수 리터럴에는 기수가 작은 것부터, 2진 정수 리터럴, (14) 진 정수 리터럴, (15) 진 정수 리터럴, (16) 진 정수 리터럴이 있다.
  0은 (17) 진 정수 리터럴, 01은 (18) 진 정수 리터럴 10은 (19) 진 정수 리터럴, 010은 (20) 진 정수 리터럴, 0x1은 (21) 진 정수 리터럴이다.

- 정서 리터럴은 기본적으로 int형이다. long형으로 만들려면 (22) 또는 (23) 의 정수 접미어를 끝에 붙인다.

- 부동소수점형에는 double형과 float형이 있다. 이 둘의 표현 범위는 크기와 (24) 측면에서 다르다. 전자는 (25) 비트이고 후자는 (26) 비트이다.

- 부동소수점 리터럴은 기본적으로는 double형이다. double형인 것을 명시하기 위해 (27) 또는 (28) 라는 부동소수점 접미어를 끝에 붙인다. 참고로 float형을 명시하기 위해서는 (29) 또는 (30) 라는 유동소수점 접미어를 붙인다.

- 이항 산술 연산에선 피연산자에 (31) 이라는 형 변환이 자동 적용된다.

- 기본형의 (32) 변환에선 상수를 사용한 초기화 및 대입을 제외하곤 명시적으로 형 변환을 해야 한다. 반면 기본형의 (33) 변환에선 형 변환이 자동으로 이루어진다.

- \로 시작하는 문자를 사용해 단일 문자를 표기하는 것을 (34) 라고 한다. 각 문자를 나타내는 (34) 에는 다음과 같은 것이 있다.

폼피드	: (35)		백스페이스	: (36)
캐리지 리턴	: (37)		수평 탭	: (38)
줄 바꿈	: (39)		역슬래시	: (40)
작은따옴표	: (41)		큰따옴표	: (42)

▪ 다음 프로그램들의 실행 결과를 기입하자.

```
System.out.println( 15);
System.out.println( 015);
System.out.println(0x15);
```
(43)

```
System.out.println(15   / 2  );
System.out.println(15.0 / 2.0);
System.out.println(15.0 / 2  );
System.out.println(15   / 2.0);
```
(44)

```
System.out.println((double)15 / 2);
System.out.println(15 / (double)2);
```
(45)

```
System.out.println((double)0);
System.out.println((int)3.14);
```
(46)

```
System.out.println(true == true);
System.out.println(true == false);
```
(47)

```
System.out.printf("%o\n", 111);
System.out.printf("%d\n", 111);
System.out.printf("%x\n", 111);
System.out.printf("%X\n", 111);
```
(48)

```
System.out.printf("%d\n",  12345);
System.out.printf("%3d\n", 12345);
System.out.printf("%7d\n", 12345);
System.out.printf("%5d\n",   123);
System.out.printf("%05d\n",  123);
```
(49)

```
System.out.printf("%8.1f\n", 5.4321);
System.out.printf("%8.2f\n", 5.4321);
System.out.printf("%8.3f\n", 5.4321);
System.out.printf("%8.4f\n", 5.4321);
```
(50)

```
System.out.println("\\//%%\n");
System.out.printf( "\\//%%\n");
```
(51)

```
System.out.print("ABCDEFG");
System.out.print("\r");
System.out.print("12345");
```

(52)

```
System.out.print("ABCDEFG");
System.out.print("\b");
System.out.print("12345");
```

(53)

- 8진 정수 리터럴은 ___(54)___ 으로 시작하며 반드시 ___(55)___ 이상으로 표기한다. 16진 정수 리터럴은 ___(56)___ 또는 ___(57)___ 로 시작하며 자릿수는 임의이다.

- 정수 리터럴은 2진수와 ___(58)___ 의 기수를 표현할 수 있다. 또한, 부동소수점 리터럴은 ___(59)___ 의 기수를 표현할 수 있다.

  공통 보기　(a) 8진수와 10진수와 16진수 　　　　　　　　(b) 10진수와 16진수

  　　　　　　(c) 4진수와 8진수와 10진수와 16진수

- 다음 리터럴의 형을 기입하자.

  5 : ___(60)___ 　　　　5L : ___(61)___ 　　　　5D : ___(62)___ 　　　　5F : ___(63)___

- 연산자 ( )는, 피연산자의 값을 임의의 형으로 변환하는 연산자로 명칭은 ___(64)___ 이다.

- 이진 숫자 승격이란 이항 산술 연산에 적용되는 것으로 다음과 같은 형 변환에 해당한다.

  한쪽 피연산자가 ___(65)___ 형이면 다른 쪽을 ___(65)___ 형으로 변환한다.

  그렇지 않고 한쪽 피연사자가 ___(66)___ 형이라면 다른 쪽을 ___(66)___ 형으로 변환한다.

  그렇지 않고 한쪽 피연산자가 ___(67)___ 형이면 다른 쪽을 ___(67)___ 형으로 변환한다.

  그렇지 않으면, 양쪽 피연산자를 ___(68)___ 형으로 변환한다.

- 다음 프로그램에서 컴파일 오류가 발생하는 곳에 x를 그렇지 않은 경우에는 O를 기입하자.

(69)	`int a = 1;`
(70)	`int b = 1L;`
(71)	`int c = 3.14;`
(72)	`short d = 1;`
(73)	`short e = a;`
(74)	`float d = 1L;`
(75)	`float e = 3.14;`
(76)	`double x = 1;`
(77)	`double x = 3.14;`

```
(78)    double x = 3.14D;
(79)    double x = 3.14F;
```

- 다음은 "ABC"를 표시하는 프로그램이다("도 포함해서 표시할 것. 이후 문제 모두 동일)

```
System.out.print(   (80)   );
```

- 다음은 작은따옴표를 n개 연속해서 표시하는 프로그램이다.

```
for (int i = 0; i <   (81)   ; i++)
    System.out.print('   (82)   ');
```

- 다음은 입력받은 문자열 ∗∗∗를 가지고 '당신은 "∗∗∗"를 입력했습니다'라고 표시하는 프로그램이다.

```
String s = stdIn.next();
System.out.println(   (83)   + s +   (84)   );
```

```
String s = stdIn.next();
System.out.printf(   (85)   , s);
```

- 다음은 퍼센트 기호 %를 n개 연속해서 표시하는 프로그램이다.

```
for (int i = 1; i <=   (86)   ; i++)
    System.out.print('   (87)   ');
```

```
for (int i = 0; i <   (88)   ; i++)
    System.out.printf("   (89)   ");
```

- 다음은 역슬래시 문자를 나열해서 왼쪽 아래가 직각이고 한 변의 길이가 n이 이등변 삼각형을 표시하는 프로그램이다(실행 예는 n이 4인 경우이다).

```
for (int i = 0; i <   (90)   ; i++) {
    for (int j = 0; j <   (91)   ; j++)
        System.out.print('   (92)   ');
    System.out.println();
}
```

```
\
\\
\\\
\\\\
```

▪ 다음은 int형 변수 x를 y로 나눈 몫과 나머지를 적어도 4자리 폭으로 계산식과 함께 표시하는 프로그램이다(실행 예는 x가 15이고 y가 2인 경우로 □는 공백 문자를 나타낸다).

```
System.out.printf("  (93)   =   (94)  ", x / y);
System.out.printf("  (95)   =   (96)  ", x % y);
```

```
x / y =□□□7
x % y =□□□1
```

▪ 다음은 int형 변수 x 의 값을 8진수, 10진수, 16진수로 표시하는 프로그램이다(실행 예는 x가 63인 경우다).

```
System.out.printf("  (97)  ", x);
System.out.printf("  (98)  ", x);
System.out.printf("  (99)  ", x);
```

```
63
77
3F
```

▪ 다음은 double형 변수 x의 값을 적어도 전체 10자리, 소수점 이하 5자리로 표시하는 프로그램이다(실행 예는 x가 3.14159265인 경우다)

```
System.out.printf("  (100)  ", x);
```

```
□□□3.14159
```

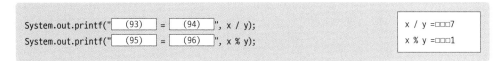

배열

6장에선 동일한 자료형의 집합인 배열에 대해 배운다.

문제 6-1

자료형은 double이고 요소 수가 5인 배열을 생성하고 이 배열의 모든 요소를 표시하는 프로그램을 작성하자.

```java
// 요소 수가 5이고 double인 배열
class DoubleArray {
  public static void main(String[] args) {
    double[] a = new double[5];              // 배열 선언

    // 모든 요소의 값 표시
    System.out.println("a[" + 0 + "] = " + a[0]);     ●━━━━━━━①
    System.out.println("a[" + 1 + "] = " + a[1]);
    System.out.println("a[" + 2 + "] = " + a[2]);
    System.out.println("a[" + 3 + "] = " + a[3]);
    System.out.println("a[" + 4 + "] = " + a[4]);
  }
}
```

```
실행 결과
a[0] = 0.0
a[1] = 0.0
a[2] = 0.0
a[3] = 0.0
a[4] = 0.0
```

배열(array)

배열 은 여러 개의 변수를 하나로 묶어서 사용하기 위한 데이터 구조이다. 동일 자료형의 변수인 구성 요소component를 나열한 것이다. 구성 요소의 자료형인 구성 요소형component type은 임의로 정할 수 있으며 예에선 double형을 사용한다.

배열 변수 선언

일반 변수와 마찬가지로 배열도 사용 전에 선언해야 한다. 형식은 다음과 같다.

ⓐ double [] a;
ⓑ double a[];   ┈┈┈ 구성 요소형을 double로 선언한 배열

이 책뿐만 아니라 다른 곳에서도 ⓐ를 사용하는 경우가 압도적으로 많다. 그 이유는 다음과 같다.

· a의 자료형이 double형이 아니고 'double의 배열형'이라는 것을 쉽게 알 수 있다.
· 배열을 반환하는 메서드 선언에선 ⓐ를 사용하는 것이 원칙이다.

double과 [] 사이에 스페이스나 탭을 넣어도 된다. 이 선언에 의해 만들어지는 a는 double형의 변수가 아닌 배열 변수array variable라 불리는 특수한 변수이다. [그림 6-1]을 살펴보자.

그림 6-1 배열

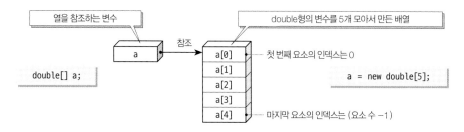

배열 생성

배열은 배열 변수와 별도로 생성할(만들) 필요가 있다. 이 예에선 구성 요소가 5개인 배열을 생성한다. 이때 사용하는 것이 다음의 new 연산자를 사용한 식이다.

```
new double[5]          // 요소의 형이 double형이고 요소가 5개인 배열 생성
```

생성한 배열과 배열 변수를 연결한다.

```
a = new double [5];       // a는 요소 수가 5개인 배열 참조(a의 초기화)
```

위 같이 대입하면 배열이 생성됨과 동시에 변수 a가 배열을 참조하게 된다. 배열 변수가 배열을 참조하는 것을 보여주는 것이 [그림 6-1]에 있는 '참조' 화살표이다. 배열 변수 선언의 초기화에 배열의 생성식을 포함하면 프로그램이 간단해진다. 즉, 다음과 같이 선언한다.

```
double[] a = new double[5];    // a는 구성 요소수가 5인 배열을 참조(a의 초기화)
```

이것으로 생성된 배열(의 실체)를 참조하도록 변수 a가 초기화된다.

요소에 접근하기

배열 내의 개별 요소에 접근(읽고 쓰기)하려면 인덱스 연산자index operator를 사용한다. 다음과 같이 [] 안에 인덱스index (첨자)를 지정한다.

```
배열변수명[인덱스]
```

인덱스는 등번호 같은 것으로 '첫 번째 요소로부터 몇 번째 뒤에 있는 요소인지'를 나타내는 int형 값이다(표6-1).

요소의 자료형과 상관없이 인덱스는 int형이다.

표 6-1 인덱스 연산자

x[y]	배열 변수 x가 참조하는 배열의 첫 요소부터 y개 뒤에 있는 요소에 접근한다.

첫 번째 요소의 인덱스는 0이므로, 각 구성 요소는 차례대로 a[0], a[1], a[2], a[3], a[4] 형식으로 접근할 수 있다. 요소가 n개인 배열은 a[0], a[1],…, a[n-1]로 구성된다. a[n]이라는 요소는 존재하지 않는다.

a배열 내에 있는 개별 요소는 각각 double형의 '변수'이다. 따라서 개별 요소에 대해 자유롭게 값을 대입하거나 추출할 수 있다. new를 사용해서 배열을 생성할 때에 요소 수로 음수를 지정하거나, 존재하지 않는 요소(예에선 a[-1], a[5] 등)에 접근하면 프로그램 실행 시에 오류가 발생한다(자세한 내용은 16장에서 배운다).

초깃값(default value)

❶은 배열의 모든 값을 표시하는 부분이다. System.out.println 메서드를 이용해서 구성 요소의 값을 하나씩 출력한다. 프로그램 실행 결과는 a[0], a[1], a[2], a[3], a[4]의 값이 0.0임을 보여준다. 이것은 배열의 모든 구성 요소가 자동으로 0으로 초기화되기 때문이다. 일반적인 요소와는 다른 특성이므로 잘 기억해두자.

```
int x                                    // 초기화하지 않는다
System.out.println("x = " + x);          // 컴파일 오류

int[] a = new int[2];                    // 모든 요소가 0으로 초기화된다
System.out.println("a[0] = " + a[0]);    // a[0] = 0라고 표시된다
System.out.println("a[1] = " + a[1]);    // a[1] = 0라고 표시된다
```

구성 요소를 초기화하는 값을 초깃값이라고 한다. [표 6-2]는 각 자료형의 초깃값을 정리한 것이이다. 배열의 요소뿐만 아니라 인스턴스 변수(8장)와 클래스 변수(10장)도 이 표에 있는 값으로 초기화된다.

표 6-2 자료형의 초깃값

자료형	초깃값
byte	제로, 즉 (byte)0
short	제로, 즉 (short)0

int	제로, 즉 0
long	제로, 즉 0L
float	제로, 즉 0.0f
double	제로, 즉 0.0d
char	공백 문자, 즉 '\0000'
boolean	거짓, 즉 false
참조형	null 참조, 즉 null

일반적으로 구성 요소의 자료형^{Type}인 배열을 '자료형 배열' 또는 '자료형의 배열'이라고 한다. 예제의 a배열은 'double형 (의) 배열'이다. 만약 요소의 자료형이 int라면 'int형 (의) 배열'이 된다. 예를 들어, 요소 수가 7인 int형 배열의 선언은 다음과 같다.

```
int[] x = new int[7];
```

이후부터는 구성 요소를 짧게 '요소'라고 부른다 (문제에서도 그냥 '요소'라 한다). 문법 정의상, 구성 요소와 요소는 엄밀하게는 다르지만, 이 책에서 배우는 배열 (1차원 배열)에선 실질적으로 같다고 본다. 자세한 내용은 [문제 6-19]에서 배운다.

참조형(reference type)

앞 장까지는 주로 int형, double형, String형의 변수나 상수 (리터럴)를 사용했다. 2장이나 5장에서 배운 것처럼 자바에선 다양한 자료형^{type}을 처리한다. 이것을 정리한 것이 [그림 6-2]이다. 자바에서 사용할 수 있는 형은 크게 기본형$^{primitive\ type}$과 참조형으로 나눌 수 있다.

primitive는 '기본적인', '원시적인', '초기의' 등의 의미를 지니는 단어다. 문법상의 정의에선 null형은 참조형이나 기본형에 포함되지 않는 독립된 형이지만 실질적으로는 참조형의 일종이므로 이 책에선 참조형으로 분류한다.

그림 6-2 자바에서 사용할 수 있는 자료형

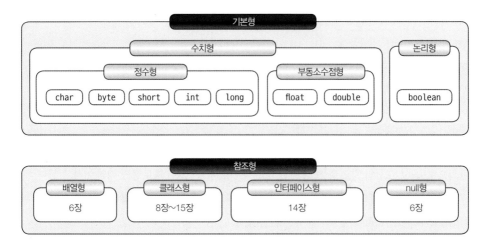

기본형은 앞에서 배웠다. 크게 두 종류로 구분한다.

수치형(numeric type)

정수를 나타내는 5종류의 정수형과 실수를 나타내는 2종류의 부동소수점형이 있다.

논리형(boolean type)

논릿값을 나타내는 논리형은 참과 거짓 중 하나의 값을 표현하는 형이다.

이 장에서 배우는 배열형은 참조형의 일종이다. 참조형의 변수는 변수를 참조하는 특수한 형태이다. 따라서 참조형 변수에 들어 있는 값은 '참조 위치'이다(변수가 어디에 존재하는지를 나타내는 특수한 값이 들어 있다). 문자열을 나타내는 String형은 기본형이 아니라 클래스형이다. 15장에서 배운다.

문제 6-2

요소 개수가 5개인 int형 배열에 순서대로 5, 4, 3, 2, 1을 대입하는 프로그램을 작성하자.

```java
// 배열의 각 요소에 5, 4, 3, 2, 1을 대입해서 표시
class IntArrayFor {
  public static void main(String[] args) {
    int[] a = new int[5];              // 배열 선언

    for (int i = 0; i < a.length; i++)
      a[i] = 5 - i;

    for (int i =0;i< a.length; i++)
      System.out.println("a[" + i + "] = " + a[i]);
  }
}
```

실행 결과
a[0] = 5
a[1] = 4
a[2] = 3
a[3] = 2
a[4] = 1

요소 수 가져오기

IntArrayFor 프로그램에서 사용하는 int형 배열은 각 요소에 값을 대입한 후 각 요소를 표시한다. 요소에 값을 대입하는 것이 첫 번째 for문이고 요솟값을 표시하는 것이 두 번째 for문이다. 제어식 부분(a.length)은 다음과 같은 식을 사용한다.

배열변수명.length

위 식은 배열의 요소 수를 가져오는 식이다. 요소 수는 길이(length)라고도 한다. 여기서는 a.length를 평가한 값이 5이다. 배열 변수가 배열을 참조한다는 것을 이미 앞에서 배웠다. 이것은 좀 더 상세하게 나타낸 것이 [그림 6-3]이다. '배열과 요소 수(길이)인 length를 한 쌍으로 하는 것'을 배열 변수가 참조한다.

이 그림이 보여주는 것은 논리적인 과정이다. 컴파일한 결과인 클래스 파일의 내부가 이 그림처럼 구성되는 것은 아니다. 배열의 요소 수를 나타내는 length는 int형이 아닌 final int형이다. 따라서 length에 값을 대입할 수 없다.

첫 번째 for문에 주목하자. 변수 i를 0부터 증가시키며 5회 반복한다. for문의 흐름을 전개하면 다음과 같다.

· i가 0일 때 a[0] = 5 – 0;   // a[0]에 5 대입

· i가 0일 때 a[1] = 5 – 1;   // a[1]에 4 대입

· i가 0일 때 a[0] = 5 – 2;   // a[2]에 3 대입

· i가 0일 때 a[0] = 5 – 3;   // a[3]에 2 대입

· i가 0일 때 a[0] = 5 – 4;   // a[4]에 1 대입

배열의 전체 요소인 5에서 인덱스를 뺀 값을 대입하는 것을 알 수 있다. 두 번째 for문에 대해선 다음 문제에서 학습한다.

요소 개수가 5인 double형 배열을 만들고 앞에서부터 1.1, 2.2, 3.3, 4.4, 5.5를 대입해서 표시하는 프로그램을 작성하자.

```
class DoubleArrayFor {
  public static void main(String[] args) {
    double[] a= new double[5]; //배열 선언

    for (int i = 0; i < a.length; i++)
      a[i] = (i+1) * 1.1;

    for (int i = 0; i < a.length; i++)
      System.out.println("a[" + i + "] = " + a[i]);
  }
}
```

실행 결과
a[0] = 1.1
a[1] = 2.2
a[2] = 3.3000000000000003
a[3] = 4.4
a[4] = 5.5

배열의 요소 표시

[문제 6-2]와 마찬가지로 배열의 각 요소에 값을 대입하고 표시하는 프로그램이다. 요소형이 double형이라는 점과 대입할 요소의 값이 다른 것이 차이다.

프로그램에선 첫 번째 for문에 의해 a[i]에 (i+1) * 1.1을 대입한다. 두 번째 for문은 앞 문제의 for문과 같다. 배열의 모든 요소를 앞에서부터 순서대로 표시한다. 이 for문의 흐름을 전개하면 다음과 같다.

· i가 0일 때 System.out.println("a[" + 0 + "] = " + a[0]);
· i가 1일 때 System.out.println("a[" + 1 + "] = " + a[1]);
· i가 2일 때 System.out.println("a[" + 2 + "] = " + a[2]);
· i가 3일 때 System.out.println("a[" + 3 + "] = " + a[3]);
· i가 4일 때 System.out.println("a[" + 4 + "] = " + a[4]);

이것은 [문제 6-1]의 프로그램에서 사용한 방법과 동일하다. a[2]의 값이 3.3000000000000003인 것은 부동소수점수에 포함된 오차때문이다.

그림 6-3 배열 변수, 배열, 요소 수

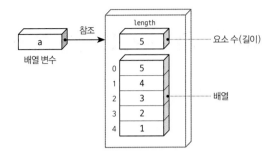

int형 배열의 각 요소에 1~10의 난수를 대입하고 각 요소의 값을 막대그래프(기호 문자 *를 나열)로 표시하는 프로그램을 작성하자. 요소 수는 키보드로 입력한다. 마지막에는 인덱스를 10으로 나눈 나머지를 표시할 것.

```java
// 배열의 모든 요소에 난수를 대입한 후 막대 그래프로 표시
import java.util.Random;
import java.util.Scanner;

class ColumnChart {
    public static void main(String[] args) {
        Random rand = new Random();
        Scanner stdIn= new Scanner(System.in);

        System.out.print("요소 수:");
        int n = stdIn.nextInt();          // 요소 수 읽기        ❶
        int[] a= new int[n];              // 배열 생성

        for (int i = 0; i < n; i++)
            a[i] = 1 + rand.nextInt(10);  // 1~10 난수        ❷

        for (int i = 10; i >= 1; i--) {   ❸
            for (int j = 0; j < n; j++)
                if (a[j] >= i)
                    System.out.print("* ");
                else
                    System.out.print("  ");
            System.out.println();
        }

        for (int i = 0; i < 2 * n; i++)   ❹
            System.out.print('-');
        System.out.println();

        for (int i=  0; i < n; i++)       ❺
            System.out.print(i %10 + " ");
        System.out.println();
    }
}
```

실행 예

```
요소 수:12
      *
      *
    *   *
  * *   *             *
  * * * * *           *
  * * * * *   * *     *
* * * * * *   * *   * *
* * * * * *   * *   * *
* * * * * * * * * * * *
* * * * * * * * * * * *
- - - - - - - - - - - - - - - - - - - -
0 1 2 3 4 5 6 7 8 9 0 1
```

실행 시에 배열의 요소 수 결정

지금까지의 프로그램에선 배열의 요소 수가 상수였다. 이번 프로그램은 키보드를 통해 배열의 요소 수를 입력받는다. 따라서 배열의 요소 수를 프로그램 컴파일 시가 아닌 실행 시에 결정한다. 프로그램의 흐름을 보도록 하자.

❶ 먼저 배열의 요소 수를 변수 n에 저장한다. 그리고 요소 수가 n인 int형 배열을 생성한 후 배열 변수 a를 초기화한다.

❷ for문에 의해 i를 0부터 n-1까지 증가시키며 요소 a[i]에 난수를 대입한다. 그 결과 배열 a의 모든 요소에 1~10사이의 값이 대입된다. 난수 생성 방법은 [문제 2-11]에서 배웠다. 식 rand. nextInt(10)은 0~9의 난수를 만든다. 따라서 1을 더하면 1~10의 값을 a[i]에 대입할 수 있다.

모든 요소의 값을 막대 그래프로 표하는 것이 ❸~❺이다. [그림 6-4]를 보도록 하자.

❸ 이중 for문이다. 바깥쪽 for문이 시작되는 시점에 변수 i값은 요소의 최댓값인 10이다. 안쪽 for 문에선 변수 j를 0부터 n-1까지 증가시키며 배열의 첫 번째 요소 a[0]부터 마지막 요소 a[n-1] 까지 순서대로 확인한다. 이 과정에서 if문의 제어식인 a[j] >= i를 판정해서 다음과 같이 표시한다.

· 값이 i이상인 요소: "*□"를 표시
· 값이 i미만인 요소: "□□"를 표시

변수 i값이 10이므로, 값이 10이상인 요소의 위치에는 "*□"를 표시하고, 10미만인 요소의 위치에는 "□□"를 표시한다. 이 작업을 모든 요소에 반복하면 그림의 ❿번 줄이 표시된다. println 메서드의 호출에 의해 줄 바꿈 문자를 출력하면 바깥쪽 for문에 의해 i는 9가 된다.

i가 9일 때에도 위와 동일한 작업을 한다. 9이상인 요소의 위치에는 "*□"를, 9미만인 요소의 위치에는 "□□"를 표시하는 작업을 모든 요소에 적용한다. 그 결과 그림의 ❾번 줄이 표시된다.

이상의 작업을 i값을 감소시켜가며 1이 될 때까지 반복한다. 이것으로 그래프의 메인 부분이 완성된다.

❹ 가로축을 표시한다. n의 2배 개수만큼 "-"를 표시한다.

❺ 요소의 첨자를 표시한다. for문을 사용해 각 인덱스의 마지막 자릿수(인덱스를 10으로 나눈 나머지)를 표시한다.

그림 6-4 막대 그래프 표시

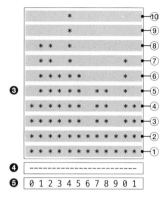

배열의 요소 수가 5인 int형 배열을 5, 4, 3, 2, 1로 순서대로 초기화해서 표시하는 프로그램을 작성하자.

```java
// 배열의 각 요소를 5, 4, 3, 2, 1로 초기화해서 표시
class IntArray54321 {
    public static void main(String[] args) {
        int[] a = {5, 4, 3, 2, 1}; //배열 선언

        for (int i = 0; i < a.length; i++)
            System.out.println("a[" + i + "] = " + a[i]);
    }
}
```

실행 결과
a[0] = 5
a[1] = 4
a[2] = 3
a[3] = 2
a[4] = 1

배열 초기화와 대입

배열의 개별 요소에 대입할 값을 알고 있다면 위 프로그램과 같이 명시적으로 초기화하면 된다. 배열에 부여한 초깃값은 각 요소에 초깃값을 쉼표로 연결해 순서대로 나열하고 {}로 감싼다. 생성된 배열의 요소 수는 초깃값의 개수로 결정된다.

프로그램에선(명시적으로 new를 사용하지 않았지만), 요소 수가 5인 배열이 생성되며 각 요소는 앞에서부터 5, 4, 3, 2, 1로 초기화된다. 마지막 초깃값 뒤에도 쉼표를 둘 수 있어서 [그림 6-5]처럼 초깃값 구문이 복잡해진다.

그림 6-5 배열 초깃값의 구문 해석도

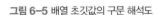
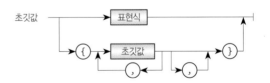

다음과 같은 초깃값을 배열 변수에 '대입'하는 것은 불가능하다.

```java
int[] a;
//…
a = {5, 4, 3, 2, 1}          //오류
다음은 바른 형식이다.
int[] a;
//…
a = new int[]{5, 4, 3, 2,1}    //OK
```

new 연산자를 사용한 배열 생성 시에는 'new 요소형 [ ]' 뒤에 초깃값을 둘 수 있기 때문이다. new 연산자는 요소 수가 5이고 요솟값이 {5, 4, 3, 2, 1}인 int형 배열을 만들고 이 배열에 대한 참조를 생성한다. 이 참조가 배열 변수 a에 대입되므로 생성된 배열은 a가 참조한다.

배열의 요소 수와 개별 요소의 값을 입력 받아서 표시하는 프로그램을 작성하자. 표시 형식은 배열 초깃값과
같은 형식으로, 각 요소의 값을 쉼표로 연결하고 {}로 감싼 형태이다.

```java
// 배열의 모든 요소에 값을 읽어서 초깃값 형식으로 표시
import java.util.Scanner;

class PrintArray {
   public static void main(String[] args) {
      Scanner stdIn = new Scanner(System.in);

      System.out.print("요소 수:");
      int n = stdIn.nextInt();              // 요소 수 입력
      int[] a = new int[n];                 // 배열 생성

      for (int i = 0; i < n; i++) {
         System.out.print("a[" + i + "] = " );
         a[i] = stdIn.nextInt();
      }
      System.out.print("a = {");
      if (n >= 2)        ●━━━━━━━━❶
         for (int i = 0; i < n - 1; i++)    // 앞에서부터 n-1개 요소 표시
            System.out.print(a[i] + ", ");
      if (n >= 1)        ●━━━━━━━━❷
         System.out.print(a[n - 1]);        // 마지막 요소 표시
      System.out.print("}");
   }
}
```

```
실행 예
요소 수:3
a[0] = 5
a[1] = 7
a[2] = 8
a = {5, 7, 8}
```

초깃값 형식으로 출력

요소를 쉼표로 연결해서 표시한다. 숫자와 쉼표의 개수가 다르므로 프로그램이 복잡한 편이다. [그
림 6-6]처럼 요소 수가 0이면 숫자와 쉼표 모두 0개[그림 6-6❶], 그렇지 않으면 쉼표의 개수는 요
소 수보다 1개 작다(그림 6-6❶/❷/❸).

❶ 앞에서부터 n-1개의 요소(a[0], a[1], …, a[n-2])의 값을 쉼표와 함께 표시한다. 이것은 요소
　수가 2이상인 경우에만이다(그림 6-6❷/❸).

❷ 마지막 요소인 a[n-1]의 값을 표시한다. 이것은 요소 수가 1이상인 경우에만이다(그림 6-6❶
　/❷/❸). 요소 수가 0인 경우[그림 6-6❶]는 {}만 표시한다. 1과 2는 실질적으로 무시된다.

그림 6-6 초깃값 형식으로 출력

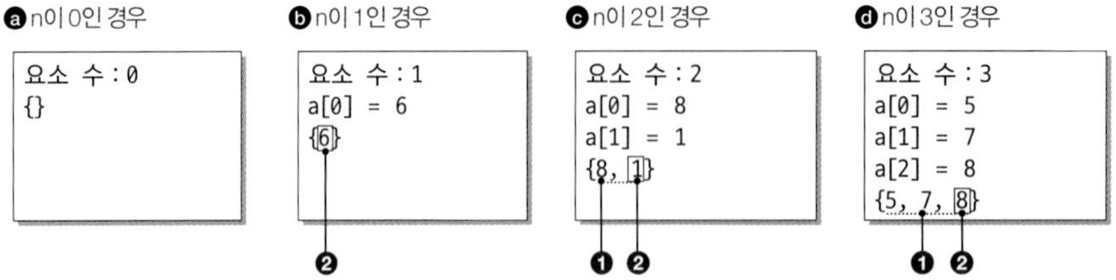

ⓐ n이 0인 경우

```
요소 수 : 0
{}
```

ⓑ n이 1인 경우

```
요소 수 : 1
a[0] = 6
{6}
```
❷

ⓒ n이 2인 경우

```
요소 수 : 2
a[0] = 8
a[1] = 1
{8, 1}
```
❶ ❷

ⓓ n이 3인 경우

```
요소 수 : 3
a[0] = 5
a[1] = 7
a[2] = 8
{5, 7, 8}
```
❶ ❷

시험 점수의 합계, 평균, 최고점, 최저점을 구하는 프로그램을 작성하자. 사람 수와 점수는 키보드를 통해 입력 받을 것.

```java
// 점수를 입력 받아서 합계, 평균, 최고점, 최저점을 표시
import java.util.Scanner;

class PointSumAve {
    public static void main (String[] args) {
        Scanner stdIn = new Scanner(System.in);

        System.out.print("사람 수:");
        int n = stdIn.nextInt();            // 사람 수를 입력 받음
        int[] points = new int[n];          // 점수

        System.out.println("점수를 입력하세요.");
        int sum = 0;                        // 합계       ●━━━━━━❶
        for (int i = 0; i < n; i++) {
            System.out.print((i + 1) + "번의 점수:");
            points[i] = stdIn.nextInt();    // points[i]를 읽는다
            sum += points[i];               // sum에 points[i]를 더함
        }

        int max = points[0];                // 최고점     ●━━━━━━❷
        int min = points[0];                // 최저점
        for (int i = 1; i < n; i++) {
            if (points[i] > max) max = points[i];
            if (points[i] < min) min = points[i];
        }

        System.out.println("합계는 " + sum + "점입니다.");
        System.out.println("평균은 " + (double)sum / n + "점입니다.");
        System.out.println("최고점은 " + max + "점입니다.");
        System.out.println("최저점은 " + min + "점입니다.");
    }
}
```

```
실행 예
사람 수:5
점수를 입력하세요.
1번의 점수:72
2번의 점수:54
3번의 점수:68
4번의 점수:32
5번의 점수:92
합계는 318점입니다.
평균은 63.6점입니다.
최고점은 92점입니다.
최저점은 32점입니다.
```

배열 요소의 최댓값과 최솟값

시험 점수를 집계하는 프로그램이다.

❶ 배열 요소에 값 저장/합계 구하기

배열의 인덱스는 0부터 시작하지만, 사람은 '1번', '2번'처럼 1부터 수를 센다. 따라서 이 프로그램에선 점수를 더할 때에 인덱스에 1을 더해서 'O번의 점수'라고 표시한다. 그리고 요소 points[i]에 값을 저장할 때마다 sum에 값을 더한다. 따라서 이 for문이 완료되면 sum에는 모든 요소의 합계가 저장된다.

❷ 배열 요소의 최댓값과 최솟값 구하기

이 단계에선 최댓값과 최솟값을 구한다. 여기서는 최솟값을 구하는 순서를 통해 처리 과정을 살펴보도록 하자. 배열 a의 요소 수가 3이면 3개의 요소 a[0], a[1], a[2]의 최솟값은 오른쪽과 같이 구할 수 있다.

```
min = a[0];
if (a[1] < min) min = a[1];
if (a[2] < min) min = a[2];
```

변수명이 다르다는 것을 제외하곤 세 값의 최솟값을 구하는 순서[문제 3-5]와 동일하다. 요소 수가 4라면 오른쪽과 같이 된다.

```
min = a[0];
if (a[1] < min) min = a[1];
if (a[2] < min) min = a[2];
if (a[3] < min) min = a[3];
```

먼저 첫 번째 요소 a[0]의 값을 min에 대입하는 작업을 요소 수와 상관없이 실시한다. 다음은 if문을 몇 회인가 반복하면서 필요에 따라 min값을 변경한다. 요소 수가 n이면 if문의 실행은 n-1회가 된다. 따라서 배열 a의 최솟값을 구하는 프로그램은 오른쪽과 같이 된다.

```
min = a[0];           •——❶
    for (int i = 1; i < n; i++)   •——❷
        if (a[i] < min)
            min = a[i];
```

[그림 6-7]은 요소 수가 5인 배열에서 최솟값을 구하는 과정을 보여준다. 그림 안에서 ●안의 값은 해당 단계에서 주목해야 할 요소의 인덱스이다. 주목해야 할 요소는 왼쪽에서 시작해서 오른쪽으로 이동한다. 이 책에선 배열을 세로 방향으로 그리거나 가로 방향으로 그린다. 요소를 세로로 나열하는 경우는 인덱스가 작은 요소를 위에 두고, 가로로 나열할 때는 인덱스가 작은 요소를 왼쪽에 둔다.

❶에선 a[0]에 주목하고 ❷의 for문에선 a[1]부터 오른쪽으로 이동한다. 이와 같이 **배열의 요소를 하나씩 순서대로 확인해가는 과정을 순회**traverse라고 한다. 프로그래밍의 기본 용어이므로 반드시 기억하도록 하자.

순회 과정에선 if문이 성립하면(주목할 요소의 값이 이전까지의 최솟값 min보다 작으면) a[i]의 값을 min에 대입한다. 순회가 종료되면 배열 a의 최솟값이 min에 저장돼 있다. 이 프로그램에선 배열명은 a가 아닌 points이며 최댓값을 동시에 구한다.

그림 6-7 배열 요소의 최솟값을 구하는 순서

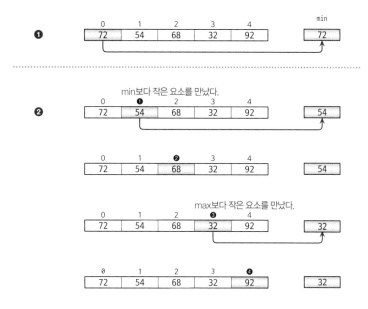

문제 6-8

배열에서 특정 값을 가지는 요소를 찾아라. 동일 값의 요소가 여러 개 있으면 가장 앞에 위치한 요소를 찾는 프로그램과 가장 뒤에 있는 요소를 찾는 프로그램을 작성하자.

```java
// 선형 탐색(방법1: 가장 앞에 있는 요소를 탐색)
import java.util.Scanner;

class LinearSearchTop {
  public static void main(String[] args) {
    Scanner stdIn = new Scanner(System.in);

    System.out.print("요소 수:");
    int n = stdIn.nextInt();          // 요소 수 입력
    int[] a = new int[n];             // 배열 생성

    for (int j = 0; j < n; j++) {
      System.out.print("a[" + j + "] = " );
      a[j] = stdIn.nextInt();
    }

    System.out.print("찾을 숫자:");
    int key = stdIn.nextInt();

    int i;
    for (i = 0; i < n; i++)
      if (a[i] == key)
        break;

    if (i < n)
      System.out.println("그 값은 a[" + i + "]에 있습니다.");
    else
      System.out.println("해당 값이 존재하지 않습니다.");
  }
}
```

```
실행 예
요소 수:7
a[0] = 22
a[1] = 57
a[2] = 11
a[3] = 32
a[4] = 91
a[5] = 32
a[6] = 70
찾을 숫자:32
그 값은 a[3]에 있습니다.
```

선형 탐색(linear search)

데이터 집합에서 특정 값을 지닌 요소를 찾는 것을 탐색search이라고 하며 찾을 값을 키key라고 한다. 배열의 탐색은 모든 요소를 순서대로 순회해서 구현할 수 있다. 찾을 키 값과 동일한 값을 지니는 요소를 만나면, 탐색에 성공한 것이다. 이것은 **선형 탐색** 또는 **순차 탐색**이라고 불리는 알고리즘이다.

구체적인 순서를 그림 6-8을 통해 확인해보자. 배열에서 값이 32인 요소를 선형 탐색하는 과정을 보여준다. 그림에서 ● 안에 있는 값은 배열의 순회 과정에서 주목해야 할 인덱스이다. 탐색은 다음과 같이 이루어진다.

ⓐ 1번째 요소 22에 주목한다. 원하는 값이 아니다.

ⓑ 2번째 요소 57에 주목한다. 원하는 값이 아니다.

ⓒ 3번째 요소 11에 주목한다. 원하는 값이 아니다.

ⓓ 4번째 요소 32에 주목한다. 원하는 값이므로 탐색 성공이다.

그림 6-8 선형 탐색(성공 예)

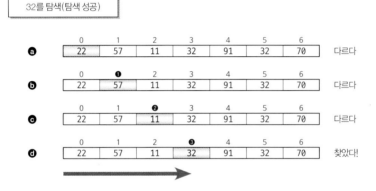

찾아야 할 키 값과 동일한 값이 4번째 요소인 a[3]에 존재한다는 것을 알 수 있다. 값이 32인 요소는 a[3]와 a[5]이지만, 앞에 있는 a[3]을 찾는다.

키 값과 동일한 값이 배열 안에 존재한다는 보장은 없다. 예를 들어 [그림 6-9]는 예제의 배열에서 35를 탐색하면 실패한다.

그림 6-9 선형 탐색(실패 예)

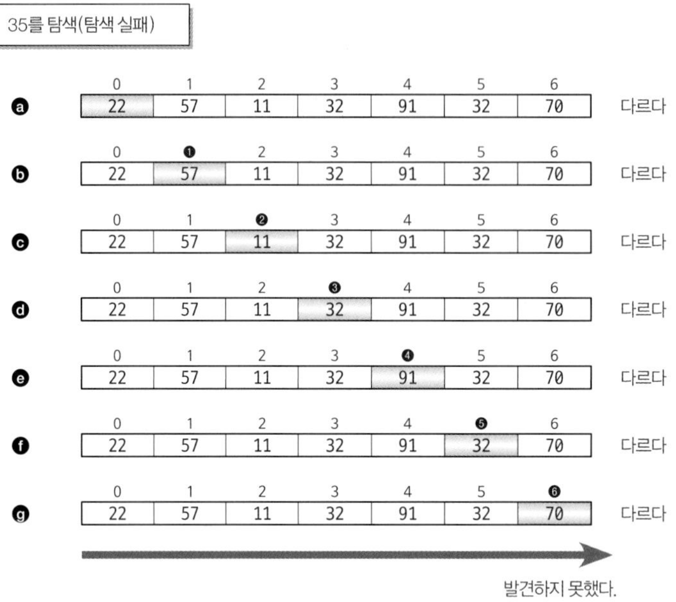

35를 탐색(탐색 실패)

	0	1	2	3	4	5	6	
ⓐ	22	57	11	32	91	32	70	다르다
ⓑ	22	**❶** 57	11	32	91	32	70	다르다
ⓒ	22	57	**❷** 11	32	91	32	70	다르다
ⓓ	22	57	11	**❸** 32	91	32	70	다르다
ⓔ	22	57	11	32	**❹** 91	32	70	다르다
ⓕ	22	57	11	32	91	**❺** 32	70	다르다
ⓖ	22	57	11	32	91	32	**❻** 70	다르다

발견하지 못했다.

그림 ⓐ부터 ⓖ까지 배열의 요소를 처음부터 순서대로 순회하지만, 키 값과 동일한 요소를 발견하지 못한다. 성공 예와 실패 예로부터 순회 종료 조건이 하나가 아니라 2가지라는 것을 알 수 있다. 다음 조건 중 하나만 만족해도 순회가 끝난다.

❶ 탐색해야 할 키를 발견하지 못하고 마지막 요소를 지나갔다(또는 지나가지 못했다).
❷ 탐색해야 할 키와 동일한 요소를 찾았다.

조건 ❶이 성립하면 탐색 실패, 조건 ❷가 성립하면 탐색 성공이다. 위 각 조건의 반대를 취하면 순회 종료 조건이 아닌 순회를 지속하는 조건이 된다. 즉, 다음 조건을 모두 만족하는 동안에는 순회를 지속한다.

❶의 부정: 아직 마지막 요소를 지나지 않았다(또는 지나가지 못할 것 같다)
❷의 부정: 탐색해야 할 키와 동일한 요소를 발견하지 못했다.

따라서 요소 수가 n인 배열 a에서 key를 탐색하는 프로그램은 다음과 같이 작성할 수 있다.

```
int i;                    조건 ❶의 부정
for ( i= 0; i < n && a[i] != key ; i++)
    ;                          조건 ❷의 부정
// i < n이면 탐색 성공. 그렇지 않으면 실패
```

이 for문은 배열을 앞에서부터 순회한다. for문이 반복하는 것은 조건❶의 부정과 조건❷의 부정을 모두 만족하는 동안이다. 각 반복마다 별도의 처리가 없으므로 루프 바디는 공문이 된다.

변수 i의 선언 위치가 for문 '안'이 아니고 for문 '앞'에 있는 것에 주의하자. for문 실행 종료 후에 i 값을 확인할 필요가 있기 때문이다. 조건❶과 조건❷ 중 하나라도 성립하면 반복을 종료한다. 이때 i 값에 따라 탐색 성공 여부를 판정한다.

탐색 실패: i가 n과 같다

조건❶이 성립하므로(즉, i<n이 성립하지 않으므로) for문이 종료된다. 모든 요소의 순회가 끝났으므로 탐색 실패이다.

탐색 성공: i가 n보다 작다

요소 a[i]가 key와 같은 같이 되면 조건❷가 성립하며(즉, a[i] != key가 성립하지 않음) for문이 종료된다. 탐색 성공이다. 위 프로그램을 break문을 사용해서 재작성하면 다음과 같이 된다.

```
int i;          ┈┈┈ 조건❶의 부정
for (i=0; i<n;i++) ┈┈┈ 조건❷
        if (a[i] == key)
                break;
// i < n이면 탐색 성공. 그렇지 않으면 실패
```

이 알고리즘을 기반으로 작성한 프로그램이 LinearSearchTop이다. for문의 종료 시에는 i값이 n 미만이면 탐색 성공이다. "그 값은 a[i]에 있습니다."하고 발견한 인덱스를 표시한다. 또한, i값이 n 이면 탐색 실패이다. "해당 값이 존재하지 않습니다."를 표시한다.

키와 일치하는 요소가 여러 개인 경우에 가장 끝에 위치한 요소를 찾는 프로그램이 LinearSearch Bottom이다. 배열의 순회 방향이 오른쪽에서부터 왼쪽으로 향한다는 것이 LinearSearchTop과 다르다.

```java
// 선형 탐색(방법2: 가장 끝에 있는 요소를 탐색)
import java.util.Scanner;

class LinearSearchBottom {
  public static void main(String[] args) {
    Scanner stdIn = new Scanner(System.in);

    System.out.print("요소 수:");
    int n = stdIn.nextInt();          // 요소 수 입력
```

```
int[] a = new int[n];              //배열 생성

for (int j=0;j < n; j++) {
    System.out.print("a[" + j + "] = " );
    a[j] = stdIn.nextInt();
}

System.out.print("찾을 숫자:");
int key = stdIn.nextInt();

int i;
for (i = n-1; i >=0; i--)
    if (a[i] == key)
        break;

if (i >=0 )      //탐색 성공
    System.out.println("그 값은 a[" + i + "]에 있습니다.");
else          //탐색 실패
    System.out.println("해당 값이 존재하지 않습니다.");
    }
}
```

실행 예
요소 수:7
a[0] = 22
a[1] = 57
a[2] = 11
a[3] = 32
a[4] = 91
a[5] = 32
a[6] = 70
찾을 숫자:32
그 값은 a[5]에 있습니다.

for문 종료 시의 i값이 0이상이면 탐색 성공이고, –1이면 탐색 실패이다. 선형 탐색하는 for문에서 반복을 제어하는 변수는 'i'이지만, 요소에 값을 저장하기 위한 for문의 변수가 'j'인 것을 눈치 챈 독자도 있을 것이다. 만약 이 변수명 j를 i로 변경하면 컴파일 오류가 발생한다.

for문에서 선언하는 변수명과 동일 이름의 변수를 동일 메서드 내의 for문이 아닌 곳에서 선언할 수 없기 때문이다. 예를 들어 다음과 같은 프로그램은 오류가 발생한다.

```
int i;
//. . .
for (int i = 0; i <n ; i++)        //오류
    //. . .
```

double형인 배열의 모든 요소의 합과 평균을 구하는 프로그램을 작성하자. 요소 수와 모든 요소의 값은 키보드를 통해 입력받을 것.

```java
// 모든 요소의 합과 평균을 구해서 표시(확장 for문)
import java.util.Scanner;

class ArraySumAve {
  public static void main(String[] args) {
    Scanner stdIn = new Scanner(System.in);
    System.out.print("요소 수:");

    int n = stdIn.nextInt();              // 요소 수 입력
    double[] a = new double[n];           // 배열 생성

    for (int i = 0; i < n; i++) {
      System.out.print("a[" + i + "] = " );
      a[i] = stdIn.nextDouble();
    }
    double sum = 0;                       // 합계
    for (double i : a)                    // 확장 for문
      sum += i;

    System.out.println("모든 요소의 합은 " + sum + "입니다.");
    System.out.println("모든 요소의 평균은 " + sum / n + "입니다.");
  }
}
```

```
실행 예
요소 수:5
a[0] = 5.5
a[1] = 7.2
a[2] = 8.1
a[3] = 3.7
a[4] = 9.3
모든 요소의 합은 33.8입니다.
모든 요소의 평균은 6.76입니다.
```

확장 for문(enhanced for statement)

앞의 문제들에서도 보았지만, 배열을 다룰 때는 거의 대부분 for문을 사용한다. 이 for문을 **기본 for문**이라고 한다. 이번 프로그램에선 또다른 종류의 for문인 **확장 for문**을 사용한다.

모든 요소의 합을 구하는 부분이 확장 for문이다. ( ) 안의 콜론 문자(:)는 '~ 안'이라는 의미이다. 따라서 이 for문은 '포 더블 아이 인 에이'라고도 읽을 수 있다. 확장 for문은 'for-in문' 또는 'for-each문' 등으로도 불린다. 이 for문은 다음과 같이 이해하면 된다.

배열 a의 모든 요소를 처음부터 끝까지 하나씩 순회한다. 루프 바디에선 현재 확인하고 있는 요소를 i로 표현한다.

확장 for문에 의한 배열 요소의 순회 과정을 보여주는 것이 [그림 6-10]이다. for문 내에서 선언된

변수 i는 int형 정숫값인 '인덱스'를 나타내는 것이 아니라, double형 실수값인 '순회 시에 확인하고 있는 요소'를 가리킨다.

그림 6-10 확장 for문을 사용한 배열 순회

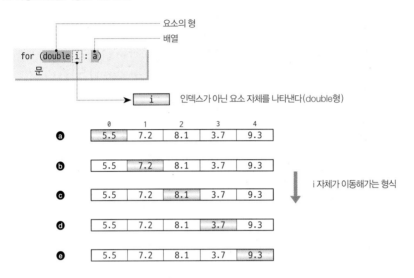

확장 for문을 사용하면 다음과 같은 장점이 있다.

· 배열의 길이(요소 수)를 확인하지 않아도 된다
· 반복기(iterator)와 동일한 방법으로 순회할 수 있다

▶ 반복기에 대해선 입문서의 범위를 벗어나므로 이 책에선 다루지 않는다.

확장 for문을 사용한 다차원 배열 순환

확장 for문은 [문제 6-18] 이후에서 배울 '**다차원 배열**'에도 적용할 수 있다. 여기선 2차원 배열에 적용하는 예를 보도록 하겠다. [문제 6-18 ~ 6-21]을 먼저 학습한 후에 여기로 다시 돌아오면 좋다.

다음은 2차원 배열의 모든 요솟값을 표시하는 프로그램(일부)이다. 2차원 배열의 형은 1차원 배열이다 따라서 배열 a를 순회하는 확장 for문인 ❶의 요소 i는 double[]형이다. 안쪽 ❷의 for에선 double[]형의 1차원 배열인 i를 순회한다. 배열 i의 요소인 j의 형은 double이다.

```
double[][] a = {{1.0, 2.0}, {3.0, 4.0, 5.0}, {6.0, 7.0}};

for (double[] i : a) {          •─────────────❶
    for (double j : i) {        •─────────────❷
        System.out.printf("%5.1f", j);
    }
    System.out.println();
}
```

실행 결과
1.0   2.0
3.0   4.0   5.0
6.0   7.0

요소의 형이 int형인 배열을 만들어서 모든 요소에 1~10의 난수를 대입하자(1 이상 10 이하의 값을 대입). 요소 수는 키보드를 통해 입력받을 것.

```java
// 배열의 모든 요소에 1~10의 난수 채우기
import java.util.Random;
import java.util.Scanner;

class ArrayRand {
    public static void main(String[] args) {
        Random rand = new Random();
        Scanner stdIn= new Scanner(System.in);

        System.out.print("요소 수:");
        int n = stdIn.nextInt();        // 요소 수 읽기
        int[] a= new int[n];            // 배열 생성

        for (int i = 0; i < n; i++)
            a[i] = 1 + rand.nextInt(10);    // 1~10 난수

        for (int i = 0; i < n; i++)
            System.out.println("a[" + i + "] = "+ a[i]);

    }
}
```

실행 예
요소 수:7
a[0] = 8
a[1] = 8
a[2] = 2
a[3] = 3
a[4] = 2
a[5] = 7
a[6] = 2

인접하는 요소가 동일한 값을 가지지 않도록 [문제 6-10]의 프로그램을 수정하자. 예를 들어 {1, 3, **5**, **5**, 3, 2}가 돼서는 안 된다.

```java
// 배열의 모든 요소를 1~10의 난수로 채우기(인접한 요소가 중복되지 않게 하기)
import java.util.Random;
import java.util.Scanner;

class ArrayRandX {
  public static void main(String[] args) {
    Random rand = new Random();
    Scanner stdIn= new Scanner(System.in);

    System.out.print("요소 수:");
    int n = stdIn.nextInt();            // 요소 수 읽기
    int[] a= new int[n]; // 배열 생성

    a[0] = 1 + rand.nextInt(10);   •·········❶

    for (int i =1; i < n;i++) {   •········❷
      do {
        a[i] = 1 + rand.nextInt(10);    // 1 ~ 10 난수
      } while(a[i]==a[i-1]);
    }

    for (int i= 0; i < n; i++)
    System.out.println("a[" + i + "] = "+ a[i]);
  }
}
```

실행 예

요소 수:7
a[0] = 5
a[1] = 7
a[2] = 5
a[3] = 9
a[4] = 3
a[5] = 10
a[6] = 2

난수로 배열 요소 채우기

ArrayRand 프로그램은 배열 a의 모든 요소에 1~10의 난수를 대입해서 표시한다. [문제 6-4] 프로그램의 그래프에 의한 표시 부분을 숫자를 사용해서 표시하도록 변경한 것이다.

연속되지 않은 난수 생성

ArrayRandX 프로그램은 **인접한 요소가 동일한 값을 가지지 않도록 난수를 생성한다.** 크게 2단계 과정을 거친다.

❶ 첫 요소의 값 결정

첫 요소 a[0]에 1~10의 난수를 대입한다.

❷ 두 번째 이후 요소의 값 결정

변수 i값을 1부터 n-1까지 증가시키며 첫 요소 이외의 요소인 a[1]~a[n-1]의 값을 결정한다. for 문의 루프 바디는 do문이 들어 있는 이중 루프이다. 먼저 for문의 루프 바디인 do문을 확인해보자. do문의 루프 바디에선 1~10의 난수를 생성해서 a[i]에 대입한다. do문의 제어식은 a[i]==a[i-1] 이다.

따라서 a[i]에 대입하는 값이 하나 앞의 요소인 a[i-1]에 저장된 값과 동일하면 do문이 반복된다. 바꿔말하면, do문을 사용한 반복이 종료되는 것은 a[i]에 대입된 값이 하나 앞의 요소 a[i-1]에 저장된 값과 다르면 do 루프가 종료되는 것이다. 하나 앞의 요소와 다른 값을 생성 및 대입하므로 인접한 요소가 동일한 값을 지니지 않게 된다.

이 프로그램에선 첫 번째 요소 a[0]만 별도로 처리한다. 만약 ❶과 ❷를 합쳐서 다음과 같이 작성하면 어떻게 될까?

```
for (int i =0;i < n;i++) {
    do {
        a[i] = 1 + rand.nextInt(10);    // 1~10 난수
    } while (a[i] == a[i - 1]);
}
```

for문의 루프 바디가 처음 실행될 때에 변수 i값은 0이다. 따라서 do문의 제어식은 a[0]과 a[-1]인 지 확인하게 된다. 인덱스가 -1인 요소는 존재하지 않으므로, 실행 시에 오류가 발생한다. 따라서 다음과 같은 오류 메시지가 표시되면서 프로그램이 종료된다.

```
Exception in thread "main" java.lang.ArrayIndexOutOfBoundsException: -1
        at ArrayRandX.main(ArrayRandX.java:**)
```

▶ 오류 메시지에 ** 위치는 프로그램에서 ❶, ❷의 행 번호이다. 런타임 오류에 대해선 16장에서 자세히 다룬다.

서로 다른 요소가 동일한 값을 지니지 않도록 [문제 6-10]의 프로그램을 수정하자. 예를 들어 {1, 3, 5, 6, 1, 2}가 되지 않아야 한다(배열의 요소 수는 10이하일 것).

```java
// 배열의 모든 요소를 1~10의 난수로 채울 것(모든 요소가 중복돼서는 안 된다)
import java.util.Random;
import java.util.Scanner;

class ArrayRandY {
    public static void main(String[] args) {
        Random rand = new Random();
        Scanner stdIn= new Scanner(System.in);

        int n;    //요소 수
        do {
            System.out.print("요소 수:");
            n = stdIn.nextInt();    //요소 수 읽기
        } while (n > 10);
        int[] a= new int[n];        // 배열 생성

        for (int i =0; i < n; i++) {          ●──────────❶
            int j;
            do {
                j =0;
                a[i] = 1 + rand.nextInt(10);
                for (; j < i ; j++)
                    if (a[j] == a[i]) break;
            } while (j < i);
        }

        for (int i = 0; i < n; i++)
            System.out.println("a[" + i + "] = "+ a[i]);
    }
}
```

실행 예

요소 수:7
a[0] = 9
a[1] = 10
a[2] = 2
a[3] = 7
a[4] = 8
a[5] = 6
a[6] = 3

중복되지 않은 난수 생성

모든 요소가 다른 값을 가지도록 난수를 생성하는 프로그램이다. 이를 위해서 배열의 요소 수 n에는 10 이하의 값만 읽는다. ❶은 난수를 생성하는 부분이다. for문 안에 do문이 있으며 그 안에 다시 for문이 들어 있는 3중 루프 구조이다.

배열 a의 요소 a[0], a[1], …의 값을 결정하기 위해서 바깥쪽 for문에선 i값을 0부터 n-1까지 증가시킨다. 여기선 a[0]와 a[1]에 7과 5가 저장돼 있으며, 3번째 난수를 생성하는 단계를 보도록하자. 이때 바깥쪽 for문에선 i값이 2이다.

프로그램의 흐름이 do문에 들어서면 가장 먼저, 다음과 식에 의해 1부터 10사이의 난수를 변수 a[i], 즉 a[2]에 대입한다.

```
a[i] = 1 + rand.nextInt(10);
```

다음에 실행되는 것은 안쪽 for문이다. 여기선 a[2]에 대입되는 값이 a[0] 및 a[1]과 중복되는지 확인한다. 이 과정을 보여주는 것이 [그림 6-11]이다.

그림 6-11 a[2]보다 앞에 있는 요소의 값을 확인

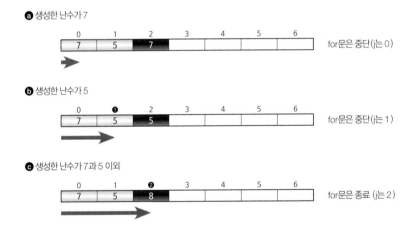

❶ 중복된 경우(생성한 난수가 7 또는 5이다)
a[2]에 대입된 값이 7이면 [그림 6-11ⓐ]처럼 j가 0인 시점에 if문의 제어식 a[j]==a[i]가 성립한다. 또한, a[2]에 대입된 값이 5이면 [그림 6-11ⓑ]처럼 j가 1인 시점의 if문 제어식 a[j]==a[1]이 성립한다. 어떤 경우든 break문에 의해 for문의 반복이 강제적으로 중단된다. 따라서 for문 종료 시의 j값은 a에선 0, b에선 1이 된다.

❷ 중복되지 않은 경우(생성한 난수가 7도, 5도 아니다)
a[2]에 대입된 값이 7과 5 이외의 값(그림에선 8)이면 if문의 제어식 a[j]==a[i]가 성립하지 않으므로 안쪽 for문이 마지막까지 실행된다. 따라서 [그림 6-11ⓒ]처럼 for문 종료 시의 j값은 2이다. 즉, j값은 i와 같은 값이 된다.

2가지 검토 예를 통해 알 수 있듯이, 안쪽 for문 종료 시의 j값을 일반적으로 표현하면 다음과 같이 된다.

생성한 난수가 이미 존재하는 값(a[i]보다 앞에 있는 요소에 대입된 값이면,

❶ 중복된 경우: i보다 작은 값이 된다

❷ 중복되지 않은 경우: i값과 같다

안쪽 for문을 감싸는 do문의 제어식 j < i가 성립하는 것은 1일 때이다. 따라서 생성한 난수가 이미 존재하는 값과 중복되는 경우 do문이 반복돼서 난수를 다시 만든다. 여기선 구체적인 예로 i값이 2인 경우를 살펴보았다. i값이 0, 1, 2, ⋯, n-1일 때 위의 처리를 반복하면 난수를 채우는 작업이 완료된다.

배열의 나열 순서를 섞는(임의의 순서가 되도록 순서를 바꿈) 프로그램을 작성하자.

```java
// 배열의 나열 순서 섞기
import java.util.Random;
import java.util.Scanner;

class Shuffle {
    public static void main(String[] args) {
        Random rand = new Random();
        Scanner stdIn= new Scanner(System.in);

        System.out.print("요소 수:");
        int n = stdIn.nextInt();        // 요소 수 읽기
        int[] a= new int[n];            // 배열 생성

        for (int i = 0; i < n; i++){
            System.out.print("a[" + i + "] = ");
            a[i]= stdIn.nextInt();
        }

        for (int i = 0; i < 2 * n; i++) {  • ─────────●①
            int idx1 = rand.nextInt(n);
            int idx2 = rand.nextInt(n);
            int t = a[idx1];
            a[idx1] = a[idx2];
            a[idx2] = t;
        }

        System.out.println("요소를 섞었습니다.");
        for (int i = 0; i < n; i++)
            System.out.println("a[" + i + "] = " + a[i]);
    }
}
```

실행 예
요소 수:7
a[0] = 22
a[1] = 57
a[2] = 11
a[3] = 32
a[4] = 91
a[5] = 68
a[6] = 70
요소를 섞었습니다.
a[0] = 22
a[1] = 32
a[2] = 68
a[3] = 11
a[4] = 70
a[5] = 57
a[6] = 91

배열 요소 섞기

①은 요소를 섞는 처리를 하는 for문이다. '2개의 요소를 선택해서 값을 교환하는 작업을 계속 반복한다'는 단순한 방법을 사용한다. 이 프로그램에선 반복 횟수를 요소 수의 2배로 설정한다.

변수 idx1과 idx2에 0~n-1의 난수를 대입해두고 이 값들을 인덱스로 지니는 두 요소 a[idx1]과 a[idx2]의 값을 서로 교환한다. 두 값의 교환은 [문제 3-18]에서 배웠다.

❶을 다음과 같이 Fisher-Yates 알고리즘으로 수정하면 더 효율적인 알고리즘으로 사용할 수 있다.

```
for (int i = n - 1; i > 0; i--) {
    int j = rand.nextInt(i + 1);
    if (i != j) {
        int t = a[i];
        a[i] = a[j];
        a[j] = t;
    }
}
```

배열 a의 모든 요소를 역순으로 배열 b에 복사하는 프로그램을 작성하자. 두 배열의 요소 수는 동일하다고 가정해도 좋다.

```java
// 배열의 모든 요소를 역순으로 복사해서 표시
import java.util.Scanner;

class CopyArrayReverse {
    public static void main(String[] args) {
        Scanner stdIn= new Scanner(System.in);

        System.out.print("요소 수:");
        int n = stdIn.nextInt();            // 요소 수 읽기
        int[] a= new int[n];                // 배열 a생성
        int[] b= new int[n];                // 배열 b생성

        for (int i = 0; i < n; i++){        // 배열 a에 값 읽기
            System.out.print("a[" + i + "] = ");
            a[i]= stdIn.nextInt();
        }

        // 배열 a의 모든 요소를 역순으로 배열 b에 복사
        for (int i = 0; i < n; i++) {    •──────────❶
            b[i]= a[n-i-1];
        }

        System.out.println("a의 모든 요소를 역순으로 복사했습니다.");

        for (int i = 0; i < n; i++)         // 배열 b를 표시
            System.out.println("b[" + i + "] = " + b[i]);
    }
}
```

실행 예
요소 수:5
a[0] = 11
a[1] = 12
a[2] = 13
a[3] = 14
a[4] = 15
a의 모든 요소를 역순으로 복사했습니다.
b[0] = 15
b[1] = 14
b[2] = 13
b[3] = 12
b[4] = 11

배열의 역순 복사

❶은 배열을 역순으로 복사하는 for문이다. 2개의 배열 a와 b를 동시에 순회한다. 단, a와 b의 순회 방향이 '반대'이다. 배열 a는 뒤에서부터 앞으로, 배열 b는 앞에서 뒤로 순회하며 복사한다. for문 시작 시의 변수 i의 값은 0이다.

따라서 요소 수 n이 5라면 루프 바디에선 a[4]의 값을 b[0]에 다음과 같이 대입한다.

```
    b[i] = a[n-i-1];
```

for문의 i값이 증가해 1이 되면, a[3]의 값을 b[1]에 대입한다.

```
    b[i] = a[n-i-1];
```

이와 같이 변수 i값을 하나씩 증가시키면서 요소의 대입을 반복하면 배열 a에서 b로 역순으로 복사가 이루어진다.

두 배열의 순회 방향을 바꾸면 다음과 같이 구현할 수 있다.

```
    for (int i =0;i < n;i++)      //배열 a의 모든 요소를 역순으로 배열 b에 복사
        b[n-i-i]= a[i];
```

이 경우 배열 a는 앞에서부터 뒤로, 배열 b는 뒤에서부터 앞으로 순회한다.

월을 1~12의 숫자로 표시하고 해당 월의 영어 단어를 입력하는 프로그램을 작성하자.

· 월은 난수로 생성할 것

· 학습자가 원하는 동안은 계속 반복해서 문제를 낼 것

· 동일 월을 연속해서 표시하지 말 것

문자열 s1과 s2가 같은지 판정(문든 문자가 동일)하는 것은 s1.equals(s2)를 사용한다.

```
// 각 월에 해당하는 영어 단어 학습 프로그램
import java.util.Random;
import java.util.Scanner;

class MonthCAI {
    public static void main(String[] args) {
        Random rand = new Random();
        Scanner stdIn = new Scanner(System.in);
        String[] monthString = {                              ─●①
            "January", "February", "March", "April", "May", " June", "July",
            "August", "September", "October", "November", "December"
        };

        System.out.println("해당 월의 영어 단어를 입력하시오.");
        System.out.println("첫 글자는 대문자, 나머지는 소문자로 입력하세요.");

        int retry;      // 다시 한번
        int last = -1;  // 이전 월      ─●②

        do {
            int month;   // 표시할 월:0~11의 난수   ─●③
            do {
                month = rand.nextInt(12);
            } while (month == last);
            last = month;

            while (true) {
                System.out.print((month + 1) + "월:");
                String s = stdIn.next();

                if (s.equals(monthString[month])) break;   // 정답  ─●④
                System.out.println("틀렸습니다.");
            }
            System.out.print("정답입니다. 다시 한번? 1...Yes/0...No:");
```

실행 예

해당 월의 영어 단어를 입력하시오.
첫 글자는 대문자, 나머지는 소문자로 입력하세요.
12월:December
정답입니다. 다시 한번? 1...Yes/0...No:1
10월:March
틀렸습니다.
10월:October
정답입니다. 다시 한번? 1...Yes/0...No:0

```
        retry = stdIn.nextInt();
    } while (retry == 1);
    }
}
```

문자열 배열

이번 프로그램은 짧고 간결한다. 랜덤으로 선택한 월을 숫자로 표시하고 해당 월의 영어 단어를 문자열로 입력한다. ❶에서 선언한 배열 monthString은 12개의 월을 영어 단어("January", "February", …, "December")로 저장한다. 문자열은 String형이므로 배열의 형도 String[]이 된다.

초깃값을 부여해서 선언하므로 monthString[0]은 "January", monthString[1]은 "February" 로 초기화된다. 일단 배열 변수를 선언한 후에 대입하려면 다음과 같이 한다.

```
String[] monthString = new String[12];
monthString[0] = "January";
monthString[1] = "February";
//이하 생략
</>
```

String형에 대해선 15장에서 다룬다. 여기서는 문자열 배열의 선언 방법과 사용 방법 정도만 알면 충분하다.

❸ 이 단계에선 표시할 월의 값을 0~11의 난수로 생성한다(이하, 이 값을 '문제 번호'라고 하겠다). 만약 난수로 만든 문제 번호 month가 7이면 화면에는 "8월:"이라고 표시하므로 학습자는 "August" 라고 입력해야 한다. 배열의 첨자는 1~12가 아닌 0~11이므로 프로그램 내부에선 월을 0~11로 나타 내고, 화면에 표시할 때는 1을 더해서 1~12로 조정한다.

동일 단어를 연속으로 출제하지 못하게 하려면 단순히 0~11의 난수를 생성해서는 안 된다. '이전 출 제한 문제 번호'와 다른 문제 번호를 만들어야 하기 때문이다. 이를 위해 도입한 변수가 ❷에서 선언 한 last이다. 문제 번호인 month를 결정하는 do문에선 앞에 출제한 문제 번호 last와 다른 값을 얻 을 때까지 난수를 재생성한다. do문이 종료되면 month의 값은 last와 다른 값이 된다.

문제 번호 결정 후에는 해당 month의 값을 last에 대입한다. 이렇게 하면 다음 회차에서 문제를 생 성할 때는 변수 last값이 '앞 문제에서 출제한 문제 번호'가 된다. 문제 출제 전인 ❷에선 변수 last 를 -1로 초기화한다. 이 값을 0으로 초기화하면 어떻게 될까? 1회째 출제에선 문제 번호가 0인

"January"가 출제되지 않는다. 변수 last의 초깃값은 문제 번호(0, 1, …, 11)에 해당되지 않는 값이라면 아무 값이나 상관 없다. 물론 12나 13 등도 괜찮지만 여기서는 –1을 사용한다(–1의 경우 문제 수가 늘어나도 영향을 받지 않기 때문이다.)

❹ 키보드를 통해 입력받은 문자열이 정답인지를 판정하다. String형 변수 s에 저장한 답이 monthString[month]과 같으면 정답이다. 문자열 s1과 s2가 같은지(두 문자열에 포함되는 모든 문자가 같은지)는 s1.equals(s2)로 판정한다. s.equals(monthString[month])를 평가한 값이 true이면 같다고 판단할 수 있으므로, break문을 사용해서 while문을 강제 중단 및 종료하고 "**정답입니다. 다시 한번? 1...Yes/0...No:**"를 표시한다. 오답인 경우는 "**틀렸습니다.**"라고 표시한다.

while문의 제어식이 true이므로 정답을 맞추지 못하면 while문은 무한 반복한다. 따라서 정답이 나올 때까지 동일 월이 계속 출제된다.

요일을 표시하고 해당 요일의 영어 단어를 입력하는 영어 학습 프로그램을 작성하자.

· 요일은 난수를 사용해서 생성할 것

· 학습자가 원하는만큼 반복할 것

· 동일 요일을 연속해서 표시하지 말 것

```java
// 요일 영어 단어 학습 프로그램
import java.util.Random;
import java.util.Scanner;

class DayCAI1 {
  public static void main(String[] args) {
    Random rand = new Random();
    Scanner stdIn = new Scanner(System.in);
    String[] dayKorean = { "일", "월", "화", "수", "목", "금", "토"};
    String[] dayEnglish = {"sunday", "monday", "tuesday","wednesday",
                           "thursday", "friday", "saturday"};

    System.out.println("요일명을 영어 소문자로 입력하시오.");

    int retry;        // 다시 한번
    int last = -1;    // 이전 요일

    do {
      int day;        // 표시할  요일:0~6의 난수
      do {
        day = rand.nextInt(7);
      } while (day == last);
      last = day;

      while (true) {
        System.out.print(dayKorean[day]+ "요일:");
        String s = stdIn.next();

        if (s.equals(dayEnglish[day])) break;    // 정답
        System.out.println("틀렸습니다.");
      }
      System.out.print("정답입니다. 다시 한번? 1...Yes/0...No:");
      retry = stdIn.nextInt();
    } while (retry == 1);
  }
}
```

실행 예

요일명을 영어 소문자로 입력하시오.
일요일 : sunday
정답입니다. 다시 한번? 1...Yes/0...No : 1
수요일 : wednesday
정답입니다. 다시 한번? 1...Yes/0...No : 0

2개의 문자열 배열

한글 요일을 영어로 맞추는 학습 게임이다. 앞 문제에선 월을 정숫값으로 제시했지만 이번 문제에선 "월", "화" 등의 문자열을 보여준다. 따라서 여기서는 문자열 배열 2개를 사용한다. 한글 요일용 배열이 dayKorean이고 영어용 문자열 배열이 dayEnglish이다.

양쪽 배열 모두 인덱스 0~6의 값이 일요일~토요일에 해당한다. 한글 문자열 배열을 사용한다는 점을 제외하면 앞 문제와 동일한 구조이다. 정답을 입력하지 않으면 요일을 계속 표시하기 때문에 프로그램이 종료되지 않는 점도 동일하다.

```java
// 요일 영어 단어 학습 프로그램(정답 표시 기능 추가)
import java.util.Random;
import java.util.Scanner;

class DayCAI2 {
  public static void main(String[] args) {
    Random rand = new Random();
    Scanner stdIn = new Scanner(System.in);
    String[] dayKorean = { "일", "월", "화", "수", "목", "금", "토"};
    String[] dayEnglish = {"sunday", "monday", "tuesday", "wednesday",
                           "thursday", "friday", "saturday"};

    System.out.println("요일명을 영어 소문자로 입력하시오.");

    int retry;        // 다시 한번
    int last = -1;    // 이전 요일
    do {
      int day;        // 표시할 요일:0 ~ 6의 난수
      do {
        day = rand.nextInt(7);
      } while (day == last);
      last = day;

      int action;
      do {
        System.out.print(dayKorean[day] + "요일:");
        String s = stdIn.next();

        if (s.equals(dayEnglish[day])) { // 정답
          System.out.println("정답입니다.");
          break;
        }
```

실행 예

```
요일명을 영어 소문자로 입력하시오.
화요일:tuesaday
틀렸습니다.
어떻게 할까요? 1..재입력 / 0..정답 보기:1
화요일:tussday
틀렸습니다.
어떻게 할까요? 1..재입력 / 0..정답 보기:0
화요일은"tuesday"입니다.
다시 한번? 1...Yes/0...No:0
```

```
        System.out.println("틀렸습니다.");
        do {
           System.out.print("어떻게 할까요? 1..재입력 / 0..정답 보기:");
           action = stdIn.nextInt();
        } while (action !=0 && action != 1);
        if (action==0)    •···········•❶
           System.out.println(dayKorean[day] + "요일은\"" + // 정답 표시
           dayEnglish[day] + "\"입니다.");
      } while (action == 1);

      System.out.print("다시 한번? 1...Yes/0...No:");
      retry = stdIn.nextInt();
   } while (retry == 1);
  }
}
```

정답을 모를 때는 학습자의 요구에 의해 정답을 표시하도록 한 것이 **DayCAI2** 프로그램이다. 오답인 경우에 "**1..재입력/0..정답 보기**"를 묻는다. 키보드를 통해 입력된 값이 0이면 정답 문자열을 표시 하다(❶).

배열 변수의 값을 표시하는 프로그램을 작성하자

```
// 배열 변수의 값 표시
class PrintArrayVariable {
    public static void main(String[] args) {
        int[] a= new int[5];                    ❶
        System.out.println("a = " + a);         ❷
        a=null;                  ❸
        System.out.println("a = " + a);         ❹
    }
}
```

```
실행 예
a = [I@7852e922
a = null
```

참조형과 객체(object)

❶은 배열 선언이다. new로 생성한 배열은 일반 변수와 달리 프로그램 '실행 시'에 생성된다. 따라서 메모리가 동적으로 '확보'된다. 배열은 일반 변수와 성질이 달라서 객체 라고 부른다. 객체를 가리키기 위한 변수의 형이 참조형이며, 배열 변수의 형인 배열형array type은 참조형의 일종이다. ❷에선 배열 변수 a값을 출력한다. 배열 변수를 출력하면 "[I@7852e922"처럼 특수한 문자가 표시된다.

null형(null type)과 null 참조(null reference), null 리터럴(null literal)

❸에서 배열 변수 a에 대입하는 null은 null 리터럴이다. null 리터럴이 대입된 a는 null 참조 가 된다. null 참조란 '아무 것도 참조하지 않는' 특수한 참조로 그 형은 null 형이다. 이 책에선 [그림 6-12]에 있는 것처럼 null 참조인 참조형 변수를 검정 상자로 표시한다. ❹에선 변수 a값을 표시한다. null 참조를 출력하면 'null'이라고 표시된다.

그림 6-12 null 참조와 가비지 컬렉션

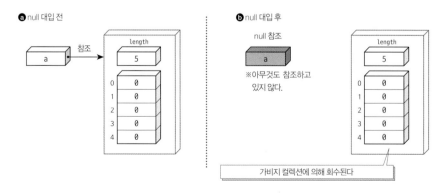

n가비지 컬렉션

배열 변수에 null을 대입하면 기존 배열이 어디에서도 참조되지 않는 '휴지조각'이 된다. 또한, 다음 프로그램처럼 다른 배열의 참조를 대입한 경우도 마찬가지다(그림 6-13).

```
int[] a = {1, 2, 3, 4, 5};
int[] b = {6, 5, 4, 3, 2, 1, 0};
b = a;
```

배열 변수 b값을 참조하도록 배열 변수 a의 참조 대상을 변경하면 기존 b가 휴지조각이 된다. 휴지를 방치하면 메모리 부족을 초래할 수 있다. 따라서 더는 참조되지 않는 객체의 메모리 영역은 자동으로 개방release된다. 이처럼 불필요해진 객체를 개방해서 해당 영역을 재사용할 수 있게 하는 것을 가비지 컬렉션garbage collection이라고 한다.

그림 6-13 배열 변수의 참조 위치 변경과 가비지 컬렉션

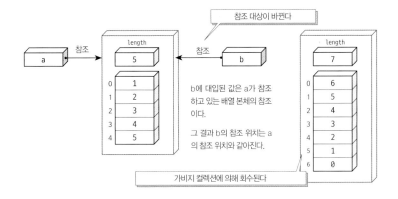

final 배열

배열 변수는 다음과 같이 final 변수로 선언할 수 있다.

```
final int[] a = new int[5];
```

값을 변경할 수 없게 되는 것은 배열 변수 a의 값(참조 위치)이다. 배열의 요솟값은 변경할 수 있다. 다음 예를 보자.

```
a[0] = 10;        // OK
a = null;         // 오류
a = new int[10];  // 오류
```

배열 변수를 final로 설정하면 실수로 null을 대입하거나 다른 배열에 대한 참조를 대입하는 실수를 사전에 방지할 수 있다.

4행 3열의 행렬과 3행 4열의 행렬을 곱하는 프로그램을 작성하자. 각 요소의 값은 키보드를 통해 입력할 것.

```java
// 4행 3열의 행렬과 3행 4열의 행렬 곱하기
import java.util.Scanner;

class MatrixProduct {
    public static void main(String[] args) {
        Scanner stdIn = new Scanner(System.in);
        int[][] a = new int[4][3];      // 4행 3열의 행렬
        int[][] b = new int[3][4];      // 3행 4열의 행렬
        int[][] c = new int[4][4];      // a와 b의 곱을 저장하는 행렬

        System.out.println("행렬 a의 요소를 입력하세요.");
        for (int i = 0; i < 4; i++) {
            for (int j = 0; j < 3; j++) {
                System.out.printf("a[%d][%d] : ", i, j);
                a[i][j] = stdIn.nextInt();
            }
        }
        System.out.println("행렬 b의 요소를 입력하세요.");
        for (int i = 0; i < 3; i++) {
            for (int j = 0; j < 4; j++) {
                System.out.printf("b[%d][%d] : ", i, j);
                b[i][j] = stdIn.nextInt();
            }
        }
        for (int i = 0; i < 4; i++) {
            for (int j = 0; j < 4; j++) {
                c[i][j] = 0;
                for (int k = 0; k < 3; k++) {
                    c[i][j] += a[i][k] * b[k][j];
                }
            }
        }
        System.out.println("행렬 a와 b의 곱");
        for (int i = 0; i < 4; i++) {
            for (int j = 0; j < 4; j++)
                System.out.printf("%5d", c[i][j]);
            System.out.println();
        }
    }
}
```

```
실행 예
행렬 a의 요소를 입력하세요.
a[0][0] : 1
a[0][1] : 2
a[0][2] : 3
a[1][0] : 2
a[1][1] : 3
a[1][2] : 1
a[2][0] : 3
a[2][1] : 1
a[2][2] : 2
a[3][0] : 2
a[3][1] : 1
a[3][2] : 3
행렬 b의 요소를 입력하세요.
b[0][0] : 4
b[0][1] : 3
b[0][2] : 2
b[0][3] : 1
b[1][0] : 3
b[1][1] : 2
b[1][2] : 1
b[1][3] : 4
b[2][0] : 2
b[2][1] : 1
b[2][2] : 4
b[2][3] : 3
행렬 a와 b의 곱
  16  10  16  18
  19  13  11  17
  19  13  15  13
  17  11  17  15
```

2차원 배열

지금까지 배운 배열은 모든 요소가 모두 직선형으로 나열된 1차원 배열이었다. 배열 안에 다시 배열형이 들어 있는 구조를 2차원 배열이라고 한다. 예를 들어 int형 2차원 배열은 다음과 같은 구조의 배열이다.

---

int형 요소를 지니는 배열을 요소로 지니는 배열

이 배열의 형은 int[][]형으로, 다음의 ⓐ, ⓑ, ⓒ 중 1 가지 방식으로 선언할 수 있다. 이 책에선 ⓐ로 통일한다.

ⓐ int[][] a;
ⓑ int[] a[];   'int형을 요소로 지니는 배열'을 요소로 지니는 배열 선언
ⓒ int a[][];

이번 프로그램의 배열 a는 다음과 같다.

---

int형을 요소로 지니며 요소 수가 4인 배열을 요소로 하는 요소 수가 3인 배열

[그림 6-14]는 배열 a를 그림을 표현한 것이다. 2차원 배열의 각 요소는 인덱스 연산자 []를 이중으로 적용한 a[i][j] 형식으로 접근한다. 물론 양쪽 인덱스의 첫 값은 0이며 마지막 값은 배열 요소 수에서 1을 뺀 값이다. 그림에 있는 것처럼 요소가 가로, 세로로 나열된 '표' 형식이다. 따라서 이 배열은 '4행 3열'의 2차원 배열로 표현된다.

그림 6-14 2차원 배열의 형태

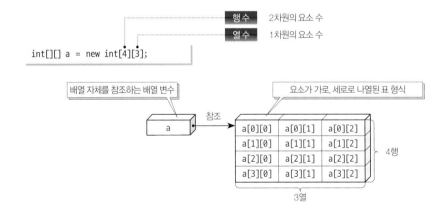

행렬의 곱

일반적으로 행렬 a가 p행 q열이고, 행렬 b가 q행 r열이라면 그 곱 c는 p행 r열이 된다. 이때 행렬 c의 각 요소는 다음 식으로 구할 수 있다.

$$c[i][j] = \sum_{k=0}^{q-1} a[i][k] * b[k][j]$$

이 문제에선 p = 4, q = 3, r = 4이다. 따라서 c[i][j]의 값을 구하는 식은 다음과 같다.

```
c[i][j] = (a[i][0] * b[0][j]) + (a[i][1] * b[1][j]) + (a[i][2] * b[2][j])
```

6명의 두 과목 점수(국어, 수학)를 읽어 과목별 평균과 학생별 평균을 구하자.

```java
// 6명의 두 과목(국어, 수학) 점수로부터 과목별/학생별 평균
import java.util.Scanner;

class PointTotalization {
    public static void main(String[] args) {

        Scanner stdIn = new Scanner(System.in);
        final int number = 6;                      // 사람 수
        int[][] point = new int[number][2];        // 점수
        int[] sumStudent = new int[number];        // 학생별 점수 합계
        int[] sumSubject = new int[2];             // 각 과목의 점수 합계

        System.out.printf("%d명의 국어, 수학 점수를 입력하세요.\n", number);

        for (int i = 0; i < number; i++) {
            System.out.printf("%2d번 국어:", i + 1);
            point[i][0] = stdIn.nextInt();
            System.out.print("     수학:");
            point[i][1] = stdIn.nextInt();

            sumStudent[i] = point[i][0] + point[i][1];  // 학생의 합계
            sumSubject[0] += point[i][0];               // 국어 합계
            sumSubject[1] += point[i][1];               // 수학 합계
        }

        System.out.println("No. 국어   수학    평균");
        for (int i = 0; i < number; i++)
            System.out.printf("%2d%6d%6d%6.1f\n", i + 1, point[i][0], point[i][1],
                                                  (double)sumStudent[i] / 2);
        System.out.printf("평균%6.1f%6.1f\n", (double)sumSubject[0] / number,
                                             (double)sumSubject[1] / number);
    }
}
```

실행 예

6명의 국어, 수학 점수를
입력하세요.
1번 국어:72
    수학:80
2번 국어:35
    수학:58
3번 국어:82
    수학:91
4번 국어:72
    수학:45
5번 국어:56
    수학:35
6번 국어:89
    수학:75

No.	국어	수학	평균
1	72	80	76.0
2	35	58	46.5
3	82	91	86.5
4	72	45	58.5
5	56	35	45.5
6	89	75	82.0
평균	67.7	64.0	

2차원 배열의 요솟값 집계

6명의 두 과목 점수를 집계하는 프로그램이다. 다음 3개의 배열을 이용해 점수를 집계한다.

point: 점수

6명의 두 과목 점수 12개를 저장하기 위한 2차원 배열이다. 첫 번째 인덱스는 학생(0~5)을 가리키며, 두 번째 인덱스는 과목을 가리킨다. 0은 국어, 1은 수학이다.

sumStudent: 각 학생의 합계 점수

학생별 합계 점수를 저장하기 위한 배열이다. 요소 수는 학생 수인 6이다.

sumSubject: 각 과목의 합계 점수

과목별 합계 점수를 저장하기 위한 배열이다. 요소 수는 과목 수인 2이다.

다차원 배열

2차원 배열을 요소로 지는 배열이 3차원 배열이다. 예를 들어 long형의 3차원 배열형은 long[][][] 이 된다. 다음과 같은 배열을 생각해보자.

```
long[][][] y = new long[2][3][4];
```

y의 형은 다음과 같다.

> long형을 요소로 지니는 배열을 요소로 지니는 배열을 요소로 지니는 배열

[문제 6-18]의 2차원 배열 a와 여기서 사용하는 3차원 배열 y의 요소형은 각각 다음과 같다.

> a: int형을 요소로 지니는 배열
> y: "long형을 요소로 지니는 배열"을 요소로 지니는 배열

이 배열들을 더이상 분해할 수 없는 요소 단위까지 분해해보도록 하자.

배열 a는 int형이며 배열 y는 long형이 된다. 이 형을 배열의 요소형element type이라고 하며 요소형 수준의 구성 요소를 배열의 요소element라고 한다. 그리고 각 요소의 개수가 배열의 요소 수가 된다. 예를 들어 2차원 배열 a의 a[0], a[1], a[2], a[3] 4개가 구성 요소이고 a[0][0], a[0][1], …, a[3][2] 등 12개가 요소이다. 참고로 1차원 배열에선 실질적으로 '구성 요소=요소'이고 '구성 요소형=요소형'으로 간주한다.

2차원 이상의 배열은 다차원 배열multidimensional array라고 한다. 자바의 문법 정의에선 다차원 배열이 존재하지 않는다(배열을 구성 요소로 지니는 배열로 간주한다). 이 책에선 편의를 위해 '다차원 배열'이라는 용어를 사용한다. 예를 들어 다음 선언을 보도록 하자. x와 y형을 알 수 있겠는가?

```
int[] x, y[];
```

정답은 x는 1차원 배열 int[]형이고, y는 2차원 배열 int[][]형이다. 이런 애매한 선언 방식보다는 다음과 같이 명확하게 선언하는 것이 좋다.

```
int[] x;            // x는 int[]형 배열    (1차원 배열)
int[][] y;          // y는 int[][]형 배열 (2차원 배열)
```

배열 변수 point는 int형 2차원 배열이다. 배열 변수의 형은 int[][]이고 그 참조 대상은 2개의 구성 요소 point[0]과 point[1]을 지니는 배열 자체이다. 배열 변수 point[0]와 point[1]은 int형 1차원 배열이다. 배열 변수의 형은 int[]이고 참조 대상은 int형 배열이다. 이때 point[0]와 point[1]의 참조 대상인 배열의 요소 수는 6으로 동일하다.

하지만 양쪽 모두 독립된 변수로 개별 배열을 참조한다. 따라서 이들이 참조하는 배열의 요소 수는 반드시 동일할 필요가 없다. 참조 대상 배열의 요소 수가 다르면, 행마다 열 수가 다른 불규칙한 배열이 만들어진다. 다음 문제에선 불규칙 배열에 대해 알아보자.

행에 따라 열의 개수가 다른 2차원 배열을 생성하자. 행 수, 열 수, 각 요소의 값은 키보드를 통해 입력할 것.

```java
//불규칙적인 2차원 배열
import java.util.Scanner;

class UnevennessArray {
  public static void main(String[] args) {
    Scanner stdIn = new Scanner(System.in);

    System.out.println("불규칙한 2차원 배열을 생성합니다.");
    System.out.print("행 수:");
    int height = stdIn.nextInt();

    int[][] c = new int[height][];          • ─────────❶

    for (int i = 0; i < c.length; i++) {
      System.out.print(i + "행째의 열 수:");
      int width = stdIn.nextInt();
      c[i] = new int[width];          • ─────────❷
    }

    System.out.println("각 요소의 값을 입력하세요.");
    for (int i = 0; i < c.length; i++) {
      for (int j = 0; j < c[i].length; j++) {
        System.out.printf("c[%d][%d]:", i, j);
        c[i][j] = stdIn.nextInt();
      }
    }

    System.out.println("배열c의 각 요솟값은 다음과 같습니다.");
    for (int i = 0; i < c.length; i++) {
      for (int j = 0; j < c[i].length; j++)
        System.out.printf("%3d", c[i][j]);
      System.out.println();
    }
  }
}
```

```
실행 예
불규칙한 2차원 배열을 생성합니다.
행 수:3
0행째의 열 수:5
1행째의 열 수:3
2행째의 열 수:4
각 요소의 값을 입력하세요.
c[0][0]:1
c[0][1]:2
c[0][2]:3
c[0][3]:4
c[0][4]:5
c[1][0]:6
c[1][1]:7
c[1][2]:8
c[2][0]:9
c[2][1]:10
c[2][2]:11
c[2][3]:12
배열c의 각 요솟값은 다음과 같습니다.
 1  2  3  4  5
 6  7  8
 9 10 11 12
```

불규칙적인 2차원 배열

행에 따른 열 수가 달라서 불규칙적인 배열을 만드는 프로그램이다. 이 프로그램의 행렬c를 논리적으로 묘사한 것이 [그림 6-15ⓐ]이다. 그리고 물리적인 형태를 보여주는 것이 [그림 6-15ⓑ]이다. 그림에서 보여주는 것은 실행 예처럼 행 수가 3이고 각 행의 요소 수가 5, 3, 4인 경우이다. int[][] 형인 변수 c가 참조하는 것은 다음 배열이다.

c: 구성 요소형이 int[]형이고 구성 요소 수가 3인 배열.

요소 수가 정해져 있으면(즉, 키보드를 통해 입력할 필요가 없으면), 배열 c는 다음과 같이 선언 및 생성할 수 있다.

```
int[][] c = new int[3][];   // c는 int[][]형. 참조 대상은 요소 수가 3인 int[]형 배열.
c[0] = new int[5];          // c[0]은 int[]형. 참조 대상은 요소 수가 5인 int형 배열.
c[1] = new int[3];          // c[1]은 int[]형. 참도 대상은 요소 수가 3인 int형 배열.
c[2] = new int[4];          // c[2]은 int[]형. 참조 대상은 요소 수가 4인 int형 배열.
```

그림 6-15 불규칙한 2차원 배열

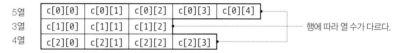

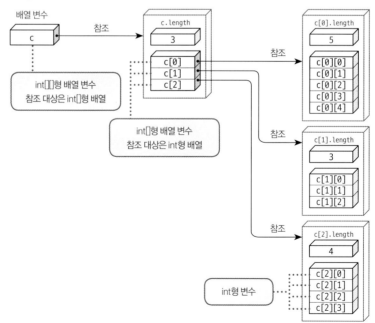

❶에선 int[]형의 배열을 생성해서 참조 대상인 c를 초기화한다. 그리고 int[]형인 각 구성 요소 c[0], c[1], c[2]는 다음 배열을 참조한다.

c[0]: 구성 요소형이 int형이고 구성 요소 수가 5인 배열
c[1]: 구성 요소형이 int형이고 구성 요소 수가 3인 배열
c[2]: 구성 요소형이 int형이고 구성 요소 수가 4인 배열

❷에선 int형 배열을 생성해서 참조 대상을 c[i]에 대입한다. 그림을 보면 알 수 있듯이 배열 c의 행 수나 요소 수는 다음 식을 통해 구할 수 있다.

a: int형을 요소로 지니는 배열
y: "long형을 요소로 지니는 배열"을 요소로 지니는 배열

c에서 구성 요소는 int형인 c[0], c[1], c[2] 3개이다. 그리고 요소는 int형인 c[0][0], c[0][1], …, c[2][3] 등 12개이다.

문제 6-21

학급 수, 각 학급의 학생 수, 그리고 모든 학생의 점수를 읽어서 합계와 평균을 구하는 프로그램을 작성하자. 합계와 평균은 학급 단위와 전교생을 대상으로 하는 것을 각각 구할 것.

```java
// 학급 단위로 학생 수가 다른 학생
import java.util.Scanner;

class PointClass {
    public static void main(String[] args) {
        Scanner stdIn = new Scanner(System.in);

        System.out.print("학급 수:");
        int classNum = stdIn.nextInt();
        int[][] point = new int[classNum][];
        int totNumber = 0;                        // 모든 학급의 총 학생 수

        for (int i = 0; i < point.length; i++) {
            System.out.printf("\n%d반의 학생 수:", i + 1);
            int num = stdIn.nextInt();
            point[i] = new int[num];
            totNumber += num;
            for (int j = 0;j < point[i].length; j++) {
                System.out.printf("%d반%d번의 점수:", i + 1, j + 1);
                point[i][j] = stdIn.nextInt();
            }
        }

        System.out.println(" 반 ¦ 합계   평균");
        System.out.println("-----+--------------");
        int total = 0;
        for (int i = 0; i < point.length; i++) {
            int sum = 0;
            for (int j = 0; j < point[i].length; j++)
                sum += point[i][j];
            total += sum;
            System.out.printf(" %2d반 ¦%7d%7.1f\n", i + 1, sum,
                                        (double)sum / point[i].length);
        }
        System.out.println("-----+--------------");
        System.out.printf("  합 ¦%7d%7.1f\n", total, (double)total / totNumber);
    }
}
```

실행 예

```
학급 수:2

1반의 학생 수:3
1반1번의 점수:50
1반2번의 점수:63
1반3번의 점수:72

2반의 학생 수:2
2반1번의 점수:79
2반2번의 점수:43
 반 ¦ 합계  평균
-----+--------------

1반 ¦ 185  61.7
2반 ¦ 122  61.0
-----+--------------
 합 ¦ 307  61.4
```

2차원 배열의 집계

앞 문제와 마찬가지로 불규칙한 2차원 배열을 사용한다. 실행 예에선 학급 수가 2인 경우로 1반은 3명, 2반은 2명인 경우이다. 이때 배열 point의 논리적 형태는 [그림 6-16]과 같다.

그림 6-16 학급 단위로 다른 수의 점수 배열을 만든다

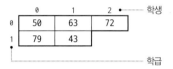

- 배열은 new 연산에 의해 동적으로 생성해야 하는 ⬚(1)⬚ 이다.

```
int[] a = new int[5];
```

변수 a는 배열을 참조하기 위한 변수로 ⬚(2)⬚ 변수라고도 불린다. 참고로 어떤 곳에서도 참조되지 않게 된 ⬚(1)⬚ 는 ⬚(3)⬚ 에 의해 자동으로 회수된다.

배열 내의 임의의 구성 요소를 참조하기 위한 연산자인 [ ]의 명칭은 ⬚(4)⬚ 연산자이다. 이 연산자를 적용한 식 a[i]는 배열 a의 첫 요소부터 ⬚(5)⬚ 번째 요소에 접근한다. 구성 요소의 위치를 지정하기 위한 [ ] 안의 정숫값을 ⬚(6)⬚ 라고 한다.

다음과 같은 선언을 생각해보자.

```
int[][] b = new int[4][3];
```

b의 형은 ⬚(7)⬚ 이고 b[0]의 형은 ⬚(8)⬚, b[0][0]의 형은 ⬚(9)⬚, b.length의 값은 ⬚(10)⬚, b[0]. length의 값은 ⬚(11)⬚ 이다.

- 아무것도 참조하지 않는 (참조 위치를 가지지 않는) 참조를 ⬚(12)⬚ 라고 한다. 그 형은 ⬚(13)⬚ 이며 ⬚(14)⬚ 리터럴은 ⬚(14)⬚ 이다.

- 배열의 구성 요소는 초깃값이라는 값으로 초기화된다. 각 형의 초깃값은 오른쪽 표와 같다.

형	초깃값	형	초깃값
int	(15)	long	(16)
float	(17)	double	(18)
boolean	(19)	참조형	(20)

- 배열 내의 요소를 하나씩 순서대로 읽는 것을 ⬚(21)⬚ 라고 한다.

- 다음은 모두 요소의 값을 1, 2, 3순으로 선언하는 배열이다.

```
int[] a = (22) ;
```

```
int[] a = new int (23) (22) ;
```

- 다음 프로그램의 실행 결과를 기입하자.

```
int[] a = new int[3];
for (int i = 0; i < 3; i++)
    System.out.print(a[i] + " ");
```

(24)

- 오른쪽에 있는 것은 요소 수가 n인 int형 배열에서 최솟값과 최댓값을 구하는 프로그램이다.

```
int min =  (25)  ;
int max =  (26)  ;
for (int i =  (27)  ; i < n; i++) {
  if (min >  (28)  ) min =  (28)  ;
  if (max <  (29)  ) max =  (29)  ;
}
System.out.println("최댓값과 최솟값의 차는 " +
  (30)  + "입니다.");
```

- 오른쪽에 있는 것은 요소 수가 5인 배열 a를 생성하고 10, 20, 30, 40, 50을 첫 번째 요소부터 순서대로 대입하는 프로그램이다.

```
int[] a =  (31)  ;
for (int i = 0; i <  (32)  ; i++)
  a[i] =  (33)  ;
```

- 오른쪽에 있는 것은 double형 배열 a의 모든 요소를 역순으로 나열하는 프로그램이다(요솟값이 1.0, 2.0, 3.0 순이라면, 3.0, 2.0, 1.0으로 만든다).

```
for (int i = 0; i <  (34)  ; i++) {
  double t = a[i];
  a[i] = a[  (35)  ];
  a[  (36)  ] =  (37)  ;
}
```

- 다음은 float형 배열 a의 전체 요소 합을 구해서 변수 sum에 저장하는 프로그램이다. 두 번째 프로그램의 for문은 (38) 이라고 불린다.

```
float sum =  (39)  ;
for (int i = 0; i <  (40)  ; i++)
  sum +=  (41)  ;
```

```
float sum =  (39)  ;
for (  (42)  i :  (43)  )
  sum +=  (44)  ;
```

- 다음은 int형 배열 a의 모든 요솟값을 쉼표로 연결해서 표시하는 프로그램이다(요소가 1, 2, 3이라면 '1, 2, 3'이라고 표시).

```
if (  (45)  >= 2)
  for (int i = 0; i <  (46)  ; i++)
    System.out.print(a[i] + ", ");
if (  (47)  >= 1)
  System.out.print(a[  (48)  ]);
```

- 배열 변수는 (49) 형으로 분류되며 int형이나 double형 등의 기본형과는 다르다.

- 오른쪽 프로그램의 실행 결과를 기입하자.

```
int[] a = {1, 2, 3, };
for (int i = 0; i   < 3; i++)        (50)
  System.out.print(a[i] + " ");
```

- 오른쪽에 있는 것은 int형 배열a의 모든 요솟값을 기호 문자 *를 사용해서 가로로 나열하는 프로그램이다(실행 예는 요소가 {3, 5, 2, 7}인 경우다).

```
a[0] : ***
a[1] : ****
a[2] : **
a[3] : *******
```

```
for (int i = 0; i <   (51)   ; i++) {
  System.out.print("a[" +   (52)   + "] : ");
  for (int j = 0; j <   (53)   ; j++)
    System.out.print('*');
  System.out.println();
}
```

- 오른쪽에 있는 것은 int형 배열 a의 모든 요솟값(양수)을 기호 문자 *를 사용해서 세로로 나열하는 프로그램이다(실행 예는 요소가 {3, 5, 2, 7, 9, 4, 1, 9, 1, 0, 3, 4, 5}인 경우). 첫 번째 행에 표시하는 것은 마지막 자릿수이다.

```
0123456789012
********* ***
****** *  ***
** *** *  ***
 * *** *   **
 * ** *    *
   **  *
   ** *
    * *
       *
```

```
int max =   (54)   ;
for (int i = 0; i <   (55)   ; i++)
  if (a[i] >   (56)   )   (56)   = a[i];
for (int i = 0; i <   (57)   ; i++)
  System.out.print(   (58)   );
System.out.println();
for (int i = 1; i <   (59)   ; i++) {
  for (int j = 0; j <   (60)   ; j++)
    if (a[j] >=   (61)   )
      System.out.print("*");
    else
      System.out.print(" ");
  System.out.println();
}
```

- 데이터 집합에서 특정 값이 존재하는지 확인하는 것을   (62)   이라고 하며, 찾는 값을   (63)   라고 한다. 배열에서   (62)   은 배열의 모든 요소를 순서대로 순회해서 다음과 같이 구현할 수 있다(탐색해야 할   (63)   와 동일한 값의 요소를 찾으면 탐색 성공이다).
  이 프로그램은 배열 a의 요소 중에서 값이 key인 요소를 탐색해서 발견한 위치의 인덱스를 idx에 저장하는 프로그램이다. 발견하지 못한 경우에는 idx에 −1을 저장한다. 이런 알고리즘을   (64)   이라고 한다.

```
int i;
for (i = 0; i <   (65)   ; i++)
  if (   (66)   == key)   (67)   ;
int idx =   (68)   ;
```

- 오른쪽에 있는 것은 int형 배열 a를 복사(요소 수가 동일하고 모든 요소의 값이 동일)해서 배열 b를 만드는 프로그램이다.

```
int[] b =   (69)   ;
for (int i = 0; i <   (70)   ; i++)
  b[i] =   (71)   ;
```

- 오른쪽에 있는 것은 int형 배열 a에서 값이 양수인 것만 추출해서 배열 b에 순서대로 저장하는 프로그램이다(배열 a가 {5, −1, 3, 4, −2, }이면 배열 b는 {5, 3, 4, }이 된다).

```java
int count = 0;
for (int i = 0; i <     (72)    ; i++)
    if (a[i] > 0)     (73)    ;
int[] b =     (74)    ;
int j = 0;
for (int i = 0; i <     (75)    ; i++)
    if (a[i] > 0)     (76)    ;
```

- 다음은 모든 요소의 값이 0인 2행 3열의 int형 2차원 배열 a를 만드는 프로그램이다.

```java
int[][] a = new     (77)    ;
```

```java
int[][] a = {    (78)    };
```

```java
int[][] a = {new     (79)    , new     (80)    };
```

```java
int[][] a;
a = new     (81)    ;
a[0] = new     (82)    ;
a[1] = new     (83)    ;
```

- 오른쪽에 있는 것은 int형 2차원 배열 a를 복사(요소 수가 동일하고 모든 요소의 값이 동일)해서 배열 b 를 만드는 프로그램이다.

```java
int[][] b =     (84)    ;
for (int i = 0; i <     (85)    ; i++) {
  b[i] =     (86)    ;
  for (int j = 0; j <     (87)    ; j++) {
    b[i][j] =     (88)    ;
  }
}
```

- 오른쪽에 있는 프로그램에서 컴파일 오류가 발생하는 줄에 X를 그렇지 않은 경우 O를 기입하시오.

```java
                int[] a = new int[5];
                final int[] b = new int[5];
    (89)        a.length = 10;
    (90)        b.length = 10;
    (91)        a = b;
    (92)        b = a;
    (93)        a[0] = 10;
    (94)        b[0] = 10;
```

- 다음은 월(月)을 영어로 표기하는 영어 학습 프로그램이다.

  - 1월~12월의 영어 단어 "January", "February", …를 입력한다.
  - 예를 들어 '8월:'이라고 표시한 경우 "August"라고 입력해야 한다.
  - 입력한 영어 단어가 맞으면 '정답입니다'하고 표시하고 그렇지 않으면 '틀렸습니다'를 표시한다(틀린 경우 재입력할 수 없다).
  - 12회 문제를 내며 모든 월을 출력한다.

– 월의 순서는 랜덤이다.

– 12회 중 몇 번 정답을 맞추었는지 표시한다.

※ 변수 rand는 [문제 2-11]와 동일하게 정의돼 있다고 간주한다(이후 실전 문제에서도 동일한 조건)

```
  (95)   monthString =   (96)
  "January", "February", "March", "April", "May", "June", "July",
  "August", "September", "October", "November", "December"
  (97)  ;
System.out.println("해당 월의 영어 단어를 입력하세요.");
System.out.println("첫 글자는 대문자로, 나머지는 소문자로 입력하세요.");

  (98)   order = new int[12];
for (int i = 0; i <   (99)  ; i++)
  order[i] = i;
for (int i = 0; i < 24; i++) {
  int idx1 = rand.nextInt(  (100)  );
  int idx2 = rand.nextInt(  (101)  );
  int t = order[idx1];
  order[idx1] =   (102)  ;
  order[idx2] =   (103)  ;
}
int   correct = 0; // 정답을 맞춘 횟수
for (int i = 0; i < 12; i++) {
  int month = order[i];
  System.out.print(  (104)  ) + "月:");
  String s = stdIn.next();
  if (s.equals(monthString[  (105)  ])) {
    System.out.println("정답입니다.");
      (106)  ;
  } else {
    System.out.println("틀렸습니다.");
  }
}
System.out.println("12회 중 " + correct + " 번 맞추었습니다.");
```

• 다음은 2차 배열 a의 모든 요솟값을 표시하는 프로그램이다 (행에 따라선 열 수가 다를 수도 있다).

```
System.out.println("{");
for (int i = 0; i < (107) ; i++) {
    System.out.print("   {");
    if ( (108) >= 2)
        for (int j = 0; j < (109) ; j++)
            System.out.print( (110) + ", ");
    if ( (111) >= 1)
        System.out.println( (112) + "},");
}
System.out.println("}");
```

```
{
    {1, 2, 3, 4, 5},
    {1, 3, 5},
    {2, 4, 6, 8},
}
```

메서드

7장에선 프로그램을 구성하는 부품 중 하나인
메서드의 개념과 작성법, 사용법 등을 배운다.

입력한 int형 정숫값이 음수이면 –1을, 0이면 0을, 양수이면 1을 반환하는 signOf 메서드를 작성하자.

```java
//입력한 정수의 부호를 판정
import java.util.Scanner;

class SignOf1 {
    //--- n의 부호 판정 ---//
    static int signOf(int n) {
        int sign = 0;

        if (n >0)
            sign = 1;
        else if (n <0)
            sign = -1;

        return sign;    // sign 값 반환
    }

    public static void main(String[] args) {
        Scanner stdIn = new Scanner(System.in);

        System.out.print("정수 x:");
        int x = stdIn.nextInt();

        int s = signOf(x);
        System.out.println("singOf(x)는 " +s + "입니다.");
    }
}
```

반환값

실행 예1
정수 x:13
singOf(x)는 1입니다.

실행 예2
정수 x:0
singOf(x)는 0입니다.

실행 예3
정수 x:-15
singOf(x)는 -1입니다.

```java
class SignOf2 {
static int signOf(int n) {
    if (n >0)
        return 1;
    else if (n <0)
        return -1;
    return 0;
    }
```

return문은 여러 개 있어도 된다.

메서드(method)

메서드는 프로그램의 '부품'에 해당하며 메서드를 사용하기 위해서는 메서드 선언^{method declaration}
이 필요하다. [그림 7-1]은 메서드 선언의 구조를 보여준다.

메서드 헤더(method header)

메서드의 헤더 부분은 메서드의 이름과 사양을 기술한다.

ⓐ 반환형

메서드가 반환하는 처리 결과를 반환값^{return value}이라고 하며 이 반환값의 자료형을 가리킨다.

ⓑ 메서드명

메서드의 이름이다. 메서드는 이 이름을 사용해서 다른 곳에서 호출된다.

ⓒ 매개 변수 나열

( ) 안에 선언하는 것은 보조적인 지시를 전달받기 위한 변수로 매개 변수^{parameter}(가인수)라고 한다. 여러 개의 매개
변수를 사용하는 경우 각 변수를 쉼표(,)로 구분한다.

메서드 본문(method body)

메서드 본문은 블록은 {}로 감싼 0개 이상의 실행문 집합이다. signOf 메서드의 본문에는 선언문이
나 if문 등의 문이 포함돼 있다.

그림 7-1 signOf의 메서드 선언

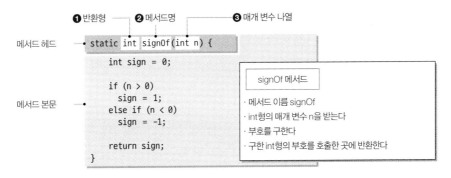

프로그램을 시작할 때 실행되는 것이 main 메서드이다. 그보다 앞에 선언된 signOf 메서드는 필요
한 경우에만 호출해서 사용한다.

메서드 호출

메서드를 사용하는 것을 '**메서드를 호출한다**'고 한다. 프로그램에서 signOf(x) 부분이 signOf 메서드를 호출하는 위치이다. 이 식은 다음과 같은 작업 의뢰로 이해할 수 있다.

---

signOf 메서드씨, 정숫값 x을 줄 테니까 그 부호를 알려주세요!

메서드 호출은 메서드명 뒤에 ( )를 붙여 실행한다. ( )는 메서드 호출 연산자method invocation operator라고 한다(표 7-1). ( ) 안에는 메서드에 보조적인 지시를 전달하기 위한 인수argument를 지정한다. OO 연산자를 이용한 식을 OO식이라고 부른다. 따라서 메서드 호출 연산자를 사용한 식은 메서드 호출식method invocation expression이라고 한다.

메서드 호출이 이루어지면 프로그램은 호출한 메서드로 이동한다. 이 때문에 main 메서드의 실행이 중단되고 signOf 메서드가 실행된다(그림 7-2). 호출된 메서드에선 매개 변수용 변수가 생성됨과 동시에 인수의 값이 초기화된다. 그 후에 메서드 본문이 실행된다.

메서드 본문의 시작 부분에선 sign이라는 변수를 선언한다. 이처럼 메서드 내에서만 이용하는 변수는 해당 메서드 내에서 선언하는 것이 원칙이다. 이 선언문 다음에 나오는 if문에선 판정한 n의 부호를 -1, 0, 1 중 하나의 값을 변수 sign에 대입한다. 마지막으로 signOf 메서드가 호출된 곳으로 sign값을 반환한다. 반환 방법은 다음과 같다.

```
return sign;   // sign 값 반환
```

이것은 [그림 7-3]의 구문을 사용하는 return문return statement이다. 반환값을 생략하는 경우에 대해선 [문제 7-5]에서 배운다.

표 7-1 메서드 호출 연산자

x(arg)	인수 arg를 전달해서 x 메서드를 호출한다(arg는 0개 이상의 인수를 쉼표로 구분한 것). 반환형이 void가 아니면 메서드 x가 값을 반환한다.

return문이 실행되면 프로그램의 흐름은 다시 메서드가 호출된 곳으로 돌아간다. 이때 들고가는 '선물'이 반환값([그림 7-2]에선 변수 sign값인 -1)이다. 이 반환값은 메서드 호출식의 평가에 따라 달라진다. 문제에선 반환되는 값이 -1이므로 그림에서 ⬚ 부분의 메서드 호출식을 평가한 결과는 'int형의 -1'이 된다. 그 결과 변수 s는 메서드 signOf의 반환값이 -1로 초기화된다.

SignOf2d 프로그램에선 3개의 return문을 사용한다. (n > 0)면 첫 번째 return문에 의해 main 메서드로 돌아가며, (n < 0)면 두 번째 return문에 의해 main 메서드로 돌아간다. 그렇지 않으면 (n
= 0)면 마지막 return문에 의해 호출 위치인 main 메서드로 돌아간다. 3개의 return문 중 실행되
는 것은 단 하나이다. 여러 return문이 동시에 실행되지는 않는다. 화면에 출력할 때 다음과 같이 식
을 작성하면 변수 s를 사용할 필요가 없다.

```
System.out.println("singOf(x)는 " + signOf(x) + "입니다.");
```

그림 7-2 signOf 메서드 호출

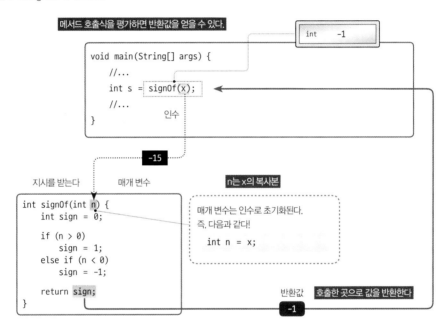

▶ 이 그림에선 메서드명 앞에 public과 static을 생략한다(이후 그림에서도 생략한다).

3개의 int형 인수 a, b, c 중 최솟값을 구하는 min 메서드를 작성하자.

int min(int a, int b, int c)

```java
// 3개의 정숫값에서 최솟값 구하기
import java.util.Scanner;

class Min3 {
  //--- a, b, c의 최솟값 반환---//
  static int min(int a, int b, int c) {
    int min = a;
    if (b < min) min = b;
    if (c < min) min = c;
    return min;
  }
  public static void main(String[] args) {
    Scanner stdIn = new Scanner(System.in);
    System.out.print("정수 a:");  int a = stdIn.nextInt();
    System.out.print("정수 b:");  int b = stdIn.nextInt();
    System.out.print("정수 c:");  int c = stdIn.nextInt();
    System.out.println("최솟값은 " + min(a, b, c) + "입니다.");
  }
}
```

실행 예

정수 a: 1
정수 b: 3
정수 c: 2
최솟값은 1입니다.

메서드, 인수, 변수의 이름

min 메서드는 매개 변수 a, b, c에 입력한 3개 값 중 최솟값을 구하는 메서드이다. 메서드 내에서 선언한 변수 min은 메서드명과 같지만 메서드명과 변수는 종류가 다르므로 식별자(이름)가 같아도 충돌하지 않는다. 반면 메서드 블록 내에선 매개 변수와 같은 이름의 변수는 선언할 수 없다.

min 메서드는 3개의 인수를 받는다. 매개 변수가 여러 개인 경우는 쉼표로 구분해 선언하며 호출하는 인수도 쉼표로 구분한다. main 메서드의 변수 a, b, c와 min 메서드의 매개 변수 a, b, c는 동일한 이름을 사용하지만, 서로 다른 변수이다. min 메서드가 호출될 때, 매개 변수 a, b, c가 main 메서드의 a, b, c의 값으로 초기화된다.

[문제 7-1, 7-2]에서 메서드에 전달하는 인수는 모두 변수이다. 인수로 정수 리터럴 등의 상수를 지정할 수도 있다. 예를 들어 min(32, 15, 37)이라고 호출하면 min은 15를 반환한다.

그림 7-3 return문의 구문 해석도

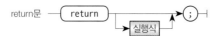

return문 →(return)→┌→(;)
                      └→[실행식]→┘

3개의 int형 인수 a, b, c에서 중간값을 구하는 med 메서드를 작성하자.

int med(int a, int b, int c)

```java
// 3개의 정숫값에서 중간값 구하기
import java.util.Scanner;

class Med3 {
    //--- a, b, c의 중간값 반환---//
    static int med3(int a, int b, int c) {
        if (a >= b)
            if (b >= c)
                return b;
            else if (a <= c)
                return a;
            else
                return c;
        else if (a > c)
            return a;
        else if (b > c)
            return c;
        else
            return b;
    }

    public static void main(String[] args) {
        Scanner stdIn = new Scanner(System.in);

        System.out.print("정수 a:");  int a = stdIn.nextInt();
        System.out.print("정수 b:");  int b = stdIn.nextInt();
        System.out.print("정수 c:");  int c = stdIn.nextInt();

        System.out.println("중간값은 " + med3(a,b,c) + "입니다.");
    }
}
```

실행 예

```
정수 a: 1
정수 b: 3
정수 c: 2
중간값은 2입니다.
```

중간값

중간값을 구하는 프로그램은 [문제 3-16]에서 작성했었다. 이번 프로그램에서도 같은 알고리즘을
이용한 메서드로 중간값을 구한다.

1부터 n까지의 정수의 합을 구해서 반환하는 메서드를 작성하자.

```
int sumUp(int n)
```

```java
//1부터 n까지의 합 구하기
import java.util.Scanner;

class SumUp1 {
  //--- 1부터 n까지의 합 ---//
  static int sumUp(int n) {
    int sum = 0;          // 합계
    for (int i = 1; i <= n; i++)
      sum += i;           // sum에 i를 더한다
    return sum;
  }

  public static void main(String[] args) {
    Scanner stdIn = new Scanner(System.in);

    System.out.println("1부터 x까지의 합을 구하자.");
    int x;
    do {
      System.out.print("x의 값:");
      x = stdIn.nextInt();
    } while (x <=0);

    System.out.print("1부터 "+ x +"까지의 합은 " + sumUp(x) +"입니다.");
  }
}
```

실행 예
```
1부터 x까지의 합을 구하자.
x의 값: 5
1부터 5까지의 합은 15입니다.
```

값 전달(pass by value)

SumUp1 프로그램에 sumUp 메서드는 1부터 n까지의 정수의 합을 구해서 반환한다. 이 메서드에선 0으로 초기화된 변수 sum에 1, 2, …, n을 순서대로 더해서 저장한다. for문 종료되면 sum의 값은 1부터 n까지의 총합이 된다.

매개 변수 n은 인수 x값으로 초기화되는데, 이와 같이 인수로 '값'을 주고받는 것을 값 전달이라고 한다. 인수는 값 전달을 통해 처리되지만 호출되는 쪽인 sumUp 메서드 내에서 매개 변수 n값을 변경해도 호출하는 측의 인수 x는 영향을 받지 않는다.

책을 복사해서 거기에 빨간색 펜으로 무언가를 적어도 원래 책에는 아무런 영향을 주지 않는 것과 같은 원리다. 메서드 안에선 매개 변수의 값을 자유롭게 '건드려도' 되는 것이다.

```
class SumUp2
static int sumUp(int n) {
  int sum = 0;              // 합계
  while (n > 0)
    sum += n--;             // sum에 n을 더한 후 n에서 1을 뺀다.
  return sum;
}
```

1부터 n까지의 합을 구하는 또 다른 방법은 SumUp2 프로그램과 같이 n값을 5, 4, …, 1로 카운트다운해서 구할 수도 있다. 이 메서드에서 반복을 제어하기 위한 변수인 i가 필요 없다. 값 전달의 장점을 활용해 n을 그대로 사용하면 메서드가 더 짧아진다. sumUp 메서드의 실행이 종료되면 매개 변수 n의 값은 0이 되지만, 호출하는 측인 main 메서드의 인수인 x는 0이 되지는 않는다. 매개 변수가 final로 선언돼 있으면 메서드 안에선 해당 매개 변수의 값을 변경할 수 없다.

```
// OK (n의 값을 변경하지 않는다)
static int sumUp(final int n) {
  int sum = 0;
  for (int i=1; i <=n; i++)
    sum +=  i;
  return sum;
}
```

```
// 오류( n의 값을 변경한다)
static int sumUp(final int n) {
  int sum = 0;
  while (n > 0)
    sum += n--;
  return sum;
}
```

"안녕하세요."라고 표시하는 hello 메서드를 작성하자.

```
void hello()
```

```java
// "안녕하세요."라고 표시하는 메서드
class Hello {
   //--- 안녕하세요 라고 표시 ---//
   static void hello() {
      System.out.println("안녕하세요.");
   }

   public static void main(String[] args) {
      hello();
      hello();
      hello();
   }
}
```

실행 결과

안녕하세요.
안녕하세요.
안녕하세요.

인수 m에 지정한 달(月)의 계절을 표시하는 printSeason 메서드를 작성하자. m값에 따라 봄(3, 4, 5), 여름(6, 7, 8), 가을(9, 10, 11), 겨울(12, 1, 2) 표시하고 그 이외의 값이 오면 아무것도 표시하지 않는다.

```
void printSeason(int m)
```

```java
// 지정한 월의 계절을 표시하는 메서드
import java.util.Scanner;

class PrintSeason {
   //--- m월의 계절을 표시 ---//
   static void printSeason(int m) {
      switch (m) {
      case 3: case  4 : case  5: System.out.print("봄")  ; break;
      case 6: case  7 : case  8: System.out.print("여름"); break;
      case 9: case 10 : case 11: System.out.print("가을"); break;
      case 1: case  2 : case 12: System.out.print("겨울"); break;
      }
   }
```

```
    public static void main(String[] args) {
        Scanner stdIn = new Scanner(System.in);

        int month;
        do {
            System.out.print("몇 월입니까(1 ~ 12):");
            month = stdIn.nextInt();
        } while (month < 1 || month > 12);

        System.out.print("해당 월의 계절은 ");
        printSeason(month);
        System.out.print("입니다.");
    }
}
```

void 메서드

hello와 printSeason 메서드가 하는 것은 단순히 화면에 결과를 표시하는 것이다. 이처럼 처리한 결과를 반환하지 않는 메서드는 반환형을 void로 선언한다. void 메서드는 값을 반환하지 않으므로 return문이 필수가 아니다. 메서드 처리 중에 강제적으로 호출한 곳으로 돌아가야 할 때는 다음과 같이 반환값없이 return문만 실행한다.

```
return;
```

문자열을 반환하는 메서드

SeasonString 프로그램은 [문제 7-6]의 추가 답안이다. 단, 문제가 요구하는 것과는 다른 형식으로 메서드를 작성한다.

```
//지정한 월의 계절을 문자열을 반환하는 메서드
import java.util.Scanner;

class SeasonString {
    //--- m월의 계절을 표시 ---//
    static String seasonOf(int m) {
        switch (m) {
        case 3: case  4 : case  5: return  "봄";
        case 6: case  7 : case  8: return "여름";
```

```
    case 9: case 10 : case 11: return "가을";
    case 1: case  2 : case 12: return "겨울";
  }
  return "";      // m이 1~12가 아니면 공백 문자열을 반환
}

public static void main(String[] args) {
  Scanner stdIn = new Scanner(System.in);

  int month;
  do {
    System.out.print("몇 월입니까(1~12):");
    month = stdIn.nextInt();
  } while (month < 1 || month > 12);

  System.out.print("해당 월의 계절은 " + seasonOf(month)+ "입니다.");
  }
}
```

seasonOf 메서드가 반환하는 것은 매개 변수 m값에 따라 달라지는 **"봄"**, **"여름"**, **"가을"**, **"겨울"**의 문자열이다. 받은 값이 1~12의 범위 밖에 있는 경우에는 공백 문자열(빈 문자열)인 ""를 반환한다. 여기 문자열을 나타내는 것이 String형이라는 것을 떠올리자.

이 프로그램에선 main 메서드의 출력 부분이 간결해졌다. 무언가를 표시하는 메서드보다 표시 내용의 문자열을 반환하는 메서드가 재사용하기 용이한 것을 알 수 있다. 단, 내용이 복잡하지 않은 경우에만 해당한다.

문자 c를 n개 표시하는 putChar 메서드와 이 메서드를 내부에서 호출해서 문자 '*'를 n개 연속으로 표시하는 putStart 메서드를 작성하자. 또한, 이 메서드들을 사용해서 직삼강형을 만드는 프로그램을 작성하자.

```java
//왼쪽 아래가 직각인 이등변 삼각형을 표시
import java.util.Scanner;

class IsoscelesTriangleLB {
    //--- 문자c를 n개 연속 표시 ---//
    static void putChars(char c, int n) {
        while (n-- > 0)
            System.out.print(c);
    }

    //--- 문자 '*'를 n개 연속 표시 ---//
    static void putStars(int n) {
        putChars('*', n);
    }

    public static void main(String[] args) {
        Scanner stdIn = new Scanner(System.in);

        System.out.println("왼쪽 아래가 직각인 이등변 삼각현을 표시합니다.");
        System.out.print("단수는:");
        int n = stdIn.nextInt();
        for (int i = 1; i <= n; i++) {
            putStars(i);
            System.out.println();
        }
    }
}
```

실행 예
```
왼쪽 아래가 직각인 이등변 삼각현을 표시합니다.
단수는:6
*
**
***
****
*****
******
```

```java
// -- 참고: 문제 4-22로부터
for (int i = 1; i <= n; i++) {
    for (int j = 1; j <= i; j++)
        System.out.print('*');
    System.out.println();
}
```

자신이 만든 메서드 호출

직각 이등변 삼각형을 표시하는 프로그램은 [문제 4-22]에서 작성했다. 이번 프로그램에선 기호 문자를 연속 표시하는 부분을 메서드로 독립시킨다.

putChars 메서드

매개 변수c에 설정한 문자를 n개 연속해서 표시한다. 문자를 표시하는 char형에 대해선 15장에서 자세히 다룬다.

putStars 메서드

기호 문자 '*'를 n개 연속으로 표시한다. 인수로 '*'와 n을 지정해서 putChars를 호출하는 단순한 메서드이다. 여기선 자신이 만든 메서드 안에서 또 다른 자작 메서드를 호출한다. 메서드는 프로그램의 '부품'이다. 부품을 만들 때 도움이 되는 다른 부품이 있다면 적극적으로 이용하자. 메서드를 도입한 덕분에 프로그램이 간결해졌다. [문제 4-22]에선 삼각형을 이중 루프로 표시했지만 이 프로그램에선 단일 루프를 사용한다.

난수(a =< 난수 =<b)를 생성해서 반환하는 random 메서드를 작성하자. 메서드 안에서 난수를 생성하는 표준 라이브러리를 호출할 것. (참고, b <= a인 경우 a값을 그대로 반환할 것)

```
int random(int a, int b)
```

```java
// 지정한 범위의 난수를 생성하는 메서드
import java.util.Random;
import java.util.Scanner;

class RandomTester {
   //--- a이상 b이하의 난수 생성 ---//
   static int random(int a, int b) {
      if (b <= a)
      return a;
      else {
         Random rand = new Random();
         return a + rand.nextInt(b - a + 1);
      }
   }

   public static void main(String[] args) {
      Scanner stdIn = new Scanner(System.in);

      System.out.println("난수를 생성합니다.");
      System.out.print("하한값:"); int min = stdIn.nextInt();
      System.out.print("상한값:"); int max = stdIn.nextInt();

      System.out.println("생성한 난수는 " + random(min, max) + "입니다.");
   }
}
```

```
실행 예
난수를 생성합니다.
하한값:10
상한값:99
생성한 난수는 52입니다.
```

표준 라이브러리 메서드 호출

[문제 7-7]의 putStars 메서드는 내부에서 자신이 만든 메서드를 호출했었다. 이번 문제에 random 메서드는 자바가 제공하는 메서드를 호출한다. random 메서드에서 호출하는 nextInt는 int형의 난수를 생성하는 메서드다(표 2-5). 실행 예에선 random 메서드의 매개 변수로 지정되는 값은 a가 10이고 b가 99이다. nextInt(b - a + 1)은 nextInt(90)으로 0~89의 난수를 생성한다. 여기에 a(즉, 10)를 더하면 메서드가 반환하는 값의 범위가 10~99가 된다.

"**양의 정숫값 : "**이라는 메세지에 정숫값을 입력하면 값을 거꾸로 반환하는 readPlusInt를 메서드를 작성하자. 0이나 음수(-)가 입력되면 재입력하도록 할 것.

int readPlusInt()

```java
// 양의 정숫값을 읽어서 뒤에서부터 읽어서 표시
import java.util.Scanner;

class InverseNumber {
    static Scanner stdIn= new Scanner(System.in);    ●————————————①

    //--- 양의 정숫값을 읽어서 반환---//
    static int readPlusInt() {
        int x;    ●————————————②
        do {
            System.out.print("양의 정숫값:");
            x= stdIn.nextInt();
        } while (x <= 0);
        return x;
    }

    public static void main(String[] args) {
        int x;    ●————————————③
        do {
            int n = readPlusInt();

            System.out.print("반대로 읽으면 ");
            while (n > 0) {
                System.out.print(n%10);       // n의 마지막 자릿수를 표시
                n /=10;                        // n을 10으로 나눔
            }
            System.out.println("입니다.");

            do {
                System.out.print("다시 한 번?<Yes…1/No…0>:");
                x= stdIn.nextInt();
            } while (x!=0 && x!=1);
        } while (x == 1);
    }
}
```

실행 예
양의 정숫값:-125
양의 정숫값:0
양의 정숫값:521
반대로 읽으면 125입니다.
다시 한 번?<Yes…1/No…0>:

유효 범위

readPlusInt 메서드를 이용해서 양의 정숫값을 읽고 이 정수를 거꾸로(뒤에서부터) 표시하는 프로그램이다. readPlusInt 메서드 내의 do문은 입력한 값이 0이하이면 반복해서 실행된다. 즉, x가 0보다 큰 값일 때만 do문이 종료된다. 이 방식으로 사용자가 원하는 값을 입력하도록 유도할 수 있다.

이번 프로그램에선 몇 가지 변수가 선언돼 있다. 다음 사항에 주목하도록 한다.

· readPlusInt와 main 메서드 모두 값을 입력받을 수 있도록 변수 stdIn을 메서드 밖에서 선언한다(❶).
· 두 메서드에 동일한 이름의 변수 x가 선언돼 있다(❷, ❸)

이 2가지는 유효 범위와 관련이 있다. 식별자가 적용될 수 있는 유효 범위에 대해 배워보도록 하자.

클래스 유효 범위(class scope)

❶에서 선언된 stdIn처럼 메서드 밖에서 선언되는 변수를 필드라고 하며 메서드 안에서 선언되는 것과는 구별된다. 메서드 밖에서 선언된 필드의 식별자는 해당 클래스 전체에서 사용할 수 있다. 이 때문에 stdIn은 메서드 readPlusInt와 main 양쪽에서 사용할 수 있는 것이다. 여러 메서드가 공유할 변수를 메서드 밖에 선언할 때는 static을 붙이는 것이 기본이다. 자세한 내용은 10장에서 배운다.

블록 유효 범위(block scope)

블록 내부에 선언된 변수를 지역 변수local variable라고 한다. 지역 변수의 식별자는 선언된 이후부터 해당 블록이 끝나는 }까지가 유효 범위이다. 이 때문에 ❷에서 선언된 x는 readPlusInt 메서드가 끝나는 }까지 적용되며, ❸에서 선언된 x는 main 메서드의 끝인 }까지 적용된다.

변수의 종류

[그림 7-4]는 지금까지 배운 4가지 변수를 보여준다.

그림 7-4 변수의 종류

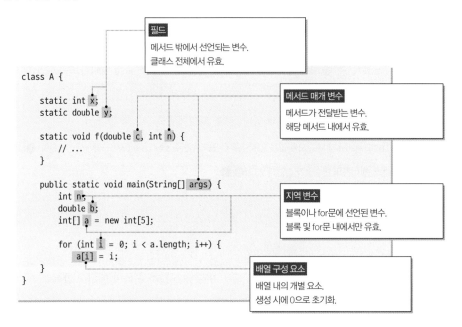

필드
메서드 밖에서 선언되는 변수.
클래스 전체에서 유효.

메서드 매개 변수
메서드가 전달받는 변수.
해당 메서드 내에서 유효.

지역 변수
블록이나 for문에 선언된 변수.
블록 및 for문 내에서만 유효.

배열 구성요소
배열 내의 개별 요소.
생성 시에 0으로 초기화.

```java
class A {

    static int x;
    static double y;

    static void f(double c, int n) {
        // ...
    }

    public static void main(String[] args) {
        int n;
        double b;
        int[] a = new int[5];

        for (int i = 0; i < a.length; i++) {
            a[i] = i;
        }
    }
}
```

다음 4개의 계산 문제 중 하나를 무작위로 출제하는 암산 훈련 프로그램을 작성하자. 이때 x, y, z에 3자리의
정숫값을 난수로 생성할 것.

$$x + y + z \qquad x + y - z \qquad x - y + z \qquad x - y - z$$

```java
// 암산 훈련 (3개의 3자리 정수를 사용한 계산)
import java.util.Random;
import java.util.Scanner;

class  MentalArithmetic {
    static Scanner stdIn = new Scanner(System.in);

    //--- 계속할지 여부 확인 ---//
    static boolean confirmRetry() {
        int cont; do {
            System.out.print("다시 한 번? <Yes…1/No…0>:");
            cont = stdIn.nextInt();
        } while (cont != 0 && cont != 1);
        return cont == 1;
    }

    public static void main(String[] args) {
        Random rand = new Random();
        System.out.println("암산 훈련!!");

        do {
            int x = rand.nextInt(900) + 100;    // 3자리 수        ●❶
            int y = rand.nextInt(900) + 100;    // 3자리 수
            int z = rand.nextInt(900) + 100;    // 3자리 수
            int pattern = rand.nextInt(4);      // 패턴 번호

            int answer;                         // 정답    ●❷
            switch (pattern) {
             case 0  : answer = x + y + z; break;
             case 1  : answer = x + y - z; break;
             case 2  : answer = x - y + z; break;
             default : answer = x - y - z; break;
            }
            while (true) {    ●❸
                System.out.print(x + ((pattern < 2)    ? " + " : " - ") +
                                 y + ((pattern % 2 == 0) ? " + " : " - ") +
                                 z + " = ");
```

```
            int k = stdIn.nextInt();        // 입력한 답을 읽는다
            if (k == answer)                // 정답이면 종료
                break;
            System.out.println("틀렸습니다!");
        }
    } while (confirmRetry());
    }
}
```

인수를 받지 않는 메서드

3개의 3자리 정수를 덧셈/뺄셈하는 암산 훈련 프로그램이다. 정답이 나올 때까지 프로그램이 종료되지 않으므로 반드시 정답을 찾아야 한다. 일단 실행해서 암산해보자.

confirmRetry는 다시 계산을 할지 여부를 묻는 메서드이다. "**다시 한 번?**<Yes...1/No...0> : "라는 물음에 1을 입력하면 true를, 0을 입력하면 false를 반환한다. 이 메서드처럼 인수가 없는 메서드는 ( ) 안을 비워둔다. confirmRetry와 main 메서드 양쪽에서 '값을 입력' 받는다. 따라서 앞 문제와 마찬가지로 변수 stdIn을 메서드 밖에서 선언한다.

덧셈/뺄셈의 조합 패턴은 4가지다. 각 패턴은 다음과 같이 0부터 3까지의 값을 부여한다.

패턴0: x + y + z   패턴2: x - y + z
패턴1: x + y - z   패턴3: x - y - z

0부터 3까지의 값을 '패턴 번호'라고 부르기로 하자. 훈련을 반복하는 do문의 루프는 크게 3가지 단계로 구성된다.

❶ 3개의 정수 x, y, z의 값과 패턴 번호를 난수로 결정한다.

❷ 정답을 구해서 변수 answer에 대입한다.

❸ 훈련의 핵심이 되는 부분이다.

문제 제시

[그림 7-5]에 있는 방식으로 패턴 번호에 따라 계산식을 표시한다. 첫 번째 연산 기호(+ 또는 −)는 조건 pattern < 2를 사용하며, 두 번째 연산 기호는 pattern % 2 ==0을 평가해서 표시한다.

답 읽기

키보드에서 입력한 값을 k에 저장한다.

정답 여부 판정

입력한 k가 answer와 같으면 정답이다. break문에 의해 while문이 중단한다. 정답이 아닌 경우에는 '틀렸습니다!'라고 표시한다. 이 while문은 정답인 경우에만 중단되며, 답이 틀린 경우에는 계속 반복한다.

그림 7-5 계산식과 패턴 번호(pattern)의 대응 관계

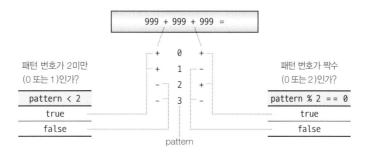

정수를 좌우로 시프트한 값이, '정수 X 2의 거듭제곱' 및 '정수 / 2의 거듭 제곱'과 같은지 확인하는 프로그램을 작성하자.

```java
// 2의 거듭 제곱과 시프트 연산의 일치성 확인
import java.util.Scanner;

class ShiftValue {
  //--- 2의 거듭 제곱 반환 ---//
  static int pow2(int no) {
    int pw = 1;
    while (no-- > 0)
      pw *= 2;
    return pw;
  }

  public static void main(String[] args) {
    Scanner stdIn = new Scanner(System.in);

    System.out.println("정수x를 n비트 시프트합니다.");
    System.out.print("x:"); int x = stdIn.nextInt();
    System.out.print("n:"); int n = stdIn.nextInt();

    int mPower = x * pow2(n);    // 2의 n승을 곱한 값
    int dPower = x / pow2(n);    // 2의 n승으로 나눈 값
    int lShift = x << n;         // n비트 왼쪽으로 시프트한 값
    int rShift = x >> n;         // n비트 오른쪽으로 시프트한 값

    System.out.printf("[a] x × (2의 %d승) = %d\n", n, mPower);
    System.out.printf("[b] x ÷ (2의 %d승) = %d\n", n, dPower);
    System.out.printf("[c] x << %d = %d\n", n, lShift);
    System.out.printf("[d] x >> %d = %d\n", n, rShift);

    System.out.println("[a]와 [c]의 값이 일치" +
                ((mPower == lShift) ? "합니다." : "하지 않습니다."));
    System.out.println("[b]와 [d]의 값이 일치" +
                ((dPower == rShift) ? "합니다." : "하지 않습니다."));
  }
}
```

실행 예

```
정수x를 n비트 시프트합니다.
x:100
n:3
[a] x × (2의 3승) = 800
[b] x ÷ (2의 3승) = 12
[c] x << 3 = 800
[d] x >> 3 = 12
[a]와 [c]의 값이 일치합니다.
[b]와 [d]의 값이 일치합니다.
```

시프트 연산자(shift operator)

정수의 비트를 왼쪽 또는 오른쪽으로 시프트(옮긴) 값을 생성하는 것이 시프트 연산자이다(표 7-2). [그림 7-6]을 보면서 이 연산자들의 원리를 이해해보자.

ⓐ x ≪ n: 좌 시프트

x를 n비트 왼쪽으로 시프트하고 비어 있는 비트를 0으로 채운 값을 생성한다(그림 7-6ⓐ). 시프트 결과는 x × 2^n이 된다.

표 7-2 시프트 연산자

x ≪ y	x를 y비트 왼쪽으로 시프트하고 비어 있는 비트에 0으로 채운 값을 생성한다.
x ≫ y	x를 y비트 오른쪽으로 시프트하고 비어 있는 비트에 시프트 이전의 부호 비트를 채운 값을 생성한다.
x ≪ y	x를 y비트 왼쪽으로 시프트하고 비어 있는 비트를 0으로 채운 값을 생성한다.

▶ 2진수는 각 자릿수가 2의 거듭 제곱만큼의 가치를 지니므로, 1비트 왼쪽으로 시프트하면 값이 2배가 된다(10진수를 왼쪽으로 한 자릿수 시프트하면 값이 10배가 되는 것과 같다).

ⓑ x ≫ n:우 시프트(산술 시프트, arithmetic shift)

오른쪽으로 산술 시프트한다. [그림 7-6ⓑ]에서 보여주듯이 최상위의 부호 비트를 제외하고 시프트하며 비어 있는 비트를 시프트 이전의 부호 비트로 채운다. 이렇듯 시프트 연산에선 1비트 좌 시프트가 값을 두 배로 만들고, 1비트 우시프트가 값을 2분의 1로 만든다. x가 양수라면 x ÷ 2^n의 정수부가 시프트 결과이다.

ⓒ x ⋙ n:우 시프트(논리 시프트, logical shift)

오른쪽으로 논리 시프트한다. [그림 7-6ⓒ]에서 보여주듯이 부호 비트를 특별하게 취급하지 않고 전체를 n비트 우 시프트한 후 비어 있는 비트는 0으로 채운다. x가 음수이면 부호 비트가 1에서 0으로 바뀌기 때문에 연산 결과는 양수가 된다.

그림 7-6 시프트 연산자를 사용한 비트 시프트

ⓐ 좌시프트

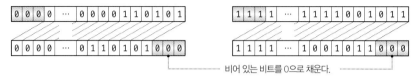

············· 비어 있는 비트를 0으로 채운다. ·············

ⓑ 우시프트 : 산술 시프트(부호 확장)

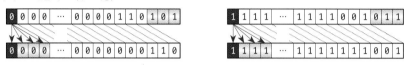

부호 비트를 제외하고 시프트하며 비어 있는 비트를 시프트 이전의 부호 비트로 채운다.
좌시프트를 하면 값이 2배가 되고 우시프트는 1/2이 된다.

ⓒ 우시프트 논리 시프트(제로 확장)

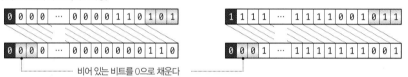

············· 비어 있는 비트를 0으로 채운다 ·············

부호 비트를 포함한 전체 비트를 시프트한다.
음수를 우시프트하면 양수가 된다.

정수 x를 오른쪽으로 n비트 회전한 값을 반환하는 rRotate 메서드와 왼쪽으로 n비트 회전한 값을 반환하는 lRotate 메서드를 작성하자.

```
int rRotate(int x, int n)          int lRotate(int x, int n)
```

· 회전이란 최하위 비트와 최상위 비트가 연결돼 있다고 간주하는 것이다. 예를 들어 오른쪽으로 5비트 회전한 경우,
  시프트에 방출된 하위 5비트를 상위 비트로 다시 가져온다.

```java
//정수를 좌우로 회전한 비트를 표시
import java.util.Scanner;

class Rotate {
    //--- int형 비트 구성 ---//
    static void printBits(int x) {
        for (int i = 31; i >=0; i--)
            System.out.print(((x >>> i & 1) == 1) ? '1' : '0');
    }

    //--- x를 오른쪽으로 n비트 회전한 값 반환 ---//
    static int rRotate(int x, int n) {
        if (n < 0) return lRotate(x, -n);
        n %= 32;
        return (n == 0 ? x : (x >>> n) | (x << (32 - n)));
    }

    //--- x를 왼쪽으로 n비트 회전한 값 반환 --//
    static int lRotate(int x, int n) {
        if (n <0) return rRotate(x, -n);
        n %= 32;
        return (n == 0 ? x : (x << n) | (x >>> (32 - n)));
    }

    public static void main(String[] args) {
        Scanner stdIn = new Scanner(System.in);

        System.out.println("정수x를 n비트 회전합니다.");
        System.out.print("x:"); int x = stdIn.nextInt();
        System.out.print("n:"); int n = stdIn.nextInt();
        System.out.print( "회전 전 = "); printBits(x);

        System.out.print("\n오른쪽 회전 = "); printBits(rRotate(x, n));
        System.out.print("\n왼쪽 회전 = "); printBits(lRotate(x, n));
        System.out.println();
    }
}
```

```
실행 예
정수x를 n비트 회전합니다.
x:1565857138
n:6
회전 전 =
01011101010101010001010101110010
오른쪽 회전 =
11001001011101010101010001010101
왼쪽 회전 =
01010101010001010101110010010111
```

비트 단위 논리 연산

메서드 rRotate과 lRotate에선 비트 논리합 연산자bitwise inclusive OR operator인 |를 사용한다. 이 연산자를 포함해서 비트 단위로 논리 연산을 하는 연산자는 4개가 있다(표 7–3).

표 7–3 비트 단위 논리 연산자

x & y	x와 y의 비트 단위 논리곱을 생성
x ¦ y	x와 y의 비트 단위 논리합을 생성
x ^ y	x와 y의 비트 단위 배타적 논리합을 생성
~y	x의 비트 단위 부정(모든 비트를 회전한 값)를 생성

&는 비트 논리곱 연산자bitwise AND operator, ^는 비트 배타적 논리합 연산자bitwise exclusive OR operator, ~는 비트 단위 보수 연산자bitwise complement operator라고 한다. [그림 7–7]은 이 연산자들의 논리 연산 결과를 비교해서 보여준다. 비트 단위 논리 연산에선 0을 false, 1을 true로 간주한다.

그림 7–7 비트 단위 논리 연산

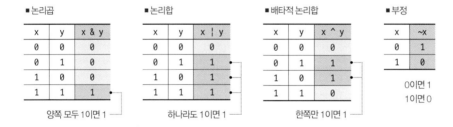

비트 회전

비트 회전에 대해선 [그림 7–8]를 예로 들어보겠다. 어떤 정수를 6비트 오른쪽으로 논리 시프트하는 것을 보여주는 것이 [그림 7–8ⓐ]이다. 즉, n비트 오른쪽으로 시프트하면 비트 나열이 n비트만큼 오른쪽으로 이동하면서 오른쪽 끝에 있던 n비트가 '방출'된다. 이때 '방출'되는 비트를 왼쪽 끝으로 가져오면 [그림 7–8ⓑ]에 있는 것처럼 회전이 이루어진다.

그림 7-8 비트의 시프트와 회전

ⓐ 오른쪽 방향으로 6비트 논리 시프트

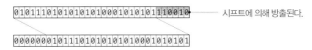

시프트에 의해 방출된다.

ⓑ 오른쪽 방향으로 6비트 회전

방출된 비트를 앞쪽으로 이동시킨다

rRotate 메서드를 예로 비트 회전 순서를 이해해보도록 하자(그림 7-9).

❶ n에 음수가 지정된 경우의 처리이다. 예를 들어 오른쪽으로 –15비트 회전은, 왼쪽으로 15비트 회전한 것과 같다. 왼쪽으로 회전하는 lRotate에 처리를 맡겨서 lRotate(x, -n)의 반환값을 그대로 반환한다.

❷ n에 int형의 비트 수인 32를 초과한 값이 지정된 경우 n의 값을 조정한다. 예를 들어 40비트 회전은 '1회전(32비트 회전) +8비트 회전'이므로 실제로는 8비트만 회전하면 되는 것이다. 따라서 n의 값을 n % 32로 변경한다.

❸ 회전한 비트를 구한다. 단, n이 0이면 회전이 불필요하므로 그대로 x를 반환한다. n이 0이 아니면 (x >>> n) | (x << (32- n))을 반환 한다. 이 식은 다음과 같이 비트를 회전한다.

Step 1
x를 n비트만큼 오른쪽으로 시프트해서 [그림 7-9ⓐ]의 비트를 만든다. 흰 부분에 있는 상위(좌측) n비트는 모드 0이 된다.

Step 2
x를 32 - n 비트만큼 왼쪽으로 시프트해서 [그림 7-9ⓑ]의 비트를 만든다. 흰 부분에 있는 하위(우측) 32 - n비트는 모두 0이 된다.

Step 3
ⓐ와 ⓑ의 비트 단위 논리합을 구한다. 이것으로 연산이 완료된다. lRotate 메서드는 좌우 방향이 달라도 처리는 같다.

```
//--- x를 오른쪽으로 n비트 회전한 값 반환 ---//
static int rRotate(int x, int n) {
  if (n < 0) return lRotate(x, -n);
  n %= 32;
  return (n == 0 ? x : (x >>> n) | (x << (32 - n)));
}

//--- x를 왼쪽으로 n비트 회전한 값 반환 --//
static int lRotate(int x, int n) {
  if (n <0) return rRotate(x, -n);
  n %= 32;
  return (n == 0 ? x : (x << n) | (x >>> (32 - n)));
}
```

그림 7-9 rRotate 메서드를 사용한 비트 오른쪽 방향 회전

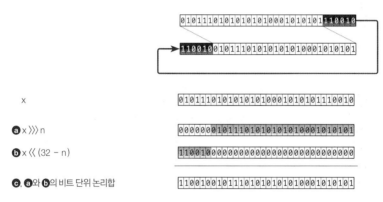

비트 표시

printBits 메서드는 int형 정수의 비트를 표시하는 메서드이다(그림 7-10). for문 반복에선 i비트가 1인지를 (((x >>> i & 1) == 1)에서 확인한다. 그 결과가 1이면 '1'을 출력하고 0이면 '0'을 출력한다.

```
//--- int형 비트 구성 ---//
static void printBits(int x) {
  for (int i = 31; i >=0; i--)
      System.out.print(((x >>> i & 1) == 1) ? '1' : '0');
}
```

그림 7-10 비트 표시

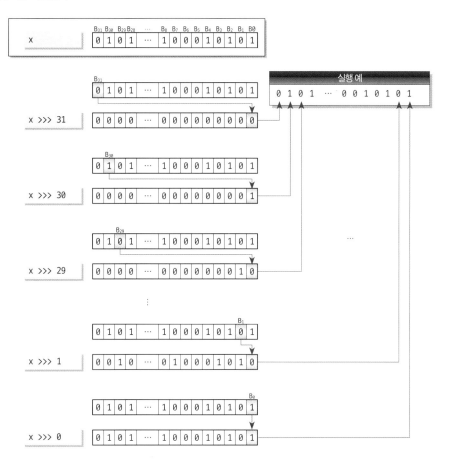

정수 x의 pos번째 있는 비트(최하위 비트부터 0, 1, 2,…)를 1로 변경한 값을 반환하는 set 메서드, 0으로 변경한 값을 반환하는 reset 메서드, 그리고 해당 위치의 비트의 반전시켜서 반환하는 inverse를 작성하자.

int set(int x, int pos)　　　int reset(int x, int pos)　　　int inverse(int x, int pos)

```java
// 임의의 비트를 조작
import java.util.Scanner;

class SetBit {
  //--- int형 비트 구성 ---//
  static void printBits(int x) {
    for (int i = 31; i >=0; i--)
        System.out.print(((x >>> i & 1) == 1) ? '1' :'0');
  }

  //--- x의  pos 위치에 있는 비트를 1로 변경한 값을 반환 ---//
  static int set(int x, int pos) {
    return x | (1 << pos);
  }

  //--- x의 pos 위치에 있는 비트롤 0으로 변경한 값을 반환 ---//
  static int reset(int x, int pos) {
    return x & ~(1 << pos);
  }

  //--- x의 pos 위치에 있는 비트를 반전시킨 값을 반환 ---//
  static int inverse(int x, int pos) {
    return x ^ (1 << pos);
  }

  public static void main(String[] args) {
    Scanner stdIn = new Scanner(System.in);

    System.out.println("정수x의 pos번째 비트를 변경합니다.");
    System.out.print("x:"); int x = stdIn.nextInt();
    System.out.print("pos:"); int pos = stdIn.nextInt();

    System.out.print("x                = "); printBits(x);
    System.out.print("\nset(x, pos)      = "); printBits(set(x, pos));
    System.out.print("\nreset(x, pos)    = "); printBits(reset(x, pos));
    System.out.print("\ninverse(x, pos)  = "); printBits(inverse(x, pos));
    System.out.println();
  }
}
```

임의의 비트 변경

이 3개의 메서드에는 다음과 같은 식이 공통적으로 사용된다.

```
1 << pos
```

이 식으로 생성되는 것은 int형의 1, 즉 00000000000000000000000000000001을 pos 비트 왼쪽으로 시프트하므로 오른쪽에서 pos 비트 번째(최하위부터 0, 1, 2,..)만 1이 되는 정수이다. 이후 식 1 << pos를 P라고 부르겠다. 3개의 메서드는 이 P를 잘 활용해서 처리한다. 예를 들어 pos가 5라면 P는 00000000000000000000000000010000가 된다. [그림 7-11]을 보면서 pos가 10이고 정수가 1,431,655,765와 -1,431,655,766인 경우의 처리를 확인해보자. 이 정수들을 2진수로 표현한 것은 0101010...01010101과 10101010...10101010이다.

ⓐ set 메서드

x와 P의 비트 단위 논리합을 구한다. x의 pos 번째 비트가 1이라면 1을, 0이면 1로 변경한 값을 생성한다. 비트가 0이든 1이든 1과의 논리합을 구하면 1이 되며, 0과의 논리합도 1이 되는 원리를 이용한다.

ⓑ reset 메서드

P의 비트를 반전시킨 것(즉, pos번째 비트만 0이고 나머지는 1인 것)과 x와의 논리곱을 구한다. x의 pos번째가 0이면 0을, 1이면 0으로 변경한 값을 생성한다. 비트가 0이든 1이든, 0과의 논리곱은 0이 되며, 1과의 논리곱도 0이 되는 원리를 이용한다.

ⓒ c. inverse 메서드

x와 P의 비트 단위 배타적 논리합을 구한다. x의 pos번째 비트가 0이면 1, 1이면 0으로 변경한 값을 생성한다. 비트가 0이든, 1이든 1과의 배타적 논리합은 원래 비트를 반전시킨 것이 되며, 0과의 배타적 논리합도 동일한 결과를 보여준다.

그림 7-11 임의의 비트 변경

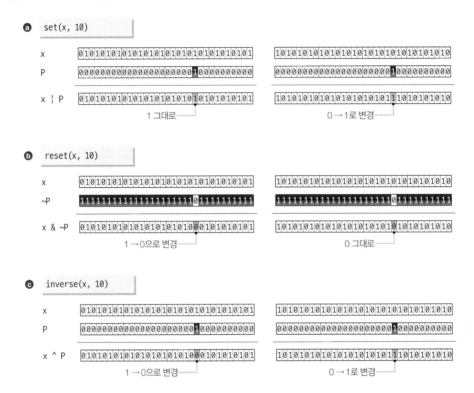

정수 x의 pos번째에 있는 비트부터 n개 연속되는 비트를 1로 변경한 값을 반환하는 setN 메서드, 0으로 변경한 값을 반환하는 resetN, 반전시킨 값을 반환하는 inverseN을 작성하자.

int set(int x, int pos, int n)   int reset(int x, int pos, int n)

int inverse(int x, int pos, int n)

```java
// 임의의 연속되는 비트를 변경
import java.util.Scanner;

class SetBits {
    //--- int형 비트 구성 ---//
    static void printBits(int x) {
        for (int i = 31; i >=0; i--)
            System.out.print(((x >>> i & 1) == 1) ? '1' :'0');
    }

    //--- x의  pos 위치에 있는 비트부터 n개 비트를 1로 변경한 값을 반환 ---//
    static int setN(int x, int pos, int n) {
        return x | (~(~0 << n) << pos);
    }

    //--- x의  pos 위치에 있는 비트부터 n개 비트를 0로 변경한 값을 반환 ----//
    static int resetN(int x, int pos, int n) {
        return x & ~(~(~0 << n) << pos);
    }

    //--- x의 pos 위치에 있는 비트부터 n개의 비트를 반전시킨 값을 반환 ---//
    static int inverseN(int x, int pos, int n) {
        return x ^ (~(~0 << n) << pos);
    }
    public static void main(String[] args) {
        Scanner stdIn = new Scanner(System.in);
        System.out.println("정수x의 pos번째 비트부터 n개 비트를 변경합니다.");
        System.out.print("x  :"); int x = stdIn.nextInt();
        System.out.print("pos:"); int pos = stdIn.nextInt();
        System.out.print("n  :"); int n = stdIn.nextInt();
        System.out.print("x                     = "); printBits(x);
        System.out.print("\nsetN(x, pos, n)       = "); printBits(setN(x, pos, n));
        System.out.print("\nresetN(x, pos, n)     = "); printBits(resetN(x, pos, n));
        System.out.print("\ninverse(x, pos, n)    = "); printBits(inverseN(x, pos, n));
        System.out.println();
    }
}
```

```
정수x의 pos번째 비트부터 n개 비트를 변경합니다.
x : 1431655765
pos : 7
n : 6
x                 = 01010101010101010101010101010101
setN(x, pos, n)   = 01010101010101010101111111010101
resetN(x, pos, n) = 01010101010101010100000001010101
inverse(x, pos, n) = 01010101010101010100101011010101
```

연속 비트 변경

3개의 메서드에선 다음 식이 공통적으로 사용된다.

```
~(~0 << n) << pos
```

이 식에서 생성되는 것은 pos번째에 있는 비트(오른쪽을 기준)부터 n개의 연속된 비트가 1이고 나머지가 0인 정수이다. 이후 이 식을 Q라고 부르도록 하겠다. [그림 7-12]는 pos가 7이고 n이 6인 경우의 Q를 생성하는 과정을 보여준다. 모든 비트가 1인 ~0을, ❶은 6비트 왼쪽으로 시프트하고, ❷는 0과 1을 반전시킨 후, ❸은 7비트 왼쪽으로 시프트하면 Q가 생성된다.

그림 7-12 ~(~0 << n) << pos를 구하는 순서

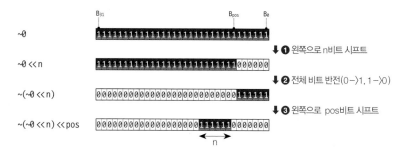

이후 과정은 앞 문제와 동일하다(변경 대상이 1비트가 아닌 연속하는 n비트인 것이 차이이다). [그림 7-13]에선 pos가 7이고 n이 6인 경우에 정수 1,431,655,765를 처리하는 과정을 보여준다.

그림 7-13 임의의 연속된 비트를 변경

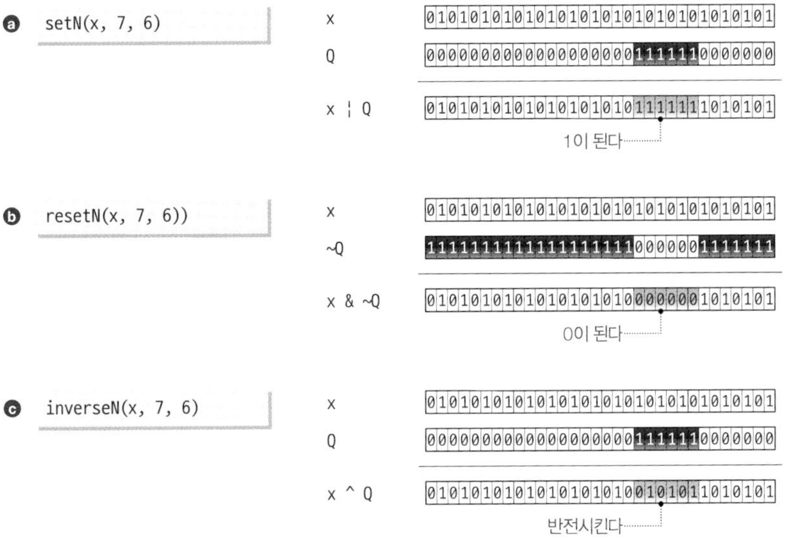

ⓐ `setN(x, 7, 6)`

x `01010101010101010101010101010101`

Q `00000000000000000000111111 0000000`

x ¦ Q `01010101010101010101111111 1010101`

1이 된다⋯⋯⋯⋯

ⓑ `resetN(x, 7, 6))`

x `01010101010101010101010101010101`

~Q `11111111111111111111000000 1111111`

x & ~Q `01010101010101010101000000 1010101`

0이 된다⋯⋯⋯⋯

ⓒ `inverseN(x, 7, 6)`

x `01010101010101010101010101010101`

Q `00000000000000000000111111 0000000`

x ^ Q `01010101010101010101001010 1010101`

반전시킨다⋯⋯⋯⋯

배열 a이 가진 모든 요소의 합을 구하는 sumOf( ) 메서드를 작성하자.

int sumOf(int[] a)

```java
// 배열이 가지는 모든 요소의 합 구하기(기본 for문)
import java.util.Scanner;

class SumOf1 {
    //--- 배열 a의 모든 요소의 합을 구한다. ---//
    static int sumOf(int[] a) {
        int sum = 0;
        for (int i = 0; i < a.length; i++)
            sum += a[i];
        return sum;
    }

    public static void main(String[] args) {
        Scanner stdIn = new Scanner(System.in);

        System.out.print("요소 수:");
        int num = stdIn.nextInt();
        int[] x = new int[num];    // num개의 요소를 가지는 배열

        for (int i = 0; i < num; i++) {
            System.out.print("x[" + i + "]:");
            x[i] = stdIn.nextInt();
        }

        System.out.println("모든 요소의 합은 " + sumOf(x) + "입니다.");
    }
}
```

```
실행 예
요소 수:5
x[0]:22
x[1]:5
x[2]:11
x[3]:32
x[4]:120
모든 요소의 합은 190입니다.
```

```java
// class SumOf2
static int sumOf(int[] a) {
    int sum = 0;
    // 확장 for문
    for (int i : a)
        sum += i;
    return sum;
}
```

배열을 받는 메서드

배열이 가진 모든 요소의 합을 구하는 문제다. main 메서드에선 요소 수를 읽어 배열을 생성하고 각 요소의 값을 읽는다. 그리고 sumOf 메서드를 호출해서 입력한 배열 요소의 합계를 구해서 반환한다.

배열을 매개 변수로 받을 때는 int[] a 처럼 일반적인 배열 선언 방식을 사용한다(변수명 뒤에 []를 붙여서 int a[]라고 선언할 수도 있다). sumOf 메서드를 호출할 때(sumOf(x)) 이루어지는 배열 전달 과정을 [그림 7-14]를 보면서 확인해보도록 하자.

인수 x는 배열 변수이므로 전달되는 것은 '배열 자체의 참조'이다. 호출된 sumOf에선 배열 변수인 매개 변수 a가 전달받은 참조로 초기화된다. 그 결과 배열 변수 a는 배열 x의 내용을 참조하게 된다. 다시 말하자면, sumOf 메서드 내의 배열 a은 사실상 main 메서드의 배열 x 자체다. 배열은 요소와 요소 수가 하나의 세트를 이루므로, sumOf 메서드 내에선 식 a.length를 사용해 배열 x의 요소 수를 추출할 수 있다.

sumOf2 프로그램은 다른 방식으로, 확장 for문을 활용해서 sumOf 메서드를 작성한다.

그림 7-14 메서드 간 배열 교환

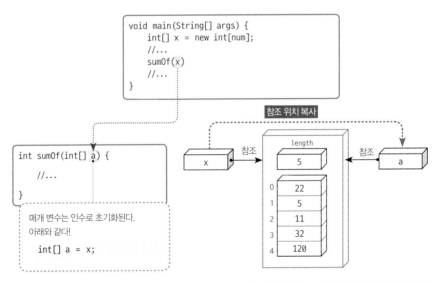

main 메서드의 x와 sumOf의 a는 같은 배열을 참조한다.

소모성 배열

다음과 같은 프로그램을 생각해보자(변수 k에 적당한 값이 들어 있다고 가정한다).

```
// k에는 적당한 값이 들어 있다
int[] a = {k, -k, 2 * k, k * k};int m = sumOf(a);  //배열 a의 모든 요소의 합을 구한다
int m = sumOf(a);
// 이후에는 배열 a가 필요 없다.
```

k, -k, 2 * k, k * k로 초기화된 배열 a의 모든 요소의 합을 구하려는 의도다. 예를 들어 k가 -3이면 -3, 3, -6, 9의 합을 구하며, k가 1이면 1, -1, 2, 1의 합을 구한다.

이제 합계를 모두 구한 후에는 배열 a가 필요 없다고 가정해보자. 이와 같이 '다른 메서드에 전달해서 처리를 끝낸 후에는 불필요해지는' 소모성 배열인 경우에는, 그것을 참조하는 배열 변수를 일부러 할당할 필요가 없다. 즉, 다음과 같이 구현하면 된다.

```
// k에는 적당한 값이 들어 있다.
int m = sumOf(new int[]{k, -k, 2 * k, k * k});
// 이후부터는 배열 a가 필요 없다.
```

위 코드에서 new int[]{k, -k, 2 * k, k * k} 부분은 배열을 생성하는 식이다. new 연산자를 사용해서 배열을 생성하고 각 요소를 초기화한다. 그리고 이 배열에 대한 참조를 그대로 인수로 메서드에 전달한다. 이해하기 어려울 수도 있지만, 고급 프로그램에선 이 방법이 자주 사용된다. 예를 들어 m1 메서드가 문자열(String형)의 배열을 전달 받는 경우 다음과 같이 m1를 호출할 수 있다.

```
m1(new String[]{"PC", "Mac", "Workstation"})
```

8장 이후에서 배우게 될 '클래스'의 인스턴스(배열 자체에 해당하는 것)를 소모성으로 호출하는 경우에도 동일한 기법을 사용한다.

배열 a의 요소 중에서 최솟값을 구하는 minOf 메서드를 작성하자.

```
int minOf(int[] a)
```

```java
// 가장 키가 작은 사람의 신장과 가장 마른 사람의 체중을 구한다
import java.util.Scanner;

class minOfHeightWeight {
    //--- 배열 a의 최솟값을 구해서 반환 ---//
    static int minOf(int[] a) {
        int min = a[0];
        for (int i = 1; i < a.length; i++)
            if (a[i] < min)
                min = a[i];
        return min;
    }

    public static void main(String[] args) {
        Scanner stdIn = new Scanner(System.in);

        System.out.print("사람 수는:");
        int num = stdIn.nextInt();          // 사람 수를 읽는다

        int[] height = new int[num];        // 신장용 배열 생성
        int[] weight = new int[num];        // 체중용 배열 생성

        System.out.println(num + "명의 신장과 체중을 입력하자.");
        for (int i = 0; i < num; i++) {
            System.out.print((i + 1) + "번의 신장:");
            height[i] = stdIn.nextInt();
            System.out.print((i + 1) + "번의 체중:");
            weight[i] = stdIn.nextInt();
        }

        System.out.println("가장 키가 작은 사람의 신장:" + minOf(height) + "cm");
        System.out.println("가장 마른 사람의 체중:"      + minOf(weight) + "kg");
    }
}
```

실행 예
```
사람 수는:4
4명의 신장과 체중을 입력하자.
1번의 신장:175
1번의 체중:72
2번의 신장:163
2번의 체중:82
3번의 신장:150
3번의 체중:49
4번의 신장:181
4번의 체중:76
가장 키가 작은 사람의 신장:150cm
가장 마른 사람의 체중:49kg
```

배열 요소의 최솟값

minOf 메서드는 'int형 배열(의 참조)을 받아서 int형의 값을 반환하는 구조'로 앞 문제의 sumOf와 같은 구조다. 이번 프로그램의 main 메서드에선 minOf 메서드를 두 번 호출한다.

메서드 호출 minOf(height)

신장용 배열 height의 참조를 minOf 메서드에 전달한다. minOf 내의 배열 변수 a는 height을 참조한다.

메서드 호출 minOf(weight)

체중용 배열 weight의 참조를 minOf 메서드에 전달한다. minOf 내의 배열 변수 a는 weight을 참조한다.

매개 변수의 형은 int[]이다. 배열 요소의 형이 int형이면 받는 배열의 요소 수에는 제약이 없다 (즉, 어떤 요소 수를 가진 배열이건 받을 수 있다).

배열 a로부터 key와 같은 값을 가지는 요소를 탐색하는 linearSearch 메서드와 linearSearchR 메서드를 작성하자. 단, 키와 같은 값을 가지는 요소가 여러 개인 경우 linearSearch는 가장 앞에 위치한 요소를 찾으며, linearSeachR은 가장 뒤에 위치한 요소를 찾을 것.

```
int linearSearch(int[] a, int key)
```

```
int linearSearchR(int[] a, int key)
```

```
// 선형 탐색
import java.util.Scanner;

class LinearSearch {
    //--- 배열 a의 요소로부터 key와 일치하는 가장 앞에 있는 요소를 선형 탐색 ---//
    static int linearSearch(int[] a, int key) {
        for (int i = 0; i < a.length; i++)
            if (a[i] == key)
                return i;          // 탐색 성공(인덱스 반환)
        return -1;                 // 탐색 실패(-1 반환)
    }

    //---배열 a의 요소로부터 key와 일치하는 가장 뒤에 있는 요소를 선형 탐색 ---//
    static int linearSearchR(int[] a, int key) {
        for (int i = a.length - 1; i >= 0; i--)
            if (a[i] == key)
                return i;          // 탐색 성공(인덱스 반환)
        return -1;                 // 탐색 실패(-1 반환)
    }

    public static void main(String[] args) {
        Scanner stdIn = new Scanner(System.in);
        System.out.print("요소 수:");
        int num = stdIn.nextInt();
        int[] x = new int[num];              // 요소 수 num의 배열
        for (int i = 0; i < num; i++) {
            System.out.print("x[" + i + "]:");
            x[i] = stdIn.nextInt();
        }

        System.out.print("찾는 값:");         // 키 값 읽기
        int ky = stdIn.nextInt();

        int idxTop = linearSearch(x, ky);    // 배열x에서 ky를 탐색
        int idxBtm = linearSearchR(x, ky);   // 배열x에서 ky를 탐색
```

실행 예

```
요소 수:6
x[0]:5
x[1]:22
x[2]:74
x[3]:32
x[4]:120
x[5]:22
찾는 값:22
해당 값의 요소가 여러 개 존재합니다.
가장 앞에 위치한 값은 x[1]에 있습니다.
가장 뒤에 위치한 값은 x[5]에 있습니다.
```

```
        if (idxTop == -1)
            System.out.println("해당 값은 존재하지 않습니다.");
        else if (idxTop == idxBtm)
            System.out.println("해당 값은 x[" + idxTop + "]에 있습니다.");
        else {
            System.out.println("해당 값의 요소가 여러 개 존재합니다.");
            System.out.println("가장 앞에 위치한 값은 x[" + idxTop + "]에 있습니다.");
            System.out.println("가장 뒤에 위치한 값은 x[" + idxBtm + "]에 있습니다.");
        }
    }
}
```

선형 탐색

선형 탐색 알고리즘은 [문제 6-8]에서 배웠다. 선형 탐색부를 개별적인 메서드로 작성한 것이 이번 프로그램이다.

배열 a로부터 요소 a[idx]를 삭제하는 aryRmv 메서드를 작성하자.

void aryRmv(int[] a, int idx)

a[idx]의 삭제는, 그 뒤에 있는 요소들을 앞으로 하나씩 이동해서 할 것. 이동한 후에 비게 되는 마지막 요소 a[a.length - 1]의 값은 이동하기 전의 마지막 값을 유지할 것.

예) 배열 a의 요소가 {1, 3, 4, 7, 9, 11}일 때에 aryRmv(a, 2)라고 호출한 후에는 배열 a의 요소는 {1, 3, 7, 9, 11, 11}이 된다.

```java
// 배열의 요소 삭제
import java.util.Scanner;

class AryRmv {
    //--- 배열 a에서 a[idx]를 삭제(뒤에 있는 요소들을 하나씩 앞으로 이동) ---//
    static void aryRmv(int[] a, int idx) {
        if (idx >= 0 && idx < a.length) {
            for (int i = idx; i < a.length - 1; i++)
                a[i] = a[i + 1];
        }
    }

    public static void main(String[] args) {
        Scanner stdIn = new Scanner(System.in);

        System.out.print("요소 수:");
        int num = stdIn.nextInt();
        int[] a = new int[num];          // 요소 수가 num인 배열

        for (int i = 0; i < num; i++) {
            System.out.print("a[" + i + "]:");
            a[i] = stdIn.nextInt();
        }

        System.out.print("삭제할 요소의 인덱스:");
        int idx = stdIn.nextInt();

        aryRmv(a, idx);                  // 배열 a에서 a[idx]를 삭제
        for (int i = 0; i < num; i++)    // 배열 a표시
            System.out.println("a[" + i + "] = " + a[i]);
    }
}
```

```
실행 예
요소 수:6
a[0]:1
a[1]:3
a[2]:4
a[3]:7
a[4]:9
a[5]:11
삭제할 요소의 인덱스:2
a[0] = 1
a[1] = 3
a[2] = 7
a[3] = 9
a[4] = 11
a[5] = 11
```

배열 요소 삭제

aryRmv 메서드는 배열 a의 요소인 a[idx]를 삭제한다. 말할 필요도 없이 배열 대상이 되는 요소의 인덱스 idx는 다음 조건을 만족해야 한다.

> 0 ≤ idx < a.length

▶ 예를 들어 배열 a의 요소 수가 6인 경우, idx는 0이상, 6미만이어야 한다.

메서드의 시작 부분에서 if문으로 이 조건을 확인하므로 idx를 유효성을 확인한다. 그리고 유효한 경우에만 삭제 처리를 진행하는 것이다. a[idx]보다 뒤에 있는 요소들을 앞으로 시프트(이동)하므로 a[idx]를 삭제하는 것이 aryRmv 내의 for문이다. [그림 7-15]는 구체적인 예를 보여준다.

그림 7-15 aryRmv 메서드의 처리 과정

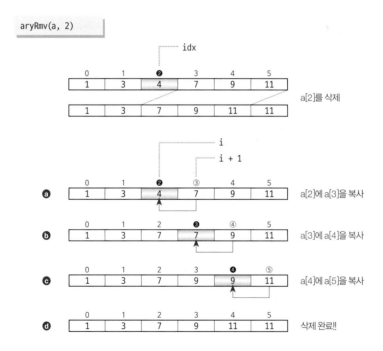

여기서 보여주는 것은 배열 a의 요소가 {1, 3, 4, 7, 9, 11}일 때에 aryRmv(a, 2)를 호출한 경우의 처리이다. idx의 값이 2이고 a.length가 6이므로 for문에 의해 i의 값이 2, 3, 4로 증가하며 3회 반복된다. 반복 과정에서 실행되는 것은 다음 처리이다.

```
a[i]= a[i + 1];
```

즉, a[i]에 1개 뒤에 있는 요소 a[i + 1]를 대입(복사)하는 것이다. 이 예에선 for문에 의해 다음
과 같이 3회 대입이 이루어진다.

ⓐ a[2]에 a[3]의 값을 대입. a[2]의 값이 7로 변경된다.
ⓑ a[3]에 a[4]의 값을 대입. a[3]의 값이 9로 변경된다.
ⓒ a[4]에 a[5]의 값을 대입. a[4]의 값이 11로 변경된다.

이것으로 삭제가 완료된다.

배열 a에서 요소 a[idx]부터 n개의 요소를 삭제하는 aryRmvN 메서드를 작성하자.

void aryRmv(int[] a, int idx, int n)

삭제는 a[idx]보다 뒤에 있는 모든 요소를 하나씩 앞으로 이동해서 할 것. 이동 대상이 아닌 요소는 기존 값을 그대로 유지할 것.

예) 배열 a의 요소가 {1, 3, 4, 7, 9, 11}일 때 aryRmvN(a, 1, 3)라고 호출하면 배열 a의 요소는 {1, 9, 11, 7, 9, 11}이 된다.

```java
//배열에서 연속된 요소를 삭제
import java.util.Scanner;

class AryRmvN {

    //--- 배열 a에서 a[idx]부터 n개의 요소를 삭제 ---//
    static void aryRmvN(int[] a, int idx, int n) {
        if (n > 0 && idx >= 0 && idx + n < a.length) {
            int idx2 = idx + n - 1;
            if (idx2 > a.length - n - 1)
            idx2 = a.length - n - 1;
            for (int i = idx; i <= idx2; i++)
            a[i] = a[i + n];
        }
    }

    public static void main(String[] args) {
        Scanner stdIn = new Scanner(System.in);

        System.out.print("요소 수:");
        int num = stdIn.nextInt();
        int[] a = new int[num];

        for (int i = 0; i < num; i++) {
            System.out.print("a[" + i + "]:");
            a[i] = stdIn.nextInt();
        }

        System.out.print("삭제를 시작할 인덱스:");
        int idx = stdIn.nextInt();

        System.out.print("삭제할 요소의 수:");
        int n = stdIn.nextInt();
```

```
실행 예
요소 수:6
a[0]:1
a[1]:3
a[2]:4
a[3]:7
a[4]:9
a[5]:11
삭제를 시작할 인덱스:1
삭제할 요소의 수:3
a[0] = 1
a[1] = 9
a[2] = 11
a[3] = 7
a[4] = 9
a[5] = 11
```

```
        aryRmvN(a, idx,n ); // 배열 a에서 a[idx]부터 n개의 요소를 삭제
        for (int i = 0; i < num; i++) // 배열 a 표시
            System.out.println("a[" + i + "] = " + a[i]);
    }
}
```

배열에서 여러 요소를 삭제

앞 문제에선 배열에서 하나의 요소를 삭제하는 경우였다. 이 문제의 aryRmvN는 연속되는 n개의 요소를 삭제한다. 당연히 n과 idx는 다음과 같은 조건을 만족해야 한다.

```
n > 0        idx ≥ 0
```

[그림 7-16]은 요소가 6개인 배열 a에서 a[2]부터 요소를 삭제하는 예를 보여준다. [그림 7-16ⓐ]나 [그림 7-16ⓑ]에선 요소를 앞으로 이동해서 삭제한다. 한편 aryRmvN(a, 2, 4)를 호출한 [그림 7-16ⓒ]의 경우, a[2] 이후에는 a[2]를 포함해서 4개밖에 요소가 없으므로(이동할 요소가 하나도 없다), 기존 값을 그대로 유지한다.

그림 7-16 aryRmvN 메서드를 사용한 요소 삭제

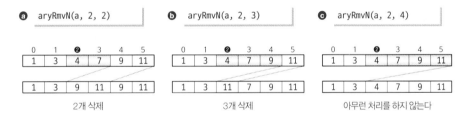

이 예를 통해 다음 조건을 만족하는 경우 아무런 처리를 하지 않는다.

```
idx + n < a. length
```

앞 문제에선 a[i]에 하나 뒤의 요소 a[i + 1]의 값을 대입했었다. 이 문제에선 n개 뒤에 있는 요소 a[i + n]의 값을 대입한다. [그림 7-17ⓑ]에선 n개 뒤에 있는 요소의 값을 대입하는 것은 a[2]밖에 없다. a[3]과 a[4]에는 n개 뒤의 요소가 존재하지 않기 때문이다. 마지막 요소의 인덱스를 나타내기 위해 도입한 것이 요소 idx2이다. 삭제 대상 요소 중에서 n개 뒤에 요소가 존재하는 가장 마지막 요소의 인덱스를 저장한다.

[그림 7-17]은 배열 a의 요소가 {1, 3, 5, 7, 9, 11, 13, 15}일 때에 aryRmvN(a, 1, 3)을 호출해서 삭제하는 과정을 보여준다.

그림 7-17 aryRmvN 메서드를 사용한 삭제 처리

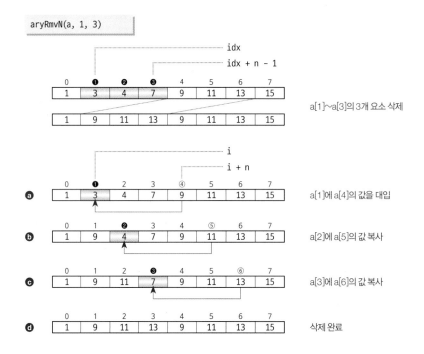

문제 7-20

배열 a의 요소 a[idx]에 x를 삽입하는 aryIns 메서드를 작성하자.

void aryIns(int[] a, int idx, int x)

삽입 시에는 a[idx] ~ a[a.length-2]를 하나씩 뒤로 이동시켜야 한다.

예) 배열 a의 요소가 {1, 3, 4, 7, 9, 11}일 때에 aryIns(a, 2, 99)라고 호출하면 a의 요소가 {1, 3, 99, 4, 7, 9}가 된다.

```java
// 배열에 요소 삽입하기
import java.util.Scanner;

class AryIns {

    //--- 배열a의 a[idx]에 x를 삽입(뒤에 있는 요소를 하나씩 오른쪽으로 이동시킴)  ---//
    static void aryIns(int[] a, int idx, int x) {
        if (idx >= 0 && idx < a.length) {
            for (int i = a.length - 1; i > idx; i--)
                a[i] = a[i - 1];
            a[idx] = x;
        }
    }

    public static void main(String[] args) {
        Scanner stdIn = new Scanner(System.in);

        System.out.print("요소 수:");
        int num = stdIn.nextInt();
        int[] a = new int[num];              // num 크기의 배열 생성

        for (int i = 0; i < num; i++) {
            System.out.print("a[" + i + "]:");
            a[i] = stdIn.nextInt();
        }

        System.out.print("삽입할 요소의 인덱스:");
        int idx = stdIn.nextInt();

        System.out.print("삽입할 값:");
        int n = stdIn.nextInt();

        aryIns(a, idx,n );                   // 배열 a에서 a[idx]에 x를 삽입

        for (int i = 0; i < num; i++)        // 배열 a 표시
```

실행 예

```
요소 수:6
a[0]:1
a[1]:3
a[2]:4
a[3]:7
a[4]:9
a[5]:11
삽입할 요소의 인덱스:2
삽입할 값:99
a[0] = 1
a[1] = 3
a[2] = 99
a[3] = 4
a[4] = 7
a[5] = 9
```

```
            System.out.println("a[" + i + "] = " + a[i]);
      }
}
```

배열에 요소 삽입하기

배열에 요소를 삽입하는 프로그램이다. 배열 a에서 요소 a[idx] 위치에 하나의 값을 삽입하려면 그 뒤에 있는 요소들을 오른쪽(뒤쪽)으로 시프트한다. 물론 삽입 대상이 되는 요소의 인덱스 idx는 다음 조건을 만족해야 한다.

```
0 ≤ idx < a.length
```

이 조건을 if문으로 확인해서 idx가 유효한 범위인 경우에만 요소를 삽입한다.

그림 7-18 aryIns 메서드의 처리 과정

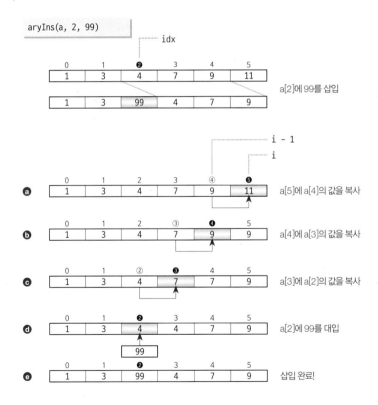

a[idx]를 포함해서 그 뒤에 있는 요소들을 오른쪽으로 시프트(이동)하는 것이 for문이다. [그림 7-18]은 구체적인 예를 보여주는 것으로 배열 a의 요소가 {1, 3, 4, 7, 9, 11}일 때에 aryIns(a, 2, 99) 호출한 결과를 보여준다.

idx의 값이 2이고 a.length가 6이므로 i의 값은 5, 4, 3으로 하나씩 줄어들면서 for문이 3회 실행된다. 반복 과정에서 실행되는 것은 다음 코드다.

```
a[i] = a[i-1];
```

즉, a[i]에 1개 앞에 있는 요소 a[i-1]의 값을 대입한다. 이 예에선 for문의 반복에 의해 다음과 같이 3회의 대입이 이루어진다.

ⓐ a[5]에 a[4]의 값을 대입. a[5]의 값이 9로 변경된다.
ⓑ a[4]에 a[3]의 값을 대입. a[4]의 값이 7로 변경된다.
ⓒ a[5]에 a[4]의 값을 대입. a[5]의 값이 9로 변경된다.

for문이 종료되면 a[idx]에 x를 대입한다.

ⓓ a[2]에 삽입할 값인 x를 대입. a[2]의 값이 99로 변경된다.

이것으로 삽입 처리가 완료된다.

배열 a와 배열 b의 전체 요솟값을 교환하는 aryExchng 메서드를 작성하자.

void aryExchng(int[] a, int[] b)

두 배열의 요소 수가 같지 않다면 작은 쪽의 배열 수에 맞추어 교환할 것.

예) 배열 a의 요소가 {1, 2, 3, 4, 5, 6, 7}이고 배열 b의 요소가 {5, 4, 3, 2, 1}일 때에, aryExchange(a, b)를 호출하면 배열 a는 {5, 4, 3, 2, 1, 6, 7}이 되고 배열 b는 {1, 2, 3, 4, 5}가 돼야 한다.

```java
// 두 배열의 전체 요솟값을 교환
import java.util.Scanner;

class aryExchng {

    //---배열a와 b의 전체 요솟값을 교환 ---//
    static void aryExchng(int[] a, int[] b) {
        int n = a.length < b.length ? a.length : b.length;      //①
        for (int i = 0; i < n; i++) {        //②
            int t = a[i]; a[i] = b[i]; b[i] = t;
        }
    }

    public static void main(String[] args) {
        Scanner stdIn = new Scanner(System.in);

        System.out.print("배열 a의 요소 수:");
        int na = stdIn.nextInt();       // 배열 a의 요소 수
        int[] a = new int[na];          // 요소 수가 na인 배열
        for (int i = 0 ; i < na; i++) {
            System.out.print("a[" + i + "]:");
            a[i] = stdIn.nextInt();
        }

        System.out.print("배열 b의 요소 수:");
        int nb = stdIn.nextInt();       // 배열 b의 요소 수
        int[] b = new int[nb];          // 요소 수가 nb인 배열
        for (int i = 0; i < nb; i++) {
            System.out.print("b[" + i + "]:");
            b[i] = stdIn.nextInt();
        }

        aryExchng(a, b);
        System.out.println("배열 a와 b의 전체 요소를 교환했습니다.");
        for (int i = 0; i < na; i++)   // 배열 a를 표시
```

실행 예

```
배열 a의 요소 수:7
a[0]:1
a[1]:2
a[2]:3
a[3]:4
a[4]:5
a[5]:6
a[6]:7
배열 b의 요소 수:5
b[0]:5
b[1]:4
b[2]:3
b[3]:2
b[4]:1
배열 a와 b의 전체 요소를 교환했습니다.
a[0] = 5
a[1] = 4
a[2] = 3
a[3] = 2
a[4] = 1
a[5] = 6
a[6] = 7
b[0] = 1
b[1] = 2
b[2] = 3
b[3] = 4
b[4] = 5
```

```
            System.out.println("a[" + i + "] = " + a[i]);

        for (int i = 0; i < nb; i++)   // 배열 b를 표시
            System.out.println("b[" + i + "] = " + b[i]);
    }
}
```

배열의 요솟값 교환

두 배열의 전체 요소를 교환하는 프로그램이다. aryExchng 메서드는 두 배열 a와 b를 받는다. 두 배열이 요소 수가 같지 않으면 작은 쪽의 요소 수만큼 요소를 교환한다.

❶ 교환할 요소 수 정하기

두 배열 a, b의 요소 수 크기는 [그림 7-19]에 있는 3가지 패턴을 가질 수 있으며, 교환 대상이 되는 것은 ❶, ❷부분이다. 즉, 교환 요소 수는 a.length와 b.length에서 작은 쪽의 값이다. 즉, 두 배열 a, b의 요소 수 중 작은 쪽의 값을 변수 n에 대입한다.

❷ 두 배열의 값 교환하기

두 배열의 앞 부분에서부터 n개의 요소를 교환한다. for문에서 하는 처리는 다음과 같다.

· a[0]와 b[0]의 값을 교환
· a[1]과 b[1]의 값을 교환
· a[2]와 b[2]의 값을 교환
  ...중략...
· a[n - 1]과 b[n-1]의 값을 교환

▶ 두 값의 교환 순서는 [문제 3-18]에서 학습했다.

그림 7-19 요소 수의 대소 관계

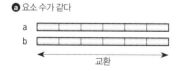
❶ 요소 수가 같다

❷ 배열 a의 요소 수가 크다

❸ 배열 a의 요소 수가 작다

[그림 7-20]은 구체적인 예를 보여준다. 배열 a의 요소가 {1, 2, 3, 4, 5, 6, 7}이고 배열 b의 요소가 {5, 4, 3, 2, 1}일 때에 aryExchng(a, b)를 호출하면 메서드가 앞에 있는 5개 요소의 값을 교환한다. 결과적으로 배열 a는 {5, 4, 3, 2, 1, 6, 7}이 되고 배열 b는 {1, 2, 3, 4, 5}가 된다.

그림 7-20 aryExchng 메서드를 사용한 요소 교환

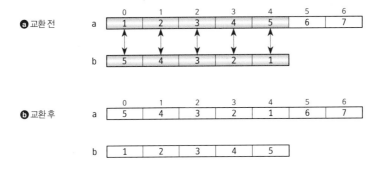

배열 a와 같은 배열(요소 수가 같고 모든 요소의 값이 같은 배열)을 생성해서 반환하는 arrayClone 메서드를 작성하자.

```
int[] arrayClone(int[] a)
```

```java
// 배열의 복사본 작성
import java.util.Scanner;

class arrayClone {
  //--- 배열 a의 복사본을 생성해서 반환 ---//
  static int[] arrayClone(int[] a) {
    int[] c = new int[a.length];       // 요소 수가 a랑 같다
    for (int i = 0; i < c.length; i++)    // 전체 요소 복사
      c[i] = a[i];
    return c;
  }


  public static void main(String[] args) {
    Scanner stdIn = new Scanner(System.in);

    System.out.print("요소 수:");
    int num = stdIn.nextInt();

    int[] x = new int[num];           // num 크기의 배열 생성

    for (int i = 0; i < num; i++) {
      System.out.print("x[" + i + "]:");
      x[i] = stdIn.nextInt();
    }

    int[] y=arrayClone(x);            // 배열 x 복사
    System.out.println("배열 x를 복사해서 배열 y를 생성했습니다.");
    for (int i = 0; i < num; i++)        // 배열 y 표시
      System.out.println("y[" + i + "] = " + y[i]);
  }

}
```

```
실행 예
요소 수:5
x[0]:11
x[1]:22
x[2]:33
x[3]:44
x[4]:55
배열 x를 복사해서 배
열 y를 생성했습니다.
y[0] = 11
y[1] = 22
y[2] = 33
y[3] = 44
y[4] = 55
```

배열을 반환하는 메서드

메서드는 배열(의 참조)를 받을 뿐만 아니라 반환할 수도 있다. arrayClone 메서드는 int형 배열의 참조를 반환하므로 반환형을 int[]라고 선언한다. arrayClone은 매개 변수 a에 int형의 배열(의 참조)를 받아서 다음과 같은 처리를 한다.

- 배열 a와 같은 요소 수를 지니는 배열 c를 생성
- 배열 c에 배열 a와 동일한 값을 대입
- 배열 전체를 참조하는 c를 반환

실행 예에서처럼 매개 변수 a에 {11, 22, 33, 44, 55}가 저장된 배열의 참조를 받은 경우를 생각해보자(그림 7-21). arrayClone 메서드는 요소 수가 5인 배열 c를 생성하고 각 요소에 {11, 22, 33, 44, 55}를 대입한다. 그리고 이 배열 c의 참조를 반환한다.

그림 7-21 ArrayClone의 배열 전달 과정

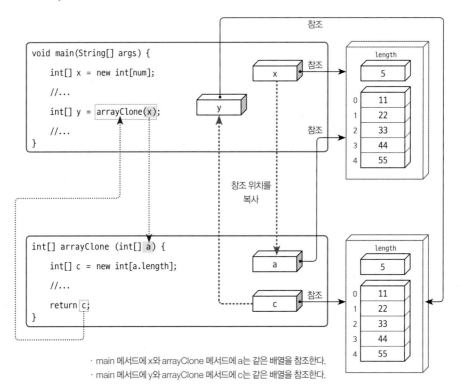

- main 메서드에 x와 arrayClone 메서드에 a는 같은 배열을 참조한다.
- main 메서드에 y와 arrayClone 메서드에 c는 같은 배열을 참조한다.

main 메서드에선 키보드를 통해 입력받은 요소 수를 크기로 하는 배열 x를 생성한다. 이 배열에 대한 참조가 arrayClone 메서드가 호출될 때에 인수로 전달된다. 호출된 arrayClone 메서드는 이 참조를 매개 변수로 받는다. 즉, arrayClone 메서드의 매개 변수 a의 참조 위치는 main 메서드에서 생성된 배열 x이다.

main 메서드에선 x외에도 배열 변수 y가 선언돼 있다. 이 y를 초기화하는 것이 arrayClone(x)이다. 그림에서도 보여주듯이, arrayClone의 반환값(배열 변수 c의 값인 참조)으로 배열 변수 y가 초기화된다. 그 결과, 배열 변수 y는 arrayClone 메서드 내에서 생성된 배열을 참조하게 된다. 메서드의 반환형을 배열로 선언할 때 []를 다음과 같이 뒤에 붙여도 된다.

```
static int arrayClone(int[] a) []
```

단, 이 형식은 자바의 초기 버전에서 사용되던 것으로 호환성을 위해서 유지되지만, 사용하지 않는 것이 좋다.

배열 a의 요소 중에서 값이 x인 모든 요소의 인덱스를 앞에서부터 순서대로 저장해서 반환하는 arraySrchIdx를 작성하자.

int[] arraySrchIdx(int[] a)

예) 배열 a의 요소가 {1, 5, 4, 8, 5, 5, 7}이고 arraySrchIdx(a, 5)를 호출한 경우, 반환할 배열은 {1, 4, 5}가 된다(값이 5인 요소의 인덱스를 나열한 것).

```java
// 배열의 복사본 작성
import java.util.Scanner;

class ArraySearchIndex {
    //--- 배열 a에서 x와 일치하는 모든 요소의 인덱스를 추출한 배열 반환 ---//
    static int[] arraySrchIdx(int[] a, int x) {
        int count = 0;                    // x와 일치하는 요소의 개수
        for (int i = 0; i < a.length; i++)
            if (a[i] == x) count++;

        int[] c = new int[count--];
        for (int i = a.length - 1; count >= 0; i--)
            if (a[i] == x)
                c[count--] = i;
        return c;
    }

    public static void main(String[] args) {
        Scanner stdIn = new Scanner(System.in);

        System.out.print("요소 수:");
        int num = stdIn.nextInt();

        int[] x = new int[num];           //num 크기의 배열 생성

        for (int i = 0; i < num; i++) {
            System.out.print("x[" + i + "]:");
            x[i] = stdIn.nextInt();
        }

        System.out.print("탐색할 값:");
        int n= stdIn.nextInt();
        int[] b=arraySrchIdx(x, n);

        if (b.length == 0)
            System.out.println("일치하는 요소가 없습니다.");
```

실행 예

```
요소 수:7
x[0]:1
x[1]:5
x[2]:4
x[3]:8
x[4]:5
x[5]:5
x[6]:7
탐색할 값:5
일치하는 요소의 인덱스
1
4
5
```

```
    else {
      System.out.println("일치하는 요소의 인덱스");
      for (int i = 0; i < b.length; i++)  // 배열 y 표시
        System.out.println(b[i]);
    }
  }

}
```

탐색

선형 탐색 알고리즘은 찾고자 하는 키가 요소 내에 여러 개 존재하더라도, 하나라도 발견한 시점에 탐색을 완료한다. 하지만 현실에선 이 문제처럼 '일치하는 요소가 여러 개 존재하는 경우는 해당 요소를 모두 찾는 것'이 일반적이다. arraySrchIdx 메서드가 하는 것은 일치하는 모든 요소의 인덱스를 순서대로 저장한 배열을 반환하는 것이다.

실행 예에 있는 것처럼, 배열 a의 요소가 {1, 5, 4, 8, 5, 5, 7}이며, arraySrchIdx(a, 5)를 호출한 경우의 처리 과정을 보도록 하자.

❶ 값이 x인 요소의 개수를 조사해서 count에 대입한다(이 예에선 3이다). 변수 count를 0올 초기화하고 배열 a의 모든 요소를 확인해가는 과정에서 값이 x인 요소를 만나면 count를 증가시킨다.

❷ 요소 수가 count개인 배열 c를 생성한다. 이 예에선 배열 c의 요소 수는 3이다. 생성한 직후에 count를 감소시켜서 2로 만든다.

❸ 배열 c에 값을 저장한다(그림 7-22). 이때 배열 a와 배열 c를 뒤에서부터 앞으로 비교한다. 변수 i는 배열 a의 인덱스이고 초깃값은 a.length - 1(그림에선 ❻)이다. 또한, 변수 count는 배열 c의 인덱스이고 초깃값은 그림에선 ❷이다(그림 7-22❶).

변수 i를 감소시켜가며 배열 a를 뒤에서부터 앞으로 확인해간다. [그림 7-22❻], [그림 7-22❻], [그림 7-22❻]처럼 x와 같은 요소를 발견하면 해당 인덱스인 i의 값을 c[count]에 대입하며 동시에 count를 하나 감소시킨다. [그림 7-22❻]에서 대입 완료 후에 for문의 count 값이 0을 지나 -값을 가지므로 for문은 종료된다. 즉, count개의 인덱스를 배열 c에 모두 저장하는 것이 for문의 종료 조건이다. 그림에선 확인할 필요가 없는 a[0]는 대상에서 제외된다.

그림 7-22 arraySrchIdx 메서드를 사용한 인덱스 추출

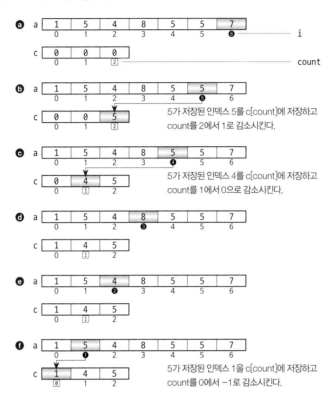

ⓐ a

1	5	4	8	5	5	7
0	1	2	3	4	5	❻

.... i

c

0	0	0
0	1	②

.... count

ⓑ a

1	5	4	8	5	5	7
0	1	2	3	4	❺	6

c

0	0	5
0	1	②

5가 저장된 인덱스 5를 c[count]에 저장하고
count를 2에서 1로 감소시킨다.

ⓒ a

1	5	4	8	5	5	7
0	1	2	3	❹	5	6

c

0	4	5
0	①	2

5가 저장된 인덱스 4를 c[count]에 저장하고
count를 1에서 0으로 감소시킨다.

ⓓ a

1	5	4	8	5	5	7
0	1	2	❸	4	5	6

c

1	4	5
0	①	2

ⓔ a

1	5	4	8	5	5	7
0	1	❷	3	4	5	6

c

1	4	5
0	①	2

ⓕ a

1	5	4	8	5	5	7
0	❶	2	3	4	5	6

c

1	4	5
⓪	1	2

5가 저장된 인덱스 1을 c[count]에 저장하고
count를 0에서 −1로 감소시킨다.

배열 a에서 요소 a[idx]를 삭제한 배열을 반환하는 arrayRmvOf를 작성하자.

```
int[] arrayRmvOf(int[] a, int idx)
```

삭제는 a[idx]보다 뒤에 있는 모든 요소를 하나씩 앞으로 이동시킬 것.

예) 배열 a의 요소가 {1, 3, 4, 7, 9, 11}일 때에 arrayRmvOf(a, 2)를 호출한 경우, 반환할 배열의 요소는 {1, 3, 7, 9, 11}이다.

```java
// 배열에서 요소를 삭제한 배열을 반환
import java.util.Scanner;

class ArrayRemoveOf {
    //--- 배열 a에서 a[idx]를 삭제한 배열을 반환 ---//
    static int[] arrayRmvOf(int[] a, int idx) {
        if (idx < 0 && idx >= a.length - 1)
        return a.clone();                    //a의 복사본을 그대로 반환
        else {
            int[] c = new int[a.length - 1];     ●·········❶
            int i = 0;     ●·········❷
            for ( ; i < idx; i++)     ●·········❸
                c[i] = a[i];
            for ( ; i < a.length - 1; i++)     ●·········❹
                c[i] = a[i + 1];
            return c;
        }
    }

    public static void main(String[] args) {
        Scanner stdIn = new Scanner(System.in);

        System.out.print("요소 수:");
        int num = stdIn.nextInt();
        int[] x = new int[num];             // 요소 수가 num인 배열

        for (int i = 0; i < num; i++) {
            System.out.print("x[" + i + "]:");
            x[i] = stdIn.nextInt();
        }

        System.out.print("삭제할 요소의 인덱스:");
        int idx = stdIn.nextInt();

        int[] y = arrayRmvOf(x, idx);     // 배열 x에서 x[idx]를 삭제한 배열 생성
```

실행 예

```
요소 수:6
x[0]:1
x[1]:3
x[2]:4
x[3]:7
x[4]:9
x[5]:11
삭제할 요소의 인덱스:2
y[0] = 1
y[1] = 3
y[2] = 7
y[3] = 9
y[4] = 11
```

```
        for (int i = 0; i < y.length; i++)   // 배열 y 표시
            System.out.println("y[" + i + "] = " + y[i]);
    }
}
```

배열 요소의 삭제

[문제 7-18]를 발전시킨 문제다. 삭제 대상 요소의 인덱스 idx는 다음 조건을 만족해야 한다.

```
0 ≤ idx < a.length
```

이 조건을 if문에서 확인해서 idx가 유효하지 않은 범위에 있는 경우 요소를 삭제하지 않고 복사본을 그대로 반환한다.

```
return a.clone();
```

여기서 이용하는 clone 메서드는 배열의 복사본을 작성해서 그 참조를 반환하는 메서드이다. 다음과 같은 형식으로 호출한다.

```
배열변수명.clone()
```

return문에선 clone 메서드가 반환한 복사본의 참조를 그대로 반환한다.

idx가 유효한 범위에 있는 경우는 요소를 1개 삭제한 배열을 생성 및 반환한다. 실행 예처럼 프로그램을 실행한 경우 [그림 7-23]과 같은 과정을 보여준다. 이 그림을 보면서 확인해보자.

❶ 배열 생성
배열 a에서 요소를 삭제한 배열을 저장하기 위한 배열 c를 생성한다. 요소 수는 배열 a의 요소 수보다 하나 작은 a.length - 1이다.

❷ 삭제 요소보다 앞에 있는 요소들을 복사
삭제할 a[idx]보다 앞쪽에 위치한 모든 요소, 즉 a[0]~a[idx-1]을 c[0]~c[idx-1]에 복사한다(그림 7-23❶).

❸ 삭제할 요소보다 뒤에 있는 요소들을 복사
삭제할 요소 a[idx]보다 뒤에 위치한 모든 요소, 즉, a[idx+1]~a[a.length-1]를 c[idx]~c[a.

length-2]에 복사한다(그림 7-23ⓑ).

❹ 배열 반환

배열 c의 참조를 반환한다.

그림 7-23 arrayRmvOf 메서드 처리 과정

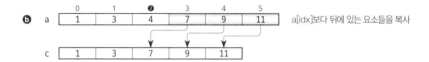

배열 a에서 요소 a[idx]부터 n개의 요소를 삭제한 배열을 반환하는 arrayRmvOfN 메서드를 작성하자.

int[] arrayRmvOfN(int[] a, int idx, int n)

삭제는 a[idx]보다 뒤에 있는 모든 요소를 n개 앞으로 이동해서 할 것.

예) 배열 a의 요소가 {1, 3, 4, 7, 9, 11}일 때에 arrayRmvOfN(a, 1, 3)을 호출한 경우, 반환할 배열의 요소는 {1, 9, 11}이다.

```java
//배열에서 연속되는 n개의 요소를 삭제한 배열 반환
import java.util.Scanner;

class ArrayRemoveOfN {
    //--- 배열 a의 a[idx]부터 n개의 요소를 삭제한 배열을 반환---//
    static int[] arrayRmvOfN(int[] a, int idx, int n) {
        if (n < 0 || idx < 0 || idx > a.length)
            return a.clone();
        else {
            if (idx + n > a.length)          ●─────────────❶
                n = a.length - idx;
            int[] c = new int[a.length - n]; ●─────────────❷
            int i= 0;    ●──────────❸
            for ( ; i < idx; i++)
                c[i] = a[i];
            for ( ; i < a.length - n; i++)   ●─────────────❹
                c[i] = a[i + n];
            return c;    ●──────────❺
        }
    }

    public static void main(String[] args) {
        Scanner stdIn = new Scanner(System.in);
        System.out.print("요소 수:");
        int num = stdIn.nextInt();
        int[] x = new int[num];

        for (int i = 0; i < num; i++) {
            System.out.print("x[" + i + "]:");
            x[i] = stdIn.nextInt();
        }

        System.out.print("삭제를 시작할 인덱스:");
        int idx = stdIn.nextInt();
```

실행 예
요소 수:6
x[0]:1
x[1]:3
x[2]:4
x[3]:7
x[4]:9
x[5]:11
삭제를 시작할 인덱스:1
삭제할 요소의 개수:3
y[0] = 1
y[1] = 9
y[2] = 11

```
        System.out.print("삭제할 요소의 개수:");
        int n = stdIn.nextInt();

        // 배열x의 x[idx]부터 n개의 요소를 삭제한 배열 생성
        int[] y = arrayRmvOfN(x, idx, n);

        for (int i =0; i < y.length; i++)   // 배열 y 표시
            System.out.println("y[" + i + "] = " + y[i]);
    }
}
```

배열 요소의 삭제

위 문제는 [문제 7-19]를 발전시킨 것으로 연속되는 n개의 요소를 삭제하는 문제다. n는 양수여야
하며 삭제할 대상 요소의 인덱스 idx는 0이상, a.length미만이어야 한다. 이 조건을 if문으로 확인
해서 n과 idx가 유효 범위에 없으면 요소를 삭제하지 않고 배열 a의 복사본(의 참조)인 a.clone()
을 반환한다.

n과 idx가 유효한 범위인 경우에는 요소를 삭제한 배열을 생성 및 반환한다. 삭제할 요소 수는 매개
변수 n으로 받는다. 예에선 삭제할 요소는 3개이다(그림 7-24ⓐ). 하지만 [그림 7-24ⓑ]에선 6개
의 요소를 삭제하라고 지시하지만, 4개밖에 삭제할 수 없다. 즉, 실제로 삭제할 요소의 개수는 n보
다 작을 가능성이 있다. 이것을 확인하는 것이 ❶이다.

그림 7-24 arrayRmvOfN 메서드를 사용한 요소 삭제

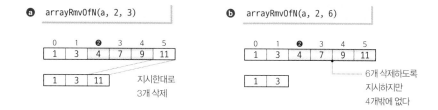

❷에선 요소 삭제 후의 배열을 저장하기 위한 배열 c를 생성한다. 요소 수는 배열 a의 요소 수
에서 n을 뺀 값이다. ❸에선 삭제할 a[idx]보다 앞에 위치한 모든 요소, 즉 a[0]~a[idx-1]를
c[0]~c[idx-1]에 복사한다(그림 7-25ⓐ). ❹에선 삭제할 a[idx]보다 뒤에 있는 모든 요소, 즉
c[idx]~c[idx-n-1]에 a[idx+n] 이후의 값을 복사한다(그림 7-25ⓑ). 마지막으로 ❺에선, 배열
c의 참조를 반환한다.

그림 7-25 arrayRmvOfN 메서드의 처리 과정

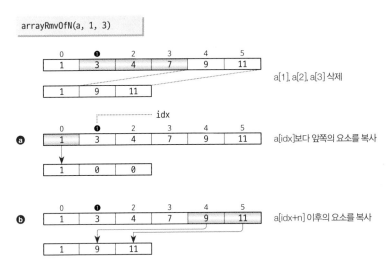

a[1], a[2], a[3] 삭제

ⓐ a[idx]보다 앞쪽의 요소를 복사

ⓑ a[idx+n] 이후의 요소를 복사

배열 a의 요소 a[idx]에 x를 삽입해서 배열로 반환하는 arrayInsOf를 작성하자.

```
int[] arrayInsOf(int[] a, int idx, int x)
```

삽입할 때는 a[idx]뒤에 있는 모든 요소를 하나씩 뒤로 이동시킬 것.

예) 배열 a의 요소가 {1, 3, 4, 7, 9, 11}일 때에 arrayInsOf(a, 2, 99)를 호출할 경우, 반환할 배열의 요소는 {1, 3, 99, 4, 7, 9, 11}이 된다.

```java
// 배열에 요소를 삽입해서 반환
import java.util.Scanner;

class ArrayInsOf {
    //--- 배열 a의 a[idx]에 x를 삽입한 배열을 반환 ---//
    static int[] arrayInsOf(int[] a, int idx, int x) {
        if (idx < 0 || idx > a.length)
        return a.clone();
        else {
            int[] c = new int[a.length + 1];    ●❶
            int i = 0;    ●❷
            for ( ; i < idx; i++)
                c[i] = a[i];
            for ( ; i < a.length; i++)    ●❸
                c[i + 1] =  a[i];
            c[idx] = x;    ●❹
            return c;    ●❺
        }
    }

    public static void main(String[] args) {
        Scanner stdIn = new Scanner(System.in);

        System.out.print("요소 수:");
        int num = stdIn.nextInt();
        int[] x = new int[num];             // 요소 수가 n인 배열

        for (int i = 0; i < num; i++) {
            System.out.print("x[" + i + "]:");
            x[i] = stdIn.nextInt();
        }

        System.out.print("삽입할 인덱스:");
        int idx = stdIn.nextInt();
```

실행 예
```
요소 수:6
x[0]:1
x[1]:3
x[2]:4
x[3]:7
x[4]:9
x[5]:11
삽입할 인덱스:2
삽입할 값:99
y[0] = 1
y[1] = 3
y[2] = 99
y[3] = 4
y[4] = 7
y[5] = 9
y[6] = 11
```

```
        System.out.print("삽입할 값:");
        int n = stdIn.nextInt();            // 배열 x의 x[idx]에 n을 삽입한 배열 생성

        int[] y = arrayInsOf(x, idx, n);

        for (int i = 0; i < y.length; i++)  // 배열 y 표시
            System.out.println("y[" + i + "] = " + y[i]);

    }
}
```

배열에 요소 삽입하기

[문제 7-20]를 발전시킨 것으로 삽입 대상이 되는 요소의 인덱스 idx는 다음 조건을 만족해야 한다.

```
0 ≤ idx < a.length
```

위 조건을 if문으로 확인해서 idx가 유효한 범위를 벗어난 경우, 삽입 없이 배열 a의 복사본인 a.clone()을 반환한다. 만약 idx가 유효하다면 요소를 삽입한 배열을 생성 및 반환한다(그림 7-26). a.length와 같은 값이 idx로 지정된 경우는 요소를 추가한다. 예를 들어 배열 a의 요소가 {1, 3, 4, 7, 9, 11}일 때에 arrayInsOf(a, 6, 99)를 호출한 경우, 반환할 배열은 {1, 3, 4, 7, 9, 11, 99}가 된다.

❶ 배열 생성
배열 a에 요소를 삽입한 새로운 배열을 저장하기 위한 배열 c를 생성한다. 요소 수는 배열 a보나 하나 큰 a.length + 1이다.

❷ 삽입 위치보다 앞에 위치한 요소들을 복사
삽입할 a[idx]보다 앞에 위치한 모든 요소, 즉 a[0]~a[idx - 1]을 c[0]~c[idx-1]에 복사한다(그림 7-26❶).

❸ 삽입 위치보다 뒤에 위치한 요소들을 복사
삽입할 a[idx]를 포함한 그 뒤에 있는 모든 요소, 즉 a[idx]~a[a.length-1]를 c[idx+1]~c[a.length]에 복사한다(그림 7-26❷).

❹ 삽입할 위치에 요소 대입

c[idx]에 x를 대입한다(그림 7-26❸).

❺ 배열 반환

배열 c의 참조를 반환한다.

그림 7-26 arrayInsOf 메서드의 처리 과정

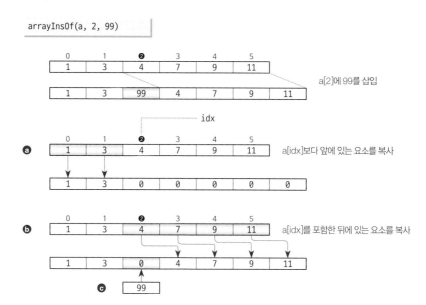

행렬 x와 y의 합을 구해서 z에 저장하는 addMatrix 메서드를 작성하자.

boolean addMatrix(int[][] x, int[][] y, int[][] z)

3개 배열의 요소 수가 같으면 계산해서 true를 반환하고 같지 않으면 계산없이 false를 반환할 것.

```java
// 두 행렬의 합을 구한다
class AddMatrix {
  //--- 행렬x와 y의 합을 z에 대입 ---//
  static boolean addMatrix(int[][] x, int[][] y, int[][] z) {
    if (x.length != y.length || y.length != z.length)        ❶
      return false;
    for (int i = 0; i < x.length; i++)                        ❷
      if (x[i].length != y[i].length || y[i].length != z[i].length)
        return false;
    for (int i = 0; i < x.length; i++)                        ❸
      for (int j = 0; j < x[i].length; j++)
        z[i][j] = x[i][j] + y[i][j];
    return true;
  }

  //--- 행렬 m의 모든 요소를 표시 ---//
  static void printMatrix(int[][] m) {
    for (int i = 0; i < m.length; i++) {
      for (int j = 0; j < m[i].length; j++)
      System.out.print(m[i][j] + " ");
      System.out.println();
    }
  }

  public static void main(String[] args) {
    int[][] a = { {1, 2, 3}, {4, 5, 6} };
    int[][] b = { {6, 3, 4}, {5, 1, 2} };
    int[][] c = new int[2][3];

    if (addMatrix(a, b, c)) {    // a와 b의 합을 c에 대입
      System.out.println( "행렬a"); printMatrix(a);
      System.out.println("\n행렬b"); printMatrix(b);
      System.out.println("\n행렬c"); printMatrix(c);
    }
  }
}
```

실행 예
행렬a
1 2 3
4 5 6
행렬b
6 3 4
5 1 2
행렬c
7 5 7
9 6 8

행렬의 합

지문에서 언급한 addMatrix 외에 2차원 배열 m의 모든 요소를 표시하는 printMatrix를 정의한다. 먼저 이 메서드를 통해 2차원 배열을 주고받는 과정을 살펴보도록 하자. 2차원 배열을 받는 매개 변수 선언은 일반적인 2차원 배열 선언과 같다. 매개 변수는 int[][] m이 아닌 int m[][]이나 int[] m[] 등으로 선언할 수도 있다.

[그림 7-27]은 main 메서드에서 printMatrix를 호출할 때에 배열이 전달되는 과정을 보여준다. 호출하는 측의 인수 a는 배열 자체를 참조하는 배열 변수이다. 따라서 1차원 배열과 같이 전달되는 것은 배열 자체가 아닌 배열의 참조이다. 호출된 printMatrix 메서드는 이 참조를 매개 변수 m으로 받는다. printMatrix 내에선 배열 a용으로 생성한 배열을 배열 변수 m에을 통해 접근한다.

addMarix 메서드는 행렬 x와 행렬 y의 합을 행렬 z에 저장한다. main 메서드의 행렬 a에 대한 참조가 x에 복사되고 배열 b에 대한 참조가 y에 복사되며 배열c에 대한 참조는 z에 복사된다.

❶ 3개의 배열 x, y, z의 행 수가 모두 같은지 확인한다. 같지 않으면 false를 반환한다.

❷ 3개의 배열 x, y, z의 모든 행의 열 수가 같은지 확인한다. for문에선 i행의 열 수가 같은지를 확인한다. 같지 않은 행이 나오면 false를 반환한다.

❸ 3개의 배열의 행 수, 열 수가 모두 같은 경우에만 이 코드까지 진행된다. x와 y의 합을 구해서 z에 저장한다. 동일 인덱스를 가지는 배열 x와 y의 합을 동일 인덱스의 배열 z에 대입한다.

그림 7-27 메서드 간의 2차원 배열 전달

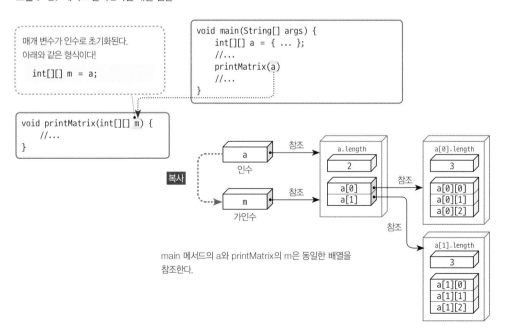

행렬 x와 y의 합을 저장해서 2차원 배열로 반환하는 메서드를 작성하자(행 수 및 열 수가 동일한 x, y를 전달한다고 가정해도 좋다).

```
int[][] addMatrix(int[][] x, int[][] y)
```

```java
// 두 행렬의 합을 구한다.
import java.util.Scanner;

class AddMatrixY {
    //--- 행렬x와 y의 합을 저장한 배열 반환입 ---//
    static int[][] addMatrix(int[][] x, int[][] y) {
        int[][] z = new int[x.length][];
        for (int i = 0; i < x.length; i++) {
            z[i] = new int[x[i].length];
            for (int j = 0; j < x[i].length; j++)
                z[i][j] = x[i][j] + y[i][j];
        }
        return z;
    }

    //--- 행렬 m의 모든 요소를 표시 ---//
    static void printMatrix(int[][] m) {
        for (int i = 0; i < m.length; i++) {
            for (int j = 0; j < m[i].length; j++)
                System.out.print(m[i][j] + " ");
            System.out.println();
        }
    }

    public static void main(String[] args) {
        Scanner stdIn = new Scanner(System.in);
        System.out.print("행렬의 행 수:"); int height = stdIn.nextInt();
        System.out.print("행렬의 열 수:"); int width = stdIn.nextInt();
        int[][] a = new int[height][width];
        int[][] b = new int[height][width];
        for (int i = 0; i < a.length; i++) {
            for (int j = 0; j < a[i].length; j++) {
                System.out.printf("a[%d][%d]:", i, j);
                a[i][j] = stdIn.nextInt();
            }
        }
        for (int i = 0; i < b.length; i++) {
            for (int j = 0; j < b[i].length; j++) {
```

실행 예
행렬의 행 수:2
행렬의 열 수:3
a[0][0]:1
a[0][1]:2
a[0][2]:3
a[1][0]:4
a[1][1]:5
a[1][2]:6
b[0][0]:6
b[0][1]:3
b[0][2]:4
b[1][0]:5
b[1][1]:1
b[1][2]:2
행렬a
1 2 3
4 5 6
행렬b
6 3 4
5 1 2
행렬c
7 5 7
9 6 8

```
        System.out.printf("b[%d][%d]:", i, j);
        b[i][j] = stdIn.nextInt();
      }
    }


    int[][] c = addMatrix(a, b);    // a와 b의 합을 c에 대입
    System.out.println( "행렬a"); printMatrix(a);
    System.out.println("\n행렬b"); printMatrix(b);
    System.out.println("\n행렬c"); printMatrix(c);

  }
}
```

2차원 배열 반환

addMatrix는 인수로 받은 2차원 배열 x와 y의 합을 새로운 배열로 반환한다. 받은 두 배열의 행 수,
열 수가 같다고 전제하므로, 합을 구하기 위한 배열 z는 배열 x와 같은 행 수, 열 수로 생성한다.

2차원 배열 a와 동일한 배열(요소 수가 같고 모든 요소의 값도 같다)을 생성해서 반환하는 arryClone2를 작성하자.

```
int[][] aryClone2(int[][] a)
```

```java
//2차원 배열의 복사본 생성
import java.util.Scanner;

class AryClone2 {
  //--- 2차원 배열 a의 복사본을 생성해서 반환 ---//
  static int[][] aryClone2(int[][] a) {
    int[][] c = new int[a.length][];
    for (int i = 0; i < a.length; i++) {
      c[i] = new int[a[i].length];
      for (int j = 0; j < a[i].length; j++)
        c[i][j] = a[i][j];
    }
    return c;
  }

  //--- 행렬 m의 모든 요소를 표시 ---//
  static void printMatrix(int[][] m) {
    for (int i = 0; i < m.length; i++) {
      for (int j = 0; j < m[i].length; j++)
        System.out.print(m[i][j] + " ");
      System.out.println();
    }
  }

  public static void main(String[] args) {
    Scanner stdIn = new Scanner(System.in);

    System.out.print("행렬의 행 수:"); int height = stdIn.nextInt();
    System.out.print("행렬의 열 수:"); int width = stdIn.nextInt();

    int[][] a = new int[height][width];
    for (int i = 0; i < a.length; i++) {
      for (int j = 0; j < a[i].length; j++) {
        System.out.printf("a[%d][%d]:", i, j);
        a[i][j] = stdIn.nextInt();
      }
    }
```

실행 예
행렬의 행 수:2
행렬의 열 수:3
a[0][0]:1
a[0][1]:2
a[0][2]:3
a[1][0]:4
a[1][1]:5
a[1][2]:6
행렬a
1 2 3
4 5 6
행렬a의 복사본
1 2 3
4 5 6

```
        int[][] ca = aryClone2(a);
        System.out.println( "행렬a");
        printMatrix(a);

        System.out.println("행렬a의 복사본");
        printMatrix(ca);
    }
}
```

2차원 배열의 복사

aryClone2는 인수로 받은 2차원 배열의 복사본을 생성해서 참조를 반환한다. 먼저 int[]형의 배열을 생성한 후 요소가 참조해야 할 int형의 1차원 배열을 생성한다.

2개의 int형 정수 a, b의 최솟값, 3개의 int형 정수 a, b, c의 최솟값, 배열 a의 최솟값을 각각 구하자. 다음에 정의된 메서드 형식을 사용할 것.

int min(int a, int b) int min(int a, int b, int c) int min(int[] a)

```java
// 두 값의 최솟값, 세 값의 최솟값, 배열 요소의 최솟값을 구하는 메서드(다중 정의)
import java.util.Scanner;

class Min {
  //--- a, b의 최솟값을 반환 ---//
  static int min(int a, int b) {
    return a < b ? a : b;
  }
  //--- a, b, c의 최솟값을 반환 ---//
  static int min(int a, int b, int c) {
    int min = a;
    if (b < min) min = b;
    if (c < min) min = c;
    return min;
  }
  //--- 배열 a의 최솟값을 반환 ---//
  static int min(int[] a) {
    int min = a[0];
    for (int i = 1; i < a.length; i++)
    if (a[i] < min)
    min = a[i];
    return min;
  }
  public static void main(String[] args) {
    Scanner stdIn = new Scanner(System.in);
    System.out.print("x값:"); int x = stdIn.nextInt();
    System.out.print("y값:"); int y = stdIn.nextInt();
    System.out.print("z값:"); int z = stdIn.nextInt();
    System.out.print("배열 a의 요소 수:");
    int num = stdIn.nextInt();
    int[] a = new int[num]; // 요수 수가 num인 배열
    for (int i = 0; i < num; i++) {
      System.out.print("a[" + i + "]:");
      a[i] = stdIn.nextInt();
    }
    // 두 값의 최솟값
    System.out.println("x, y의 최솟값은 " + min(x, y) + "입니다.");
    // 세 값의 최솟값
    System.out.println("x, y, z의 최솟값은 " + min(x, y, z) + "입니다.");
    // 배열의 최솟값
    System.out.println("배열 a의 최솟값은 " + min(a) + "입니다.");
  }
}
```

실행 예

```
x값:13
y값:52
z값:11
배열 a의 요소 수:4
a[0]:3
a[1]:7
a[2]:1
a[3]:8
x, y의 최솟값은 13입니다.
x, y, z의 최솟값은 11입니다.
배열 a의 최솟값은 1입니다.
```

메서드의 다중 정의(overload)

본질적으로 동일한 처리 또는 비슷한 처리를 하는 메서드에 다른 이름을 적용하면 관리하기가 어렵고, 어떤 것을 사용해야 할지 헷갈리는 상황도 발생할 수 있다. 이런 이유로 하나의 클래스 안에 동일한 이름의 메서드를 여러 개 작성하는 것이 허락된다.

동일 이름의 메서드를 동일 클래스 내에서 여러 번 선언하는 것을 '메서드를 다중 정의한다'고 표현한다. 다중 정의는 영어를 그대로 사용해서 '오버로드'라고 부르기도 하니 2가지 표현을 모두 기억하하자. 이 책에선 '다중 정의'라고 부른다. 12장에서 배울 '오버라이드'와 쉽게 구분하기 위해서다. overload는 '과적', '과다' 등의 의미이다.

이번 프로그램에선 2개의 int형, 3개의 int형 그리고 배열 요소에서 각기 최솟값을 구하는 메서드를 다중 정의한다. 메서드 호출 시에 어떤 메서드를 호출할지 지정할 필요는 없다. 상황에 맞게 선별해서 호출하기 때문이다. 두 값의 최솟값을 구하는 메서드를 min2라고 명명하고 세 값의 최솟값을 구하는 메서드를 min3라고 명명하는 것은, 마치 은행 계좌를 열 때 은행마다 '홍길동A', '홍길동B' 등의 다른 명의를 사용하는 것과 같다. 비슷한 처리를 하는 메서드를 다중 정의하면, 프로그램 내에서 너무 많은 메서드명이 사용되는 것을 방지할 수 있다.

'동일 시그니처signature의 메서드는 다중 정의할 수 없다'라는 제약이 있다. 시그니처란 [그림 7-28]처럼, 메서드의 이름과 매개 변수의 개수, 형을 합친 것을 말한다. 반환형은 포함되지 않는다.

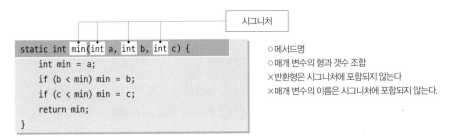

그림 7-28 메서드의 시그니처

시그니처

```
static int min(int a, int b, int c) {
    int min = a;
    if (b < min) min = b;
    if (c < min) min = c;
    return min;
}
```

○메서드명
○매개 변수의 형과 갯수 조합
×반환형은 시그니처에 포함되지 않는다
×매개 변수의 이름은 시그니처에 포함되지 않는다.

'동일 시그니처의 메서드는 다중 정의할 수 없다'는 것을 다른 말로 하면, 어떤 메서드를 호출해야 하는지 호출하는 측에서 명확히 구분할 수 있도록, 매개 변수의 형이나 개수를 다르게 정의해야만 한다'는 의미다. 반환형만 다른 메서드나 매개 변수의 이름만 다른 메서드를 다중 정의할 수 없다.

int형 변수 x의 절댓값, long형 변수 x의 절댓값, float형 변수 x의 절댓값, double형 변수 x의 절댓값을 구하는 다중 메서드를 작성하자.

int absolute(int x)　　　　long absolute(long x)

float absolute(float x)　　　double absolute(double x)

```
// 정수 및 실수의 절댓값을 구하는 메서드(다중 정의)
import java.util.Scanner;

class Absolute {
  //--- x의 절댓값을 반환 ---//
  static int absolute(int x) {
    return x >= 0? x : -x;
  }
  //--- x의 절댓값 반환---//
  static long absolute(long x) {
    return x >= 0? x : -x;
  }
  //--- x의 절댓값 반환---//
  static float absolute(float x) {
    return x >= 0? x : -x;
  }
  //--- x의 절댓값 반환---//
  static double absolute(double x) {
    return x >= 0? x : -x;
  }

  public static void main(String[] args) {
    Scanner stdIn = new Scanner(System.in);
    System.out.print("int    형 정수 a의 값:"); int    a = stdIn.nextInt();
    System.out.print("long   형 정수 b의 값:"); long   b = stdIn.nextLong();
    System.out.print("float  형 실수 c의 값:"); float  c = stdIn.nextFloat();
    System.out.print("double형 실수 d의 값:"); double d = stdIn.nextDouble();
    System.out.println("a의 절댓값은 " + absolute(a) + "입니다.");
    System.out.println("b의 절댓값은 " + absolute(b) + "입니다.");
    System.out.println("c의 절댓값은 " + absolute(c) + "입니다.");
    System.out.println("d의 절댓값은 " + absolute(d) + "입니다.");
  }
}
```

실행 예
```
int     형 정수 a의 값:5
long    형 정수 b의 값:-8
float   형 실수 c의 값:-13.5
double 형 실수 d의 값:27.4
a의 절댓값은 5입니다.
b의 절댓값은 8입니다.
c의 절댓값은 13.5입니다.
d의 절댓값은 27.4입니다.
```

절댓값

인수의 절댓값을 구하는 메서드이다. x가 0이상이면 x를, 아니면 -x를 반환한다.

[문제 7-12])의 printBits 메서드는 int형 정숫값의 내부 비트를 표시하는 것이었다. 다른 정수형에 대해서도 동일한 처리를 하는 다중 정의 메서드를 작성하자.

```
void printBits(byte x)     void printBits(short x)
void printBits(int x)      void printBits(long x)
```

```java
// 정수형의 내부 비트를 표시하는 메서드(다중 정의)
import java.util.Scanner;

class PrintBits {
  //--- byte형의 비트 구성 표시---//
  static void printBits(byte x) {
    for (int i = 7; i >= 0; i--)
      System.out.print(((x >>> i & 1) == 1) ? '1' : '0');
  }

  //--- short형의 비트 구성 표시---//
  static void printBits(short x) {
    for (int i = 15; i >= 0; i--)
      System.out.print(((x >>> i & 1) == 1) ? '1' : '0');
  }

  //--- int형의 비트 구성 표시---//
  static void printBits(int x) {
    for (int i = 31; i >= 0; i--)
      System.out.print(((x >>> i & 1) == 1) ? '1' : '0');
  }

  //--- long형의 비트 구성 표시---//
  static void printBits(long x) {
    for (int i = 63; i >= 0; i--)
      System.out.print(((x >>> i & 1) == 1) ? '1' : '0');
  }

  public static void main(String[] args) {
    Scanner stdIn = new Scanner(System.in);

    System.out.print("byte 형 정수 a의 값:"); byte  a = stdIn.nextByte();
    System.out.print("short형 정수 b의 값:"); short b = stdIn.nextShort();
    System.out.print("int 형 정수 c의 값:"); int   c = stdIn.nextInt();
    System.out.print("long 형 정수 d의 값:"); long  d = stdIn.nextLong();

    System.out.print( "a의 비트:"); printBits(a);
```

실행 예

```
byte  형 정수 a의 값:30
short 형 정수 b의 값:300
int   형 정수 c의 값:30000
long  형 정수 d의 값:3000000
a의 비트:00011110
b의 비트:0000000100101100
c의 비트:00..000111010100110000
d의 비트:00.. 101101110001101100000
```

```
        System.out.print("\nb의 비트:"); printBits(b);
        System.out.print("\nc의 비트:"); printBits(c);
        System.out.print("\nd의 비트:"); printBits(d);
        System.out.println();
    }
}
```

비트 표시

int형 비트를 표시하는 메서드를 다른 형에도 적용한 프로그램이다. byte, short, int, double형의
비트 수는 각각 8, 16, 32, 64이다. 각 정수형의 비트 수는 Byte, Short, Integer, Long 클래스에서
'상수'로 정의돼 있다.

int형의 1차원 배열과 int형의 2차원 배열(행에 따라 열 수가 다를 가능성이 있음)의 모든 요솟값을 표시하는 다중 정의 메서드를 작성하자.

void printArray(int[] a) void printArray(int[][] a)

1차원 배열 표시에선 각 요소 사이에 문자 1개분의 공간을 둘 것. 또한, 2차원 배열 표시에선 각 열의 숫자가 왼쪽에 맞추어 정렬되도록 최소한의 공간을 둘 것.

예를 들면 다음과 같이 표시

1차원 배열의 표시 예

12 536 -8 7 2

2차원 배열의 표시 예

```
32  -1    32  45 67
535 99999 2
2   5     -123 9
```

```java
// 1차원 배열, 2차원 배열 표시
import java.util.Scanner;

class PrintArray {
  //--- 1차원 배열 a의 모든 요소 표시 ---//
  static void printArray(int[] a) {
    for (int i = 0; i < a.length - 1; i++)          // ❶
      System.out.print(a[i] + " ");
    System.out.print(a[a.length - 1]);              // ❷
    System.out.println();
  }

  //--- 2차원 배열 a의 모든 요소 표시 ---//
  static void printArray(int[][] a) {
    int[][] width = new int[a.length][];
    int max = 0;
    for (int i = 0; i < a.length; i++) {
      width[i] = new int[a[i].length];              // ❸
      if (a[i].length > max)
        max = a[i].length;
    }

    int[] maxWidth = new int[max];
    for (int i = 0; i < a.length; i++) {
      for (int j = 0; j < a[i].length; j++) {       // ❹
        int value = a[i][j];
        width[i][j] = (value < 0) ? 1 : 0;
```

```
        do {
            width[i][j]++;
            value /= 10; } while (value != 0);
        if (width[i][j] > maxWidth[j])                    ●----------------------④
            maxWidth[j] = width[i][j];
    }
}
```

```
for (int i = 0; i < a.length; i++) {
    for (int j = 0; j < a[i].length - 1; j++) {
        System.out.print(a[i][j]);
        for (int k = 0; k <= maxWidth[j] - width[i][j]; k++)
            System.out.print(' ');                        ●----------------------⑤
    }
    System.out.println(a[i][a[i].length - 1]);
}
```

```
}
public static void main(String[] args) {
    Scanner stdIn = new Scanner(System.in);

    System.out.print("1차원 행렬 x의 요소 수:");
    int num = stdIn.nextInt();
    int[] x = new int[num]; // 1차원 배열

    for (int i =0; i < num; i++) {
        System.out.print("x[" + i + "]:");
        x[i] = stdIn.nextInt();
    }

    System.out.print("2차원 배열 y의 행 수:");
    int height = stdIn.nextInt();
    int[][] y = new int[height][]; // 2차원 배열
    for (int i = 0; i < y.length; i++) {
        System.out.print(i + "행째 열 수:");
        int width = stdIn.nextInt();
        y[i] = new int[width];
    }

    System.out.println("각 요소의 값을 입력하자.");
    for (int i = 0; i < y.length; i++) {
        for (int j =0; j < y[i].length; j++) {
            System.out.printf("y[%d][%d]:", i, j);
            y[i][j] = stdIn.nextInt();
```

실행 예

```
 1차원 행렬 x의 요소 수:4
x[0]:12
x[1]:536
x[2]:-8
x[3]:7
 2차원 배열 y의 행 수:3
0행째 열 수:5
1행째 열 수:3
2행째 열 수:4
각 요소의 값을 입력하자.
y[0][0]:32
y[0][1]:-1
y[0][2]:32
y[0][3]:45
y[0][4]:67
y[1][0]:535
y[1][1]:99999
y[1][2]:2
y[2][0]:2
y[2][1]:5
y[2][2]:-123
y[2][3]:9

 1차원 배열x
12 536 -8 7

 2차원 배열y
32 -1    32 45 67
535 99999 2
2   5     -123 9
```

```
        }
    }

    System.out.println("\n1차원 배열 x");
    printArray(x);

    System.out.println("\n2차원 배열 y");
    printArray(y);
  }

}
```

행렬 표시

행렬을 표시하는 메서드이다. 1차원 배열과 2차원 배열을 표시하는 메서드가 다중 정의돼 있다.

1차원 배열 표시

❶ a[0]~a[a.length-2]의 요솟값에 공백 문자를 추가해서 표시한다.

❷ 마지막 요소인 a[a.length-1]의 값을 표시한다.

▶ 마지막 요소를 특별하게 처리하는 이유는 이 요소 뒤에 공백을 표시해서는 안 되기 때문이다.

2차원 배열 표시

❸ 배열 a의 최대 열 수를 구해서 max에 대입한다. 실행 예인 경우는 각 행의 열수는 앞에서 순서대로 5, 3, 4이므로 max에 대입되는 것은 5이다.

❹ 요소 a[i][j]값의 자릿수를 width[i][j]에 저장함과 동시에 각 열의 최대 자릿수를 maxWidth에 저장한다. 실행 예에선 0열째는 533으로 3자리, 1열째는 99999로 5자리, 2열째는 -123으로 4자리, 3열째는 45로 2자리, 4열째는 67로 2자리이다. 배열 maxWidth의 요솟값은 {3, 5, 4, 2, 2}가 된다.

❺ 배열의 각 요소 a[i][j]값을 표시한다. 각 숫자의 자릿수는 width[i][j]이므로 숫자가 세로로 맞추어 나열되도록 maxWidth[j]-width[i][j]개의 공백을 출력한다.

- 메서드는 프로그램의 부품이다. 메서드를 구성하는 각 부분의 명칭을 기입하자.

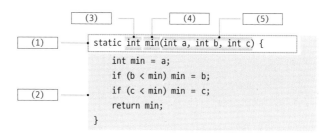

- 메서드 안에서 선언하는 지역 변수는 다음과 같은 규칙을 따른다.

  메서드와 같은 이름을 사용할 수 [(6)]

  매개 변수와 같은 이름을 사용할 수 [(7)]

  ▶ 다음 중 선택하시오: (a) 있다   (b) 없다

- 다음은 위의 min 메서드를 호출하는 예를 설명한다.

  min(1, 3, 2)

  여기서 사용하고 있는 연산자( )의 명칭은 [(8)] 연산자이다. 또한, 메서드에 지시를 내리기 위한 보조적인 정보(1, 3, 2 등)를 [(9)] 라고 한다. 메서드가 호출되면 프로그램의 흐름은 해당 메서드로 이동된다. 메서드 호출을 '메서드를 [(10)]'고도 한다.

  호출되는 min 메서드의 매개 변수 a, b, c는 [(9)] 값으로 초기화된다. 이런 처리를 [(11)] 이라고도 한다. min 메서드는 받은 3개의 정숫값 중 최솟값을 구해서 반환한다. 반환할 값의 형을 나타내는 것이 그림에서 [(3)] 에 해당된다. 값을 반환하지 않는 메서드의 [(3)] 은 [(12)] 로 선언한다. 메서드는 2개 이상의 값을 한 번에 전달할 수 [(13)]

  ▶ (13)의 보기: (a) 있다   (b) 없다

- 메서드에 의해 전달되는 값은 메서드를 호출한 식을 평가해서 얻을 수 있다. min(1, 3, 2)를 평가해서 얻는 형은 [(14)] 이며, 값은 [(15)] 이다.

- 다음 진리값표를 채우시오.

x	y	x & y
0	0	(16)
0	1	(17)
1	0	(18)
1	1	(19)

x	y	x | y
0	0	(20)
0	1	(21)
1	0	(22)
1	1	(23)

x	y	x ^ y
0	0	(24)
0	1	(25)
1	0	(26)
1	1	(27)

x	~x
0	(28)
1	(29)

- 다음 프로그램의 실행 결과를 표시하자.

```
System.out.println(10 & 3);
System.out.println(10 | 3);
System.out.println(10 ^ 3);
```
(30)

```
System.out.println(37 << 2);
System.out.println(37 >> 2);
System.out.println(37 >>> 2);
```
(31)

- 다음은 받은 2개의 int형 값의 합을 반환하는 메서드이다(이후 메서드 선언부의 static은 생략한다).

```
int sumOf(int a, int b) {
    return   (32)  ;
}
```

- 다음은 받은 2개의 int형 값의 차를 반환하는 메서드이다.

```
int diffOf(int a, int b) {
    return   (33)   ? a - b :   (34)  ; }
```

```
int diffOf(int a, int b) {
    if (   (33)   )
          (35)  ;
       (36)  ;
}
```

- 다음에 받은 2개의 int형 값 중 가장 큰값의 값을 반환하는 메서드이다.

```
int max(int a, int b) {
    return   (37)   ? a :   (38)  ; }
```

- 다음은 받은 2개의 int형 값의 평균을 double 형의 실수값으로 반환하는 메서드이다.

```
double aveOf(int a, int b) {
    return   (39)   (a + b) / 2; }
```

- 다음은 받은 2개의 int형 값이 같으면 true를, 그렇지 않으면 false를 반환하는 메서드이다.

```
boolean equal(int a, int b) {
    return   (40)  ;
}
```

- 메서드 안에서 선언하는 변수를 [(41)] 라고 하며 메서드 밖에서 선언하는 변수를 [(42)] 라고 한다.
  [(42)] 는 프로그램(클래스) 내의 모드 메서드에 [(43)] .
  ▶ (43)의 보기: (a) 적용된다   (b) 적용되지 않는다

- 프로그램(클래스) 내에서 동일 이름을 가진 메서드를 선언하는 것을 [(44)] 라고 한다. [(44)] 를 사용하려면 각 메서드의 [(45)] 가 달라야 한다. [(45)] 에 포함되면 O를, 포함되지 않으면 X를 표시하자.
  메서드명: [(46)]   매개 변수의 이름: [(47)]
  반환형: [(48)]   매개 변수의 형과 개수의 조합: [(49)]

- 다음은 x의 n승을 반환하는 메서드이다.

```
double power(double x, int n) {
    double tmp =   (50)  ;
    while (   (51)   > 0)
       tmp   *= x;
    return tmp;
}
```

```
double power(double x, int n) {
    double tmp =   (50)  ;
    for (int i =   (52)  ; i  < n; i++)
       tmp   *= x;
    return tmp;
}
```

- 다음은 문자c를 n개 연속해서 표시하는 메서드이다.

```
void putChars(char c, int n) {
    while (   (53)   > 0)
       System.out.print(   (54)   );
}
```

- 다음은 앞 문제의 putChars를 이용해서 문자 '+'를 n개 연속해서 표시하는 메서드이다.

```
void putPlus(int n) {
      (55)  ;
}
```

- 다음은 month의 값에 따라 몇 월(月)인지 표시 메서드이다. 1, 2, ⋯, 12가 각각 '1월', '2월', ⋯, '12월'에 해당된다. 1~12가 아닌 값을 받은 경우는 아무것도 표시하지 않는다.

```java
void putLunarMonth(int month) {
        (56)    [] ms = {  "1월", "2월", "3월",  "4월",  "5월",  "6월",
                          "7월", "8월", "9월", "10월", "11월", "12월"};
        if (   (57)   )
                System.out.print(  (58)  );
}
```

- 다음 표시하는 것은 받은 int형을 0과 1의 32비트로 표시하는 메서드이다(마지막에는 줄 바꿈 문자를 출력한다).

```java
void printBitsLn(int x) {
    for (int i =   (59)   ; i >= 0; i--)
        System.out.print(((   (60)   & 1) == 1) ? '1' : '0');
    System.out.println();
}
```

- 다음 문제는 앞 문제의 printBitsLn을 이용한다. 실행 결과를 표시하자.

```java
printBitsLn(0);
printBitsLn(1);
printBitsLn(~0);
printBitsLn(~1);
printBitsLn(170 & 240);
printBitsLn(170 ¦ 240);
printBitsLn(170 ^ 240);
for (int i = 0; i < 3; i++) {
    printBitsLn(120 << i);
    printBitsLn(120 >> i);
}
printBitsLn(~0 << 5);
printBitsLn(~0 >> 5);
printBitsLn(~0 >>> 5);
```

```
                              (61)
```

• 다음은 32비트의 int형에서 0인 비트의 개수를 구해서 표시하는 메서드이다.

```
int count0Bits(int x) {
    int bits = 0;
    for (int i = 0; i <   (62)  ; i++) {
        if (   (63)   ) bits++;      // x의 최하위 비트는 1인가?
        x   (64)   1;                // x의 최하위 비트를 방출한다.
    }
      (65)   bits;
}
```

• 다음은 int형 배열이 지니는 값의 범위(최댓값과 최솟값)를 구해서 반환하는 메서드이다.

```
int rangeOf(   (66)   a) {
    int min = a[   (67)   ];
    int max = a[   (68)   ];
    for (int i =   (69)  ; i <   (70)  ; i++) {
        if (a[i] <   (71)   )
            min =   (72)  ;
        if (a[i] >   (73)   )
            max =   (74)  ;
    }
    return   (75)  ;
}
```

• 다음은 int형 배열에서 최댓값의 인덱스를 반환하는 메서드이다. 최댓값의 요소가 여러 개 있는 경우는 가장 앞에 있는 인덱스를 반환한다. 예를 들어 배열의 요소가 {1, 3, 5, 4, 5, 3}인 경우, 최댓값인 5의 인덱스 중 가장 앞에 있는 것은 2이다.

```
int maxIndexOf(int[] a) {
int max = a[0];
int idx =   (76)  ;
for (int i = 1; i  < a.length; i++) {
   if (a[i] >   (77)   ) {
        max =   (78)  ;
        idx =   (79)  ;
    }
}
  (80)  ;
}
```

- 다음은 int형 배열 b의 모든 요소를 int형 배열 a로 복사하는 메서드이다(동일 인덱스의 요소에 값을 복사한다).
참고로 배열의 요소 수가 다른 경우에는 적은 쪽의 요소 수만큼만 복사한다.

```java
void copyArray(int[] a, int[] b) {
    int n = a.length < b.length ?  (81)  :  (82)  ;
    for (int i = 0; i   < n; i++)
        a[i] =   (83)  ;
}
```

- 다음은 int형 배열 a의 모든 요소에 k를 대입하는 메서드이다.

```java
void arrayFill(  (84)   a, int k) {
    for (int i = 0; i   < a.length; i++)
        a[i] =   (85)  ;
}
```

- 다음은 요소 수가 n이고 모든 요소의 값이 k인 int형 배열을 생성해서 반환하는 메서드이다(배열의 참조를 반환).

```java
  (86)   arrayFillOf(int n, int k) {
    int[] a =   (87)  ;
    for (int i = 0; i < n;   (88)  )
          (89)   = k;
    return   (90)  ;
}
```

- 다음은 int형 배열 a 뒤에 배열 b를 연결한 배열(의 참조)를 반환하는 메서드이다. 예를 들어 배열 a가 {1, 2, 3}이고 배열 b가 {2, 4, 6, 8}이면 반환하는 배열은 {1, 2, 3, 2, 4, 6, 8}이다.

```java
  (91)   arrayCatOf(  (92)   a,   (93)   b) {
    int[] z =   (94)  ;
    for (int i = 0; i <   (95)  ; i++) z[  (96)  ] = a[i];
    for (int i = 0; i <   (97)  ; i++) z[  (98)  ] = b[i];
    return   (99)  ;
}
```

- 다음은 int형 배열 a을 기반으로 int형 2차원 배열을 생성해서 배열(의 참조)을 반환하는 메서드이다. 생성하는 배열의 행 수는 a.length이고, i행의 열 수는 a[i]이다. 모든 요소의 값은 0으로 설정한다. 예를 들어 배열 a가 {3, 2, 4}이면 반환하는 배열은 {{0, 0, 0}, {0, 0}, {0, 0, 0, 0}}이다.

```
  (100)   array2DOf(   (101)   a) {
    (102)   c = new   (103)  ;
  for (int i = 0; i <   (104)  ; i++)
    c[   (105)  ] = new   (106)  ;
    (107)   c;
}
```

- 다음은 int형의 2차원 배열 a의 복사본을 생성해서 반환하는 메서드이다.

```
  (108)   array2Dclone(   (109)   a) {
    (110)   c = new   (111)  ;
  for (int i = 0; i <   (112)  ; i++) {
    c[   (113)  ] = new   (114)  ;
    for (int j = 0; j <   (115)  ; j++)
      c[i][j] =   (116)  ;
  }
  return   (117)  ;
}
```

- 다음은 2차원 배열 x와 y에 저장된 행렬의 합을 생성해서 반환하는 메서드이다. 참고로 행 수나 열 수가 다른 경우는 행 수, 각 행의 열 수를 요소 수가 큰쪽에 맞추며, 존재하는 측의 요솟값을 그대로 저장한다.

```
  (118)   addMatrix(   (119)   x,   (120)   y) {
  int heightMin, heightMax, maxH;
  if (   (121)   >   (122)  ) {
    heightMin = y.length;  heightMax = x.length;  maxH = 0;
  } else {
    heightMin = x.length;  heightMax = y.length;  maxH = 1;
  }
    (123)   c = new int[heightMax][];
  int i = 0;
  for ( ; i <   heightMin; i++) {
    int widthMin, widthMax, maxW;
    if (   (124)   >   (125)  ) {
      widthMin = y[i].length;  widthMax = x[i].length;  maxW = 0;
    } else {
      widthMin = x[i].length;  widthMax = y[i].length;  maxW = 1;
    }
```

```
            c[i] = new int[    (126)    ];
            int j = 0;
            for ( ; j <    (127)    ; j++) c[i][j] = x[i][j] + y[i][j];
            if (maxW == 0)
                for ( ; j <    (128)    ; j++) c[i][j] =    (129)    ;
            else
                for ( ; j <    (130)    ; j++) c[i][j] =    (131)    ;
        }
        if (maxH == 0) {
            for ( ; i <    (132)    ; i++) {
                c[i] = new int[    (133)    ];
                for (int j = 0; j <    (134)    ; j++) c[i][j] =    (135)    ;
            }
        } else {
            for ( ; i <    (136)    ; i++) {
                c[i] = new int[    (137)    ];
                for (int j = 0; j <    (138)    ; j++) c[i][j] =    (139)    ;
            }
        }
        return c;
}
```

- 다음은 행에 따라 열 수가 달라질 수 있는 2차원 배열 a의 모든 요솟값을 키보드를 통해 입력받아 표시하는 프로그램이다.
  - 요솟값은 0~99이다. 이 범위 외의 값이 입력되면 재입력하게 한다.
  - 최대 열 수를 만족하지 못하는 행은 존재하지 않는 요소 위치에 '–'를 표시한다.

```
void func() {
    Scanner stdIn = new Scanner(System.in);

    System.out.print("행 수:");
    int height = stdIn.nextInt();
    int[][] a = new int    (140)    ;
    int maxWidth = 0;

    for (int i = 0; i <    (141)    ; i++) {
        System.out.print(i + "행째의 열 수:");
        int width = stdIn.nextInt();
        a[i] = new int    (142)    ;
        if (width > maxWidth) maxWidth =    (143)    ;
    }
```

```
System.out.println("각 요소의 값[0~99]을 입력하자.");
for (int i = 0 ; i <    (144)   ; i++) {
   for (int j = 0; j < a[i].length; j++) {
      do {
         System.out.printf("a[   (145)   ][   (146)   ]:", i, j);
         a[i][j] = stdIn.nextInt();
      } while (a[i][j] <    (147)   || a[i][j] >    (148)   );
   }
}

for (int i = 0; i <    (149)   ; i++) {
   int j = 0;
   for ( ; j <    (150)   ; j++)
      System.out.printf("%3d",    (151)   );
   for ( ; j <    (152)   ; j++)
      System.out.print(" -");
   System.out.println();
}
}
```

```
행 수: 3
0행째 열 수: 5
1행째 열 수: 3
2행째 열 수: 4
각 요소의 값[0~99]을 입력하자.
a[0][0]: 1
a[0][1]: 2
a[0][2]: 3
a[0][3]: 4
a[0][4]: 5
a[1][0]: 6
a[1][1]: 7
a[1][2]: 8
a[2][0]: 9
a[2][1]: 10
a[2][2]: 11
a[2][3]: 12
 1  2  3  4  5
 6  7  8  -  -
 9 10 11 12  -
```

클래스의 기본

객체 지향 프로그래밍의 근간이 되는 기술이 바로 클래스이다.
7장에선 사람과 자동차를 객체로 만드는 프로그램을 통해
클래스의 기본 개념을 학습한다.

· 클래스
· 클래스형 변수
· 멤버 접근 연산자
· 인스턴스와 객체
· 필드와 인스턴스 변수
· 생성자와 인스턴스 메서드
· this
· 데이터 은닉과 캡슐화

이름, 신장, 체중 등을 멤버로 가지는 '사람 클래스'를 작성하자(필드는 자유롭게 설정할 것).

```
// 사람 클래스(ver.1)
class Human {
    String name;      // 이름
    int height;       // 신장
    int weight;       // 체중
}
```
❶

```
// 사람 클래스(ver.1) 사용예
class HumanTester {
    public static void main(String[] args) {
        Human gildong = new Human();
        Human chulsu = new Human();
```
❷

```
        gildong.name = "길동";
        gildong.height = 170;
        gildong.weight = 60;

        chulsu.name = "철수";
        chulsu.height = 166;
        chulsu.weight = 72;
```
❸

```
        System.out.println("이름:" + gildong.name);        // gildong의 데이터를 표시
        System.out.println("신장:" + gildong.height + "cm");
        System.out.println("체중:" + gildong.weight + "kg");
        System.out.println();

        System.out.println("이름:" + chulsu.name);          // chulsu의 데이터 표시
        System.out.println("신장:" + chulsu.height + "cm");
        System.out.println("체중:" + chulsu.weight + "kg");
    }
}
```

실행 결과
이름:길동
신장:170cm
체중:60kg
이름:철수
신장:166cm
체중:72kg

클래스(class)

프로그램을 만들 때는 현실 세계의 객체(사물)나 개념을 프로그램 세계의 객체(변수)로 투영해야한다. 사람의 이름, 신장, 체중을 개별 변수가 아닌 하나의 객체로 만들면 다루기가 쉬워진다. 이것을 실현해주는 것이 바로 클래스이다. 이번 프로그램은 2개의 클래스로 구성된다는 점에서 이전 장

에서 다룬 프로그램과는 다르다. 여기서 사용된 클래스는 다음과 같다.

- · Human: 사람 클래스
- · HumanTester: 사람 클래스 Human을 테스트하는 클래스

지금까지의 프로그램 클래스는 main 메서드를 중심으로 하는 구조였다. 이번 프로그램에서 이 역할을 하는 것이 HumanTester이다. 프로그램 실행 시에는 이 클래스 안의 main 메서드가 실행된다. 프로그램의 파일명도 HumanTester에 확장자 .java를 붙인 HumanTester.java을 사용한다(Human.java가 아니다). 프로그램 컴파일은 다음과 같이 한다.

```
javac HumanTester.java ⏎
```

클래스 파일은 클래스 단위로 만들어지기 때문에, 하나의 소스 파일에서 2개의 클래스 파일 Human.class와 HumanTester.class가 생성된다. java 명령을 실행할 때는 main 메서드가 포함된 HumanTester 클래스를 지정해야 한다.

```
java HumanTester ⏎
```

클래스 선언(class declaration)

❶ Human 클래스는 '이름, 신장, 체중을 묶어 놓은 것'이라는 것을 나타내기 위해 클래스 선언을 한다. 'class Human {'이 클래스 선언의 시작되는 부분이며 '}'가 종료되는 부분이다. { } 안에는 클래스를 구성하는 데이터인 필드를 선언한다. Human 클래스는 3개의 필드로 구성된다(그림 8-1).

- · name: 이름을 나타내는 String형
- · height: 신장을 나타내는 int형
- · weight: 체중을 나타내는 int형

그림 8-1 클래스와 필드

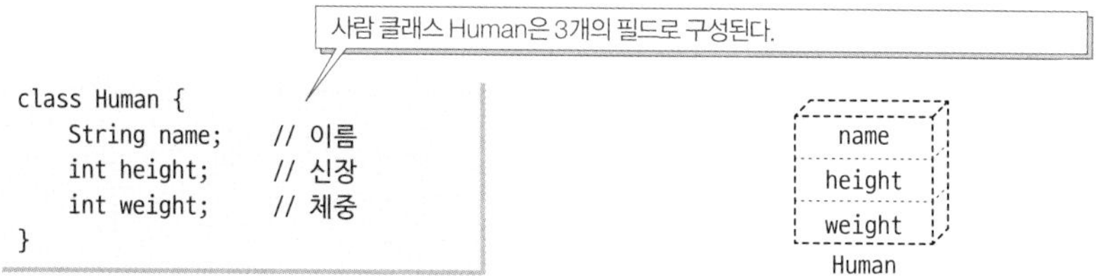

사람 클래스 Human은 3개의 필드로 구성된다.

```
class Human {
    String name;    // 이름
    int height;     // 신장
    int weight;     // 체중
}
```

```
name
height
weight
```
Human

클래스형 변수

클래스 선언은 '형'을 선언하는 것으로 실체(변수)를 선언하는 것이 아니다. 클래스 Human형의 변수는 다음과 같이 선언한다.

```
Human gildong;
Human chulsu;
```

단, 이 선언으로 만들어지는 gildong이나 chulsu는 Human 클래스형의 실체가 아닌 그것을 참조하는 클래스형 변수^{class type variable}이다. 배열을 참조하는 변수를 배열 변수라고 한 것과 같다(6장).

인스턴스(instance)

클래스는 붕어빵을 구울 때 사용하는 '틀'에 해당하며 실제 붕어빵은 별도로 만들어야 한다. 클래스의 '실체'를 생성하려면 'new 클래스명()' 형식을 사용하면 된다.

```
new Human()
```

[그림 8-2]는 클래스형 변수 gildong과 chulsu의 선언과 '실체'의 생성 과정을 보여준다. new 연산자로 생성되는 클래스형의 '실체'를 인스턴스라고 하며 인스턴스를 생성하는 것을 인스턴스화라고 한다. 클래스형 변수와 인스턴스의 연결을 대입 처리라 하며 방법은 다음과 같다.

```
gildong = new Human();
chulsu = new Human();
```

이것으로 gildong과 chulsu가 생성된 인스턴스를 참조하게 된다. 변수랑 별도로 실체를 생성해 서로 연결하는 과정은 배열과 거의 같다. new 연산자를 사용해 생성식을 평가하면 인스턴스의 참조를 얻는다. 변수 gildong과 chulsu에 대입되는 것은 생성된 인스턴스의 참조이다.

클래스의 인스턴스와 배열은 모두 new를 사용해 동적으로 생성한다. 이와 같이 프로그램 실행 시에 동적으로 생성하는 실체를 객체^{object}라고 부른다. 위 프로그램에서 ❷와 같이 클래스형 변수 선언할 때에 초기화하면 프로그램이 간결해진다.

클래스 Human형의 인스턴스는 이름, 신장, 체중이 하나의 '세트'로 구성된 변수이다. 그 안에 있는 특정 필드에 접근하려면 [표 8-1]에 있는 멤버 접근 연산자^{member access operator}를 사용한다.

그림 8-2 클래스, 클래스형 변수, 인스턴스

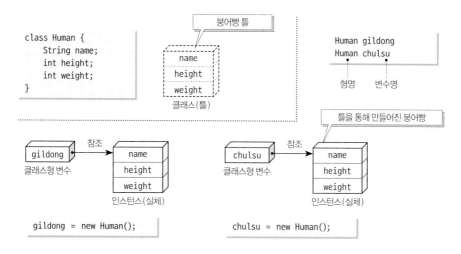

표 8-1 멤버 접근 연산자(닷dot연산자)

x.y	x가 참조하는 인스턴스의 멤버(요소) y에 접근한다

▶ 닷 연산자라는 명칭은 '.'의 형태가 점dot이라는 것에서 따온 것이다. 또한, 필드를 지정한다는 의미에서 필드 접근 연산자라고도 부른다. 이 연산자는 메서드를 지정할 때도 사용된다. 예를 들어 변수 gildong과 chulsu가 참조하는 인스턴스의 필드에 접근하려면 다음과 같이 한다.

```
gildong.name    gildong.height    gildong.weight
chulsu.name     chulsu.height     chulsu.weight
```

멤버 접근 연산자는 우리말 '~의'에 해당한다. 예를 들어 gildong.name은 '길동의 이름'이고 chulsu.height는 '철수의 신장'을 의미한다. 인스턴스 내의 필드는 인스턴스 단위로 만들어지며, 인스턴스의 일부로 존재하는 변수이므로, 인스턴스 변수instance variable라고 부른다. gildong.name이나 chulsu.height은 모두 인스턴스 변수이다.

기본값을 사용한 필드 초기화

배열 내의 개별 구성 요소가 '기본값'인 0으로 초기화되는 것과 마찬가지로, 클래스 내의 개별 인스턴스 변수도 기본값으로 초기화된다. 따라서 String형인 이름의 인스턴스 변수는 null로 초기화되면, int형인 신장과 체중의 인스턴스는 0으로 초기화된다. 프로그램에서 ❸을 삭제하면 프로그램 실행 결과가 오른쪽과 같이 된다. 클래스형인 String형은 참조형의 일종이다. 이름을 출력하면 'null'이 표시되는 것은, '참조형의 기본값이 빈 참조'이기 때문이다.

문제점

클래스 도입에 의해 '사람'이라는 데이터를 하나의 변수로 처리할 수 있게 됐다. 하지만 다음과 같은 문제가 남아 있다.

초기화와 관련된 위험성

인스턴스의 각 필드에 값을 설정하는 것을 잊은 경우, 예상치 못한 결과가 발생할 위험성이 있다. 초기화해야 할 필드는 초기화를 강제적으로 해야 한다.

데이터 보호와 관련된 위험성

길동의 이름인 gildong.name의 값은 프로그램(다른 클래스)이 자유롭게 변경할 수 있다. 이것을 현실 세계로 바꿔 생각해보면, 다른 사람이 마음대로 이름을 변경할 수 있는 상황과 같다. 일반적으로 이름을 공개하는 경우도 있어도 다른 사람이 변경할 수 있는 상태로 공개되는 것은 현실에선 있을 수 없는 일이다.

앞 페이지에서 다룬 문제점들이 해결되도록 Human 클래스를 수정하자. 클래스에는 필드뿐만 아니라 생성자와 메서드도 정의할 것.

```java
// 사람 클래스(Ver.2)
class Human {
    private String name;      // 이름
    private int height;       // 신장                                    ❶
    private int weight;       // 체중

    //--- 생성자 ---//
    Human(String n, int h, int w){
        name = n; height = h ; weight=w;                                ❷
    }

    String getName() { return name;}          // 이름 가져오기
    int getHeight()  { return height;}         // 신장 불러오기            ❸
    int getWeight()  { return weight;}         // 체중 불러오기

    void gainWeight(int w)   {weight += w;}  // 살이 찐다
    void reduceWeight(int w) {weight -= w;}  // 살이 빠진다
}
```

```java
class HumanTester {
    public static void main(String[] args) {
        Human gildong = new Human("길동", 170, 60);
        Human chulsu  = new Human("철수", 166, 72);

        gildong.gainWeight(3);        // 길동이 3kg 쪘다
        chulsu.reduceWeight(5);       // 철수가 5kg 빠졌다

        System.out.println("이름:" + gildong.getName());
        System.out.println("신장:" + gildong.getHeight() + "cm");
        System.out.println("체중:" + gildong.getWeight() + "kg");
        System.out.println();

        System.out.println("이름:" + chulsu.getName());
        System.out.println("신장:" + chulsu.getHeight() + "cm");
        System.out.println("체중:" + chulsu.getWeight() + "kg");
    }
}
```

실행 결과

이름 : 길동
신장 : 170cm
체중 : 63kg

이름 : 철수
신장 : 166cm
체중 : 67kg

개선된 버전의 Human 클래스

앞 페이지에서 제시한 문제점을 해결한 것이 Ver.2이다. Human 클래스의 구조가 복잡해졌지만, 이를 이용하는 HumanTester는 간단해졌다. 이번 프로그램은 Ver.1과 다른 폴더에 저장하도록 한다. 동일 이름의 클래스를 가지는 파일을 동일 디렉터리에 같이 놓아서는 안 된다.

Ver.2의 이름을 적당히 변경하면(예를 들어 클래스명을 HumanTester2로 변경하고 파일명을 HumanTester2.java로 변경하면), Ver.1과 동일 디렉터리에 둘 수 있다고 생각할 수 있다. 하지만 사람 클래스의 이름이 Human 그래도 겹치기 때문에 컴파일을 통해 만들어지는 클래스 파일명이 Human.class로 Ver.1과 충돌을 일으키게 된다. 동일 디렉터리상의 파일 안에, 동일 이름의 클래스가 존재해서는 안 된다.

새로운 Human 클래스의 내부는 크게 3부분으로 구성된다. 이 클래스에선 ❶ 필드, ❷ 생성자, ❸ 메서드 순으로 선언하지만, 각각이 모여있을 필요가 없으며, 이 순서를 따르지 않아도 된다. 필드나 메서드를 멤버^{member}라고 총칭한다(생성자는 멤버에 포함되지 않는다).

❶ 필드(field)

모든 필드는 키워드 private을 사용해 선언돼 있다. 이런 필드는 비공개 접근^{private access}이라는 접근성을 가지게 되며, 클래스 외부에선 접근할 수 없다. HumanTester는 Human 클래스의 외부에 있으므로 HumanTester 안에 있는 main 메서드에서는 비공개 필드인 name, height, weight에 접근할 수 없다. 따라서 다음과 같은 코드가 main 메서드에 있으면 컴파일 시에 오류가 발생한다.

```
chulsu.name = "영희";      //오류
```

클래스 외부에서 '부탁이니까 이 데이터를 사용하게 해줘'하고 부탁할 수 없다. 정보를 공개할지 여부는 클래스 측에서 정하기 때문이다. 데이터를 외부로부터 감추고 부정한 접근을 방지하는 것을 데이터 은닉^{data hiding}이라고 한다. 여러분이 각종 패스워드를 자신만이 아는 곳에 비밀스럽게 관리하는 것과 같은 이치다. 데이터 은닉을 통해 데이터를 안전하게 보호할 수 있을 뿐만 아니라 프로그램의 유지보수도 손쉬워진다. 모든 필드는 비공개로 하는 것이 원칙이다.

private를 붙이지 않고 선언한 필드는 기본 접근성^{default access}을 가진다. 이것은 필드를 '공개'하는 것과 같다. 엄밀하게 말하자면, 패키지 내에서의 '공개'며 패키지 외부에선 '비공개'가 된다. 이런 이유로 기본 접근성은 패키지 접근^{package access}이라고 불린다. 자세한 내용은 11장에서 다룬다.

❷ 생성자(constructor)

이 부분은 생성자라고 한다. 외형만 보면 메서드와 닮았지만 아래와 같은 차이점이 있다.

· 이름이 클래스와 같다

· 반환형이 없다

▶ construct가 '생성한다'는 의미가 있어서 생성자라고 불린다.

프로그램의 흐름은, 다음 new Human("철수", 170, 60) 식이 평가되면서 생성자가 호출되는 것이다.

```
Human chulsu = new Human("철수", 170, 60);
```

[그림 8-3]에서 볼 수 있듯이, 호출된 생성자는 매개 변수 n, h, w를 통해 받은 값을 name, height, weight 필드에 대입한다. 생성자는 Human 클래스 내부에 있으므로 비공개 필드에 자유롭게 접근할 수 있다.

그림 8-3 클래스의 인스턴스와 생성자

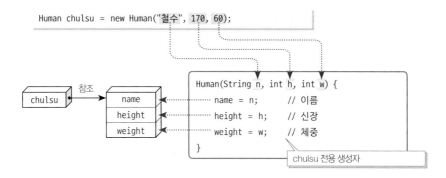

개별 인스턴스가 전용 생성자를 가지므로, 생성자는 자기 자신의 인스턴스가 무엇인지를 알고 있다. 이 때문에 대입 위치가 chulsu.name이 아닌 name이 되는 것이다. 선언을 다음과 같이 변경하면 컴파일 오류가 발생한다.

```
Human chulsu = new Human();        // 오류 : 인수가 없음
Human chulsu = new Human("철수");    // 오류 : 인수가 부족
```

생성자가 불완전하거나 부정한 초기화를 방지한다는 것을 알 수 있다. 생성자의 역할은 인스턴스를 최적으로 초기화하는 것이다. 클래스형을 만들 때는 클래스 사용자가 인스턴스를 적절하게 초기화할 수 있도록 생성자를 정의하기는 것이 정석이다. 생성자는 메서드와 달리 값을 반환할 수 없다. 실수로 반환형을 지정하지 않도록 주의하자.

기본 생성자(default constructor)

Ver.1의 Human 클래스에선 생성자를 정의하지 않았다. 생성자가 없음에도 인스턴스가 생성된 이유는 무엇일까? 사실은 생성자를 정의하지 않은 클래스는 아무런 인수를 받지 않는 비어 있는 기본 생성자가 자동으로 만들어진다. 즉, Ver.1의 Human에선 다음과 같은 생성자가 컴파일러에 의해 만들어진다.

```
Human() { }
```

Ver.1의 Human을 이용하는 HumanTester에서 다음과 같이 ( ) 안을 비워두고 인스턴스를 생성했었다.

```
Human chulsu = new Human();        // 인수를 받지 않는 생성자 호출
```

인수를 받지 않는 기본 생성자를 호출한다. 기본 생성자의 내부가 실제로 비어 있는 것은 아니다(12장에서 배운다).

❸ 메서드

Ver.2에 Human 클래스에선 5개의 메서드를 선언한다. 이 책에선 한 줄이라도 많은 코드를 보여주기위해 여백 없이 프로그램을 채우거나, 주석을 생략하기도 한다. 하지만, 여러분이 프로그램을 작성할 때는 메서드와 메서드 사이에 빈 줄을 넣거나, 코드 내에 자세한 주석을 기입하는 것이 좋다.

```
String getName()  { return name; }
int getHeight()   { return height; }
int getWeight()   { return weight; }

void gainWeight(int w)   { weight+=w; }
void reduceWeight(int w) { weight-=w; }
```

getName

이름을 불러오는 메서드이다. name 값을 String형으로 반환한다.

getHeight

신장을 불러오는 메서드이다. height 값을 int형으로 반환한다.

getWeight

체중을 불러오는 메서드이다. weight 값을 int형으로 반환한다.

gainWeight

체중을 늘리는 메서드이다. 인수 w에 지정한 값만큼 체중을 늘린다.

reduceWeight

체중을 줄이는 메서드이다. 인수 w에 지정한 값만큼 체중을 줄인다.

앞 장의 메서드와 달리 Human 클래스의 모든 메서드는 static없이 선언돼 있다. 이런 메서드를 인스턴스 메서드instance method라고 하며 해당 클래스의 개별 인스턴스 단위로 만들어진다. 이 때문에 gildong과 chulsu는 각각 자신만의 getName, getHeight, getWeight, gainWeight, reduceWeight 메서드를 지니게 된다. 개별 인스턴스 단위로 생성자나 전용 메서드가 만들어진다는 것은 개념적인 얘기다. 컴파일된 클래스 파일 내에 만들어지는 코드는 하나뿐이다.

인스턴스 메서드 내에선 gildong.name이 아닌 name에 의해 자신이 속한 인스턴스의 계좌 명의에 접근한다(생성자와 같다). 또한, 메서드는 Human 클래스 내부에 존재하므로 비공개 필드에도 접근할 수 있다(이 점도 생성자와 같다).

인스턴스 메서드와 구별하기 위해 static을 사용해 선언한 메서드를 클래스 메서드class method라고 부른다. 앞 장에서 배운 메서드는 클래스 메서드이다. 클래스 메서드와 인스턴스 메서드의 차이점에 대해선 10장에서 다룬다. 인스턴스 메서드를 호출할 때는 필드 접근과 마찬가지로 멤버 접근 연산자(.)를 이용한다.

```
System.out.println("체중:" + gildong.getWeight() + "kg");
```

gildong 인스턴스의 인스턴스 메서드인 getWeight를 호출하면 weight 값을 그대로 반환한다. 클래스 외부에서 직접 접근할 수 없는 이름, 신장, 체중도 메서드를 통해 간접적으로 접근할 수 있는 것이다.

메서드 호출과 메시지

객체 지향 프로그래밍(OOP)의 세계에선, 인스턴스 메서드를 호출하는 것을 다음과 같이 표현한다(그림 8-4).

객체에 메시지를 보내는 것.

gildong.getWeight()는 객체 gildong에게 '체중을 알려줘'하고 메시지를 보낸다. 메시지를 받은 gildong은 '체중을 알려줘야지'하는 의사 결정을 능동적으로 해서 'OOkg이야'하고 응답 처리를 한다. 생성자는 메서드가 아니므로 생성이 끝난 인스턴스에 대해 메서드와 동일한 방식으로 생성자를 호출할 수 없다.

```
gildong.Human();     //오류: 생성자를 명시적으로 호출할 수 없다.
```

그림 8-4 인스턴스 메서드 호출과 메시지

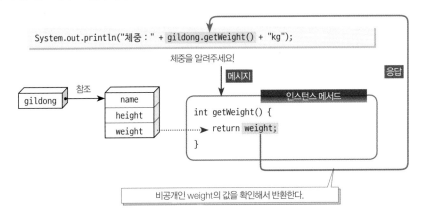

클래스와 객체

일반적으로 메서드는 필드 값을 기반으로 처리하며 필요에 따라 필드 값을 변경한다. 예를 들어 길동을 3kg 늘리기 위해 다음과 같이 입력한다.

```
gildong.gainWeight(3);     //길동이 3kg 찐다
```

gainWeight 메서드는 체중용 필드 weight의 값에 3을 더한다. 이와 같이 메서드와 필드는 밀접하게 연계돼 있다. 필드는 비공개로 하여 외부로부터 보호하고, 동시에 메서드와 필드를 잘 연계시키는 것을 캡슐화encapsulation라고 한다. 캡슐로 된 약을 생각하면 된다. 캡슐에 성분을 잘 담아서 효과가

좋은 약을 만드는 것과 같다.

클래스, 클래스형 변수, 인스턴스

클래스는 '회로'의 '설계도'에 해당한다(그림 8-5❶). 이 설계도에 기반해서 만들어진 실체가 '회로'이자, 클래스의 인스턴인 객체이다(그림 8-5❷). 그리고 인스턴스를 참조하는 클래스형 변수는, 회로를 조작하기 위한 '리모컨'에 해당한다. gildong 리모컨(클래스형 변수)은 gildong 회로(인스턴스)를 조작하며, chulsu 리모컨은 chulsu의 회로를 조작하는 것이다. 리모컨(클래스형 변수)이 지니고 있는 것은, 메서드가 아닌 메서드를 호출하기 위한 버튼이다.

이 책에선 'gildong 인스턴스'라는 표현을 사용하는 경우가 있다. 리모컨인 클래스형 변수 gildong과 회로인 인스턴스는 별개의 존재이므로 어디까지나 'gildong이 참조하는 인스턴스'를 간략하게 표현한 것이다.

생성자

인스턴스의 회로를 실행함과 동시에, 이름, 신장, 체중을 각 필드에 세팅하는 것이 생성자이다. 생성자는 '전원 버튼'에 의해 호출되는 칩(소형 회로)이라고 생각하면 된다.

필드와 스테이트(state)

필드(인스턴스 변수)의 값은 회로(인스턴스)의 현재 상태를 나타낸다. 이 때문에 필드 값을 스테이트 라고 부르기도 한다. state는 '상태'라는 의미이다.

메서드와 동작(behavior)

한편 메서드는 회로의 동작를 나타낸다. 각 메서드는 회로의 현재 스테이트(상태)를 확인하거나 변경하기 위한 칩이다. 그리고 각 칩(메서드)을 간접적으로 조작하는 것이 리모컨 상의 버튼이다. 리모컨을 조작하는 측에선 private 상태(비공개 데이터)인 체중을 직접 볼 수 없다. 대신에 getWeight 버튼을 눌러서 확인할 수 있다.

그림 8-5 클래스, 인스턴스, 클래스형 변수

ⓐ 클래스

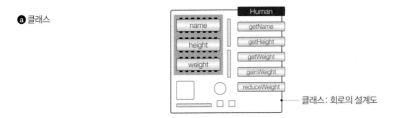

클래스: 회로의 설계도

ⓑ 클래스형 변수와 인스턴스

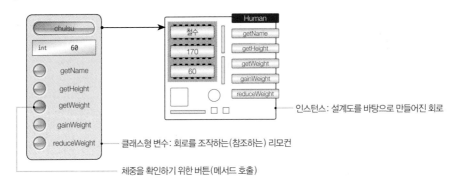

인스턴스: 설계도를 바탕으로 만들어진 회로

클래스형 변수: 회로를 조작하는(참조하는) 리모컨

체중을 확인하기 위한 버튼(메서드 호출)

자동차 클래스 Car를 작성하자.

이름, 번호(이상 String형) / 폭, 높이, 길이(이상 int형) / 현재 위치 X좌표, Y좌표, 탱크 용량, 남은 연료, 연비(이상 double형)를 필드를 가진다. 현재 위치 X, Y좌표를 불러오기, 남은 연료 불러오기, 사양 표시하기, 지시한 X, Y 방향만큼 자동차 이동하기, 급유하기 등의 메서드를 가진다.

· 생성 시에는 X좌표, Y좌표는 모두 0이며, 그 이외의 필드에는 주어진 값을 설정할 것.

```java
// 자동차 클래스(Ver.1)
class Car {
    private String name;        // 이름
    private String number;      // 번호
    private int width;          // 폭
    private int height;         // 높이
    private int length;         // 길이
    private double x;           // 현재 위치의 X 좌표
    private double y;           // 현재 위치의 Y 좌표
    private double tankage;     // 탱크 용량
    private double fuel;        // 남은 연료
    private double sfc;         // 연비

    //--- 생성자 ---//
    Car(String name, String number, int width, int height, int length,
                        double tankage, double fuel, double sfc) {
        this.name = name;       this.number = number;   this.width = width;
        this.height = height;   this.length = length;   this.tankage = tankage;
        // 남은 연료의 최대값은 탱크 용량과 동일
        this.fuel = (fuel <= tankage) ? fuel : tankage;
        this.sfc=sfc; x = y = 0.0;
    }

    double getX() { return x; }      // 현재 위치의 X좌표 불러오기
    double getY() { return y; }      // 현재 위치의 Y좌표 불러오기
    double getFuel() { return fuel; }  // 남은 연료 불러오기

    //--- 사양 표시 ---//
    void putSpec() {
        System.out.println("이름:" + name);
        System.out.println("번호:" + number);
        System.out.println("전폭:" + width   + "mm");
        System.out.println("전고:" + height + "mm");
        System.out.println("전장:" + length + "mm");
        System.out.println("탱크:" + tankage + "리터");
        System.out.println("연비:" + sfc + "km/리터");
    }
```

❶

```
    //--- X방향으로 dx, Y방향으로 dy이동 ---//
    boolean move(double dx, double dy) {
       double dist = Math.sqrt(dx * dx + dy * dy); // 이동 거리
       double f = dist / sfc;         // 이동에 필요한 연료

       if (f > fuel)
          return false;              // 이동할 수 없다   … 연료 부족
       else {
          fuel -= f;                 // 이동 거리분만큼 연료가 준다
          x += dx;
          y += dy;
          return true;               // 이동 완료
       }
    }

    //--- df 리터 급유 ---//
    void refuel(double df) {
       if (df > 0) {
          fuel += df;
          if (fuel > tankage)
             fuel = tankage;
       }
    }
}
```

자동차 클래스

클래스를 만들기 쉽고, 사용하기 쉽게 하려면 각 클래스들을 독립된 소스 파일로 표현해야 한다. 따라서 '자동차'를 나타내는 Car 클래스는 Car.java에 저장한다(이 클래스를 테스트하는 프로그램은 다음 문제에서 다룬다).

필드

자동차 클래스가 필드로 가지는 데이터는 다음과 같다.

- 이름
- 폭
- 길이
- 현재 위치의 Y좌표
- 남은 연료

- 번호
- 높이
- 현재 위치의 X좌표
- 탱크 용량
- 연비

그림 8-6 현재 위치의 좌표

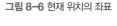
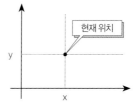

❶은 자동차의 '이동'에 필요한 데이터이다. [그림 8-6]에 있는 것처럼, X좌표와 Y좌표를 조합해 자동차의 위치를 나타낸다. 물론 자동차가 이동하면 연료가 줄어들며, 연료가 남아 있는 동안에만 이동할 수 있다.

각 필드의 값은 인스턴스의 스테이트(상태)를 나타낸다. 모든 필드는 외부에서 접근할 수 없도록 '비공개'로 설정한다(private로 선언한다). 이를 통해 '연료를 도난당해 0이 됐다'는 상황을 방지할 수 있다.

this 참조

생성자는 자동차의 좌표를 원점 (0, 0)으로 설정하고 좌표 이외의 필드에는 매개 변수로 받은 값을 설정한다. name이나 number 등의 매개 변수 이름은 멤버와 동일하다. 한편, 생성자에선 매개 변수를 name으로 접근하고 멤버는 this.name으로 접근해서 구분한다.

this란 자가자신의 인스턴스를 참조한다(그림 8-7). 생성자 및 메서드는 자신을 실행한 인스턴스의 참조를 this에 가진다. 물론 그 형은 자신의 클래스형이 된다(Car 클래스의 this는 클래스 Car형이다). 필드와 같은 이름을 매개 변수에 부여하는 기법은 다음과 같은 이점이 있다.

그림 8-7 this 참조

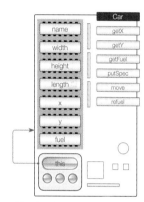

일부 필드 및 메서드 생략

· 매개 변수의 이름을 어떻게 정할지 고민할 필요가 없다.

· 어떤 필드에 값을 설정하기 위한 인수인지 알기 쉽다.

단, 생성자나 메서드 내에서 깜박하고 this.를 지정하지 않은 경우, 필드가 아닌 매개 변수를 가리키게 된다. this. 지정을 잊지 않도록 주의할 필요가 있다.

메서드

클래스 Car에는 6개의 메서드가 있다. 각 메서드를 자세히 보도록 하자.

getX / getY 메서드

현재 위치의 X좌표와 Y좌표를 가져오는 메서드이다. 인수를 받지 않는다. 필드 x와 y의 값을 그대로 반환한다.

getFuel 메서드

남은 연료를 확인하는 메서드이다. 인수를 받지 않는다. 필드 fuel의 값을 그대로 반환한다.

putSpec 메서드

자동차의 사양(이름과 차번호, 전폭, 전고, 전장, 연료 용량, 연비)을 표시하는 메서드이다. 인수를 받지 않는다.

move 메서드

인수 dx와 dy에 지정된 값을 가지고 자동차를 이동시키는 메서드이다. X방향으로 dx만큼, Y방향으로 dy만큼 이동시킨다. 이동하는 거리를 나타내는 dist 값은 [그림 8-8]에 있는 방법으로 구한다. Math 클래스의 sqrt 메서드는 인수의 제곱근을 반환한다. 호출 형식이 '클래스명.메서드명(...)'인 이유는 10장에서 배운다.

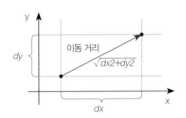

그림 8-8 자동차의 이동 거리

자동차의 연비는 sfc 필드에 저장된다(1리터의 연료로 sfc킬로를 주행한다고 가정한다). 따라서 이동에 따라 감소하는 연료는 dist / sfc로 구할 수 있다. 이동해야 할 거리인 dist와 남은 연료 fuel를 비교해서 다음과 같은 처리를 한다.

- 나머지 연료가 부족한 경우 => 이동이 불가능하다고 판단해 false를 반환한다
- 나머지 연료가 충분한 경우 => 이동 위치와 남은 연료를 변경한 후 true를 반환한다

refuel 메서드

급유를 진행하는 메서드이다. 매개 변수 df에 지정한 값만큼 남은 연료인 fuel를 증가시킨다. 단, 증가 후의 fuel값이 연료 탱크 용량보다 커서는 안되므로, tankage가 탱크 용량까지만 증가하도록 조절한다.

나머지 연료인 fuel 필드를 통해 필드를 비공개private로 설정하는 경우를 살펴보자. 만약 fuel를 공개로 설정한다면 클래스 외부에서 직접 접근할 수 있게 된다. 현실 세계로 비유하자면 '연료 탱크가 잠겨져 있지 않은 상황'과 같다. 즉, 누가 기름을 훔쳐 가서 0리터가 될 수 있다. 이런 이유로 fuel을 비공개로 설정해서 클래스 외부로부터의 접근을 막는 것이다. 하지만 남은 연료를 저장하기 위한 fuel은 값이 고정된 것이 아니라 계속 변한다. 따라서 getFuel, move, refuel 메서드들을 통해 간접적으로 클래스 외부에서 접근할 수 있게 한다.

getFuel 메서드

남은 연료를 확인한다. 이 메서드는 `fuel`의 값만 확인하며 값을 변경하지는 않는다. 이 메서드는 현실의 '연료 게이지'와 같다. 즉, 필드 `fuel`를 `private`로 설정해서 연료 탱크를 잠겨두고, 남은 연료를 확인할 수 있도록 연료 게이지를 설치해두는 것이다.

move 메서드

자동차를 이동하기 위한 메서드이다. 자동차의 이동 거리에 따라 자동으로 `fuel`을 변경한다.

refuel 메서드

급유를 진행하는 메서드이다.

앞 장까지의 프로그램은 주로 메서드의 집합으로, 클래스는 메서드를 담기 위해 존재했었다. 하지만 원래 자바 프로그램은 클래스의 집합이다. 클래스를 익숙하게 사용하게 되면 자바가 가진 강력한 힘을 활용할 수 있게 된다. 문법상으로는 클래스의 집합이 아닌 패키지의 집합이다. 패키지에 대해선 11장에서 배운다.

앞 문제에서 만든 자동차 클래스 Car를 이용하는 프로그램을 작성한다.

```java
// 자동차 클래스(Ver.1)의 이용 예(1)
class CarTester1 {
    public static void main(String[] args) {
        Car k3 = new Car("k3","서울999-99",1660,1500,3640,40.0,35.0,12.0);
        Car k5 = new Car("k5","서울999-98",1660,1525,3695,41.0,35.0,12.0);

        k3.putSpec();      // k3의 사양 표시
        System.out.println();
        k5.putSpec();      // k5의 샤양 표시
    }
}
```

실행 결과

이름:k3	이름:k5
번호:서울999-99	번호:서울999-98
전폭:1660mm	전폭:1660mm
전고:1500mm	전고:1525mm
전장:3640mm	전장:3695mm
탱크:40.0리터	탱크:41.0리터
연비:12.0km/리터	연비:12.0km/리터

클래스 분리

CarTester1은 자동차 클래스 Car를 이용하는 프로그램이다. 클래스 Car형의 인스턴스를 2개 생성해서 각 자동차의 사양을 표시하는 단순한 프로그램이다. [그림 8-9]에서도 보여주듯이, 소스 파일은 Car.java와 같은 디렉터리(폴더)에 저장한다. java 명령에 의해 클래스 CarTester1를 실행하면 실행에 필요한 클래스 Car의 바이트코드를 동일 디렉터리상의 클래스 파일(Car.class)에서 읽어온다.

그림 8-9 클래스 파일에서 해당 클래스를 찾는다

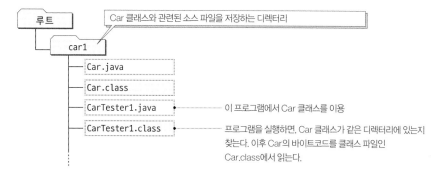

다음 페이지의 **CarTester2**는 대화형으로 자동차를 이동시키는 프로그램이다.

❶ 차의 이름이나 너비 등의 데이터를 입력받는다.

❷ 입력받은 값을 가지고 클래스 **Car**형의 인스턴스 **myCar**를 생성한다. 생성자를 통해 이름이나 너비 등의 값을 설정하고 좌표를 (0, 0)으로 설정한다.

```java
//자동차 클래스(Ver.1) 이용 예(2: 대화형으로 자동차를 이동)
import java.util.Scanner;

class CarTester2 {
   public static void main(String[] args) {
      Scanner stdIn = new Scanner(System.in);

      System.out.println("차량 데이터를 입력하세요.");                 ●━━━━━━━❶
      System.out.print("이　름:"); String name = stdIn.next();
      System.out.print("번　호:"); String number = stdIn.next();
      System.out.print("전　폭:"); int width = stdIn.nextInt();
      System.out.print("전　고:"); int height = stdIn.nextInt();
      System.out.print("전　징:"); int length = stdIn.nextInt();
      System.out.print("탱크용량:"); double tank = stdIn.nextDouble();
      System.out.print("연료량:"); double fuel = stdIn.nextDouble();
      System.out.print("연　비:"); double sfc = stdIn.nextDouble();

      Car myCar = new Car(name, number, width, height, length, tank, fuel, sfc);   ●━━━❷

      while (true) {
         System.out.printf("현재 위치:(%.2f, %.2f)\n", myCar.getX(), myCar.getY());
         System.out.printf("남은 연료:%.2f\n", myCar.getFuel());
         System.out.print("이동하겠습니까?[ 0…No／1…Yes]:");
         if (stdIn.nextInt() == 0) break;
```

```
            System.out.print("X방향으로의 이동 거리:");
            double dx = stdIn.nextDouble();

            System.out.print("Y방향으로의 이동 거리:");
            double dy = stdIn.nextDouble();

            if (!myCar.move(dx, dy))    •┄┄┄┄┄┄┄┄❸
                System.out.println("연료 부족!!");
        }
    }
}
```

실행 결과

차량 데이터를 입력하세요.	이동하겠습니까?[0..No / 1..Yes] : 1
이름 : 붕붕	X방향으로의 이동 거리 : 10.0
번호 : 서울999-99	Y방향으로의 이동 거리 : 5.0
전폭 : 1885	현재 위치 : (10.00, 5.00)
전고 : 1490	남은 연료 : 88.68
전장 : 5520	이동하겠습니까?[0..No / 1..Yes] : 1
탱크용량 : 100	X방향으로의 이동 거리 : 7.5
연료량 : 90	Y방향으로의 이동 거리 : 6.2
연비 : 8.5	현재 위치 : (17.50, 11.20)
현재 위치 : (0.00, 0.00)	남은 연료 : 87.54
남은 연료 : 90.00	이동하겠습니까?[0..No / 1..Yes] : 0

뒤에 오는 while 문에선 자동차의 이동을 대화형으로 반복한다. 현재 위치와 남은 연료를 표시하고 이동할 거리를 입력받는다.

❸ 자동차를 X방향으로 dx만큼, Y방향으로 dy만큼 이동한다. 이동 거리만큼의 연료가 없는 경우 false를 반환하므로 '연료 부족!!'이라고 표시한다.

Car 클래스를 별도의 프로그램으로 분리했다. 그리고 2개의 프로그램 CarTester1과 CarTester2에 Car 클래스를 사용했다. 물론 다른 프로그램(클래스)에서도 Car 클래스를 이용할 수 있다. **개별 클래스를 독립된 프로그램으로 만드는 것이 원칙이다.** 여러 클래스를 하나의 프로그램에 모두 담는 것은 테스트 프로그램이나 소규모 프로그램 등으로만 제한하도록 하자.

▪ 클래스를 구성하는 주요 요소는 [(1)], [(2)], [(3)] 이다.

```java
//--- 회원 클래스 ---//
class Member {
    private String name; // 이름
    private int no;      // 회원 번호        ········· (1)
    private int age;     // 연령

    Member(String name, int no, int age) {
        this.name = name;
        this.no = no;                          ········· (2)
        this.age = age;
    }

    // 회원 번호 불러오기
    int getNo() {
        return no;
    }
    // 회원 번호
    void setNo(int no) {                       ········· (3)
        this.no = no;
    }
    // 이름, 회원 번호, 연령 표시
    void print() {
        System.out.println("No." + no + ":" + name + " (" + age + "살) ");
    }
}
```

▪ 클래스 Member형의 클래스형 변수 gildong을 선언하려면 다음과 같이 한다.

```java
Member    (4)    ;
```

▪ 클래스 Member형의 인스턴스를 생성해서 이름(name), 번호(no), 연령(age)을 각각 "길동", 75, 55로 초기화하는 식은 다음과 같다.

```java
  (5)
```

• 위 문제와 동일하게 인스턴스를 생성하고 동시에 이 인스턴스를 이전 문제에서 선언한 클래스형 변수 gildong
이 참조하도록 설정하려면 다음과 같이 대입하면 된다.

```
    (6)    =    (7)    ;
```

• 클래스 Member형의 인스턴스를 생성해서 이름, 번호, 연령을 각각 "철수", 35, 65로 초기화하고 이 인스턴스를
참조하는 클래스형 변수 chulsu를 선언하려면 다음과 같이 한다.

```
Member    (8)    =    (9)    ;
```

• 다음은 chulsu가 참조하는 인스턴스의 회원 번호를 80으로 변경한 후 변경된 회원 번호를 표시하는 프로그램이다.

```
    (10)    ;                              // 회원 번호를 80으로 변경
System.out.println("회원 번호 :" +    (11)    ); // 회원 번호 표시
```

• 다음은 chulsu가 참조하는 인스턴스의 이름, 회원 번호, 연령을 print를 통해 표시하는 프로그램이다.

```
nango    (12)    ;
```

• 다음 프로그램에서 컴파일 오류가 발생하는 행에는 X를, 오류가 발생하지 않는 행에는 O를 기입하자.
참고로 (19)~(24)에는 name, no, age에서 private 선언을 제거한 경우에 오류 여부를 기입하자.

```
  (13)    chulsu_age = 50;        (19)
  (14)    int a = chulsu_age;     (20)
  (15)    chulsu.age = 50;        (21)
  (16)    int b = chulsu.age;     (22)
  (17)    age. chulsu= 50;        (23)
  (18)    int c = age. chulsu;    (24)
```

• 클래스 Member의 선언에서   (2)   부분을 통째로 삭제하면   (25)   .

▶ (25)의 보기:　(a) 컴파일되지 않는다

　　　　　　　(2) 인스턴스를 생성할 수 없다

　　　　　　　(3) 인스턴스 생성 시에 인수를 전달할 수 없다

• 클래스 Member의 선언에서   (2)   안의 this.를 모두 삭제하면 (26, c).

▶ (26)의 보기:　(a) 컴파일되지 않는다

　　　　　　　(b) name, no, age에는 잘못된 값이 들어갈 수 있다

　　　　　　　(c) name은 빈 참조가 되며 no, age는 0이 된다.

- 다음 프로그램은 클래스 Abc와 이것을 이용하는 클래스 AbcTester로 구성돼 있다. 2개의 클래스는 AbcTester. java라는 이름의 단일 소스 파일에 저장돼 있다.

```
  (27)    Abc {
  private int a;
  private int b;
  private int c;
  // 생성자
  (28)    (int a, int b, int c) {
    (29)   .a = a;
    (29)   .b = b;
    (29)   .c = c;
  }
  // a, b, c의 합을 구한다
  (30)    getSum() {
    return a + b + c;
  }
  // a, b, c의 값을 표시한 후 줄 바꿈한다
  (31)    print() {
    System.out.printf("(%d, %d, %d)\n", a, b, c);
  }
}


  (32)    AbcTester {
  public   (33)   void   (34)   (String[] args) {
    Abc x =   (35)   (1, 2, 3);
    Abc y =   (36)   (2, 4, 6);
    int xs =   (37)  ;      // x의 a, b, c 합
    int ys =   (38)  ;      // y의 a, b, c 합
    System.out.print("x :");
      (39)  ;              // x의 print 메서드 호출
    System.out.println("xs:" + xs);
    System.out.print("\ny :");
      (40)  ;              // y의 print 메서드 호출
    System.out.println("ys:" + ys);
  }
}
```

```
x :(1, 2, 3)
xs:6

y :(2, 4, 6)
ys:12
```

- AbcTester.java 파일의 컴파일은 (41) 한다.

  ▶ (41)의 보기: (a) javac Abc.java와 javac AbcTester.java 모두 실행

    (b) javac Abc.java로 실행

    (c) javac. AbcTester.java로 실행

- `AbcTester` 클래스 내의 `main` 메서드 실행은 [(42)] 한다.

  ▶ (42)의 보기:　　(a) java AbcTester + Abc

  　　　　　　　　　(b) java Abc

  　　　　　　　　　(c) java AbcTester

- 앞의 `Abc` 클래스가 `Abc.java`에 저장돼 있고 `AbcTester` 클래스가 `AbcTester.java`에 저장돼 있다고 하자 (즉, 별도의 파일에 저장된다). 양쪽 소스 파일의 컴파일이 완료된 상태라면, `AbcTester` 클래스 내의 `main` 메서드는 [(43)] 로 실행된다.

  ▶ (43)의 보기:　　(a) java AbcTester + Abc

  　　　　　　　　　(b) java Abc

  　　　　　　　　　(c) java AbcTester

- x나 y에 속하는 a, b, c를 [(44)] 변수라고 한다.

- 필드 a, b, c에 설정된 접근성은 [(45)] 접근이다. private가 지정되지 않은 경우에는 [(46)] 접근이 된다.

- 필드를 비공개로 설정해서 외부로부터 보호하는 것을 '데이터 [(47)]'이라고 한다. 데이터 은닉 상태에서 메서드와 필드를 연계시키는 것을 [(48)] 라고 한다.

- 인스턴스의 상태를 나타내는 필드를 [(49)] 라고 한다.

- 클래스 내에서 static 없이 선언된 메서드는 개별 인스턴스에 종속되므로 [(50)] 메서드라고 한다. 인스턴스의 메서드를 호출하는 것은 이 인스턴스(객체)에 [(51)] 를 보내는 것과 같다.

- 인스턴스 내의 개별 필드나 메서드에 접근하기 위한 연산자인 .를 [(52)] 연산자라고 한다.

- 생성자의 반환형은 [(53)]. 생성이 끝난 인스턴스에서 생성자를 호출할 수 [(54)]. 생성자가 하나라고 정의돼 있지 않은 경우에는 [(55)] 생성자가 컴파일러에 의해 자동 정의된다. [(55)] 생성자는 [(56)].

  ▶ (53)의 보기:　　(a) void이다　　　(b) 선언할 수 없다　　　(c) 자기자신과 같은 클래스형이다

  ▶ (54)의 보기:　　(a) 있다　　　(b) 없다

  ▶ (56)의 보기:　　(a) 자기 자신과 같은 클래스형의 매개 변수를 하나만 받는다

  　　　　　　　　　(b) 매개 변수를 받지 않는다

- 클래스 필드와 같은 이름의 매개 변수나 지역 변수를 가지는 생성자 및 인스턴스 메서드는 [(57)].

  ▶ (57)의 보기:　　(a) 컴파일할 수 없다

  　　　　　　　　　(b) 매개 변수, 지역 변수의 이름이 숨겨진다

  　　　　　　　　　(c) 필드 이름이 숨겨진다

간단한
클래스 작성

9장에선 간단한 구조의 좌표 클래스나 날짜 클래를 사용해보고,
두 클래스를 활용해 새로운 클래스를 작성해본다.
이를 통해 8장보다 더 깊이 있게 클래스를 학습한다.

· 접근자(게터와 세터)
· 클래스형 변수와 인스턴스 참조
· 클래스 인스턴스의 배열
· 복제 생성자
· 문자열화와 toString 메서드
· 클래스 인스턴스의 비교
· has-A 관계

X좌표와 Y좌표로 구성된 2차원 좌표 Coordinate 클래스를 작성하자. X좌표와 Y좌표의 값을 반환하는 메서드와 설정하는 메서드를 정의할 것.

```java
// 2차원 좌표 클래스 (Ver.1)
class Coordinate {
    private double x;    // X좌표
    private double y;    // Y좌표

    //--- 생성자 ---//
    Coordinate(double x, double y) { this.x = x; this.y = y; }

    double getX() { return x; }       // X좌표 가져오기
    double getY() { return y; }       // Y좌표 가져오기

    void setX(double x) { this.x = x; }  // X좌표 설정
    void setY(double y) { this.y = y; }  // Y좌표 설정

    void set(double x, double y) { this.x = x; this.y = y; }    // 좌표 설정
}
```

필드와 생성자

Coordinate는 X좌표와 Y좌표로 이루어진 2차원 좌표 클래스이다. 앞 장에서 배운 원칙에 근거해서 2개의 필드 x 및 y는 비공개로 설정한다. 생성자는 인스턴스를 생성할 때에 초기화하는 부품이다. 이 예에선 생성자는 매개 변수에 지정한 값을 각 필드에 대입한다.

접근자(accessor)

Coodinate 클래스의 메서드 중에 이름이 get로 시작하는 메서드는 필드값을 반환하며, set으로 시작하는 필드는 필드에 값을 설정한다. [그림 9-1]에 있듯이, 필드 값을 가져오는 메서드를 게터getter라고 하며 필드에 값을 설정하는 메서드를 세터setter라고 한다. 그리고 이 둘을 접근자라고 부른다.

abc 필드의 세터명은 setAbc, 게터명은 getAbc 형식으로 정하는 것이 좋다 (위 프로그램에서도 그렇게 하고 있다). 모든 필드에 값을 설정하는 set 메서드도 넓은 의미에선 세터에 해당한다. 다음 페이지의 CoordianteTester1은 Cooridnate 클래스를 사용하는 프로그램 예이다.

그림 9-1 접근자(게터와 세터)

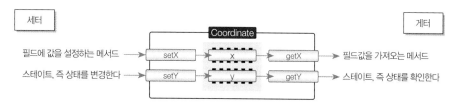

```
// 2차원 좌표 클래스 Coodinate(Ver.1) 사용 예(방법1)
import java.util.Scanner;

class CoordinateTester1 {
    public static void main(String[] args) {
        Scanner stdIn = new Scanner(System.in);

        System.out.println("좌표 p를 입력하세요.");
        System.out.print("X좌표:"); double x = stdIn.nextDouble();
        System.out.print("Y좌표:"); double y = stdIn.nextDouble();

        Coordinate p = new Coordinate(x, y);
        System.out.println("p = (" + p.getX() + ", " + p.getY() + ")");    ❶
        Coordinate q = p;        ❷
        q.set(9.9, 9.9);         ❸
        System.out.println("p = (" + p.getX() + ", " + p.getY() + ")");
        System.out.println("q = (" + q.getX() + ", " + q.getY() + ")");
    }
}
```

실행 예
```
좌표 p를 입력하세요.
X좌표:7.5
Y좌표:3.2
p = (7.5, 3.2)
p = (9.9, 9.9)
q = (9.9, 9.9)
```

❶ 입력받은 X, Y 좌표를 가지고 p 인스턴스를 생성하고 게터 getX와 getY를 사용해서 좌표를 가져온다.

❷ Coodinate형의 변수 q를 선언한다. p는 인스턴스를 참조하는 것이므로, p의 인스턴스를 참조하도록 q가 초기화된다. 그 결과 [그림 9-2]에 있는 것처럼 리모컨 p와 q의 조정 대상이 되는(참조하는) 인스턴스는 동일 인스턴스가 된다. 생성자가 호출되지 않으며, 좌표용 인스턴스가 새롭게 생성되는 것도 아니다.

❸ set 메서드를 호출해서 q의 좌표를 (9.9, 9.9)로 변경한다. q의 참조 대상 인스턴스에 값을 설정하는 것은, p용으로 만들어진 인스턴스값을 변경하는 것과 같다. 그 결과 값을 설정하지 않은 p의 좌표도 함께 (9.9, 9.9)로 변경된다.

값의 대입 대상이 q임에도 불구하고 p와 q가 모두 변경되는 이유을 알 수 있을 것이다. 여기선 클래스형 변수의 '초기화'를 보았지만, '대입'의 경우도 동일하다.

그림 9-2 동일 인스턴스를 참조하는 2개의 클래스형 변수

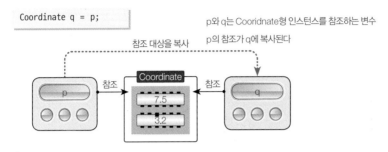

```
// 2차원 좌표 클래스 Coodinate(Ver.1) 사용 예(방법2:동일성 판정)
import java.util.Scanner;

class CoordinateTester2 {
    static boolean compCoordinate(Coordinate c1, Coordinate c2) {
        return c1.getX() == c2.getX() && c1.getY() == c2.getY();
    }
    public static void main(String[] args) {
        Scanner stdIn = new Scanner(System.in);

        double x, y;
        System.out.println("좌표 p를 입력하세요.");
        System.out.print("X좌표:"); x = stdIn.nextDouble();
        System.out.print("Y좌표:"); y = stdIn.nextDouble();
        Coordinate p = new Coordinate(x, y);

        System.out.println("좌표 q를 입력하세요.");
        System.out.print("X좌표:"); x = stdIn.nextDouble();
        System.out.print("Y좌표:"); y = stdIn.nextDouble();
        Coordinate q = new Coordinate(x, y);

        System.out.println((p == q)
                        ? "p == q입니다."
                        : "p != q입니다.");             ❶

        System.out.println(p.getX() == q.getX() &&
                        p.getY() == q.getY()
                        ? "p와 q가 같습니다."
                        : "p와 q가 다릅니다.");          ❷
    }
}
```

실행 예1
```
좌표 p를 입력하세요.
X좌표:7.5
Y좌표:3.2
좌표 q를 입력하세요.
X좌표:7.5
Y좌표:3.2
p != q입니다.
p와 q가 같습니다.
p와 q가 같습니다.
```

실행 예2
```
좌표 p를 입력하세요.
X좌표:7.5
Y좌표:3.2
좌표 q를 입력하세요.
X좌표:0.0
Y좌표:0.0
p != q입니다.
p와 q가 다릅니다.
p와 q가 다릅니다.
```

```
System.out.println(compCoordinate(p, q)
                 ? "p와 q가 같습니다."
                 : "p와 q가 다릅니다.");
    }
}
```

❸

동일성 판정

CoodinateTester2는 두 좌표의 동일성을 판정하는 프로그램이다. 입력받은 값을 가지고 p와 q 인
스턴스를 생성한 후 다음 3가지 판정을 한다.

❶ 동일식 p == q를 판정한다. 실행 예에 있는 것처럼 동일 좌표를 입력하든, 다른 좌표를 입력하
든 "p != q입니다"가 표시된다. 클래스형 변수에 적용한 동일 연산자 ==와 !=는 참조 대상이 동
일한지를 판정하는 것이다.

❷ 게터를 사용해 값을 조사하므로, 좌표를 구성하는 두 필드의 값이 동일한지 판정한다. X좌표 Y좌
표 양쪽의 값이 같으면 "p와 q가 같습니다."라고 표시하고 그렇지 않으면 "p와 q가 다릅니다."라고
표시한다.

클래스형 인수

compCoodinate 메서드는 두 좌표를 비교한 결과를 논릿값으로 반환하는 메서드이다. [그림 9-3]을
보도록 하자.

클래스형의 인수를 받는다

매개 변수 c1과 c2는 p의 참조와 q의 참조로 초기화된다. 따라서 c1는 p의 인스턴스를 참조하고 c2
는 q의 인스턴스를 참조한다. 인수로 참조를 전달하는 것은 배열을 전달하는 원리와 동일하다.

그림 9-3 메서드간 클래스형 변수 전달

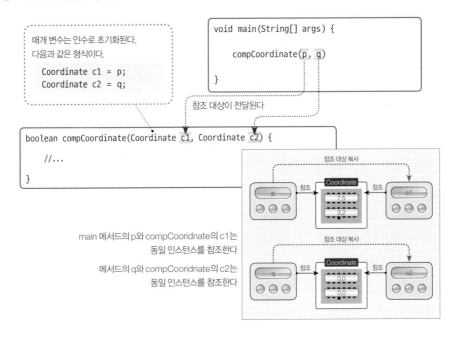

static 으로 선언돼 있다

이 메서드는 Coodinate 클래스의 '외부'에서 정의돼 있으며, 개별 인스턴스 p나 q에 소속되지 않는다. 이런 점에서 7장에서 배운 메서드와 같으며 메서드 선언부 앞에 static가 있다. static으로 선언된 메서드는 클래스 메서드가 된다([그림 9-3]에선 지면상의 이유로 static을 생략한다). 클래스 메서드와 인스턴스 메서드의 차이점에 대해선 다음 장에서 배운다.

비공개 필드에 접근할 수 없다

Coordinate 클래스의 외부에서 정의된 메서드이므로 비공개인 좌표 필드 x, y에 접근할 수 없다. 게터 getX, getY를 호출하므로 X좌표와 Y좌표를 값을 가져온다. compCoodinate 메서드를 호출하는 것이 ❸이다. 인수로 p의 인스턴스 참조와 q의 인스턴스 참조를 전달한다. 메서드의 반환값에 따라 "p와 q가 같습니다" 또는 "p와 q가 다릅니다"를 표시한다.

인스턴스 배열

CoordinateTester3Error 프로그램은 Coordinate형 배열을 만드는 프로그램이다. 입력받은 정숫값 n을 요소 수로 하는 배열을 만들고, 모든 요소의 좌표를 (5.5, 7.7)로 설정/표시한다. 프로그램을 실행하면 좌표의 개수 n을 읽은 후 ❷에서 오류가 발생한다. 배열을 ❶에서 생성하지만, 왜 여기서 오류가 발생하는 것일까? 그 이유를 보여주는 것이 [그림 9-4]이다.

좌표 a[1]은 Coordinate을 참조하는 클래스형 변수(리모컨)이지 좌표의 인스턴스가 아니다. a[0]와 a[2]도 마찬가지다. 그림은 배열의 요소 수가 3인 예이다. 배열 a는 좌표의 배열이 아니라 3개의 리모컨이 모인 것으로 각 요소는 null로 초기화된다. ❷의 실행 시에 오류가 발생하는 것은 null 참조(실체와 연결돼 있지 않은 리모컨)인 a[i]에 대해 set 메서드를 호출하려고 하기 때문이다(자세한 내용은 16장에서 배운다).

각각의 좌표 인스턴스는 클래스형 변수와 별도로 new 연산자를 사용해 생성할 필요가 있다. 이것을 반영한 것이 CoordinateTester3 프로그램이다.

```java
// 2차원 좌표 클래스 Coodinate(Ver.1) 사용 예(방법3:배열/오류)
import java.util.Scanner;

class CoordinateTester3Error {
  public static void main(String[] args) {
    Scanner stdIn = new Scanner(System.in);

    System.out.print("좌표는 몇 개:");
    int n = stdIn.nextInt();

    Coordinate[] a = new Coordinate[n];   // 요소 수 n인 Coordinate형 배열          ●❶

    for (int i = 0; i < a.length; i++)
      a[i].set(5.5, 7.7);                 // 모든 요소를 (5.5, 7.7)로 설정        ●❷

    for (int i =0; i < a.length; i++)
      System.out.printf("a[%d] = (%.1f, %.1f)\n", i, a[i].getX(), a[i].getY());
  }
}
```

```
실행 예
좌표는 몇 개:3
Exception in thread "main"
java.lang.NullPointerException
  at hello.main(hello.java:32)
```

그림 9-4 Coordiante형 배열의 구성 요소

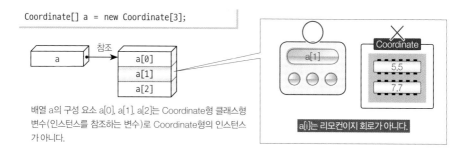

Coordinate[] a = new Coordinate[3];

배열 a의 구성 요소 a[0], a[1], a[2]는 Coordinate형 클래스형 변수(인스턴스를 참조하는 변수)로 Coordinate형의 인스턴스가 아니다.

a[i]는 리모컨이지 회로가 아니다.

```
// 2차원 좌표 클래스 Coordinate(Ver.1) 사용 예(방법3: 배열)
import java.util.Scanner;

class CoordinateTester3 {
  public static void main(String[] args) {
    Scanner stdIn = new Scanner(System.in);

    System.out.print("좌표는 몇 개:");
    int n = stdIn.nextInt();

    Coordinate[] a = new Coordinate[n];   // 요소 수 n인 Coordinate형 배열       ●①

    for (int i = 0; i < a.length; i++)                                              ●②
      a[i]= new Coordinate(5.5, 7.7);    // 모든 요소를 (5.5, 7.7)로 생성

    for (int i =0; i < a.length; i++)
      System.out.printf("a[%d] = (%.1f, %.1f)\n", i, a[i].getX(), a[i].getY());
  }
}
```

```
실행 예
좌표는 몇 개:3
a[0] = (5.5, 7.7)
a[1] = (5.5, 7.7)
a[2] = (5.5, 7.7)
```

❷의 for문 처리를 분해해서 보여주는 것이 [그림 9-5]이다. 반복할 때마다 Coordinate형 인스턴스를 생성해서 (5.5, 7.7)로 초기화한다. 생성한 인스턴스의 참조는 대입 연산자에 의해 a[i]에 대입된다. 클래스형 인스턴스의 배열을 이용할 때는 클래스형 변수의 배열을 생성한 후에 개별 요소의 인스턴스를 생성해야 한다.

그림 9-5 Coordinate형 배열의 각 구성 요소별로 인스턴스 생성

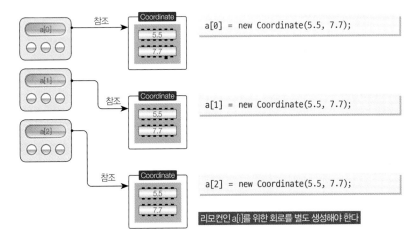

❷는 다음과 같이 작성할 수 없다. Coordinate 클래스의 생성자에는 반드시 2개의 double형 인수를 지정해야 하기 때문이다.

```
for (int i = 0; i < a.length; i++)      // 일단 생성
   a[i]= new Coordinate();              // 오류
for (int i = 0; i < a.length; i++)      // 나중에 값을 설정
   a[i].set(5.5, 7.7)
```

int형 배열의 생성을 떠올려보자. 개별 요소에 초깃값을 부여하지 않을 때는 ❶처럼 선언하고, 초깃값을 부여할 때는 ❷처럼 선언한다.

```
ⓐ int[] a = new int[4];
ⓑ int[] a = {1, 2, 3, 4};
```

또한, 이미 만들어진 배열 변수에 새로운 배열에 대한 참조를 대입하려면 ⓒ처럼 하면 된다.

```
int[] a;
//…
ⓒ a = new int[]{1, 2, 3, 4};      배열의 생성과 대입
```

ⓑ를 다음과 같이 선언할 수 있다.

```
int[] a = new int[]{1, 2, 3, 4};
```

클래스형 인스턴스의 생성도 마찬가지다. 이미 만들어진 Coordinate형 변수에 생성한 인스턴스의 참조를 대입하려면 ⓓ와 같이 하면 된다. 이것은 배열에서의 ⓒ와 같다.

```
Coordinate d;
//…
ⓓ d= new Coordinate(0.0, 0.0);      클래스 인스턴스 생성과 대입
```

클래스형 인스턴스의 배열에서 각 요소에 초깃값을 부여할 때는 ⓑ와 ⓓ를 응용하면 된다. 여기선 요소의 형이 Coordinate이고 요소 수가 4인 배열을 생각해보자. ⓑ와 마찬가지로 다음 형식을 사용할 수 있다.

```
Coordinate[] x = { ○, △, □, ◇ };
```

여기서 ○, △, □, ◇ 는 x[0], x[1], x[2], x[3]의 초깃값이다. 앞 페이지에서 배운 것처럼 각 요

소는 좌표의 실체를 참조하기 위한 클래스형 변수(리모컨)이다. 따라서 각 **초깃값은 인스턴스의 참조여야 한다.** 인스턴스의 참조를 생성하는 것이 ❹의 new Coordinate(0.0, 0.0)부분은 new Coordinate(x, y) 형식이다. 따라서 배열 x의 선언은 다음과 같이 된다.

```
Coordinate[] x = { new Coordinate(0.0, 0.0),
                   new Coordinate(1.1, 1.1),
                   new Coordinate(2.2, 2.2),
                   new Coordinate(3.3, 3.3),
              };
```

이것으로 x[0]는 new Coordinate(0.0, 0.0)로 생성된 인스턴스를 참조하도록 초기화되며, x[1]는 new Coordinate(1.1, 1.1)로 생성된 인스턴스를 참조하도록 초기화된다. x[2], x[3]도 마찬가지다.

배열의 요소를 생성할 때 초기화하는 것이 아니라 일단 생성 후에 대입하도록 변경해보자. ❻를 기본으로 하기 때문에 다음과 같은 형식으로 선언할 수 있다.

```
Coordinate[] x;
// …
x = new Coordinate[] { ○, △, □, ◇ };
```

여기서 각 요소의 초깃값인 ○, △, □, ◇는 앞에서 본 것을 그대로 사용할 수 있으므로 다음과 같이 된다.

```
Coordinate[] x;
// …
x = new Coordinate[]{ new Coordinate(0.0, 0.0),
                     new Coordinate(1.1, 1.1),
                     new Coordinate(2.2, 2.2),
                     new Coordinate(3.3, 3.3),
            };
```

다음은 2차원 배열을 보자. 자바의 2차원 배열은 각 행의 열 수가 달라도 괜찮다고 배웠다. 따라서 [그림 6-15]의 불규칙한 배열 c는 다음 코드를 사용해서 생성할 수 있다.

```
int[][] c;
c = new int[3][];
c[0] = new int[5];
c[1] = new int[3];
c[2] = new int[4];
```

배열 c와 행 수, 열 수가 같으며 모든 요소가 (5.5, 7.7)인 Coordinate형 배열은 다음과 같이 생성할 수 있다.

```
Coordinate[][] c;
c = new Coordinate[3][];
c[0] = new Coordinate[5];
for (int i = 0; i < 5; i++)
    c[0][i] = new Coordinate(5.5, 7.7);
c[1] = new Coordinate[3];
for (int i = 0; i < 3; i++)
    c[1][i] = new Coordinate(5.5, 7.7);
c[2] = new Coordinate[4];
for (int i = 0; i < 4; i++)
    c[2][i] = new Coordinate(5.5, 7.7);
```

배열을 생성한 후에 개별 요소가 참조하는 인스턴스를 생성해야 하는 것은 1차원 배열과 같다.

좌표 클래스의 문제점

좌표 클래스 자체는 단순한 구조이다. 하지만 이 클래스를 이용하는 프로그램들을 통해 다양한 문제가 있는 것을 발견할 수 있다.

1. 생성자가 2개의 double형 인수를 요구하므로, 인스턴스 생성이 유연하지 못하다. 예를 들어 배열을 만들 때에 '값을 설정하지 않고 일단 요소를 생성해두고 나중에 값을 설정'하는 것이 불가능하다.

2. 특정 좌표와 동일한 좌표를 가지는 인스턴스를 만들기가 어렵다.

3. 2개의 좌표가 동일한지 판정하기 어렵다.

4. 좌표를 표시할 때마다 2개의 게터 getX, getY를 호출해서 좌표를 확인해야 한다.

[문제 9-1]의 문제점들을 해결하도록 좌표 클래스 Coordinate을 수정하자.

```java
// 2차원 좌표 클래스 Coordinate(Ver.2)
class Coordinate {
    private double x = 0.0;      // X좌표 •················           ❶
    private double y = 0.0;      // Y좌표

    //--- 생성자 ---//
    public Coordinate() { }
    public Coordinate(double x, double y) { set(x, y); }
    public Coordinate(Coordinate c) {this(c.x, c.y);}

    public double getX() { return x; }        // X좌표 가져오기
    public double getY() { return y; }        // Y좌표 가져오기

    public void setX(double x) { this.x = x; }   // X좌표 설정
    public void setY(double y) { this.y = y; }   // Y좌표 설정

    public void set(double x, double y) { this.x = x; this.y = y; }   // 좌표 설정

    public boolean equalTo(Coordinate c) { return x == c.x && y == c.y;}

    public String toString() { return "(" + x + ", " + y + ")"; }
}
```

좌표 클래스 개선

Ver.2는 [문제 9-1]에서 다룬 문제점을 개선한 버전이다.

public 클래스

클래스 선언에 public 키워드를 사용한다. public 유무에 따라 클래스의 접근성이 다음과 같이 달라진다.

· public 없음: 해당 클래스는 동일 패키지 내에서만 사용할 수 있다
· public 있음: 해당 클래스는 어디에서든 사용할 수 있다

일반적으로는 '소규모로 한 번 사용하고 버릴 클래스가 아닌 이상은 public으로 선언하는 것'이라 이해하면 된다. public을 설정할 수 있는 것은 하나의 소스 프로그램당 1개의 클래스로 제한된다. 패키지에 대해선 11장에서 배운다.

필드

X좌표와 Y좌표를 나타내는 것이 필드 x와 y이다(Ver.1과 동일하다).

생성자

3개의 생성자를 정의한다(메서드와 마찬가지로 생성자도 다중 정의가 가능하다). 각 생성자는 다음과 같이 초기화한다.

ⓐ `public Coordinate() { }`   (0.0, 0.0)로 초기화

ⓑ `public Coordinate(double x, double y) {set(x, y);}`   (x, y)로 초기화

ⓒ `public Coordinate(Coordinate c) {this(c.x, c.y);}`   c와 같은 좌표로 초기화

여러 개의 생성자를 제공하면 클래스 사용자 입장에선 인스턴스 생성 방법의 선택이 폭이 넓어진다.

생성자 ⓐ

필드를 선언하는 ❶에선 초깃값 0.0이 x와 y에 부여된다. 주어진 초깃값에 의해 필드가 초기화되는 것은 인스턴스 생성 직후로 생성자가 실행되기 전이다. 따라서 이 생성자가 호출된 경우에는 생성자 자체가 비어 있음에도 불구하고 필드 x, y가 0.0이 된다. 필드는 기본값으로 초기화된다. 하지만 double형의 기본값은 0.0이므로 ❶에서 초깃값인 0.0을 생략해도 괜찮다.

생성자 ⓑ

매개 변수 x와 y에 설정한 값을 좌표 필드에 설정하기 위해 set 메서드를 호출한다. '인스턴스명.메서드명(…)'이 아닌 단순히 '메서드명(…)'형식으로 호출할 수 있는 것은 동일 클래스에 있는 메서드이기 때문이다. 7장에서 작성한 메서드도 마찬가지였다. main 메서드에서 "메서드명(…)" 형식으로 호출할 수 있었던 것도 동일 클래스 내의 메서드이기 때문이다.

생성자 ⓒ

인수로 받은 좌표 c의 필드 c.x, c.y값을 복사해서 좌표를 초기화한다. 이처럼 자신과 동일한 클래스형의 인수를 받아서 모든 필드의값을 복서하는 생성자를 복사 생성자^{copy constructor}라고 한다. 이 생성자 안의 this(…) 형식은 동일 클래스 내의 생성자를 호출한다. 두 좌표 값의 설정을 생성자ⓑ에 맡긴다. this(…) 호출은 생성자의 시작 부분에만 사용할 수 있다.

생성자의 다중 정의에 의해 [문제 9-1]에서 다룬 문제점 ❶과 ❷를 해결한다.

문제점 ❶

Ver.1의 Coordinate 클래스에서 오류가 발생하는 다음 코드는 Ver.2에선 제대로 동작한다.

```
for (int i = 0; i < a.length; i++)      // 일단 생성
   a[i]= new Coordinate();              // (Ver.1)는 오류 / (Ver.2)는 OK
for (int i = 0; i < a.length; i++)      // 나중에 값을 설정
   a[i].set(5.5, 7.7)
```

생성자 ⓐ에서 인스턴스를 일단 생성해두고 나중에 값을 설정하는 방식이 가능해져서 배열을 더 유연하게 생성할 수 있다.

문제점 ❷

ⓒ의 복사 생성자에 의해 기존 Coordinate형 인스턴스와 동일 상태(모든 필드 값이 동일)의 인스턴스 생성이 쉬워진다.

```
Coordinate p = new Coordinate(3.3, 5.5);
Coordinate q = new Coordinate(q.getX(), q.getX());   // p와 동일 좌표(Ver.1)
Coordinate r = new Coordinate(q);                     // p와 동일 좌표(Ver.2)
```

메서드

접근자(게터와 세터)

필드 값을 불러오거나 설정하는 게터와 세터는 Ver.1과 같다. 단, 두 메서드 모두 public으로 선언하고 있는 것이 차이이다. public 클래스 내에서 public으로 선언된 메서드는 패키지와 상관없이 어디에서나 호출할 수 있다(자세한 내용은 11장에서 다룬다). 접근자 이외의 메서드나 생성자도 public으로 선언한다.

equalTo: 동일성 판정을 위한 메서드

equalTo 메서드는 좌표가 같은지를 판정한다. 자신의 좌표와 매개 변수 c를 통해 받은 좌표를 비교한다. X좌표와 Y좌표가 같으면 true를 반환하고 그렇지 않으면 false를 반환한다. 이 메서드를 호출하면 모든 필드 값이 같은지 판정할 수 있으므로 문제점 ❸이 해결된다.

toString: 문자열 표현을 반환하는 메서드

toString 메서드는 문자열로 표현한 좌표를 반환하는 메서드이다. 반환하는 문자열은 "(X좌표, Y좌표)" 형식이다. 여기서 다음의 System.out.println을 사용해 좌표를 표시하는 메서드를 만든다고 생각해보자.

```
public void print() { System.out.println("(" + x + ", " + y + ")"); }
```

이 메서드는 줄 바꿈이 발생하면 안 되는 상황에선 이용할 수 없다. 일반적으로 화면에 직접 출력하는 메서드보다 문자열을 반환하는 메서드가 더 활용도가 높다. toString 메서드가 반환하는 문자열을 System.out.print나 println, printf에 전달하면 화면에 좌표를 표시할 수 있기 때문이다. 이 메서드에 의해 문제점❹가 해결된다.

해당 클래스의 인스턴스의 '현재 상태'를 문자열 표현으로 반환하는 메서드는 다음과 같은 형식으로 정의하는 것이 정석이다.

```
public String toString() { /*...*/}
```

```
// 2차원 좌표 클래스 Coordinate(Ver.2) 사용 예
import java.util.Scanner;

class CoordinateTester {
  public static void main(String[] args) {
    Scanner stdIn = new Scanner(System.in);

    System.out.println("좌표 p를 입력하세요.");
    System.out.print("X좌표:");
    double x = stdIn.nextDouble();
    System.out.print("Y좌표:");
    double y = stdIn.nextDouble();

    Coordinate p = new Coordinate(x, y);
    System.out.println("p = " + p);        // ❶
    Coordinate q = new Coordinate(p);      // p와 같은 좌표

    System.out.println("q와 p를 동일 좌표로 만들었습니다.");
    System.out.println("q = " + q);

    if (p.equalTo(q))
      System.out.println("p와 q가 같습니다.");          // ❷
    else
      System.out.println("p와 q가 다릅니다.");

    Coordinate c1 = new Coordinate();      // (0.0,0.0)
    Coordinate c2 = new Coordinate(1.1, 2.2); // (1.1, 2.2)

    System.out.println("c1 = " + c1);
    System.out.println("c2 = " + c2);
```

실행 예
```
좌표 p를 입력하세요.
X좌표:7.5
Y좌표:3.2
p = (7.5, 3.2)
q와 p를 동일 좌표로 만들었습니다.
q = (7.5, 3.2)
p와 q가 같습니다.
c1 = (0.0, 0.0)
c2 = (1.1, 2.2)
a[0] = (0.0, 0.0)
a[1] = (0.0, 0.0)
a[2] = (0.0, 0.0)
```

```
      Coordinate[] a = new Coordinate[3];   // 요소 수가 3인 Coordinate형 배열 ●-------❸
      for (int i =0; i < a.length; i++)
        a[i] = new Coordinate();            // 모든 요소를 (0.0, 0.0)로 설정


      for (int i =0; i < a.length; i++)
        System.out.println("a[" + i + "] = " + a[i]);
    }
}
```

CoordinateTester는 좌표 클래스 Ver.2를 이용하는 프로그램 예이다.

❶ Coordinate형 인스턴스의 참조인 p를 그대로 System.out.println에 전달해서 좌표를 표시한다. 이런 형식이 가능한 것은 암묵적으로 toString 메서드가 호출되기 때문이다. '**숫자 + 문자열**' 또는 '**문자열 + 숫자**'의 연산에서 숫자가 문자열로 변환된 후에 연결되는 것과 같은 이치다. '**문자열 + 클래스형 변수**' 또는 '**클래스형 변수 + 문자열**' 연산에선 클래스형 변수의 toString 메서드가 자동으로 호출돼서 문자열로 변환되며 그 후에 문자열 연결이 이루어진다. 물론 다음과 같이 명시적으로 toString 메서드를 호출해도 상관없다.

```
System.out.println("p = " + p.toString());
```

❷ 좌표 p가 q와 같은지는 equalTo 메서드를 사용해 판정한다. X좌표와 Y좌표의 필드 값이 같은지를 비교해서 판정한다. 복사 생성자에 의해 q와 p가 동일하게 생성되므로 "**p와 q가 같습니다.**"하고 표시된다. p == q 에선 참조 대상이 같은지를 판정하는 것이라고 설명했었다.

❸ Coordinate형 배열을 생성한다. 인수를 받지 않는 생성자가 개별 요소의 인스턴스를 (0.0, 0.0)으로 초기화한다.

[문제 8-2]에서 작성한 '사람 클래스'의 배열을 생성하는 프로그램을 작성하자. 생성 시에 요소를 초기화하는 것과 생성 후에 요소에 값을 대입하는 것 등 여러 개의 패턴을 만들 것.

```java
// 사람 클래스의 인스턴스 배열
import java.util.Scanner;

class HumanArrayTester {
  // Human형 1차원 배열의 모든 요소 를 표시
  static void printHumanArray(Human[] a) {
    for (int i = 0; i < a.length; i++)
      System.out.printf("No.%d %s %3dcm %3dkg\n",
                        i, a[i].getName(), a[i].getHeight(), a[i].getWeight());
  }

  public static void main(String[] args) {
    Scanner stdIn = new Scanner(System.in);
    int n;

    //-------------- 1차원 배열 --------------//
    // 생성과 동시에 초기화
    Human[] p = {
      new Human("철수", 170, 70),
      new Human("길동", 160, 59),
    };

    // 배열과 각각의 인스턴스를 개별적으로 생성
    System.out.print("배열 q의 요소 수:");
    n = stdIn.nextInt();

    Human[] q = new Human[n];
    for (int i = 0; i < q.length; i++) {
      System.out.println("q[" + i + "]");
      System.out.print("이름:"); String name = stdIn.next();
      System.out.print("신장:"); int height = stdIn.nextInt();
      System.out.print("체중:"); int weight = stdIn.nextInt();
      q[i] = new Human(name, height, weight);
    }

    //-------------- 2차원 배열 --------------//
    // 생성과 동시에 초기화(3행 2열)
    Human[][] x = {
      { new Human("김철수", 175, 52), new Human("김영희", 169, 60) },
      { new Human("홍길동", 178, 70), new Human("이철수", 172, 61) },
      { new Human("이영희", 168, 59), new Human("김길동", 165, 59) },
    };
```

```java
        // 배열과 각각의 인스턴스를 개별적으로 생성(불규칙 배열)
        System.out.print("배열 y의 행 수:");
        n = stdIn.nextInt();

        Human[][] y = new Human[n][];
        for (int i = 0; i < y.length; i++) {
            System.out.print("y[" + i + "]의 열 수:");
            n = stdIn.nextInt();
            y[i] = new Human[n];
            for (int j = 0; j < y[i].length; j++) {
                System.out.println("y[" + i + "][" + j + "]");
                System.out.print("이름:"); String name = stdIn.next();
                System.out.print("신장:"); int height = stdIn.nextInt();
                System.out.print("체중:"); int weight = stdIn.nextInt();
                y[i][j] = new Human(name, height, weight);
            }
        }

        //-------------- 출력 --------------//
        // 1차원 배열
        System.out.println("■배열 p");
        printHumanArray(p);

        System.out.println("■배열 q");
        printHumanArray(q);

        // 2차원 배열
        System.out.println("■배열 x");
        for (int i = 0; i < x.length; i++) {
            System.out.printf("%d행\n", i);
            printHumanArray(x[i]);
        }

        System.out.println("■배열 y");
        for (int i = 0; i < y.length; i++) {
            System.out.printf("%d행\n", i);
            printHumanArray(y[i]);
        }
    }
}
```

> 실행 예
>
> | | |
> |---|---|
> | 배열 q의 요소 수:3 | No.0 철수 170cm 70kg |
> | q[0] | No.1 길동 160cm 59kg |
> | 이름:michale | ■배열 q |
> | 신장:155 | No.0 michale 155cm 50kg |
> | 체중:50 | …중략… |
> | …중략… | ■배열 x |
> | 배열 y의 행 수:3 | 0행 |
> | y[0]의 열 수:2 | No.0 김철수 175cm 52kg |
> | y[0][0] | No.1 김영희 169cm 60kg |
> | 이름:patrick | 1행 |
> | 신장:180 | No.0 홍길동 178cm 70kg |
> | 체중:70 | …중략… |
> | …중략… | ■배열 y |
> | ■배열 p | …중략… |

〈옮긴이주: 한글 이름은 입력이 잘 되지 않을 수 있으니 영문 이름을 입력하도록 하자〉

클래스 인스턴스형의 배열

[문제 8-2]에서 작성한 사람 클래스를 이용해서 Human형 인스턴스의 배열을 만드는 프로그램이다. 4개의 배열을 생성한다.

1차원 배열 p와 q

p에는 초깃값이 설정돼 있다. Human형 배열과 개별 요소가 참조하는 인스턴스가 자동으로 생성된다. q에는 초깃값이 설정돼 있지 않다. 먼저 요소 수가 n인 배열을 생성하고 입력받은 값을 가지고 개별 요소가 참조하는 인스턴스를 생성한다.

2차원 배열 x와 y

x는 3행 2열의 2차원 배열이다. 초깃값이 주어져 있으므로 Human형의 2차원 배열의 개별 요소가 참조하는 인스턴스가 자동 생성된다. y에는 초깃값이 설정돼 있지 않다. 입력받은 행 수 n을 요소 수로 하는 Human[]형 배열을 생성한다. 그리고 for문을 통해 입력받은 각 행의 열 수만큼 Human형 배열을 생성한다. 계속해서 이름, 신장, 체중을 입력 받아 개별 인스턴스를 생성한다. [문제 6-20]에서 배운 불규칙 배열을 응용한다.

printHumanArray 메서드는 Human형 1차원 배열의 모든 요소를 출력하는 메서드이다. 따라서 이 메서드에 2차원 배열의 구성 요소(예를 들면 x[0])를 전달하면 해당 구성 요소의 모든 요소(예를 들면 x[0][0], x[0][1])가 표시된다. 2차원 배열의 구성 요소가 참조하는 것은 1차원 배열이기 때문이다.

앞 문제에서 만든 자동차 클래스 Car를 이용하는 프로그램을 작성한다.

```java
// 날짜 클래스 Day(Ver.1)
public class Day {
    private int year = 1;        // 년
    private int month = 1;       // 월
    private int date = 1;        // 일

    //--- 생성자 ---//
    public Day()                                    { }
    public Day(int year)                            { this.year = year; }
    public Day(int year, int month)                 { this(year); this.month = month; }
    public Day(int year, int month, int date)       { this(year, month); this.date = date; }
    public Day(Day d)                               { this(d.year, d.month, d.date); }

    //--- 년, 월, 일 불러오기 ---//
    public int getYear() { return year; }           // 년 불러오기
    public int getMonth() { return month; }         // 월 불러오기
    public int getDate() { return date; }           // 일 불러오기

    //--- 년, 월, 일 설정 ---//
    public void setYear(int year)   { this.year = year; }       // 년 설정
    public void setMonth(int month) { this.month = month; }     // 월 설정
    public void setDate(int date)   { this.date = date; }       // 일 설정

    public void set(int year, int month, int date) {            // 년,월,일 설정
        this.year = year;       // 년
        this.month = month;     // 월
        this.date = date;       // 일
    }

    //--- 요일 찾기 ---//
    public int dayOfWeek() {
        int y = year;           // 0 ⋯ 일요일
        int m = month;          // 1 ⋯ 월요일
        if (m == 1 || m == 2) { //     :
            y--;                // 5 ⋯ 금요일
            m+= 12;             // 6 ⋯ 토요일
        }
        return (y + y / 4 - y / 100 + y / 400 + (13 * m + 8) / 5 + date) % 7;
    }
}
```

```
//--- 날짜 d와 같은가? ---//
public boolean equalTo(Day d) {
    return year == d.year && month == d.month && date == d.date;
}

//--- 문자열 표현 반환 ---//
public String toString() {
    String[] wd = {"일", "월", "화", "수", "목", "금", "토"};
    return String.format("%04d년 %02d월 %02d일(%s)",
                            year, month, date, wd[dayOfWeek()]);
}
}
```

날짜 클래스

날짜 클래스에서 중요한 부분을 보도록 하자.

필드

Day 클래스의 필드는 년(年)을 나타내는 year, 월(月)을 나타내는 month, 일(日)을 나타내는 date 로 구성돼 있다. 모두 비공개 int형 필드로 1이 초깃값으로 설정돼 있다.

생성자

년, 월, 일을 지정하지 않는 것부터 모두 지정하는 것까지 5개의 생성자가 다중 정의돼 있다. 각 생성자는 다음과 같이 초기화를 실행한다. 인수에 값을 받지 않는 경우 1로 설정한다. 3개의 필드 year, month, date은 생성자가 실행되기 전에 1로 초기화된다.

ⓐ public Day()	1년 1월 1일로 초기화
ⓑ public Day(int year)	year년 1월 1일로 초기화
ⓒ public Day(int year, int month)	year년 month월 1일로 초기화
ⓓ public Day(int year, int month, int date)	year년 month월 date일로 초기화
ⓔ public Day(Day d)	d와 같은 날짜로 초기화

생성자 ⓒ, ⓓ, ⓔ의 내부에선 this(...)를 사용해서 동일 클래스 내의 다른 생성자를 호출한다. 구체적으로는 생성자ⓒ에선 ⓑ를 호출하고 생성자ⓓ에선 ⓒ를 호출하며 생성자 ⓔ에선 ⓓ를 호출한다. 이런 프로그래밍이 귀찮게 느껴질 수 있지만 장점이 더 많다. 다음과 같이 this(...)를 사용하지 않고 생성자를 정의하면 어떻게 되는지 검증해보도록 하자.

```
public Day()                              { set(1, 1, 1); }
public Day(int year)                      { set(year, 1, 1);}
public Day(int year, int month)           { set(year, month, 1); }
public Day(int year, int month, int date) { set(year, month, date); }
public Day(Day d)                         { set(d.year, d.month, d.date);
```

양력에는 '0년'이 존재하지 않는다. 따라서 'year에 0이 설정된 경우에는 강제적으로 1로 변경'하려면 어떻게 하면 될까? 모든 생성자를 변경해야 한다. 반면 이 클래스처럼 this(...)를 사용해서 생성자를 정의했다면, 생성자 ⓑ를 다음과 같이 변경하기만 하면 된다. ⓒ, ⓓ, ⓔ는 변경할 필요가 없다.

```
//--- 양력 년을 1년으로 보정하는 생성자 ⓑ ---//
public Day(int year) { if (year == _) year = 1; this.year = year; }
```

동일하거나 비슷한 코드를 클래스 안 이곳저곳에 분산해서 사용해서는 안 된다. 해야 할 처리가 다른 메서드나 생성자에 구현돼 있다면 해당 메서드나 생성자를 적극적으로 이용해야 한다.

메서드

Day 클래스에는 10개의 메서드를 정의한다.

게터와 세터

필드 값을 불러오거나 설정하는 게터와 세터는 다음과 같은 7개의 메서드로 구성된다.

· getYear: 년을 가져온다

· getMonth: 월을 가져온다

· getDate: 일을 가져온다

· set: 년월일을 설정한다

· setYear: 년을 설정한다

· setMonth: 월을 설정한다

· setDate: 일을 설정한다

dayOfWeek: 요일 찾기

요일을 찾는 메서드이다. 일요일부터 토요일까지를 0부터 6까지의 값으로 반환한다. 그레고리안 달력을 전제로 하는 제라의 공식Zeller's congruence을 사용한다. 이 공식은 1582년 10월 15일 이후의 요일만 계산할 수 있다.

equalTo: 동일성 판정 메서드

자신의 날짜와 매개 변수 d로 받은 날짜를 비교하는 메서드이다. 년, 월, 일이 모두 같으면 true를, 그렇지 않으면 false를 반환한다.

toString: 문자열 표현을 반환하는 메서드

날짜를 문자열로 반환한다. 반환하는 문자열은 년이 4자리이고, 월과 일이 각각 2자리이다. 예를 들면 "2018년 05 월25일(목)" 형식이 된다. String.format 메서드는 문자열 작성을 위해 사용한다. 이것은 System.out.printf 메서드의 출력 위치를 화면에서 문자열로 바꾼 것이라 이해하면 된다. [그림 9-6]처럼 문자열을 만든다. String.format 메서드에 대해선 15장에서 자세히 다룬다.

그림 9-6 String.format을 사용한 날짜 문자열 작성

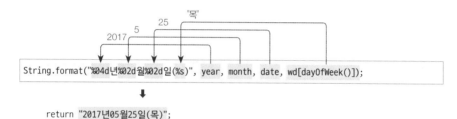

다음 DayTester 프로그램은 Day 클래스를 이용하는 프로그램이다.

```java
// 날짜 클래스 Day(Ver.1) 사용 예
import java.util.Scanner;

class DayTester {
  public static void main(String[] args) {
    Scanner stdIn = new Scanner(System.in);

    System.out.println("day1을 입력하자.");
    System.out.print("년:"); int y = stdIn.nextInt();
    System.out.print("월:"); int m = stdIn.nextInt();
    System.out.print("일:"); int d = stdIn.nextInt();

    Day day1 = new Day(y, m, d);  // 읽은 날짜      ●❶
    System.out.println("day1 = " + day1);

    Day day2 = new Day(day1);    // day1과 같은 날짜   ●❷
    System.out.println("day2를 day1과 같은 날짜로 만들었습니다.");
```

```
        System.out.println("day2 = " + day2);

        if (day1.equalTo(day2))
            System.out.println("day1과 day2가 같습니다.");
        else
            System.out.println("day1과 day2가 다릅니다.");

        Day d1 = new Day();              //    1년  1월   1일    ●─────────────── ❸
        Day d2 = new Day(2017);          // 2017년  1월   1일
        Day d3 = new Day(2017, 10);      // 2017년 10월   1일
        Day d4 = new Day(2017, 10, 15);  // 2017년 10월 15일

        System.out.println("d1 = " + d1);
        System.out.println("d2 = " + d2);
        System.out.println("d3 = " + d3);
        System.out.println("d4 = " + d4);

        Day[] a = new Day[3]; // 요소 수 3의 Day형 배열   ●─❹
        for (int i = 0; i < a.length; i++)
            a[i] = new Day();   // 모든 요소를 1년 1월 1일로 설정

        for (int i = 0; i < a.length; i++)
            System.out.println("a[" + i + "] = " + a[i]);
    }
}
```

실행 예

```
day1을 입력하자.
년 : 2017
월 : 5
일 : 25
day1 = 2017년05월25일(목)
day2를 day1과 같은 날짜로 만들었습니다.
day2 = 2017년 05월 25일(목)
day1과 day2가 같습니다.
d1 = 0001년 01월 01일(월)
d2 = 2017년 01월 01일(일)
d3 = 2017년 10월 01일(일)
d4 = 2017년 10월 15일(일)
a[0] = 0001년 01월 01일(월)
a[1] = 0001년 01월 01일(월)
a[2] = 0001년 01월 01일(월)
```

❶ 년, 월, 일, 3개의 인수를 받는 생성자 ⓓ를 이용해서 인스턴스를 생성한다. day1는 입력받은 날짜
로 생성된다.

❷ 복사 생성자인 ⓔ를 이용해서 인스턴스를 생성한다. day2는 day1과 같은 날짜이다. 만약 Day 클
래스에 복사 생성자가 정의돼 있다면 이 선언은 다음과 같이 작성해야 한다.

```
Day day2 = new Day(day1.getYear(), day1.getMonth(), day1.getDate());
```

❸ 4개의 Day형 인스턴스를 생성한다. d1, d2, d3, d4의 생성에는 각각 생성자 ⓐ, ⓑ, ⓒ, ⓓ가 호출
된다.

❹ Day형 배열을 생성한다. 인수를 받지 않는 생성자 ⓐ가 개별 요소의 인스턴스를 양력 1년 1월 1일
로 초기화한다.

다음의 은행 계좌 클래스에 계좌 개설일 필드와 toString 메서드를 추가하시오. 생성자를 변경하거나 계좌 개설일의 게터(계좌 개설일 필드가 참조하는 날짜 인스턴스의 복사본을 반환) 등을 추가할 것.

```java
// 은행 계좌 클래스(Ver.1)
class Account {
    private String name;      // 계좌 명의
    private String no;        // 계좌 번호
    private long balance;     // 예금 잔고

    //--- 생성자 ---//
    Account(String n, String num, long z) {
        name = n;             // 계좌 명의
        no = num;             // 계좌 번호
        balance = z;          // 예금 잔고
    }

    //--- 계좌 명의 확인 ---//
    String getName() {
        return name;
    }
    //--- 계좌 번호 확인 ---//
    String getNo() {
        return no;
    }
    //--- 예금 잔고 확인 ---//
    long getBalance() {
        return balance;
    }

    //--- k원 입금 ---//
    void deposit(long k) {
        balance += k;
    }
    //--- k원 출금 ---//
    void withdraw(long k) {
        balance -= k;
    }
}
```

은행 계좌 클래스

먼저 은행 계좌 Account 클래스를 살펴보도록 하자.

필드

3개의 필드로 구성된다.

- 계좌 명의를 나타내는 String형 name
- 계좌 번호를 나타내는 String형 no
- 예금 잔고를 나타내는 long형 balance

생성자

호출된 생성자는 매개 변수 n, num, z를 통해 전달받은 값을 필드 name, no, balance에 대입한다.

메서드

5개의 메서드가 정의된다.

getName

계좌 명의를 확인하는 게터이다. 필드 name값을 String형으로 반환한다.

getNo

계좌 번호를 확인하는 게터이다. 필드 balance값을 long형으로 반환한다.

deposit

돈을 입금하는 메서드이다. 예금 잔고가 k원만큼 늘어난다.

withdraw

돈을 출금하는 메서드이다. 예금 잔고가 k원만큼 줄어든다.

인수를 받지 않고 String형을 반환하는 toString 메서드는 다른 메서드와 달리 특별한 메서드로 정의할 때는 반드시 public 메서드로 정의해야 한다. 이것은 다음과 같은 이유 때문이다(다음 장부터 15장까지를 학습한 후에 읽으면 도움이 될 것이다).

- toString은 java.lang.Object 클래스 내에서 public String toString()으로 정의된 메서드이다.
- 모든 클래스는 java.lang.object 클래스의 하위 클래스이다.
- 클래스 내에서 String toString() 메서드를 정의하는 것은 java.lang.object 클래스 내의 메서드를 오버라이드 하는 것이다

· 메서드를 오버라이드할 때에 '접근 권한'을 강화시킬 수 없다. 따라서 어떤 클래스이든 String toString()은 public 메서드로 정의해야 한다.

그런데 Account 클래스에선 toString 메서드가 정의돼 있지 않다. 이런 클래스에는 암묵적으로 toString 메서드가 정의된다. 이 경우 toString 메서드가 반환하는 것은 다음 문자열이다.

```
getClass().getName() + '@' + Integer.toHexString(hashCode())
```

이것은 클래스명, @기호, 인스턴스의 해시 코드(내부적으로 부여된 번호 같은 것)를 16진 표현으로 연결한 것이다. 클래스 Account형의 경우 "Account@e09713"과 같은 문자열이 된다(16진수 값인 e09713은 인스턴스마다 다르다).

주어진 은행 계좌 Account 클래스에 계좌 개설일 필드 openDay, 그리고 그 게터인 getOpenDay, toString 메서드를 추가한 클래스가 아래에 있는 클래스이다. 이 클래스는 날짜 클래스를 이용한다. 따라서 이번 프로그램을 저장하는 디렉터리는 날짜 클래스인 Day의 클래스 파일을 복사해둘 필요가 있다.

```java
// 은행 계좌 클래스(Ver.2)
class Account {
    private String name;        // 계좌 명의
    private String no;          // 계좌 번호
    private long balance;       // 예금 잔고
    private Day openDay;        // 계좌 개설일 ●········❶

    //--- 생성자 ---//
    public Account(String n, String num, long z,Day d) {
        name = n;               // 계좌 명의
        no = num;               // 계좌 번호
        balance = z;            // 예금 잔고
        openDay = new Day(d);   // 계좌 개설일 ●········❷
    }

    //--- 계좌 명의 확인 ---//
    public String getName() {
        return name;
    }
    //--- 계좌 번호 확인 ---//
    public String getNo() {
        return no;
    }
```

```
      //--- 예금 잔고 확인 ---//
      public long getBalance() {
         return balance;
      }
      //--- 계좌 개설일 확인 ---//                        ③
      public Day getOpenDay() {
         return new Day(openDay);
      }
      //--- k원 입금 ---//
      void deposit(long k) {
         balance += k;
      }
      //--- k원 출금 ---//
      void withdraw(long k) {
         balance -= k;
      }
      //--- 문자열 표현헤 의한 계좌 기본 정보 반환---//
      public String toString() {
         return "{" + name + ", " + no + ", " + balance + "}";
      }
   }
```

클래스형 필드

계좌 개설일에 관련된 사항을 [그림 9-7]과 함께 보도록 하겠다.

❶ 계좌 개설일용 필드 OpenDay의 형 Day는 클래스형이다. 이것은 Day형의 회로(인스턴스)가 아닌 리모컨(인스턴스를 참조하는 변수)이다. 클래스 Account형의 인스턴스(회로) 안에 클래스 Day 형의 클래스형 변수(리모컨)이 필드로 포함된다.

❷ 생성자를 사용해서 날짜를 설정하는 부분이다. 여기선 new 연산자와 복사 생성자를 이용해서 계좌 개설일의 인스턴스를 생성한다.

그림 9-7 클래스 Account에 포함된 클래스 Day의 필드

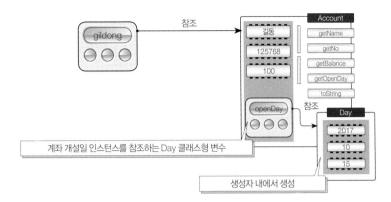

계좌 개설일 인스턴스를 참조하는 Day 클래스형 변수

생성자 내에서 생성

매개 변수 d에서 받은 날짜의 복사본의 만들어 이 복사본의 참조를 openDay 필드에 대입한다. 따라서 openDay 필드는 매개 변수에서 받은 날짜의 복사본을 참조하게 된다.

이 부분은 openDay = d; 형식의 단순 대입으로 작성해서는 안 된다. 그 이유는 Day형 인스턴스 d를 재사용해 Account 클래스의 생성자를 호출하면 gildon의 openDay와 chulsu의 openDay가 동일한 인스턴스 d를 참조하여 두 계좌의 개설일일 2010년 11월 15일이 되기 때문이다(그림 9-8).

```
Day day = new Day();
day.set(2017, 10, 25);
Account gildong = new Account("길동", "125768", 100, day);
day.set(2017, 11, 15);
Account chulsu  = new Account("철수", "123456", 500, day);
```

❸ 계좌 개설일의 게터이다. 복사 생성자에 의해 구입일 필드의 복사본을 생성하고 그 참조를 반환한다(다음 페이지에서 자세히 설명한다).

그림 9-8 생성자 내에서 인스턴스를 생성하지 않는 Account 클래스

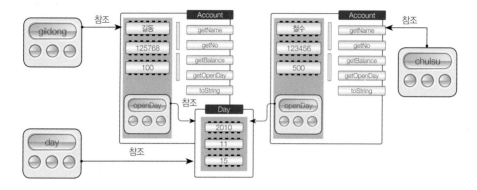

참조를 반환하는 메서드

계좌 개설일의 게터인 getOpenDay가 필드 openDay값을 그대로 반환하는 것이 아니라 복사 생성자를 호출해서 복사본을 만든 후에 그 참조를 반환한다. 그 이유에 대해 생각해보자. 여기선 AccountTester1 프로그램을 통해 검증해보도자.

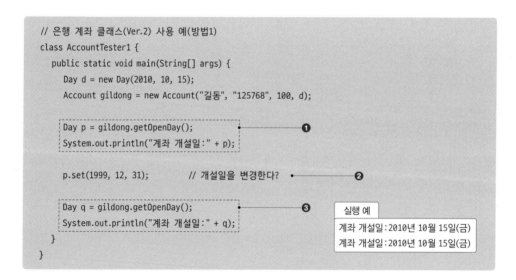

```java
// 은행 계좌 클래스(Ver.2) 사용 예(방법1)
class AccountTester1 {
  public static void main(String[] args) {
    Day d = new Day(2010, 10, 15);
    Account gildong = new Account("길동", "125768", 100, d);

    Day p = gildong.getOpenDay();                    ①
    System.out.println("계좌 개설일:" + p);

    p.set(1999, 12, 31);        // 개설일을 변경한다?    ②

    Day q = gildong.getOpenDay();                    ③
    System.out.println("계좌 개설일:" + q);
  }
}
```

실행 예

계좌 개설일:2010년 10월 15일(금)
계좌 개설일:2010년 10월 15일(금)

이 프로그램은 계좌 개설일이 2010년 10월 15일인 인스턴스 gildong을 생성해 다음과 같은 처리한다.

❶ getOpenDay 메서드를 통해 계좌 개설일을 가져와 표시한다.

❷ 가져온 날짜 p의 set 메서드를 호출해서 날짜를 1999년 12월 31일로 설정한다.

❸ 계좌 개설일을 다시 가져와서 표시한다.

이 프로그램의 실행 과정을 보여주는 것이 [그림 9–9]이다. getOpenDay 메서드는 [문제 9–5, 은행
계좌 클래스(Ver.2)] 프로그램 대로 정의한 내용은 [그림 9–9ⓐ]이고, 필드 openDay값을 그대로 반
환하도록 정의한 것이 [그림 9–9ⓑ]이다. [그림 9–9ⓐ]에선 계좌 개설일이 2010년 10월 15일 그대
로이지만, [그림 9–9ⓑ]에선 1999년 12월 31일로 변경돼 있다. 두 메서드의 차이를 보도록 하자.

그림ⓐ: getOpenDay 메서드가 new Day(openDay)를 반환

getOpenDay는 openDay가 참조하는 날짜 인스턴스의 복사본을 생성하고 그 참조를 반환한다. ❶에
서 복사본을 참조하도록 p가 초기화되므로 ❷에선 계좌 개설일의 복사본을 변경한다. ❸에서 계좌
개설일을 확인할 때에는 계좌 개설일의 복사본이 다시 만들어지며, q는 복사본을 참조한다. 따라서
계좌 개설일은 2010년 10월 15일 그대로가 된다.

그림 9–9 Account 클래스의 getOpenDay 메서드

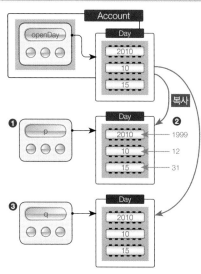

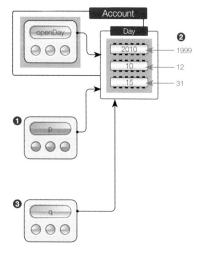

그림 ⓑ : getOpenDay 메서드가 openDay를 반환

getOpenDay 메서드는 계좌 개설일인 openDay의 참조를 그대로 반환한다. ❶에서 계좌 개설일의 openDay 필드를 참조하도록 p를 초기화하므로, ❷에선 계좌 개설일 자체를 변경하게 된다. ❸에서 계좌 개설일을 확인할 때에도 q는 날짜를 참조한다. 따라서 계좌 개설일은 1999년 12월 31일로 변경된다. 참조형 필드값을 불필요하게 반환하지 않도록 하자. 그 참조값을 통해서 외부로부터 간접적으로 값을 변경할 수 있기 때문이다.

참조를 반환하는 메서드의 호출

AccountTester2 프로그램은 Ver.2의 은행 계좌 클래스인 Account형의 인스턴스를 생성하고 기본 계좌 정보와 계좌 개설일을 표시하는 단순한 프로그램이다. 각 필드에 설정할 값은 키보드를 통해 입력받는다.

```
// 은행 계좌 클래스(Ver.2) 사용 예(방법2)
import java.util.Scanner;

class AccountTester2 {
  public static void main(String[] args) {
    Scanner stdIn = new Scanner(System.in);

    System.out.println("계좌 정보를 입력하세요.");
    System.out.print("명    의:");
    String name = stdIn.next();
    System.out.print("번    호:");
    String no = stdIn.next();
    System.out.print("잔    고:");
    long balance = stdIn.nextLong();
    System.out.print("개설 연도:");
    int y = stdIn.nextInt();
    System.out.print("개설 월:");
    int m = stdIn.nextInt();
    System.out.print("개설 일:");
    int d = stdIn.nextInt();

    Account a = new Account(name, no, balance, new Day(y, m, d));    ❶

    System.out.println("계좌 기본 정보:" + a);                        ❷
    System.out.println("개설일:" + a.getOpenDay().toString());        ❸
  }
}
```

```
실행 예
계좌 정보를 입력하세요.
명   의:김철수
번   호:555555
잔   고:500
개설 연도:2001
개설 월:11
개설 일:18
계좌 기본 정보:{김철수, 555555, 500}
개설일:2001년 11월 18일(일)
```

❶ Day형 인스턴스 작성

new 연산자와 생성자의 호출을 통해 Day형 인스턴스를 생성하는 식이다. 생성한 인스턴스의 참조가 생성자에 전달된다. new로 생성한 배열에 이름을 부여하지 않고 메서드의 인수로 전달하는 기법과 동일하다. 여기서 생성하는 인스턴스에는 이름(인스턴스를 참조하는 클래스형 변수)을 부여할 수 없다. 이름을 부여하려면 프로그램을 다음과 같이 수정한다.

```
Day day = new Day(y, m, d);
Account a = new Account(name, no, balance, day);
```

인스턴스 a를 생서한 후에 클래스형 변수 day를 이용하는 경우에는 위와 같이 작성하는 것이 좋다. 하지만 a를 생성한 후에 day가 필요하지 않다면 일부러 클래스형 변수할 필요가 없다.

❷ 클래스 Account의 toString 메서드 호출

Account형 인스턴스를 참조하는 a를 문자열 리터럴로 연결한 후에 System.out.println에 전달해서 계좌 기본 정보를 표시한다. '문자열 + 클래스형 변수' 또는 '클래스형 변수 + 문자열' 연산에선 둘을 연결하기 전에 클래스형 변수의 toString 메서드가 자동으로 호출돼서 문자열로 변환된다. 따라서 Account형의 toString 메서드가 암묵적으로 호출되는 것이다. 물론 다음과 같이 명시적으로 toString 메서드를 호출할 수 있다.

```
System.out.println("계좌 기본 정보:" + a.toString());
```

❸ 클래스 Day의 toString 메서드 호출

멤버 접근 연산자인 . 가 이중으로 적용돼 있다. getOpenDay 메서드의 호출 a.getOPenDay()에 의해 반환되는 것은 계좌 개설일의 복사본인 Day형 날짜의 참조이다. 이 참조에 대해 Day 클래스의 toString 메서드를 호출하는 것이다. 일반적으로 클래스형 인스턴스 a의 b 메서드가 Type형 인스턴스의 참조를 반환할 때는 a.b().c() 형식으로 Type형 c 메서드를 호출할 수 있다. 어렵게 느껴질 수 있지만 다음과 같이 분해하면 이해하기 쉬울 것이다.

```
Day temp = a.getOpenDay();                    // a의 계좌 개설일의 참조
System.out.println("개설일:" + temp.toString());
```

'문자열 + 클래스형 변수' 연산에선 자동으로 toString이 호출되므로 다음과 같이 toString()을 생략할 수 있다.

```
System.out.println("개설일:" + a.getOpenDay());
```

API 문서

날짜 및 시간을 표현하는 클래스를 포함해 방대한 양의 클래스가 표준 API로 제공된다. API 문서는 인터넷상에 공개돼 있다. [그림 9-10]은 JDK SE8의 문서이다. 자바의 각 버전별 문서 주소를 정리한 페이지는 다음 URL에서 볼 수 있다.

https://www.oracle.com/technetwork/java/javase/documentation/api-jsp-136079.html

그림 9-10 JDK의 표준 라이브러리(API) 문서

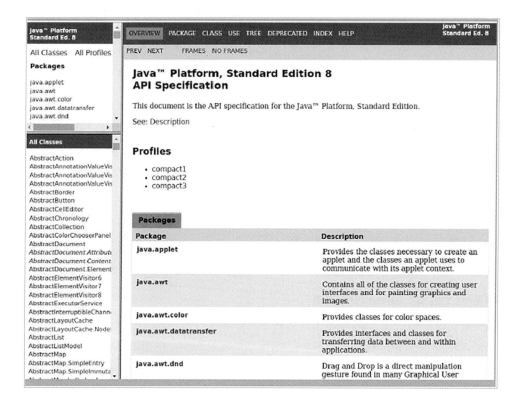

문제 8-2에서 작성한 '사람 클래스'에 생일 필드와 toString 메서드를 추가하자.

· 생성자를 변경하거나 생일의 게터 메서드 등을 추가할 것

```java
// 사람 클래스(Ver.3)
public class Human {
   private String name;      // 이름
   private int height;       // 신장
   private int weight;       // 체중
   private Day birthday;     // 생일 •············❶

   //--- 생성자 ---//
   public Human(String name, int height, int weight, Day birthday){
      this.name = name;    this.height = height ;
      this.weight=weight;    this.birthday = new Day(birthday);  •············❷
   }

   public String getName()  { return name;}              // 이름 가져오기
   public int getHeight()   { return height;}            // 신장 불러오기
   public int getWeight()   { return weight;}            // 체중 불러오기
   public Day getBirthDay() {return new Day(birthday);}  // 생일 불러오기 •············❸

   public void gainWeight(int w)   {weight += w;}        // 살이 찐다
   public void reduceWeight(int w) {weight -= w;}        // 살이 빠진다

   //--- 데이터 표시 ---//
   public void putData() {
      System.out.println("이름:" + name);
      System.out.println("신장:" + height +"cm");
      System.out.println("체중:" + weight + "kg");
   }

   //--- 문자열화 ---//
   public String toString() {
      return "{" + name + ": " + height + "cm " + weight + "kg "  •············❹
             + birthday + "출생}";
   }
}
```

```java
// 사람 클래스 (Ver.3) 사용 예
class HumanTester1 {

   public static void main(String[] args) {
```

```
        Human gildong = new Human("길동", 170, 60, new Day(1975, 3, 12));
        Human chulsu  = new Human("철수", 166, 72, new Day(1987, 10, 7));

        System.out.println("gildong = " + gildong);
        System.out.println("chulsu  = " + chulsu);
    }
}
```

실행 결과

```
gildong = {길동:170cm 60kg
1975년 03월 12일(수)출생}
chulsu  = {철수:166cm 72kg
1987년 10월 07일(수)출생}
```

클래스형 필드

앞 문제와 마찬가지로 클래스 Day형의 필드를 추가하는 문제이다. birtday가 추가한 생일용 필드이다(❶). [문제 9-2]에서 배운 규칙에 따라 클래스와 생성자, 그리고 모든 멤버를 public으로 설정한다. 추가한 birthday 필드는 앞 문제의 Account 클래스에서 openDay 필드와 유사하다.

생성자에선 매개 변수 birthday에 받은 인스턴스의 참조를 바탕으로 복사본을 생성하고 이 복사본의 참조를 birthday 필드에 대입한다(❷). 또한, 생일의 게터인 ❸의 getBirthday는 birthday 필드의 복사본의 참조를 반환하도록 정의돼 있다.

❹의 toString 메서드는 이름, 신장, 체중, 생일을 연결해서 문자열로 반환한다. + 연산자를 사용한 문자열 결합에선 birthday에 대해 클래스 Day형의 toString 메서드가 암묵적으로 호출되므로, 프로그램이 다음과 같이 해석된다.

```
public String toString() {
    return "{" + name + ": " + height + "cm " + weight + "kg "
            + birthday.toString() + "출생}";
}
```

has-A

사람 클래스 Ver.3과 날짜 클래스의 관계를 보여주는 것이 [그림 9-11]이다. 이 그림은

'Day 클래스는 Human 클래스의 일부이다'

라는 것을 나타낸다. 이처럼 '특정 클래스가 다른 클래스를 자신의 일부로 지니는 것'을 has-A 관계라고 한다.

그림 9-11 클래스 Human과 Day (has-A 관계)

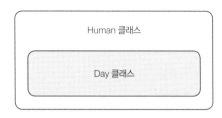

설계도에 해당하는 클래스뿐만 아니라 클래스에서 만들어진 실체인 인스턴스도 동일한 관계가 성립한다. 사람 클래스 **Human**형의 인스턴스는 날짜 클래스 **Day**의 필드를 포함한다. 이 필드의 참조 대상에는 **Day**형 인스턴스가 존재한다. 따라서 **Human**형 인스턴스는 **Day**형 인스턴스를 실질적으로 포함한다.

인스턴스가 내부에 다른 인스턴스를 가지는 구조를 컴포지션^{composition}(합성)이라고 한다. `has-A`는 컴포지션을 구현하기 위한 하나의 수단이다.

시작일과 종료일로 구성되는 '기간' 클래스 Period를 작성하자. 필드는 다음과 같으며, 생성자나 메서드 등은
자유롭게 정의한다.

```
class Period {
    private Day from;        // 시작일
    private Day to;          // 종료일
}
```

```
public class Period {
    private Day from;    // 시작일
    private Day to;      // 종료일

    //--- 생성자 ---//
    public Period(Day from, Day to){
        this.from = new Day(from);
        this.to   = new Day(to);
    }

    public Day getFrom() { return new Day(from); }   // 시작일 불러오기
    public Day getTo()   { return new Day(to); }     // 종료일 불러오기

    public String toString() {
        return "{" + from + " ~ " + to + "}";
    }
}
```

```
// 기간 클래스 사용 예

class PeriodTester {
    public static void main(String[] args) {
        Period taejo     = new Period(new Day(1392,  8,  5), new Day(1398, 10, 14));
        Period jeongjong = new Period(new Day(1398, 10, 14), new Day(1400, 11, 28));
        Period taejong   = new Period(new Day(1400, 11, 28), new Day(1418,  9,  9));
        Period sejong    = new Period(new Day(1418,  9,  9), new Day(1450,  3, 30));

        System.out.println("태조 = " + taejo);
        System.out.println("정종 = " + jeongjong);
        System.out.println("태종 = " + taejong);
        System.out.println("세종 = " + sejong);
    }
}
```

실행 결과

태조 = {1392년 08월 05일(토)~1398년 10월 14일(월)}
정종 = {1398년 10월 14일(월)~1400년 11월 28일(화)}
태종 = {1400년 11월 28일(화)~1418년 09월 09일(토)}
세종 = {1918년 09월 09일(토)~1450년 03월 30일(화)}

복수의 클래스형 필드

기간 클래스 Period는 시작일 from과 종료일 to 등 2개의 날짜로 구성된 클래스이다. Day 클래스를 잘 활용해서 실질적으로는 10줄 정도의 짧은 코드로 구현돼 있다. 기간의 시작일과 종료일을 나타내는 것이 from과 to 필드이다. 생성자는 매개 변수로 받은 시작일과 종료일의 복사본 참조를 from과 to 필드에 대입한다. getFrom 메서드는 from 필드의 게터이고 getTo는 필드 to의 게터이다. 모두 필드 자체가 아닌 필드 복사본의 참조를 반환한다.

toString 메서드는 "{9999년 99월 99일(요일) ~ 9999년 99월 99일(요일)}" 형식의 문자열을 반환한다. PeriodTester 클래스는 태조, 정종, 태종, 세종의 재위 기간을 보여주는 인스턴스를 생성해서 각 값을 표시한다.

빈칸을 채우시오.

- 필드 값을 가져오는 메서드를 [(1)] 라고 하며, 값을 설정하는 메서드를 [(2)] 라 한다. 이 둘을 총칭해서 [(3)] 라고 부른다.

- 대입 또는 초기화에 의해 클래스형 변수값을 복사하면 [(4)]. 또한, 메서드의 인수로 클래스형 변수를 전달할 때는 [(5)].
  공통 보기: (a) 모든 필드 값이 복사된다   (b)참조 대상이 복사된다

- 클래스형 변수값을 연산자 == 또는 !=를 사용해서 비교하면, [(6)].
  ▶ (6)의 보기: (a) 모든 필드 값이 동일한지 판단한다
          (b) 클래스형 변수의 참조 대상이 동일한지 판단한다

- 생성자는 다중 정의 [(7)]. 메서드는 다중 정의 [(8)].
  ▶ 공통 보기: (a)할 수 있다   (b) 할 수 없다

- 동일 클래스형 인수를 받아서 해당 필드값을 복사하는 생성자를 [(9)] 생성자라고 한다.

- 클래스에는 인스턴스의 현재 상태를 간단한 문자열로 반환할 수 있게 다음과 같은 형식의 메서드를 정의하는 것이 좋다.

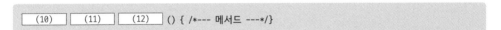

```
  (10)     (11)     (12)   () { /*--- 메서드 ---*/}
```

이 메서드는 '클래스형 변수 + 문자열' 및 '문자열 + 클래스형 변수' 연산 시에 자동으로 호출된다.

- this (…)는 [(13)] 로, [(14)] 호출할 수 있다.
  ▶ (13)의 보기: (a) 동일 클래스에 소속된 다른 생성자의 호출
          (b) 생성자인 자기자신을 호출
          (c) 자바가 제공하는 표준 API의 호출
  ▶ (14)의 보기: (a) 메서드의 첫 부분에서만   (b) 생성자의 첫 부분에서만
          (c) 임의의 위치에서   (d) 메서드 외부에서

- 클래스형 배열을 생성하면 모든 요소가 [(15)] 로 초기화된다.

- 불필요하게 [(16)] 형 필드 값을 반환해서는 안 된다. 반환된 값을 통해서 외부에서 직접 값을 변경할 수 있기 때문이다.

- 다음은 단일 int형 필드를 가지는 Int 클래스와 그것을 이용하는 프로그램이다.

```
  (17)   java.  (18)  .Scanner;
//--- 정수 클래스 ---//
public class Int {
      private int v;
      public Int(int v)         { this.v = v; }        // 생성자
      public int getV()         { return  (19) ; }  //  (1)
      public void setV(int v)   {  (20)  = v; }     //  (2)
}
//--- 정스 클래스 테스트 ---//
public class IntTester {
       (21)   int compare(  (22)  x,  (23)  y) {
          if (  (24)  >  (25)  )                 // x가 크다
              return 1;
          else if (  (26)  <  (27)  )            // x가 작다
              return -1;
          return 0;
      }
      public static void main(String[] args) {
          Scanner stdIn = new Scanner(  (28)  );
          System.out.print("a = ");  int ta = stdIn.nextInt();
          System.out.print("b = ");  int tb = stdIn.nextInt();
          Int a =   (29)   (ta);
          Int b =   (30)   (tb);
          int balance = compare(  (31)  ,  (32)  );
          if (balance == 1)
              System.out.println("a가 크다.");
          else if (balance == -1)
              System.out.println("b가 크다.");
          else
              System.out.println("a와 b가 같다.");
      }
}
```

```
a = 10
b = 20
b가 작다
```

- 이 프로그램에서 어떤 구문을 삭제하지 않으면 컴파일 오류가 발생한다. 그 구문과 오류가 발생하는 이유를 설명하자. — (33)

- 다음은 요소 수가 5인 Int형 배열 a의 선언이다. 각 요소의 필드 v값은 앞에서부터 1, 2, 3, 4, 5로 초기화된다.

```
  (34)   a =   (35)  ;
```

- 다음은 요소 수가 5인 Int형 2차원 배열b를 선언한다. 행 수가 2, 열 수가 3인 0행째의 각 요 소의 필드 v 값은 앞 에서부터 1, 2, 3이고 열 수가 4인 1행째의 각 요소의 필드 v 값은 5, 6, 7, 8이 되도록 대입할 것.

```
  (36)    b =    (37)   ;
b[0] = new    (38)   ;
b[1] = new    (39)   ;
```

- 다음은 2차원 좌표 클래스와 원 클래스, 그리고 이 둘을 테스트하는 프로그램이다.

```java
//--- 2차원 좌표 클래스 ---//
public    (40)    Point2D {
   private int x = 0;    // X 좌표
   private int y = 0;    // Y 좌표

   public Point2D() { }
   public Point2D(int x, int y)  { set(x, y); }
   public Point2D(Point2D p)    { this(   (41)   ,    (42)   ); }

   public int getX() { return x; }
   public int getY() { return y; }

   public void setX(int x)       {    (43)    = x; }
   public void setY(int y)       {    (44)    = y; }
   public void set(int x, int y) {    (45)    (x);    (46)    (y); }
   public String toString() { return "(" + x + "," + y + ")"; }
}
```

```java
//--- 원 클래스 ---//
public    (47)    Circle {
   private Point2D center; // 중심 좌표
   private int radius = 0; // 반지름

   public Circle() { center = new    (48)   ; }
   public Circle(Point2D c, int radius) {
      center =    (49)   ;  this.radius = radius;
   }
   public Point2D getCenter() { return new    (50)   (   (51)   ); }
   public int getRadius() { return radius; }
   public void setCenter(Point2D c) {
      center.set(   (52)   ,    (53)   );
   }
   public void setRadius(int radius) {    (54)    = radius; }
```

```
    public String toString() {
        return " 중심 좌표 :" + center. (55)  + " 반지름 :" + radius;
    }
}
```

```
//--- 원과 좌표 클래스 테스트 ---//
public class CircleTester {
    public static void main(String[] args) {
        Point2D[] p = | (56) | {
            (57)  Point2D(3, 7),  (58)  Point2D(4, 6)
        };
        Circle c1 = new Circle();
        Circle c2 = new Circle(new Point2D(10, 15), 5);
        for (int i = 0; i < p.length; i++)
            System.out.println("p[" + i + "] = " +  (59) );
        c1.setRadius(10);      // 반지름을 10으로 변경
        System.out.println("c1 = " +  (60) );
        System.out.println("c2 = " +  (61) );
    }
}
```

```
p[0] = (3,7)
p[1] = (4,6)
c1 = 중심좌표 : (0,0) 반지름 : 10
c2 = 중심좌표 : (10,15) 반지름 : 5
```

- 다음은 자신의 좌표가 좌표 p (인수로 설정된 자표)와 같은지 (X좌표 값과 Y좌표 값이 같은지)를 판정하는 인스턴스 메서드이다. 참고로 매개 변수 p에 설정하는 것은 (62) 이다.

  ▶ (62)의 보기: (a) 좌표 클래스 Point2D형의 인스턴스 자체
  　　　　　　　　(b) 좌표 클래스 Point2D형의 인스턴스 참조

```
boolean equalTo(| (63) | p) {
    return | (64) |;
}
```

- 다음은 자신의 원이 인수로 전달된 원 c와 같은지 (중심 좌표와 반지름이 같은지)를 판정하는 인스턴스 메서드이다.

```
boolean equalTo(| (65) | p) {
    return | (66) |;
}
```

- 다음은 2개의 원 c1과 c2가 같은지(중심 좌표와 반지름 값이 같은지) 판정하는 것으로 Circle의 외부에 정의하는 메서드이다.

```
static boolean equal(  (67)   c1,   (68)   c2) {
  return   (69)  ;
}
```

- 다음은 요소 수가 2인 원 클래스 Circle형 a의 배열을 선언한다. 첫 번째 요소가 (0, 0)이고 반지름이 5가 되도록 초기화하고 두 번째 요소는 좌표가 (10, 10)이고 반지름이 8이 되도록 초기화하자.

```
  (70)   a =   (71)  ;
```

- 다음은 Circle형 변수 a가 참조하는 원의 중심 좌표(X, Y)를 표시하는 프로그램이다.

```
System.out.println("a의 중심 X좌표 = " +   (72)  );
System.out.println("a의 중심 Y좌표 = " +   (73)  );
```

- 한 번쓰고 버리거나 테스트 목적으로만 사용할 것이 아니라면, 클래스나 메서드에는   (74)   을 붙여서 선언하는 것이 좋다. 패키지 범위 밖에서도 사용할 수 있기 때문이다.

- 클래스의 필드가 다른 클래스형일 때,   (75)   관계가 성립한다.

클래스 변수와
클래스 메서드

10장에선 클래스 변수와 클래스 메서드를 학습한다. 개별 클래스의 인스턴스에
속하는 인스턴스 변수, 인스턴스 메서드와 달리 클래스에 속해서
해당 클래스의 인스턴스로부터 공유되는 변수, 메서드를 가리킨다.

· 클래스 변수(정적 필드)
· 클래스 메서드(정적 메서드)
· 정적 초깃값과 인스턴스 초깃값
· 유틸리티 클래스

[문제 8-2]의 사람 클래스인 Human을 각각의 인스턴스에 식별 번호가 부여되도록 수정하자. 인스턴스 생성 시마다 1, 2, … 형식으로 연속된 값을 부여할 것.

```java
// 사람 클래스 (Ver.4)
class Human {
    private static int counter = 0;    //몇 번까지 식별 번호를 부여했는가
    private String name;     // 이름
    private int height;      // 신장
    private int weight;      // 체중
    private int id;          // 식별 번호

    //--- 생성자 ---//
    public Human(String name, int height, int weight){
        this.name = name; this.height = height ; this.weight=weight;
        id = ++counter;  •————————————————————❶
    }

    public String getName() { return name;}         // 이름 가져오기
    public int getHeight()  { return height;}        // 신장 불러오기
    public int getWeight()  { return weight;}        // 체중 불러오기

    public void gainWeight(int w)   {weight += w;}   // 살이 찐다
    public void reduceWeight(int w) {weight -= w;}   // 살이 빠진다

    public int getId() {return id;}        //식별 번호 가져오기  •————————❷

    //--- 데이터 표시 ---//
    public void putData() {
        System.out.println("이름:" + name);
        System.out.println("신장:" + height + "cm");
        System.out.println("체중:" + weight + "kg");
    }
}
```

클래스 변수(class variable)와 인스턴스 변수

8장에서 만든 사람 클래스인 Human의 개별 인스턴스에 '식별 번호'를 부여하는 문제이다. [그림 10-1]는 Human 클래스와 이를 통해 만들어지는 인스턴스의 관계를 보여준다. 클래스에는 2개의 필드인 counter와 id가 추가돼 있다.

클래스 변수 counter: 현재까지 부여된 식별 번호 저장

counter는 현재 몇 번까지 식별 번호를 부여했는지 보여주는 클래스 변수이다. static으로 선언된 클래스 변수는 정적 필드^{static field}라고도 불린다. 클래스형의 인스턴스가 아무리 많이 생성되더라도 (설령 하나도 생성되지 않더라도), 클래스 변수의 실체는 1개만 만들어진다.

▶ static은 '정적인 (변하지 않는, 고정된)'이라는 의미이다. '클래스 변수'와 '정적 필드(static 필드)' 모두 자주 사용되는 용어이니 기억해두도록 하자. 또한, 클래스 변수와 클래스형 변수를 혼동하지 않도록 하자. 이 필드는 초깃값으로 0을 부여한다.

그림 10-1 인스턴스와 클래스 변수, 인스턴스 변수

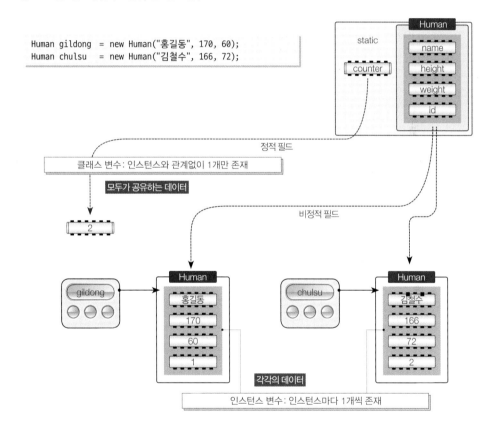

인스턴스 변수 id: 개별 인스턴스의 식별 번호

개별 인스턴스의 식별 번호를 나타내는 것이 static없이 선언한 id이다. 정적이지 않은 필드(비정적 필드)의 실체는 개별 인스턴스의 '일부'이므로 인스턴스 변수라고 부른다.

프로그램이 ❶을 통과하는 것은 인스턴스를 생성할 때이다. 변수 counter값을 증가시켜 그 값을 식별 번호인 id에 대입하면 인스턴스 단위로 다른 식별 번호를 부여할 수 있다. 생성자가 처음으로 호출된 시점에 counter 값은 0이므로, 1이 인스턴스의 id에 설정된다. 그리고 두 번째로 만들어진 Human 인스턴스의 id 필드 값은 2가 된다. 만약 counter의 초깃값 0을 100으로 변경하면 인스턴스 생성 시마다 101, 102, … 의 식별 번호가 부여된다.

❷의 getId 메서드는 식별 번호인 id의 게터이다. 이 메서드를 호출하면 개별 인스턴스의 식별 번호를 확인할 수 있다.

```
// 사람 클래스 (Ver.4) 사용 예
class HumanTester {
  public static void main(String[] args) {
    Human gildong = new Human("홍길동", 170, 60);
    Human chulsu  = new Human("김철수", 166, 72);

    gildong.putData();         // gildong의 데이터 표시
    System.out.println("번호:" + gildong.getId());

    System.out.println();

    chulsu.putData();          // chulsu의 데이터 표시
    System.out.println("번호:" + chulsu.getId());
  }
}
```

실행 결과

이름:홍길동
신장:170cm
체중:60kg
번호:1

이름:김철수
신장:166cm
체중:72kg
번호:2

HumanTester은 Human(Ver.4) 클래스를 이용하는 프로그램 예이다. getId() 메서드를 호출하는 부분에서 각 인스턴스의 식별 번호를 가져온다. 처음 만들어진 gildong의 식별 번호는 1이고 그 뒤에 만들어진 chulsu의 식별 번호는 2이다.

클래스 변수 counter가 Human형 인스턴스의 개수와 일치한다고 장담할 수 없다. 왜냐하면 생성된 인스턴스가 프로그램 도중에 제거될 가능성이 있기 때문이다. 클래스 변수를 이용해서 '해당 클래스형의 모든 인스턴스 개수를 저장해두는' 것은 불가능하다.

소스 프로그램과 public 클래스

다음 페이지의 프로그램에선 Id 클래스가 public없이 선언되며 IdTester는 public으로 선언된다. public으로 선언된 클래스는 패키지라는 단위를 넘어서 프로그램 어디에서건 통용되는 반면, public이 없이 선언된 클래스는 동일 패리키지 내에서만 통용된다.

만약 Id 클래스 선언에 public을 붙이면 컴파일 시에 오류가 발생한다. 이것은 하나의 소스 프로그램(파일) 내에서 2개 이상의 public 클래스를 선언할 수 없기 때문이다. 따라서 이 책에선 다음과 같은 방침을 취하고 있다(앞 장의 방침과는 약간 다르다).

1. 일반적인 방침

패키지 내로 범위로 제한해야 하는 경우를 제외하곤 클래스는 원칙적으로 public으로 선언하며 단일 소스 프로그램으로 작성한다.

2. 이 책에서만 사용하는 독자적 방침

소규모의 테스트용 클래스는 여러 개의 클래스를 하나의 소스 프로그램에 모두 작성한다. 이때 main 메서드를 포함하는 클래스만 public 클래스로 선언하고 나머지 클래스는 public 없이 선언한다.

이 책은 입문서서 문법 이해를 주목적으로 하는 프로그램(경우에 따라선 실용적이지 못할 수 있다)을 보여준다. 이런 프로그램의 개별 클래스를 별도 파일로 나누면 책의 분량이 늘어날 수 있으며, 파일 관리나 컴파일, 실행 작업 등도 복잡해진다.

앞 문제의 Human 클래스에서 식별 번호와 관련된 처리만 추출해서, 일련 번호를 생성하는 Id 클래스를 작성하자.

```java
// 일련 번호 클래스(Ver.1)
class Id {
    static int counter = 0;      // 몇 번까지 식별 부여를 부여했는가
    private int id;              // 식별 번호

    //--- 생성자 ---//
    public Id() {
        id = ++counter;          // 식별 번호
    }

    //--- 식별 번호 가져오기 ---//
    public int getId() {
        return id;
    }
}
```

```java
public class IdTester {
    public static void main(String[] args) {
        Id a = new Id();            // 식별 번호 1번
        Id b = new Id();            // 식별 번호 2번

        System.out.println("a의 식별 번호:" + a.getId());
        System.out.println("b의 식별 번호:" + b.getId());

        System.out.println("Id.counter = " + Id.counter);    //---❶
        System.out.println("a.counter  = " + a.counter);     //---❷
        System.out.println("b.counter  = " + b.counter);
    }
}
```

```
실행 결과
a의 식별 번호:1
b의 식별 번호:2
Id.counter = 2
a.counter  = 2
b.counter  = 2
```

클래스 변수 접근

일련 번호 Id 클래스는 Human 클래스로부터 식별 번호 이외의 필드나 메서드를 제외하고 만든 클래스이다. 인스턴스 변수 id는 클래스 Id의 개별 인스턴스가 지니는 필드로, 값이 생성된 순으로 1, 2, 3, …이 되는 것도 Human 클래스와 같다.

단, 외부에서 클래스 변수에 접근하는 것을 검증할 수 있게 원래 비공개여야 하는 클래스 변수

counter를 외부에 공개한다. 이 클래스 변수 counter를 외부에서 접근하는 것이 ❶부분이다. 클래스 변수는 그 명칭에서도 알 수 있듯이, 개별 인스턴스가 아닌 클래스에 소속된다. 따라서 클래스 변수는 다음과 같은 식으로 접근할 수 있다.

클래스명.필드명   //형식Ⓐ

단, a.counter와 b.counter로도 이 변수에 접근할 수 있다는 것을 2를 통해 알 수 있다. 즉, 클래스 변수는 다음과 같은 형식으로도 접근할 수 있다.

클래스형 변수명.필드명   //형식Ⓑ

'모두의 counter'는 'a의 counter'이면서 'b의 counter'도 되므로 이와 같은 식이 허용되는 것이다. 하지만 외형적으로 혼동하기 쉬운 형식Ⓑ는 사용을 권정하지 않는다. 형식Ⓐ를 사용하는 것이 원칙이다.

앞 문제의 일변 번호 클래스 Id에, 마지막 부여한 식별 번호를 반환하는 클래스 메서드 getMaxId를 추가하자.

static int getMaxId()

이 메서드는 인스턴스를 n개 생성한 시점에 호출하면 n을 반환해야 한다.

```java
// 일련 번호 클래스 (Ver.2)
class Id {
   private static int counter = 0;  // 몇 번까지 식별 부여를 부여했는가
   private int id;                   // 식별 번호

   //--- 생성자 ---//
   public Id() {
      id = ++counter;               // 식별 번호
   }

   //--- 식별 번호 가져오기 ---//
   public int getId() { return id; }

   //--- 마지막에 부여한 식별 번호 가져오기 ---//  •————————❶
   public static int getMaxId() {
      return counter;
   }
}
```

```java
public class IdTester {
   public static void main(String[] args) {
      Id a = new Id();     // 식별 번호 1번
      Id b = new Id();     // 식별 번호 2번

      System.out.println("a의 식별 번호:" + a.getId());
      System.out.println("b의 식별 번호:" + b.getId());

      System.out.println("마지막으로 부여한 식별 번호 = " + Id.getMaxId());    •————❷
      System.out.println("마지막으로 부여한 식별 번호 = " + a.getMaxId());
      System.out.println("마지막으로 부여한 식별 번호 = " + b.getMaxId());    ❸
   }
}
```

```
실행 결과
a의 식별 번호:1
b의 식별 번호:2
마지막으로 부여한 식별 번호 = 2
마지막으로 부여한 식별 번호 = 2
마지막으로 부여한 식별 번호 = 2
```

클래스 메서드

[문제 10-3]의 일련 번호 클래스에 마지막 식별 번호(정적 필드 counter값)를 반환하는 메서드를 추가했다. [문제 10-3]에 클래스 Id에선 클래스 변수의 외부 접근을 보여주기 위해 counter를 외부에 공개했지만, 여기서는 private으로 선언해서 비공개로 설정한다. 인스턴스의 getId 메서드는 개별 인스턴스에 소속된 인스턴스 메서드(즉, 비정적 메서드)이다. 이 메서드는 앞에서 작성한 Ver.1과 같다.

반면 이번 문제에서 추가한 ❶의 getMaxId 메서드는 특정 인스턴스에 소속되지 않는다. 그런 면에선 클래스 변수(정적 필드)와 비슷한 성질을 가진다고 볼 수 있다. 이런 메서드를 구현할 때 사용하는 것이 클래스 메서드라고 하는 정적 메서드static method이다. 클래스 메서드는 static으로 선언한다. 클래스를 배우기 전인 7장에서 만든 메서드는 모두 static으로 선언했는데, 모두 클래스 메서드(정적 메서드)였던 것이다.

❷에 주목해보자. Id.geMaxId()는 클래스 메서드의 호출이다. 클래스 메서드는 그 명칭대로 인스턴스가 아닌 클래스에 속하는 것이다. 따라서 클래스 메서드는 다음 형식으로 호출한다.

클래스명.메서드명(…)   // ⒶΑ형식

또한, a.getMaxId()와 b.getMaxId()로도 이 메서드를 호출할 수 있다는 것을 ❸을 통해 알 수 있다. 즉, 클래스 메서드는 다음과 같은 형식으로도 호출할 수 있다.

클래스형 변수명.메서드명(…)   // Ⓑ형식

'모두의 getMaxId'는 'a의 getMaxId'이자 'b의 getMaxId'도 되기 때문에 이런 형식이 허용되는 것이다. 하지만 외형적으로 복잡한 Ⓑ형식의 사용을 권장하지 않는다. Ⓐ형식을 사용하는 것이 원칙이다.

클래스 변수와 클래스 메서드

필드와 메서드는 정적, 비정적인 것에 따라 서로 간의 접근 가능 여부가 달라진다. 아래에 그 규칙을 정리했다.

비정적 메서드(인스턴스 메서드)

인스턴스 메서드는 개별 인스턴스에 소속된다. 따라서 '자원이 소속된 인스턴스의 변수, 메서드'와 '모두가 공유하는 변수, 메서드' 양쪽에 접근할 수 있다. 즉, 비정적 필드, 정적 필드, 비정적 메서드,

정적 메서드에 모두 접근할 수 있다.

정적 메서드(클래스 메서드)

클래스 메서드는 인스턴스에 속하지 않으므로 '자신이 소속된 인스턴스의 변수, 메서드'를 가지지 않는다. 따라서 '모두가 공유하는 변수, 메서드'에만 접근할 수 있다. 정적 필드와 정적 메서드는 접근할 수 있지만, 비정적 필드와 비정적 메서드에는 접근할 수 없다.

예를 들어 클래스 메서드 getMaxId 안에선 인스턴스 변수 id에 접근할 수 없다. 어떤 인스턴스의 id에 접근해야 할지 결정할 수 없기 때문이다(또는, 인스턴스가 하나도 존재하지 않는 상태일 수 있다). 단, 자신이 속한 클래스형의 인스턴스 참조를 매개 변수 r로 받아서 r.id 형식으로 인스턴스 변수에 접근할 수 있다.

앞 문제에서 작성한 클래스 Id를 다음과 같이 변경한 클래스 ExId를 작성하자. 인스턴스를 생성할 때마다 식별 번호를 n씩 증가시켜서 부여한다(n은 양의 정수). n값은 지정하지 않으면 1로 설정하고 메서드를 통해서 확인 및 변경할 수 있다. 예를 들어 인스턴스를 3개 생성한 후에 n을 4로 변경한 경우, 인스턴스에 부여하는 식별 번호는 생성된 순으로 1, 2, 3, 7, 11, 15…가 된다.

```
// 일련 번호 클래스(증가치를 변경할 수 있다)
class ExId {
    static int counter = 0;       // 몇 번까지 식별 부여를 부여했는가
    private static int step=1;   // 증가치
    private int id;               // 식별 번호

    //--- 생성자 ---//
    public ExId() {
        id = counter += step;     // 식별 번호
    }

    //--- 식별 번호 가져오기 ---//
    public int getId() {
        return id;
    }

    //--- 증가치 가져오기 ---//
    public static int getStep() {
        return step;
    }

    //--- 증가치 설정 ---//
    public static int setStep(int s){
        step = (s >= 1) ? s: 1;
        return step;
    }

    //--- 마지막에 부여한 식별 번호 가져오기 ---//
    public static int getMaxId() {
        return counter;
    }
}
```

```
실행 결과
a의 식별 번호 : 1
b의 식별 번호 : 2
c의 식별 번호 : 3
d의 식별 번호 : 7
e의 식별 번호 : 11
f의 식별 번호 : 15
마지막에 부여한 식별 번호 = 15
다음에 부여할 식별 번호 = 19
```

```
public class ExIdTester {
    public static void main(String[] args) {
        ExId a = new ExId();        // 식별 번호 1번
        ExId b = new ExId();        // 식별 번호 2번
        ExId c = new ExId();        // 식별 번호 3번
        ExId.setStep(4);
        ExId d = new ExId();        // 식별 번호 7번
        ExId e = new ExId();        // 식별 번호 11번
        ExId f = new ExId();        // 식별 번호 15번

        System.out.println("a의 식별 번호:" + a.getId());
        System.out.println("b의 식별 번호:" + b.getId());
        System.out.println("c의 식별 번호:" + c.getId());
        System.out.println("d의 식별 번호:" + d.getId());
        System.out.println("e의 식별 번호:" + e.getId());
        System.out.println("f의 식별 번호:" + f.getId());

        int max = ExId.getMaxId();
        System.out.println("마지막에 부여한 식별 번호 = " + max);
        System.out.println("다음에 부여할 식별 번호 = " + (max + ExId.getStep()));
    }
}
```

증가치 설정

[문제 10-4]는 이전 문제에서 클래스를 확장하는 문제다. 인스턴스 생성 시마다 식별 번호를 1씩 증가시키는 것이 아니라 n씩 증가시켜 부여한다. 증가치 n값은 지정하지 않으면 1이지만, 메서드를 통해 확인 및 변경할 수가 있다. 식별 번호의 증가치 n을 위해 추가한 것이 step 필드이다. counter와 마찬가지로 개별 인스턴스의 데이터가 아니라 ExId 클래스의 모든 인스턴스가 공유해야 할 데이터이므로 클래스 변수(정적 필드)를 사용한다.

클래스 변수 step값은 지정하지 않으면 1이여야 하므로 초깃값을 1로 설정한다. 생성자로 인스턴스를 생성할 때에 식별 번호 id에 부여하는 값은 counter에 step을 더한 값이다. 처음 인스턴스가 생성될 때에는 counter가 0이고 step이 1이므로 0+1=1이 식별 번호 id에 부여된다. 증가치를 가져오는 것은 getStep 메서드이다. 클래스 변수인 step값을 확인해서 반환할 필요가 있으므로 클래스 메서드로 정의한다. static을 생략하고 인스턴스 메서드로 선언하면 컴파일 오류가 발생한다.

setStep 메서드는 증가치를 설정하다. 클래스 변수인 step값을 변경할 필요가 있으므로, 클래스 메서드로 정의한다. 이 메서드는 매개 변수 s에 받은 값을 클래스 변수 step에 대입한다. s값이 0이하

이면, step에는 1을 설정한다. 증가치가 0이 되면 여러 인스턴스에 동일 식별 번호가 부여되며, 증가치가 마이너스가 되면 인스턴스를 생성할 때마다 식별 번호가 감소하기 때문이다. [그림 10-2]는 프로그램 실행 시에 id, counter, step의 변화 과정을 보여준다.

그림 10-2 ExId 클래스의 인스턴스에 부여하는 식별 번호

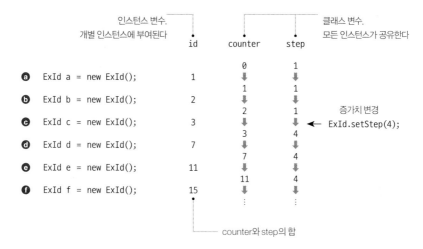

네 개의 정수형(byte, short, int, long)이 표현할 수 있는 최솟값과 최댓값을 표시하자.

```
// 각 정수형이 표현할 수 있는 수치 범위를 표시
class IntegerLimits {
  public static void main(String[] args) {
    System.out.println("정수형의 표현 범위");
    System.out.println("byte 형:" + Byte.MIN_VALUE    + " ~ " + Byte.MAX_VALUE);
    System.out.println("short형:" + Short.MIN_VALUE   + " ~ " + Short.MAX_VALUE);
    System.out.println("int  형:" + Integer.MIN_VALUE + " ~ " + Integer.MAX_VALUE);
    System.out.println("long 형:" + Long.MIN_VALUE    + " ~ " + Long.MAX_VALUE);
  }
}
```

실행 결과

```
정수형의 표현 범위
byte 형:-128 ~ 127
short형:-32768 ~ 32767
int  형:-2147483648 ~ 2147483647
long 형:-9223372036854775808 ~ 9223372036854775807
```

public이면서 final인 클래스 변수(정적 필드)

프로그램에 각 클래스에선 char형, byte형, short형, int형, long형으로 표현할 수 있는 범위를 MIN_VALUE 및 MAX_VALUE라는 클래스 변수로 정의한다. 이들은 모두 public이면서 final인 정적 필드이다. 예를 들어, Integer 클래스에선 int형의 최솟값과 최댓값을 나타내는 필드가 다음과 같이 선언돼 있다(클래스 선언의 일부만 발췌한 것이다).

```
//--- java.lang.Integer 클래스 ---//
public final class Integer extends Number implements Comparable<Integer> {
  public static final int MIN_VALUE = 0x80000000;    // int형의 최솟값
  public static final int MAX_VALUE = 0x7fffffff;    // int형의 최댓값
  //...
}
```

▶ 키워드 extends와 final은 12장에서, implements는 14장에서 다룬다.

클래스 변수에 접근하는 식은 '**클래스명.필드명**'이므로 이 두 변수는 식 `Integer.MIN_VALUE`와 `Integer.MAX_VALUE`로 접근할 수 있다. 필드는 비공개로 선언하는 것이 원칙이라고 8장에서 학습했다. 하지만 `Integer` 클래스처럼 해당 클래스의 이용자에게 '유용하면서 편리한 상수'가 있으면 `public`이자 `final` 클래스 변수(`public`이고 `final`인 `static` 필드)로 선언해서 적극적으로 공개하는 것이 정석이다. 자바의 표준 라이브러리 소스 프로그램은 JDK에 포함돼 있다. 위도우의 경우, 모든 라이브러리의 소스 프로그램이 포함된 압축 파일(`src.zip`)이 JDK의 일부로 설치된다.

실수값을 읽어서 절댓값과 제곱근을 구하고, 해당 값을 반지름으로 하는 원의 면적을 구하자.

```java
// 절댓값, 제곱근을 구해 원의 면적을 구하기
import java.util.Scanner;

class MathMethods {
    public static void main(String[] args) {
        Scanner stdIn = new Scanner(System.in);

        System.out.print("실수값:");
        double x = stdIn.nextDouble();

        System.out.println("절댓값:" + Math.abs(x));
        System.out.println("제곱근:" + Math.sqrt(x));
        System.out.println("면  적:" + Math.PI * x * x);
    }
}
```

```
실행 예
실수값:5.5
절댓값:5.5
제곱근:2.345207879911715
면  적:95.03317777109123
```

유틸리티 클래스(utility class)

Math 클래스에선 자연로그 E와 원주율 PI가 클래스 변수로 정의돼 있다(클래스 선언의 일부를 발췌했다).

```java
//--- java.lang.Math 클래스 ---//
public final class Math {
    // 자연로그 e에 가장 가까운 double값
    public static final double E = 2.718281828459052354;
    // 원주와 반지름의 비π에 가장 가까운 double값
    public static final double PI = 3.14159265358979323846;
    // ...
}
```

이 클래스에선 절댓값을 구하는 abs 메서드, 제곱근을 구하는 sqrt 메서드 등 다수의 계산 메서드가 정의돼 있다. Math 클래스와 앞에서 본 Byte, Short, Integer, Long 클래스는 모두 java.lang이라는 패키지(다음 장에서 학습)에 속해있다.

절댓값을 구하거나 제곱근을 구할 때 처리 대상은 실수값으로, 특정 클래스형 인스턴스가 아니다. 따라서 Math 클래스는 클래스 메서드와 클래스 변수만 제공하며 인스턴스 메서드와 인스턴스 변수

는 일절 제공하지 않는다. 이런 클래스를 유틸리티 클래스라고 한다.

내부에 상태(스테이트)를 가지지 않는 유틸리티 클래스는 '데이터와 데이터 처리를 위한 로직을 캡슐화한다'는 클래스 본래의 목적을 가지고 있지 않다. '비슷한 기능의 메서드나 상수를 모아서 캡슐화한 것'이 유틸리티 클래스이다. Math 클래스는 '수치 계산 관련 메서드를 모은 것'이라고 볼 수 있다. 즉, 유틸리티 클래스는 8장에서 학습한 '회로의 설계도'라고 볼 수 없으며, '비슷한 부품을 모아둔 것'이라고 보는 것이 맞다.

배열의 값 중에서 최솟값과 최댓값을 구하는 메서드를 모은 유틸리티 클래스 MinMax를 작성하자.

```java
// 최솟값, 최댓값을 구하는 유틸리티 클래스
public class MinMax {
  //--- a, b의 최솟값 반환 ---//
  public static int min(int a, int b) {
    return a < b ? a : b;
  }

  //--- a, b, c의 최솟값 반환 ---//
  public static int min(int a, int b, int c) {
    int min = a;
    if (b < min) min = b;
    if (c < min) min = c;
    return min;
  }
  //--- 배열 a의 최솟값 반환 ---//
  public static int min(int[] a) {
    int min = a[0];
    for (int i = 1; i < a.length; i++)
      if (a[i] < min)
        min = a[i];
    return min;
  }
  //--- 배열 a의 최솟값을 가지는 모든 요소의 인덱스를 저장한 배열 반환 ---//
  public static int[] minIndexArray(int[] a) {
    int min = min(a);      // 최솟값
    int count = 0;         // 최솟값을 가지는 요소의 개수
    for (int i = 0; i < a.length; i++)
      if (a[i] == min)
        count++;

    int[] c = new int[count--];
    for (int i = a.length - 1; count >= 0; i--)
      if (a[i] == min)
        c[count--] = i;
    return c;
  }
  //--- a, b의 최댓값을 반환 ---//
  public static int max(int a, int b) {
    return a > b ? a : b;
  }
```

```java
    //--- a, b, c의 최댓값 반환 ---//
    public static int max(int a, int b, int c) {
        int max = a;
        if (b > max) max = b;
        if (c > max) max = c;
        return max;
    }
    //---배열 a의 최댓값 반환 ---//
    public static int max(int[] a) {
        int max = a[0];
        for (int i = 1; i < a.length; i++)
            if (a[i] > max)
                max = a[i];
        return max;
    }
    //--- 배열 a의 최댓값을 가지는 모든 요소의 인덱스를 배열로 반환 ---//
    public static int[] maxIndexArray(int[] a) {
        int max = max(a);       // 최댓값
        int count = 0;          // 최댓값을 가지는 요소의 개수
        for (int i = 0; i < a.length; i++)
            if (a[i] == max)
                count++;
        int[] c = new int[count--];
        for (int i = a.length - 1; count >= 0; i--)
            if (a[i] == max)
                c[count--] = i;
        return c;
    }
}
```

```java
// 최솟값, 최댓값을 구하는 유틸리 클래스의 테스트 프로그램
import java.util.Scanner;

public class MinMaxTester {
    public static void main(String[] args) {
        Scanner stdIn = new Scanner(System.in);
        System.out.print("x값:"); int x = stdIn.nextInt();
        System.out.print("y값:"); int y = stdIn.nextInt();
        System.out.print("z값:"); int z = stdIn.nextInt();
        System.out.print("배열a의 요소 수:");
        int num = stdIn.nextInt();
        int[] a = new int[num];         // 요소 수가 num인 배열
        for (int i = 0; i < num; i++) {
```

```
            System.out.print("a[" + i + "]:");
            a[i] = stdIn.nextInt();
        }

        System.out.printf("x, y의 최솟값은 %d입니다.\n", MinMax.min(x, y));
        System.out.printf("x, y의 최댓값은 %d입니다.\n", MinMax.max(x, y));
        System.out.printf("x, y, z의 최솟값은 %d입니다.\n", MinMax.min(x, y, z));
        System.out.printf("x, y, z의 최댓값은 %d입니다.\n", MinMax.max(x, y, z));
        System.out.printf("배열 a의 최솟값은 %d입니다.\n", MinMax.min(a));

        int xmin[] = MinMax.minIndexArray(a);
        System.out.print("인덱스는{ ");
        for (int i = 0; i < xmin.length; i++)
            System.out.print(xmin[i] + " "); System.out.println("}입니다.");
        System.out.printf("배열 a의 최댓값은 %d입니다.\n", MinMax.max(a));
        int xmax[] = MinMax.maxIndexArray(a);
        System.out.print("인덱스는 { ");
        for (int i = 0; i < xmax.length; i++)
            System.out.print(xmax[i] + " ");
        System.out.println("}입니다.");
    }
}
```

최솟값과 최댓값

최솟값이나 최댓값을 구할 때 처리 대상은 정수 또는 배열이며 특정 클래스형 인스턴스가 아니다. 클래스 MinMax는 인스턴스 메서드나 인스턴스 변수를 가지지 않는 유틸리티 클래스이다. 3개의 min 은 최솟값을 구하는 메서드로, 값이 2개일 때, 3개일 때의 최솟값과 배열에서의 최솟값을 구하도록 다중 정의돼 있다.

이외에 minIndexArray는 배열 a에서 최솟값을 가지는 모든 요소의 '인덱스'를 오름 차순으로 배열에 저장해서 반환한다. 예를 들어 배열 a가 {2, 1, 3, 2, 1, 3}이면 반환하는 값은 {1, 4}이다. 최댓값을 구하는 메서드도 원리는 같다. 여기에선 int형만 처리할 수 있지만, 다른 형도 처리할 수 있게 작성해보면 좋을 것이다.

[문제 9–4]의 날짜 클래스 Ver.1를 다음과 같이 개선하자.

· 인수를 받지 않는 생성자를 사용해 인스턴스를 생성할 때는 서기 1년 1월 1일로 초기화하는 것이 아니라 프로그램 실행 시의 날짜로 초기화한다.

· 인수를 받는 생성자에 잘못된 값이 지정된 겨우 적절하게 값을 조절한다(예를 들어 13월이 지정된 경우는 12월로 변경, 9월 31일로 지정된 경우는 9월 30일로 변경한다).

여기에 다음과 같은 메서드를 추가할 것:

특정 연(年)이 윤년인지를 판단하는 클래스 메서드, 날짜가 속하는 연이 윤년인지 판단하는 메서드, 연내의 경과 일수 (해당 연의 1월 1일의 기준으로 며칠째인지)를 구하는 메서드, 연내의 남은 일수를 구하는 메서드, 다른 날짜와의 전후 관계(이전 날인지, 동일한 날인지, 이후 날인지)를 판정하는 인스턴스 메서드, 두 날짜의 전후 관계를 판정하는 클래스 메서드, 날짜를 하루 뒤로 변경하는 메서드(2012년 12월 31이면, 2013년 1월 1일로 변경), 다음 날의 날짜를 반환하는 메서드, 날짜를 하루 앞으로 변경하는 메서드, 하루 전의 날짜를 반환하는 메서드, 날짜를 n일 뒤로 변경하는 메서드, n일 뒤의 날짜를 반환하는 메서드, 날짜를 n일 앞으로 변경하는 메서드, n일 앞의 날짜를 반환하는 메서드 등등…

```java
// 날짜 클래스 Day (Ver.2)
import java.util.GregorianCalendar;
import static java.util.GregorianCalendar.*;

public class Day {
   private int year  = 1;   // 연
   private int month = 1;   // 월
   private int date  = 1;   // 일

   //--- 각 월의 일수 ---//
   private static int[][] mdays = {
      {31, 28, 31, 30, 31, 30, 31, 31, 30, 31, 30, 31}, // 평년
      {31, 29, 31, 30, 31, 30, 31, 31, 30, 31, 30, 31}, // 윤년
   };

   //--- y년은 윤년인가? ---//
   public static boolean isLeap(int y) {            ①
      return y % 4 == 0 && y % 100 !=0 || y % 400 == 0;
   }
   //--- y년m월의 일수 (28/29/30/31)  ---//
   private static int dayOfMonth(int y, int m) {
      return mdays[isLeap(y) ? 1 : 0][m - 1];
   }
   //--- 조정된 m월 (1~12 범위 외의 값을 조정)  ---//
   private static int adjustedMonth(int m) {
      return m < 1 ? 1 : m > 12 ? 12 : m;
   }
}
```

```java
//--- 조정된 y년m월의 d일 (1~28/29/30/31 범위 외의 값을 조정) ---//
private static int adjustedDay(int y, int m, int d) {
    if (d < 1)
        return 1;
    int dMax = dayOfMonth(y, m);        // y년m월의 일수
    return d > dMax ? dMax : d;
}
//--- 생성자(오늘 날짜) ---//
public Day() {
    GregorianCalendar today = new GregorianCalendar();   // 현재 날짜
    this.year = today.get(YEAR);         // 연
    this.month = today.get(MONTH) + 1;   // 월
    this.date = today.get(DATE);         // 일
}
//--- 생성자 (year년1월1일) ---//
public Day(int year) {
    this.year = year;
}
//--- 생성자 (year년month월1일) ---//
public Day(int year, int month) {
    this(year);
    this.month = adjustedMonth(month);
}
//---생성자 (year년month월date일) ---//
public Day(int year, int month, int date) {
    this(year, month);
    this.date = adjustedDay(year, this.month, date);
}
//--- 생성자 (d와 같은 날짜) ---//
public Day(Day d) {
    this(d.year, d.month, d.date);
}
//--- 연 가져오기 ---//
public int getYear() {
    return year;
}
//--- 월 가져오기 ---//
public int getMonth() {
    return month;
}
//--- 날 가져오기 ---//
public int getDate() {
    return date;
}
```

```
//--- 연 설정 ---//
public void setYear(int year) {
    this.year = year;                                   // 연
    this.date = adjustedDay(year, month, date);        // 일 조정
}
//--- 월 설정 ---//
public void setMonth(int month) {
    this.month = adjustedMonth(month);                 // 월 조정
    this.date = adjustedDay(year, this.month, date);   // 일 조정
}
//--- 일 설정 ---//
public void setDate(int date) {
    this.date = adjustedDay(year, month, date);        // 일 조정
}
//--- 연, 월, 일 설정 ---//
public void set(int year, int month, int date) {
    this.year = year;                                   // 연
    this.month = adjustedMonth(month);                 // 월 조정
    this.date = adjustedDay(year, this.month, date);   // 일 조정
}
//--- 윤년인가 ---//
public boolean isLeap() {                ●········●❷
    return isLeap(year);     // 클래스 메서드 버전의 isLeap 호출
}
//--- 요일 구하기 ---//
public int dayOfWeek() {
    int y = year;              // 0 … 일요일
    int m = month;             // 1 … 월요일
    if (m == 1 ¦¦ m == 2)  { //     :
        y--;                   // 5 … 금요일
        m += 12;               // 6 … 토요일
    }
    return (y + y / 4 - y / 100 + y / 400 + (13 * m + 8) / 5 + date) % 7;
}
//--- 날짜d와 같은가? ---//
public boolean equalTo(Day d) {
    return year == d.year && month == d.month && date == d.date;
}
//--- 문자열 표현 반환 ---//
public String toString() {
    String[] wd = {"일", "월", "화", "수", "목", "금", "토"};
    return String.format("%04d년%02d월%02d일(%s)",
                         year, month, date, wd[dayOfWeek()]);
}
```

```java
//--- 연내 경과 일수 ---//
public int dayOfYear() {
    int days = date;                        // 연 내 경과 일수
    for (int i = 1; i < month; i++)         // 1월~(m-1)월의 일수를 더한다
    days += dayOfMonth(year, i);
    return days;
}


//--- 연내 잔여 일수 ---//
public int leftDayOfYear() {
    return 365 + (isLeap(year) ? 1 : 0) - dayOfYear();
}
//--- 날짜 d와의 전후 관계 ---//
public int compareTo(Day d) {
    return compare(this, d);
}
//--- 두 날짜의 전후 관계 ---//
public static int compare(Day d1, Day d2) {
    if (d1.year > d2.year)  return 1;       // 연이 다르다
    if (d1.year < d2.year) return -1;       // 연이 다르다
                                            // 연이 같다
    if (d1.month > d2.month) return 1;      // 월이 다르다
    if (d1.month < d2.month) return -1;     // 월이 다르다

    return d1.date > d2.date ? 1 : d1.date < d2.date ? -1 : 0;      // 월도 같다
}
//--- 날짜를 하루 뒤로 변경 ---//
public void succeed() {
    if (date < dayOfMonth(year, month))
    date++;
    else {
        if (++month > 12) {
            year++;
            month = 1;
        }
        date = 1;
    }
}


//--- 하루 뒤 날짜를 반환 ---//
public Day succeedingDay() {
    Day temp = new Day(this);
    temp.succeed();
    return temp;
}
```

```
//--- 날짜를 하루 앞으로 변경 ---//
public void precede() {
  if (date > 1)
    date--;
  else {
    if (--month < 1) {
      year--;
      month = 12;
    }
    date = dayOfMonth(year, month);
  }
}
//--- 하루 앞 날짜를 반환 ---//
public Day precedingDay() {
  Day temp = new Day(this);
  temp.precede();
  return temp;
}

//---날짜를 n일 뒤로 변경 ---//
public void succeedDays(int n) {
  if (n < 0)
    precedeDays(-n);
  else if (n >0) {
    date += n;
    while (date > dayOfMonth(year, month)) {
      date -= dayOfMonth(year, month);
      if (++month > 12) {
        year++;
        month = 1;
      }
    }
  }
}
//--- n일 뒤의 날짜를 반환 ---//
public Day after(int n) {
  Day temp = new Day(this);
  temp.succeedDays(n);
  return temp;
}
//--- 날짜를 n일 앞으로 변경 ---//
public void precedeDays(int n) {
  if (n < 0)
    succeedDays(-n);
```

```
    else if (n > 0) {
      date -= n;
      while (date < 1) {
        if (--month < 1) {
          year--;
          month = 12;
        }
        date += dayOfMonth(year, month);
      }
    }
  }
  //--- n일 앞의 날짜를 반환 ---//
  public Day before(int n) {
    Day temp = new Day(this);
    temp.precedeDays(n);
    return temp;
  }
}
```

GregorianCalendar 클래스

자바 표준 라이브러리는 날짜, 시간을 처리하기 위한 Calendar나 GregorianCalendar 등의 클래스를 제공한다. GregorianCalendar 클래스를 사용하면 현재 날짜를 [그림 10-3]과 같이 확인할 수 있다.

그림 10-3 현재 날짜 확인

ⓐ 임포트 선언 및 정적 임포트를 선언한다(이 선언들에 대해선 다음 장에서 학습한다).
ⓑ 현재 날짜에 설정된 GregorianCalendar형의 인스턴스를 생성한다.
ⓒ 생성한 인스턴스에 get 메서드를 호출해서 연, 월, 일을 가져온다. 인수로 YEAR, MONTH, DATA를 사용한다.
  get(YEAR)는 서기 연도를 반환하며 get(MONTH)는 월을 0~11로 반환하고(1~12가 아닌 것에 주의하자),
  get(DATE)는 일을 1~31로 반환한다.

클래스 메서드와 인스턴스 메서드의 다중 정의

클래스 Day에는 isLeap 메서드가 2개 있다. 하나는 클래스 메서드이고 다른 하나는 인스턴스 메서드이다. 시그니처가 다르지만 명칭이 같은 메서드를 정의하는 '다중 정의'는 클래스 메서드와 인스턴스 메서드에 걸쳐서 정의한다.

❶ 임의의 연도 판정

정적 메서드 버전의 isLeap는 '특정 연도 y가 윤년인지'를 확인한다. 날짜 클래스의 인스턴스에 호출하는 것이 아니라 int형을 받는 '일반 메서드'이다. 클래스를 배우기 전인 7장에서 만든 메서드와 같은 방식으로 만들어졌다.

❷ 임의의 날짜를 판정

비정적 메서드, 즉 인스턴스 메서드 버전의 isLeap은 '클래스 Day형의 인스턴스 날짜가 윤년인지'를 확인한다. 판정 대상은 자신이 속한 인스턴스의 year 필드이다. 이 경우 인수를 받을 필요가 없으므로 다음과 같이 정의할 수 있다.

```
public static boolean isLeap(int y) {
    return y % 4 == 0 && y % 100 !=0 || y % 400 == 0;
}
```

```
// 날짜 클래스 Day(Ver.2)의 사용 예(오늘 날짜 표시)
class Today{
    public static void main(String[] args) {
        Day today = new Day(); // 오늘
        System.out.println("오늘은 " + today + "입니다.");
    }
}
```

실행 예

오늘은 2019년 04월 14일(금)입니다.

여기서 판정하는 것은 클래스 메서드 버전과 실질적으로 같다. 비슷한 코드가 프로그램 내에 많이 존재하면 유지보수 관점에서 좋지 않다. 따라서 위 코드에선 year년이 윤년인지 확인하는 것을 클래스 메서드 버전의 isLeap에 맡긴다.

```
System.out.print("연도:");
int y = stdIn.nextInt();
System.out.println("해당 연도는 윤년" +
                (new Day(y)).isLeap() ? "입니다." : "이 아닙니다."));
```

new Day(y)).isLeap() 부분에 주목하자. 'new Day(y)' 부분은 Day(int) 형식의 생성자 호출로

Day형 인스턴스를 생성해서 y년 1월 1일로 초기화한다. 이 식을 평가해서 얻을 수 있는 것은 생성된 인스턴스에 대한 참조이다. 이 참조에 '.isLeap ( )'을 적용해서 인스턴스 메서드를 호출한다.

비공개 메서드

isLeap 메서드 외에 다음 3가지 클래스 메서드가 정의돼 있다. 이들은 Day 클래스 내의 다른 메서드들을 지원하기 위한 내부용 메서드이다. 클래스 사용자에게 공개할 필요가 없으므로 private으로 선언한다. 즉, 여기에 있는 3개의 메서드는 Day 클래스의 외부에서 호출할 수 없다.

static int dayOfMonth(int y, int m)

y년 m월의 일수(해당 월이 며칠까지인지)를 구하는 메서드이다. 각 월의 일수를 저장하는 2차원 배열 mdays와 isLeap 메서드를 사용해서 구한다. 반환하는 값은 28, 29, 30, 31 중 하나이다.

static int adjustedMonth(int m)

날짜의 '월' 값이 범위(1~12) 내에 들어오도록 조정하는 메서드이다. 조정 대상은 인수 m에 받은 값으로 조정 후의 값을 반환한다. m이 1보다 작으면 1을, 12보다 크면 12를 반환한다. m이 범위 내에 있으면 그 값을 그대로 반환한다.

static int adjustedDay(int y , int m ,int d)

날짜의 '일' 값이 범위(1~28/29/30/31) 내에 들어오도록 조정하는 메서드이다. 조정 대상은 인수 d에 받은 값으로 조정 후의 값을 반환한다. d가 1보다 작으면 1을 반환한다. 그렇지 않으면 dayOfMonth를 사용해서 y년 m월의 일수(28, 29, 30, 31 중 하나)를 구하고 그것보다 크면 구한 일수를 반환한다. d가 범위 내에 있다면 그 값을 그대로 반환한다.

생성자

5개의 생성자가 다중 정의돼 있다.

Day()

인수를 받지 않는다. 프로그램 실행 시의 날짜를 설정한다. 앞 페이지의 Today는 이 생성자를 호출하는 프로그램 예이다.

Day(int year)

날짜를 year년 1월 1일로 설정한다.

Day(int year, int month)

month의 범위가 1~12가 되도록 조정한 후에 year년 month월 1일로 설정한다.

Day(int year, int month, int date)

month가 1~12가 되도록 조정하고 date이 year년 month월의 일에 속하도록 조정한 후에 year년 month월 date일로 설정한다.

Day(Day d)

d와 같은 날짜를 설정하기 위한 생성자이다.

공개 메서드

23개의 공개 메서드가 정의돼 있다.

int getYear()／int getMonth()／int getDate()

연/월/일을 가져오는 게터이다.

void setYear(int year)

연을 설정하는 세터이다. 연을 설정한 후에 date값을 조정한다.

void setMonth(int month)

월을 설정하는 세터이다. 설정은 월의 범위인 1~12로 조정한 후에 이루어진다. 월 조정 후에는 date 값도 조정한다.

void setDate(int date)

일을 설정하는 세터이다. year년 month월의 일수에 맞도록 조정한 후 설정한다.

void set(int year, int month, int date)

연, 월, 일을 한 번에 설정하는 세터이다. month가 1~12가 되도록 조정하고 date이 year년 month월의 범위에 오도록 조정한다. 그리고 나서 year년 month월 date일을 설정한다.

int dayOfWeek()

요일을 구하는 메서드이다. Ver.1과 같으며 일요일부터 토요일까지를 0부터 6까지의 정수로 반환한다.

boolean equalTo(Day d)

인수인 d 날짜와 동일한지를 확인하는 메서드이다. Ver.1과 같다.

String toString()

날짜를 문자열로 반환하는 메서드이다. Ver.1과 같다.

int dayOfYear()

특정 연도의 경과 일수(해당 연도의 1월 1일부터 며칠째인지)를 구하는 메서드이다. 예를 들어 윤년이 아닌 연도의 4월 15일이라면 경과 일수를 다음과 같이 구한다.

> 1월의 일수 31 + 2월의 일수 28 + 3월의 일수 31 + 15

int leftDayOfYear()

특정 연도의 잔여 일수를 구하는 메서드이다. 해당 연도의 일수(365 또는 366)에서 경과 일수를 빼면 된다.

int compareTo(Day d)

인수로 주어진 날짜 d와의 전후 관계를 구하는 메서드이다. 자기자신의 날짜(this가 참조하는 날짜)가 d가 참조하는 날짜보다 이전 날짜라면 −1, 같은 날짜면 0, 뒤에 있는 날짜라면 1을 반환한다.

static int compare(Day d1, Day d2)

인수로 주어진 두 날짜 d1과 d2의 전후 관계를 구하는 클래스 메서드이다. d1의 참조 날짜가 d2의 참조 날짜보다 앞 날짜이면 −1, 같은 날짜이면 0, 뒤에 있는 날짜라면 1을 반환한다.

void succeed()/Day succeedingDay()

날짜를 하루 후로 변경하는 메서드와 하루 후 날짜의 인스턴스를 생성해서 반환하는 메서드이다.

void preceed()/Day preceedingDay()

날짜를 하루 전으로 변경하는 메서드와 하루 전 날짜의 인스턴스를 생성해서 반환하는 메서드이다.

void succeedDays(int n)

날짜를 n일 뒤로 이동하는 메서드이다. 예를 들어 날짜가 2017년 12월 30일이고 n이 5라면 2018년 1월 4일로 변경한다.

Day after (int n)

n일 뒤의 날짜를 생성해서 반환하는 메서드이다.

void precedeDays(int n)

날짜를 n일 앞으로 변경하는 메서드이다. 예를 들어 날짜가 2018년 1월 4일이고 n이 5라면 2017년 12월 30일로 변경한다.

Day before(int n)

날짜의 n일전 날짜를 생성해서 반환하는 메서드이다.

```java
//날짜 클래스 Day(Ver.2)의 사용 예
import java.util.Scanner;

class DayTester {
    static Scanner stdIn = new Scanner(System.in);

    //--- 날짜 관련 정보 표시 ---//
    static void display(Day day) {
        System.out.println(day + "에 관한 정보");
        System.out.println("윤년" + (day.isLeap() ? "입니다." : "이 아닙니다."));
        System.out.println("연도 내 경과 일수:" + day.dayOfYear());
        System.out.println("연도 내 잔여 일수:" + day.leftDayOfYear());
    }

    //--- 날짜 변경 ---//
    static void change(Day day) {
        System.out.println("[1]연월일을 변경 [2]연을 변경");
        System.out.println("[3]월을 변경 [4]일을 변경");
        System.out.println("[5]1일 뒤 [6]1일 앞");
        System.out.print( "[7]n일 뒤 [8]n일 앞:");

        int change = stdIn.nextInt();
        int y = 0, m = 0, d = 0, n = 0;
        if (change == 1 || change == 2) {
            System.out.print("연:");   y = stdIn.nextInt();
        }
        if (change == 1 || change == 3) {
            System.out.print("월:");   m = stdIn.nextInt();
        }
        if (change == 1 || change == 4) {
            System.out.print("일:");   d = stdIn.nextInt();
        }
        if (change == 7 || change == 8) {
            System.out.print("며칠:"); n = stdIn.nextInt();
        }
```

```java
        switch (change) {
        case 1: day.set(y, m, d);      break;      // y년m월d일로 설정
        case 2: day.setYear(y);        break;      // y년으로 설정
        case 3: day.setMonth(m);       break;      // m월로 설정
        case 4: day.setDate(d);        break;      // d일로 설정
        case 5: day.succeed();         break;      // 하루 후
        case 6: day.precede();         break;      // 하루 전
        case 7: day.succeedDays(n);    break;      // n일 후
        case 8: day.precedeDays(n);    break;      // n일 전
        }
        System.out.println(day + "로 변경됐습니다.");
    }


    //다른 날짜와 비교---//
    static void compare(Day day) {
        System.out.println("비교 대상 날짜를 입력하자.");
        System.out.print("연:"); int y = stdIn.nextInt();
        System.out.print("월:"); int m = stdIn.nextInt();
        System.out.print("일:"); int d = stdIn.nextInt();

        Day d2 = new Day(y, m, d); // 비교 대상 날짜

        int comp = day.compareTo(d2); // int comp = compare(day, d2);도 가능
        System.out.print(day);
        switch (comp) {
        case -1: System.out.println("가 앞");    break;
        case  1: System.out.println("가 뒤");    break;
        case  0: System.out.println("와 같다.");  break;
        }
    }


    //--- 전후 날짜 ---//
    static void beforeAfter(Day day) {
        System.out.print("[1]내일 [2]어제 [3]n일 후 [4]n일 전:");
        int type = stdIn.nextInt();
        int n = 0;
        if (type == 3 || type == 4) {
            System.out.print("며칠:");
            n = stdIn.nextInt();
        }

        System.out.print("이 날은");
        switch (type) {
```

```
                case 1: System.out.print(day.succeedingDay()); break;    // 하루 뒤
                case 2: System.out.print(day.precedingDay()); break;     // 하루 앞
                case 3: System.out.print(day.after(n)); break;           // n일 후
                case 4: System.out.print(day.before(n)); break;          // n일 전
            }
            System.out.println("입니다.");
        }

    public static void main(String[] args) {
        System.out.println("날짜를 입력하세요.");
        System.out.print("연:"); int y = stdIn.nextInt();
        System.out.print("월:"); int m = stdIn.nextInt();
        System.out.print("일:"); int d = stdIn.nextInt();

        Day day = new Day(y, m, d);            // 읽은 날짜

        while (true) {
            System.out.print(
                "[1]날짜 관련 정보 표시 [2]날짜 변경 [3]다른 날짜와 비교\n" +
                "[4]전후 날짜 [5]종료:");

            int menu = stdIn.nextInt();
            if (menu == 5) break;

            switch (menu) {
             case 1: display(day); break;      // 날짜 관련 정보 표시
             case 2: change(day); break;       // 날짜 변경
             case 3: compare(day); break;      // 다른 날짜와 비교
             case 4: beforeAfter(day); break;  // 전후 날짜 구하기
            }
        }
    }
}
```

실행 예

```
날짜를 입력하세요.
연:2017
월:10
일:15
[1]날짜 관련 정보 표시 [2]날짜 변경 [3]다른 날짜와 비교
[4]전후 날짜 [5]종료:1
2017년 10월 15일(일)에 관한 정보
윤년이 아닙니다.
연도 내 경과 일수:288
```

연도 내 잔여 일수 : 77
[1]날짜 관련 정보 표시 [2]날짜 변경 [3]다른 날짜와 비교
[4]전후 날짜 [5]종료 : 2
[1]연월일을 변경 [2]연을 변경
[3]월을 변경 [4]일을 변경
[5]1일 뒤 [6]1일 앞
[7]n일 뒤 [8]n일 앞 : 7
며칠 : 50
2017년 12월 04일(월)로 변경됐습니다.
[1]날짜 관련 정보 표시 [2]날짜 변경 [3]다른 날짜와 비교
[4]전후 날짜 [5]종료 : 3
비교 대상 날짜를 입력하자.
연 : 2001
월 : 1
일 : 1
2017년 12월 04일(월)가 뒤
[1]날짜 관련 정보 표시 [2]날짜 변경 [3]다른 날짜와 비교
[4]전후 날짜 [5]종료 : 4
[1]내일 [2]어제 [3]n일 후 [4]n일 전 : 1
이 날은2017년 12월 05일(화)입니다.
[1]날짜 관련 정보 표시 [2]날짜 변경 [3]다른 날짜와 비교
[4]전후 날짜 [5]종료 : 4
[1]내일 [2]어제 [3]n일 후 [4]n일 전 : 4
며칠 : 100
이 날은2017년 08월 26일(토)입니다.
[1]날짜 관련 정보 표시 [2]날짜 변경 [3]다른 날짜와 비교
[4]전후 날짜 [5]종료 : 5

int형 X, Y좌표로 구성되는 2차원 좌표 클래스를 작성하자.

한쪽 좌표만 지정하거나 양쪽 모두 지정하지 않아도 인스턴스가 생성되도록 할 것(지정하지 않은 경우에는 0 으로 설정). 인스턴스의 누적 생성 횟수가 프로그램 실행 일과 동일할 때(예를 들어 2018년 10월 3일에 실행 했다면 3개째 인스턴스 생성 시에) "당첨! 오늘 3개의 좌표가 생성됐습니다."라고 표시할 것.

```java
// 당첨 기능을 가진 2차원 좌표 클래스 Point2D
import java.util.GregorianCalendar;
import static java.util.GregorianCalendar.*;

public class Point2D {
    private static int counter = 0;      // 몇 번까지 식별 번호를 부여했는가
    private static int day;               // 오늘 날짜


    private int x = 0; // X좌표
    private int y = 0; // Y좌표


    //--- 클래스 초기화 블록 ---//
    static {
        GregorianCalendar today = new GregorianCalendar();   // 현재 날짜     ❶
        day = today.get(DATE); // today의 일
    }


    //--- 인스턴스 초기화 블록 ---//
    {
        if (++counter == day) {
            System.out.print("당첨!!");                                   ❷
            System.out.printf("오늘 %d개의 좌표가 생성됐습니다.\n", counter);
        }
    }


    //--- 생성자 ---//
    public Point2D() { }
    public Point2D(int x) { this.x = x; }
    public Point2D(int x, int y) { this.x = x; this.y = y; }


    public int getX() { return x; }      // X좌표의 게터
    public int getY() { return y; }      // Y좌표의 게터


    // 마지막에 부여한 식별 번호
    public static int getCounter() { return counter; }
```

```
    //--- 문자열 표현 "(x, y)"을 반환 ---//
    public String toString() {
        return "(" + x + ", " + y + ")";
    }
}
```

클래스 초기화 블록

Point2D 클래스에는 필드, 생성자, 메서드 이외에도 처음보는 형태의 ❶과 ❷가 포함돼 있다. ❶은 클래스 초기화 블록 또는 정적 초기화 블록이며 [그림 10-4]는 이에 대한 구문 해석도를 보여준다. 클래스 초기화 블록은 정적 블록 또는 static 블록 등으로도 불린다.

클래스 초기화 블록은 명칭에서도 알 수 있듯이 '클래스가 초기화 될 때' 실행되는 것이다. 클래스의 초기화 시점은 다음과 같다.

· 클래스의 인스턴스가 생성될 때
· 클래스의 클래스 메서드가 호출될 때
· 클래스의 클래스 변수에 값이 대입될 때
· 클래스의 상수가 아닌 클래스 변수값이 추출될 때

자세한 것은 나중에 설명하겠지만, '클래스를 처음 사용하는 시점에는 해당 클래스의 초기화 블록이 이미 실행을 완료한 상태'라고 이해하면 된다. 단, 프로그램 내에서 클래스가 선언돼 있다고 해도 사용하지 않는다면 해당 클래스가 초기화될 일이 없으며 클래스 초기화 블록도 실행되지 않는다.

Point2D 클래스에선 오늘 날짜가 필요하다. 그 값을 저장하는 것이 클래스 변수인 day이다. 이 프로그램에서처럼 클래스 초기화 블록 안에서 계산을 한 후에 클래스 변수에 값을 설정하는 것이 좋다. 클래스 초기화 블록 내에 return문을 둘 수 없으며, this나 super(12장)를 사용할 수 없다(컴파일 오류가 발생한다).

Point2D 클래스의 클래스 초기화 블록에선 GregorianCalendar 클래스를 사용해서 현재 날짜를 today에 저장한다. 그리고 today에서 일(日)을 추출해 클래스 변수 day에 대입한다. 대입하는 것은 today의 연, 월, 일 중에서 일이다.

생성자가 인스턴스 생성 시마다 실행되는 것과 달리(생성되 인스턴스의 개수와 같은 횟수만큼 실행된다), 클래스 초기화 블록이 실행되는 것은 한 번뿐이다. 생성자가 처음 호출될 때는 클래스 초기화 블록은 반드시 실행을 완료한 상태이다.

클래스 초기화 블록에선 클래스 변수의 초기화 외에 다른 처리도 가능하다. 예를 들어 클래스 관련 정보가 기록된 파일을 열어서 정보를 추출하는 처리도 가능하다.

그림 10-4 클래스 초기화 블록의 구문 해석도

클래스 초기화 블록
static
블록

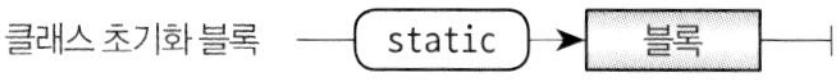

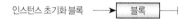

인스턴스 초기화 블록

메서드에는 '클래스 메서드'와 '인스턴스 메서드'가 있으며, 변수에도 '클래스 변수'와 '인스턴스 변수'가 있다. 마찬가지로 초기화 블록에도 '클래스(정적) 초기화 블록'과 '인스턴스 초기화 블록'이 존재한다. 인스턴스 초기화 블록은 명칭 그대로 인스턴스를 초기화하기 위한 것이다. Point2d 클래스의 ❷처럼 클래스 선언 안에 static을 붙이지 않고 { … }로 작성한 부분이 인스턴스 초기화 블록이다(그림 10-5).

그림 10-5 인스턴스 초기화 블록의 구문 해석도

인스턴스 초기화 블록
블록

Point2D 클래스의 비정적 필드는 x와 y 모두 2개다. 모두 0으로 초기화되지만 다중 정의된 생성자에 의해 x만 값을 지정하거나 x와 y 모두 값을 지정할 수 있다. 인스턴스 초기화가 실행되는 것은 생성자가 실행될 때이다. 따라서 3개의 생성자 중 하나라도 실행되면 먼저 인스턴스 초기화 블록이 실행된 후에 생성자가 실행된다(그림 10-6).

그림 10-6 생성자에서 자동으로 호출되는 인스턴스 초기화 블록

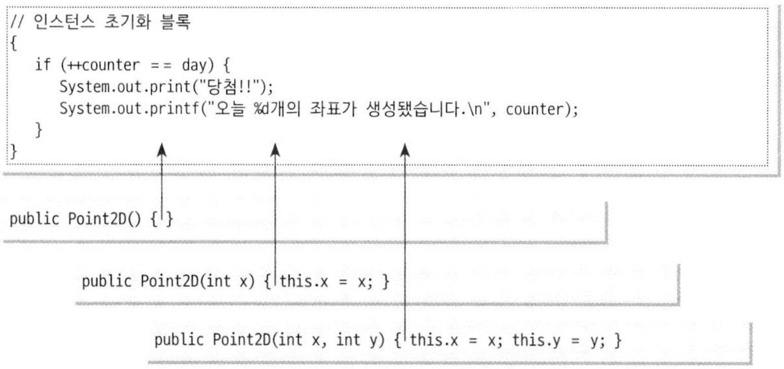

// 인스턴스 초기화 블록
{
if (++counter == day) {
System.out.print("당첨!!");
System.out.printf("오늘 %d개의 좌표가 생성됐습니다.\n", counter);
}
}
public Point2D() { }
public Point2D(int x) { this.x = x; }
public Point2D(int x, int y) { this.x = x; this.y = y; }

인스턴스 초기화 블록에선 counter를 증가시켜서 그 값이 오늘 날짜와 같은지 확인한다. 같으면 "당

점! 오늘 *개 좌표가 생성됐습니다."라고 표시한다. 12장에서 학습하겠지만, 생성자 안에선 '슈퍼 클래스의 생성자 호출'이 자동으로 실행된다. 따라서 Point2D 클래스의 생성자는 컴파일러에 의해 다음과 같이 재작성된다.

```
public Point2D()              { super(); ★ }
public Point2D(int x)         { super(); ★ this.x = x; }
public Point2D(int x, int y)  { super(); ★ this.x = x; this.y = y; }
```

super( )가 슈퍼 클래스의 생성자를 호출한다. 인스턴스 초기화 블록은 슈퍼 클래스의 생성자를 호출한 후에 실행된다. 즉, 인스턴스 초기화 블록이 실행되는 것은 엄밀히는 생성자의 실행 시점이 아닌 위의 ★ 위치이다.

인스턴스 초기화 블록을 사용하지 않고 Point2D를 구현하려고 하면 생성자를 다음과 같이 변경해야 한다.

```
public Point2D() {
  if (++counter == day) {
    System.out.print("당첨!!");
    System.out.printf("오늘 %d개의 좌표가 생성됐습니다.\n", counter);
  }
}
public Point2D(int x) {
  if (++counter == day) {
    System.out.print("당첨!!");
    System.out.printf("오늘 %d개의 좌표가 생성됐습니다.\n", counter);
  }
  this.x = x;
}
public Point2D(int x, int y) {
  if (++counter == day) {
    System.out.print("당첨!!");
    System.out.printf("오늘 %d개의 좌표가 생성됐습니다.\n", counter);
  }
  this.x = x;   this.y = y;
}
```

즉, counter 변경과 날짜 확인 처리를 모든 생성자에 포함시켜야 한다. 따라서 기존의 일부 생성자에서 변경 처리를 누락하거나 새롭게 추가한 생성자에 변경 처리를 누락하는 등의 실수를 범할 가능성이 높다.

클래스 내의 모든 생성자에 공통으로 적용해야 할 처리(인스턴스 생성 시마다 반드시 해야 할 처리)가 있다면, 인스턴스 초기화 블록으로 독립시키는 것이 좋다. Point2DTester는 Point2D 클래스를 사용하는 예이다. Point2D형 인스턴스를 36개 생성한다.

```
// 당첨 기능을 가진 2차원 좌표 클래스 Point2D

public class Point2DTester {
  public static void main(String[] args) {
    for (int i = 0; i < 36; i++) {
      Point2D p1 = new Point2D();
      System.out.printf("%2d %s\n", i, p1);
    }
  }
}
```

실행 예
```
 0 (0, 0)
 1 (0, 0)
당첨!!오늘 3개의 좌표가 생성됐습니다.
 2 (0, 0)
… 이하 생략…
```

인스턴스가 생성될 때마다 "은행 계좌를 개설해주셔서 감사합니다."하고 표시하도록, [문제 9-5]의 Account 클래스를 수정하자. 표시는 인스턴스 초기화 블록에서 할 것. Day 클래스는 [문제 10-8]의 버전을 사용할 것.

```java
// 은행 계좌 클래스(Ver.3)
class Account {
    private static int counter = 0;      //몇 번까지 식별 번호를 부여했는가

    private String name;      // 계좌 명의
    private String no;        // 계좌 번호
    private long balance;     // 예금 잔고
    private Day openDay;      // 계좌 개설일
    private int id;           // 식별 번호

    // 인스턴스 초기화 블록
    {
        id = ++ counter;      // 식별 번호                              ──❶
        System.out.println("은행 계좌를 개설해주셔서 감사합니다.");
    }

    //--- 생성자 (예금액은 0이고 계좌 개설일은 오늘) ---//
    public Account (String name, String no) {                          ──❷
        this(name, no, 0, new Day());
    }

    //--- 생성자 ---//
    public Account(String name, String no, long balance,Day openDay) {
        this.name = name;                      // 계좌 명의
        this.no = no;                          // 계좌 번호              ──❸
        this.balance = balance;                // 예금 잔고
        this.openDay = new Day(openDay);       // 계좌 개설일
    }
    //--- 계좌 명의 확인 ---//
    public String getName() {
        return name;
    }
    //--- 계좌 번호 확인 ---//
    public String getNo() {
        return no;
    }
    //--- 예금 잔고 확인 ---//
    public long getBalance() {
        return balance;
    }
```

```java
//--- 식별 번호 가져오기 ---//
public int getId() {
    return id;
}

//--- 계좌 개설일 확인 ---//
public Day getOpenDay() {
    return new Day(openDay);
}

//--- k원 입금 ---//
void deposit(long k) {
    balance += k;
}
//--- k원 출금 ---//
void withdraw(long k) {
    balance -= k;
}

//--- 문자열 표현헤 의한 계좌 기본 정보 반환---//
public String toString() {
    return "{" + name + ", " + no + ", " + balance + "}";
}
}
```

```java
// 은행 계좌 클래스(Ver.3) 사용 예
import java.util.Scanner;

class AccountTester {
    public static void main(String[] args) {
        Scanner stdIn = new Scanner(System.in);
        System.out.print("계좌 개설 수:");
        int n = stdIn.nextInt();
        Account[] a = new Account[n];

        for (int i = 0; i < a.length; i++) {
            System.out.print("[0]…간이 [1]…상세:");
            int type = stdIn.nextInt();

            System.out.println("계좌 정보를 입력하세요.");
            System.out.print("명   의:"); String name = stdIn.next();
            System.out.print("번   호:"); String no = stdIn.next();
            if (type == 0)
                a[i] = new Account(name, no);
```

```
            else {
                System.out.print("잔   고:"); int balance = stdIn.nextInt();
                System.out.print("개설 연도:"); int y = stdIn.nextInt();
                System.out.print("개설 월:"); int m = stdIn.nextInt();
                System.out.print("개설 일:"); int d = stdIn.nextInt();
                a[i] = new Account(name, no, balance, new Day(y, m, d));
            }

            System.out.println("계좌 기본 정보:" + a[i]);
            System.out.println("식별 번호:" + a[i].getId());
            System.out.println("개설 일:" + a[i].getOpenDay().toString());
        }
    }
}
```

인스턴스 초기화 블록

앞 문제에서 배운 인스턴스 초기화 블록을 사용해서 인스턴스 생성 시마다 '은행 계좌를 개설해주셔서 감사합니다.'를 표시한다(❶). 이 클래스에선 기존 생성자(❸)는 물론 생성자❷를 추가했다. 생성자❷에선 this(name, no, 0 new Day()) 형식으로 생성자❸을 호출한다. 예금액을 0으로 설정하고 계좌 개설일을 오늘 날짜(프로그램 실행 시의 날짜)로 설정한다. 모든 생성자가 인스턴스 초기화 블록❶를 호출한다. Account 클래스는 Day(Ver.2) 클래스를 이용한다. 생성자❷에선 인수를 받지 않는 Day 클래스의 생성자를 사용해서 계좌 개설일을 오늘 날짜로 설정한다.

```
실행 예
계좌 개설 수:2
[0]...간이 [1]...상세:0
계좌 정보를 입력하세요.
명   의:홍길동
번   호:12345
은행 계좌를 개설해주셔서 감사합니다.
계좌 기본 정보:{홍길동, 123456, 0}
식별 번호:1
개설 일:2018년 09월 17일(월)
[0]...간이 [1]...상세:1
계좌 정보를 입력하세요.
명   의:김철수
번   호:654321
잔   고:3000
개설 연도:2018
개설 월:3
개설 일:5
은행 계좌를 개설해주셔서 감사합니다.
계좌 기본 정보:{김철수, 654321, 3000}
식별 번호:2
개설 일:2018년 03월 05일(월)
```

빈칸을 채우시오.

- 단일 소스 프로그램 내에선 ⌊ (1) ⌋ 의 클래스를 선언한다(할 수 있다).
  단일 소스 프로그램 내에선 ⌊ (2) ⌋ 의 public 클래스를 선언한다(할 수 있다).
  ▶ 공통 보기: (a) 반드시 1개   (b) 1개 이하   (c) 임의의 개수

- 클래스 변수, 클래스 메서드는 개별 인스턴스에 속하지 않으며 해당 클래스형의 모든 인스턴스에서 공유되는 변수, 메서드이다. 클래스 변수는 ⌊ (3) ⌋ 필드라고도 불리며, 클래스 메서드는 ⌊ (4) ⌋ 메서드라고도 불린다.

- 클래스 메서드 내에선 변수나 메서드에 다음과 같이 접근할 수 있다.
  – 해당 클래스의 클래스 변수에 ⌊ (5) ⌋.   – 해당 클래스의 인스턴스 변수에 ⌊ (6) ⌋.
  – 해당 클래스의 클래스 메서드를 ⌊ (7) ⌋.   – 해당 클래스의 인스턴스 메서드를 ⌊ (8) ⌋.
  ▶ (5), (6)의 보기: (a) 접근할 수 있다   (b) 접근할 수 없다
  ▶ (7), (8)의 보기: (a) 호출할 수 있다   (b) 호출할 수 없다

- 인스턴스 메서드 내에선 변수나 메서드를 다음과 같이 접근할 수 있다.
  – 해당 클래스의 클래스 변수에 ⌊ (9) ⌋.   – 해당 클래스의 인스턴스 변수에 ⌊ (10) ⌋.
  – 해당 클래스의 클래스 메서드를 ⌊ (11) ⌋.   – 해당 클래스의 인스턴스 메서드를 ⌊ (12) ⌋.
  ▶ (9), (10)의 보기: (a) 접근할 수 있다   (b) 접근할 수 없다
  ▶ (11), (12)의 보기: (a) 호출할 수 있다   (b) 호출할 수 없다

- 클래스 메서드와 인스턴스 메서드를 같이 사용하는 다중 정의는 ⌊ (13) ⌋
  ▶ (13)의 보기: (a) 가능하다   (b) 불가능하다

- Math 클래스처럼 내부에 상태(state)를 지니지 않으며, 클래스 변수와 클래스 메서드로만 제공하는 클래스를 ⌊ (14) ⌋ 클래스라고 한다.
  원주율을 나타내는 클래스 변수는 Math 클래스의 외부로부터 ⌊ (15) ⌋ 를 사용해 접근할 수 있다. 또한, double형 변수 x의 절댓값을 구하는 메서드 호출 식은 ⌊ (16) ⌋ 이며, 제곱근을 구하는 메서드 호출 식은 ⌊ (17) ⌋ 이다.

- Integer 클래스에는 int형으로 표현할 수 있는 최솟값과 최댓값을 보여주는 public이자 ⌊ (18) ⌋ 한 클래스 변수가 정의돼 있다. 최솟값을 나타내는 클래스 변수는 ⌊ (19) ⌋ 이며 최댓값을 나타내는 클래스 변수는 ⌊ (20) ⌋ 이다.

- 다음의 Point3D는 개별 인스턴스에 식별 번호를 부여하는 3차원 좌표 클래스이며, Point3DTester는 이 클래스를 이용하는 프로그램 예이다. 가장 먼저 생성되는 인스턴스의 식별 번호는 1, 101, …, 901 중 하나이다. 2번째 이후에 생성되는 인스턴스는 1씩 증가한 번호를 부여한다.
  Point3D 클래스에서:

- 오류(한 곳)을 찾아라.　　　(21)　　　- 클래스 변수를 모두 열거하자.　　(22)
- 인스턴스 변수를 모두 열거하자.　　(23)

```
//--- 식별 번호 지정 3차원 좌표 클래스 ---//
import java.(   (24)   ).Random;
public class Point3D {
  private static int counter = 0;    // 몇 번까지 식별 번호를 부여했는가
  private int id;                    // 식별 번호
  private int x = 0, y = 0, z = 0;   // 좌표
  (   (25)   ) { Random  r = new Random(); counter = (    (26)   ).nextInt(10)*100;}   ●❶
  { id = (   (27)   ); }   ●❷
  public Point3D()                   { }
  public Point3D(int x)              { this.x = x; }
  public Point3D(int x, int y)       { this.x = x; this.y = y; }
  public Point3D(int x, int y, int z)  { this.x = x; this.y = y; this.z = z; }
  public (   (28)   ) int getCounter() { return this.counter; }
  public int getId() { return this.id; }
  public String toString() {
    return "(" + x  + "," + y + "," + z + ")";
  }
}
```

```
//--- 식별 번호 지정 3차원 좌표 클래스 테스트  ---//
public class Point3DTester {
  public static void main((   (29)   ) args) {
    Point3D p1 = new Point3D();
    Point3D p2 = new Point3D(1);
    Point3D p3 = new Point3D(2, 3);
    Point3D p4 = new Point3D(4, 5, 6);


    System.out.println("마지막에 부여한 식별 번호:" + (   (30)   ));
    System.out.println("p1 = " + p1 + " - 식별 번호:" + (   (31)   ));
    System.out.println("p2 = " + p2 + " - 식별 번호:" + (   (32)   ));
    System.out.println("p3 = " + p3 + " - 식별 번호:" + (   (33)   ));
    System.out.println("p4 = " + p4 + " - 식별 번호:" + (   (34)   ));
  }
}
```

```
마지막에 부여한 식별 번호:204
p1 = (0,0,0) - 식별 번호:201
p2 = (1,0,0) - 식별 번호:202
p3 = (2,3,0) - 식별 번호:203
p4 = (4,5,6) - 식별 번호:204
```

• Point3D 클래스 안의 ❶은　　(35)　　라고 하며　　(36)　　실행된다. ❷는　　(37)　　라고 하며　　(38)　　실행된다.

▶ (36), (38)의 보기: (a) 한 번만　　(b) 생성자 시작 시에　　(c) 생성자 종료 시에

패키지

데이터와 메서드를 묶어서 캡슐화한 것이 '클래스'이다.
이 클래스를 모아서 캡슐화한 것이 '패키지'이다.
11장에선 패키지 사용법 및 작성법 등을 학습한다.

오늘의 운세 프로그램을 작성하자. 오늘 날짜와 대길(大吉), 길(吉), 중길(中吉), 소길(小吉), 흉(凶) 중 하나의 운세를 표시할 것.

```java
// 오늘 날짜와 운세(방법1)
import java.util.GregorianCalendar;    •━━━━━━━━━━━━━❶
import java.util.Random;

class LuckyDraw {
  public static void main(String[] args) {
    GregorianCalendar today = new GregorianCalendar();
    int y = today.get(GregorianCalendar.YEAR);        // 연
    int m = today.get(GregorianCalendar.MONTH) + 1;   // 월
    int d = today.get(GregorianCalendar.DATE);        // 일
    System.out.printf("오늘은 %04d년 %02d월 %02d일입니다.\n", y, m, d);

    Random rand = new Random();
    int k = rand.nextInt(10);      // 운세: _0~9의 난수
    System.out.print("오늘의 운세는 ");
    switch (k) {
     case 0:                  System.out.print("대길"); break;
     case 1 : case 2 : case 3: System.out.print("길");   break;
     case 4 : case 5 : case 6: System.out.print("중길"); break;
     case 7 : case 8 :        System.out.print("소길"); break;
     case 9 :                 System.out.print("흉");   break;
    }
    System.out.println("입니다.");
  }
}
```

> **실행 예**
> 오늘은 2018년 09월 18일입니다.
> 오늘의 운세는 소길입니다.

패키지(package)

오늘 날짜와 운세를 표시하는 프로그램이다. 운세는 0~9의 난수로 결정하며 대길(운수가 아주 좋음)과 흉(운수가 몹시 나쁨)이 나올 확률은 줄이고 길과 중길이 쉽게 나오도록 조정한다. 프로그램 실행 시의 날짜를 가져오기 위해 GregorianCalendar 클래스를 사용하고 난수 생성을 위해 Random 클래스 사용한다.

클래스명 등의 형명은 패키지라는 논리적인 **이름 공간**name space에 속한다. 패키지 p에 속하는 클래스 Type의 표기는 p.Type이다. 클래스명을 Type이라고 단순히 부르는 경우를 단순 명칭simple name이라고 하고 p.Type 형태의 전체 명칭을 완전 한정 명칭fully qualified name이라고 한다.

패키지와 클래스의 관계는 OS의 디렉터리(폴더)와 파일 관계에 해당한다. 같은 이름의 파일이더라도 gildong 디렉터리에 저장된 Car 파일과 chulsu 디렉터리에 저장된 Car 파일이 다른 것을 구별할 수 있다. 패키지도 이렇게 계층화가 가능하다는 점에서 디렉터리와 비슷하다.

이번 프로그램에서 사용하는 GregorianCalendar 클래스와 Random 클래스는 java 패키지 안의 util 패키지에 속해있다. 계층적인 패키지 이름은 각 패키지명을 . 으로 연결해서 표현하기 때문에 패키지의 명칭도 java.util이다. 'java.util 패키지에 속하는 Random 클래스'는 단순 명칭은 Random이고, 완전 한정 명칭은 java.util.Radom이다.

형 임포트 선언(type import declaration)

형의 전체 이름을 나타내는 완전 한정 명칭은 길다는 문제가 있다. 패키지명을 생략한 단순 명칭만으로 형을 사용할 수 있게 하는 것이 2장 이후의 프로그램에서 사용하는 형 임포트 선언이다. 이 선언에는 다음 2가지 종류가 있다.

단일형 임포트 선언(single-type-import-declaration)

다음 형식으로 단일 형을 임포트한다.

```
import 완전 한정 명칭;
```

이 형식으로 임포트된 형명은 해당 소스 프로그램 내에선 단순 명칭으로 사용할 수 있다. 이번 프로그램의 GregorianCalendar 클래스와 Random 클래스를 단순 명칭으로 표기할 수 있는 것은 ❶에서 import 선언을 하기 때문이다. 만약 이 선언이 없다면 완전 한정 명칭인 java.util. GegorianCalendar와 java.util.Random으로 작성해야 한다.

온 디맨드형 임포트 선언(type-import-on-demand declaration)

소스 파일 내에서 이용하는 모두 클래스에 단일형 임포트 선언을 하는 것은 매우 귀찮은 일이다. 따라서 다음과 같이 간단히 임포트하는 방법도 존재한다.

```
import 패키지명.*;
```

이 선언을 한 프로그램에선 '패키지명'에 포함되는 형명을 단순 명칭으로 사용할 수 있다. 따라서 ❶에 있는 2개의 단일형 형식 선언은 다음과 같이 하나의 온 디맨드 형식으로 변경할 수 있다.

```
import java.util.*;
```

온 디맨드란 '필요에 따라'라는 의미이다. 이 선언은 '소스 프로그램 내에서 사용하는 형명 안에 java.util 패키지에 속하는 것이 있으면 그것을 단순 명칭으로 표기하도록 임포트하라'라는 지시이다. 결코 'java.uitl 패키지의 모든 형명을 임포트하라'라는 지시가 아니다. 또한, 다른 계층의 형명(예를 들어 java.util.jar 패키지 안의 JarFile)을 임포트할 수 없다.

java.lang 패키지의 자동 임포트

java.lang 패키지에는 Object 클래스, Math 클래스, String 클래스 등 자바 언어와 밀접하게 관련된 클래스가 수록돼 있다. 따라서 이 패키지 내에서 선언된 형명은 자동으로 임포트된다. 즉, 자바 소스 프로그램은 다음과 같은 선언이 포함돼 있다고 보면 된다.

```
import java.lang.*;
```

정적 임포트 선언(static import)

정적 임포트를 사용하면 클래스의 '정적 멤버'인 다음 2개를 임포트할 수 있다.

· 클래스 변수(정적 필드)

· 클래스 메서드(정적 메서드)

형 임포트 선언과 마찬가지로 정적 임포트 선언에도 2가지 종류가 있다. 다음 선언 형식을 보자.

```
import static 패키지명.형명.식별자명;        // 단일 정적 임포트 선언
import static 패키지명.형명.*;              // 온 디맨드 정적 임포트 선언
```

LuckyDraw2 프로그램은 정적 임포트 선언을 이용해서 수정한 프로그램이다.

```
// 오늘 날짜와 운세(방법2)
import java.util.GregorianCalendar;
import java.util.Random;
import static java.util.GregorianCalendar.*;      •━━━━━━━━━━❶

class LuckyDraw2 {
    public static void main(String[] args) {
        GregorianCalendar today = new GregorianCalendar();
        int y = today.get(YEAR);        // 연  •━━━━━━❷
        int m = today.get(MONTH) + 1;    // 월
        int d = today.get(DATE);         // 일
        System.out.printf("오늘은 %04d년 %02d월 %02d일입니다.\n", y, m, d);
```

```
Random rand = new Random();
int k = rand.nextInt(10);          // 운세:0~9의 난수                    ❸
System.out.print("오늘의 운세는 ");
switch (k) {
  case 0:                 System.out.print("대길"); break;
  case 1 : case 2 : case 3: System.out.print("길");   break;
  case 4 : case 5 : case 6: System.out.print("중길"); break;
  case 7 : case 8 :        System.out.print("소길"); break;
  case 9 :                System.out.print("흉");   break;
  }
  System.out.println("입니다.");
  }
}
```

실행 예

오늘은 2018년 09월 19일입니다.
오늘의 운세는 길입니다.

❶의 정적 임포트 선언에선 java.util.GregorianCalendar 클래스에 속하는 정적 멤버를 '온 디
맨드 정적 임포트'하도록 지시한다. ❷에선 java.uitl.GregorianCalendar 클래스에 속하는 클
래스 변수 YEAR, MONTH, DATE를 단순 명칭으로 접근한다. LuckyDraw1 프로그램에선 각 변수를
GregorianCalendar.YEAR, GregorianCalendar.MONTH, GregorianCalendar.DATE인 완전 한정
명칭으로 접근했었다. Random 클래스는 인스턴스를 생성하지만, 변수 rand가 사용되는 곳은 한 곳
이므로 ❸은 다음과 같이 짧게 표현할 수 있다.

```
int k = (new Random()).nextInt(10);
```

실수값을 읽어서 절댓값과 제곱근을 구하자. 또한, 해당 실수값이 반지름인 원의 넓이를 구해서 표시하자.

```java
//절댓값, 제곱근, 원의 넓이 구하기
import java.util.Scanner;
import static java.lang.Math.*;
import static java.lang.System.in;
import static java.lang.System.out;

class MathMethods {
    public static void main(String[] args) {
        Scanner stdIn = new Scanner(in);
        out.print("실  수:");
        double x = stdIn.nextDouble();

        out.println("절댓값:" + abs(x));
        out.println("제곱근:" + sqrt(x));
        out.println("넓  이:" + PI*x*x);
    }
}
```

```
실행 예
실  수:5.5
절댓값:5.5
제곱근:2.345207879911715
넓  이:95.03317777109123
```

Math 클래스의 정적 멤버 임포트

앞 장에서 배운 것처럼 Math 클래스는 절댓값을 구하는 abs 등 다수의 클래스 메서드를 제공하는 유틸리티 클래스이다. 이번 프로그램에선 java.lang.Math를 온 디맨드 정적 임포트하고 있어서, 개별 메서드를 하나씩 임포트하는 것이 아니라 단순 명칭인 메서드명만으로 호출할 수 있다. 또한, 원주율을 의미하는 클래스 변수 Math.PI도 단순 명칭으로 접근할 수 있다. 임포트하지 않으면 메서드는 Math.abs(), Math.sqrt() 형식으로 호출해야 한다.

화면에 표시할 때와 값을 입력받을 때 사용하는 System.out과 System.in은 System 클래스에 포함된 클래스 변수이다. 이들도 정적 임포트를 하고 있으므로 단순 명칭인 out과 in을 사용해 접근할 수 있다. 이번 프로그램은 문법을 이해하기 위한 것이다. 단순히 out, in으로만 작성하면 의미를 모를 수 있으므로 이런 식의 프로그램 작성은 권장하지 않는다. 프로그램을 다음과 같이 작성할 수 없다.

```java
import static java.lang.System.out.println;    // 컴파일 오류
//…
println("원의 넓이를 구합니다.");
```

이 프로그램에서 오류가 발생하는 이유는 단순하다. println이 클래스(정적) 메서드가 아닌 인스턴스 메서드이기 때문이다. System.out.println의 개별 요소는 다음과 같다.

```
System              : java.lang 패키지에 속한 클래스
System.out          : System 클래스의 클래스(정적) 변수(형은 PrintStream 클래스형)
System.out.println : PrintStream 클래스의 인스턴스 메서드
```

프로그램을 실행하면 "오늘은 yyyy년 mm월 dd일입니다."라고 한 번만 표시하며, 인스턴스를 생성할 때마다
각 인스턴스에 yyyymmdd01, yyyymmdd02,… 식으로 식별 번호를 부여하는 일련 번호 클래스 DateId를 작성하
자([문제 10-3]의 Id 클래스를 수정해서 사용해도 좋다). 클래스의 패키지명은 id로 하고 DateId 클래스를 테
스트하기 위한 프로그램 DateIdTester는 무명 패키지에 포함할 것.

```java
// 식별 번호 클래스(시작 번호를 오늘 날짜로 지정)
package id;

import java.util.GregorianCalendar;
import static java.util.GregorianCalendar.*;

public class DateId {
    private static int counter;        // 몇 번까지 식별 번호를 부여했는가
    private int id;                    // 식별 번호

    static {
        GregorianCalendar today = new GregorianCalendar();
        int y = today.get(YEAR);           // 연
        int m = today.get(MONTH) + 1;      // 월
        int d = today.get(DATE);           // 일

        System.out.printf("오늘은 %04d년 %02d월 %02d일입니다.\n", y, m, d);

        counter = y * 1000000 + m * 10000 + d * 100;
    }

    //--- 생성자 ---//
    public DateId() {
        id = ++counter;        // 식별 번호
    }

    //--- 식별 번호 가져오기 ---//
    public int getId() {
        return id;
    }
}
```

패키지 선언(package declaration)

소스 프로그램에서 선언한 클래스를 특정 패키지에 포함시키는 것이 다음과 같은 형식의 패키지 선언이다.

---

package 패키지명;

[그림 11-1]에 있는 컴파일 단위translation unit의 구문 해석도는 다음을 나타낸다.

- · 패키지 선언은 없어도 된다. 2개 이상을 사용할 수 없다.
- · 패키지 선언은 임포트 선언보다 앞에 두어야 한다.

▶ 컴파일 단위(또는 번역 단위라고도 함)란 개별 소스 파일에 담겨 있는 소스 프로그램을 가리킨다.

DateId 클래스는 패키지 선언을 하는 package id;에 의해 id 패키지에 소속된다. 따라서 단순 명칭은 DateId가 되며 완전 한정 명칭은 id.DateId가 된다. DateId는 다른 패키지에서도 이용할 수 있도록 public 클래스로 선언돼 있다(만약 public이 없으면 id 이외의 패키지에서는 사용할 수 없다).

```java
//식별 번호 클래스의 사용 예
import id.DateId;

public class DateIdTester {
  public static void main(String[] args){
    DateId a = new DateId();
    DateId b = new DateId();
    DateId c = new DateId();

    System.out.println("a의 식별 번호:" + a.getId());
    System.out.println("b의 식별 번호:" + b.getId());
    System.out.println("c의 식별 번호:" + c.getId());

  }
}
```

실행 예
오늘은 2018년 09월 19일입니다.
a의 식별 번호 : 2018091901
b의 식별 번호 : 2018091902
c의 식별 번호 : 2018091903

무명 패키지(unnamed package)

소스 파일에 패키지 선언이 없는 경우는 해당 파일 내에 선언된 클래스는 무명 클래스에 포함된다. 무명 패키지에 포함되는 것으로 '아무런 패키지에도 속하지 않는다'는 의미가 아니다. 앞 장까지의 클래스들은 '무명 패키지'라는 동일 패키지에 속해 있는 것이다.

이 문제에선 `DateIdTester` 클래스를 무명 패키지에 포함하라는 지시가 있다. 따라서 `DateIdTester`를 선언하는 소스 프로그램에선 패키지를 선언하지 않는다. 무명 패키지에 속하는 클래스의 완전 한정 명칭은 단순 명칭과 일치한다. 즉, `DateIdTester` 클래스는 단순 명칭과 완전 한정 명칭 모두 `DateIdTester`가 된다.

무명 패키지는 디렉터리 구조에서 루트 디렉터리 해당한다고 보면 된다. 소규모이거나 테스트 용도의 클래스는 무명 패키지에 넣어도 되지만, 이후 재사용할 클래스는 이름이 겹치는 것을 방지하거나 분류를 용이하게 하기 위해서라도 패키지에 넣는 것이 좋다.

`import id.DateId;`은 id 패키지에 소속된 `DateId` 클래스를 단순 명칭으로 사용하기 위한 단일형 임포트 선언이다. 하나의 패키지 안에 동일 명의 '패키지'와 '클래스'가 존재해서는 안 된다. 패키지명과 클래스명이 충돌하는 경우는 매우 드물다. 패키지명의 첫 문자는 소문자를 사용하도록 돼 있기 때문이다. 따라서 date 패키지 안에 date 패키지와 Date 클래스를 넣는 것은 가능하다.

그림 11-1 컴파일 단위의 구문 해석도

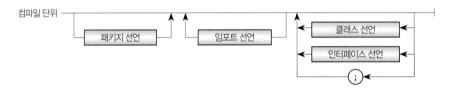

패키지와 디렉터리

소스 파일과 클래스 파일은 패키지명과 동일한 이름의 디렉터리에 두는 것이 기본이다. 패키지 p에 속하는 클래스의 파일을 서브 디렉터리 p에 저장해두면, 패키지 p의 클래스 Type을 사용하는 프로그램을 실행할 때에 서브 디렉터리 p안의 `Type.class`로부터 자동으로 클래스를 읽는다.

[그림 11-2]는 `DateId`와 `DateIdTester` 클래스를 저장하는 디렉터리의 구성 예를 보여준다. `DateId` 클래스의 소스 프로그램 `DateId.java`와 클래스 파일 `DateId.class`는 id 디렉터리에 저장한다. 이것으로 현대 디렉터리 xxx상의 프로그램(클래스)로부터 dateId 클래스를 `id.DateId`를 통해 사용할 수 있게 된다.

그림 11-2 패키지와 디렉터리 구성 및 컴파일, 실행 순서.

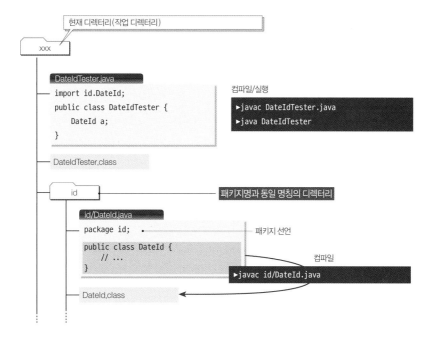

클래스의 접근 제어

클래스의 접근성은 패키지 관점에서 다음 2가지로 분류할 수 있다.

public 클래스

public으로 선언한 클래스로 패키지와 관계없이(패키지 내부든 외부든) 사용할 수 있다. 접근성은 공개 접근이 된다.

비public 클래스

public없이 선언한 클래스로 속해 있는 패키지 이외의 패키지에서는 사용할 수 없다. 클래스의 접근성은 패키지 접근이 된다. 패캐지 접근은 기본 접근이다.

[그림 11-3]을 통해 2가지 접근성의 차이를 확인해보자.

패키지a

동일 패키지 내에 속해 있는 클래스는 단순 명칭으로 접근할 수 있다. 따라서 public 클래스 A1과 비 public 클래스 A2 양쪽을 임포트 없이 단순 명칭으로 이용할 수 있다(즉, P.java는 컴파일 및 실행이 가능하다).

패키지b

패키지a에 속해 있는 클래스를 온 디맨드형으로 임포트한다. 만약, 명시적으로 임포트를 해야 한다면 A1은 단순 명칭인 A1이 아닌 완전 한정 명칭인 a.A1으로 접근해야 한다.

Q 클래스의 2개 필드 m1, m2는 각각 A1형과 A2형이다. 공개 접근성을 가지는 A1 클래스는 이용할 수 있지만, 패키지 접근성을 가지는 A2 클래스는 이용할 수 없다. 필드 m2의 선언에선 컴파일 오류가 발생한다. public 클래스에는 다음과 같은 제약이 있다.

public 클래스의 이름과 소스 프로그램의 파일명은 일치해야 한다

public 클래스 A1과 비public 클래스 A2를 선언하는 소스 프로그램 파일명은 A1.java라고 한다. A2.java라고 할 수 없다.

1개의 소스 프로그램에는 public 클래스 0개 또는 1개만 정의할 수 있다

소스 파일 안에는 비public 클래스는 몇 개든지 정의할 수 있지만, public 클래스는 0개 또는 1개만 정의할 수 있다.

그림 11-3 패키지와 클래스의 접근성

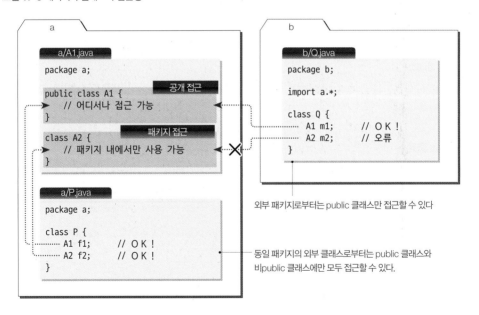

멤버의 접근 제어

클래스에 속하는 클래스 변수, 인스턴스 변수, 메서드 등을 하나로 묶어 클래스 멤버라고 한다. 접근 제어 관점에선, 변수와 메서드는 동일한 것이므로 여기서는 멤버라는 용어를 사용해 학습한다. 멤버 정의상 생성자는 멤버에 포함되지 않지만, 접근 제어 관점에선 멤버와 동일하게 취급된다. 멤버의 접근성에는 다음 4가지 종류가 있다.

- 공개(public) 접근
- 한정 공개(protected) 접근
- 패키지(기본) 접근
- 비공개(private) 접근

공개 접근성을 가지는 것은 public 클래스 내에서 public 키워드를 사용해 선언한 멤버뿐이다. protected와 private 키워드를 사용해 선언한 멤버는 해당 키워드와 동일한 이름의 접근성이 부여된다. 예를 들어 protected로 선언된 멤버는 한정 공개 접근성을 지닌다. 패키지 접근(기본 접근)을 가지는 것은 다음 멤버들이다.

- public 클래스에 속하며 키워드없이 선언된 멤버

- 비public 클래스에 속하며 public 으로 선언된 멤버

이상의 규칙을 정리한 것이 [표 11−1]이다.

표 11−1 멤버 선언과 접근성

키워드＼클래스	public 클래스	비public 클래스
public	공개(public) 접근	패키지(기본) 접근
protected	한정 공개(protected) 접근	
(없음)	패키지(기본) 접근	
private	비공개(private) 접근	

[그림 11−4]를 보면서 접근성을 좀 더 알아보자. x 패키지에 속하는 x 클래스 안의 메서드 m1, m2, m3, m4에는 각각 다른 접근성이 부여돼 있다.

공개(public) 접근: m1 메서드

패키지 내부뿐만 아니라 외부에서도 사용할 수 있다. 동일 패키지에 속하는 P 클래스는 물론, 다른 패키지에 속하는 Q 클래스에서도 m1 메서드를 호출할 수 있다.

그림 11-4 패키지와 멤버의 접근성

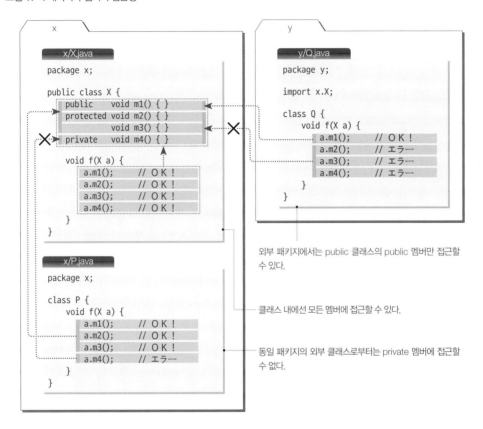

한정 공개(protected) 접근: m2 메서드

패키지 내부에서만 이용할 수 있다. 따라서 다른 패키지에 속해 있는 Q 클래스에서 m2 메서드를 호출할 수 없다. 패키지 내부뿐만 아니라 해당 클래스에서 '상속'된 다른 패키지에 속하는 서브 클래스로부터도 이용할 수 있다. 이점이 패키지 접근과 다른 점이다. 클래스 상속에 대해선 다음 장에서 배운다.

패키지(기본) 접근: m3 메서드

동일 패키지 내에서만 이용할 수 있다. 따라서 다른 패키지에 속하는 Q 클래스로부터는 m3를 호출할 수 없다.

비공개(private) 접근: m4 메서드

클래스 내부에서만 이용할 수 있다. 따라서 X 클래스 이외의 클래스인 P나 Q에서 m4 메서드를 호출할 수 없다.

래퍼 클래스(wrapper class)

Character, Byte, Short, Integer, Long의 각 클래스에는 char형, byte형, short형, int형, long형으로 표현할 수 있는 최솟값과 최댓값을 MIN_VALUE 및 MAX_VALUE라는 클래스 변수를 통해 확인할 수 있다는 것을 10장에서 학습했다.

이 클래스들과 Float 클래스, Double 클래스, Boolean 클래스 등을 래퍼 클래스라고 한다. 포장하는 것을 래핑이라고 하는데, wrap은 '감싸다'는 의미의 단어이다. 각 형은 기본형과 일대일로 대응하며 기본형을 래핑한다(대응표는 표 11-2).

래퍼 클래스는 주로 3가지 목적으로 사용된다.

표 11-2 기본형과 래퍼 클래스

기본형	래퍼 클래스
char	Character
byte	Byte
short	Short
int	Integer
long	Long
float	Float
double	Double
boolean	Boolean

❶ 기본형의 특성 정보을 클래스 변수를 통해 제공한다

대응하는 기본형의 최솟값은 MIN_VALUE, 최댓값은 MAX_VALUE라는 클래스 변수로 확인할 수 있다는 것을 이미 배웠다(Boolean형은 제외). 이외에도 기본형의 비트수 등을 나타내는 클래스 변수가 래퍼 클래스 내에 정의돼 있다.

❷ 대응하는 기본형의 값을 지니는 클래스형 인스턴스를 생성할 수 있게 한다

각 래퍼 클래스는 대응하는 기본형의 값을 필드로 지닌다. 예를 들어 Integer 클래스는 int형의 필드를 가지며 Double 클래스는 double형의 필드를 지닌다. 대응하는 기본형의 인수를 받는 생성자가 준비돼 있으므로, 래퍼 클래스형의 인스턴스 생성은 다음과 같이 할 수 있다.

```
Integer i = new Integer(5);
Double d =new Double(3.14);
```

래퍼 클래스를 포함한 자바의 모든 클래스들은 Object 클래스의 서브 클래스이다. 이 사실을 응용하면, 참조형에 대해서만 적용할 수 있는 처리를 정숫값이나 실수값(감싸고 있는 래퍼 클래스형의 인스턴스)에도 적용할 수 있게 된다.

입문서의 범위를 넘어서기 때문에 자세히 다루진 않지만, 컨테이너^{container}에 정수나 실수값을 저장할 때 유용하게 사용할 수 있다. 오토박싱^{auto boxing}이라는 것을 이용하면 위 프로그램을 다음과 같이 작성할 수 있다.

```
Integer i = 5;
Double d = 3.14;
```

❸ 각종 처리를 메서드로 제공한다

이것은 위의 ❷와 관련된 것이다. 예를 들어 정숫값 5나 실수값 3.14에 toString 메서드를 호출할 수 없다. 당연하지만, 5.toString()이나 3.14.toString() 같은 식은 오류가 발생한다. 하지만 위와 같이 선언된 i나 d에 대해선, i.toString() 또는 d.toString()을 호출할 수 있다.

여기서 다음 프로그램을 생각해보자(변수 n은 int형이다).

```
System.out.println("n = " + n);
```

'**문자열 + 숫자**' 연산에선 숫자가 문자열로 변환된 후에 '**문자열 + 문자열**'로 처리된다는 것을 학습했었다. 사실은 다음과 같이 처리되는 것이다.

```
System.out.println("n = " + Integer(n).toString());
```

즉, 정리하면 '**문자열 + 숫자**' 연산에서 다음과 같은 처리가 이루어진다.

· 숫자를 가지는 래퍼 클래스의 인스턴스가 생성되고 여기에 toString 메서드가 적용된 문자열이 생성된다.
· 문자열 간 연결(문자열로 변환된 것을 연결)이 이루어진다.

물론 모든 래퍼 클래스에는 값을 문자열로 변환하는 toString() 메서드가 정의돼 있다. toString 메서드의 역변환, 즉, 문자열을 숫자로 변환하는 것이 parse… 메서드이다. 이것은 클래스 메서드로 …부분은 기본형의 형명을 첫 글자만 대문자로 표기한 것이다. Integer 클래스에선 parseInt 메서드, Float 클래스에선 parseFloat 메서드가 제공된다.

예를 들어 Integer.parseInt("3154")는 int형의 정숫값 3154를 반환하고 Long.parseLong ("1234567")은 long형의 정숫값 1234567L을 반환한다.

- 다음은 오늘(프로그램 실행 시) 날짜를 표시하는 프로그램이다.

```
import java.(  (1)  ).GregorianCalendar;  •───────────❶
import (  (2)  ) java.(  (1)  ).GregorianCalendar.*;  •───────❷
class Today {
    (  (3)  ) static (  (4)  ) main(String[] args) {
      GregorianCalendar today = new GregorianCalendar();  •───────❸
      System.out.printf("오늘은 %04d년 %02d월 %02d일입니다.\n",
        today.get((  (5)  )), today.get((  (6)  )) + 1, today.get((  (7)  )));
    }
}
```

형명은 2가지 방법으로 표기할 수 있다. 전체 명칭을 모두 표기하는 java. (1) .GregorianCalendar는
  (8) 이라고 하며, 단순히 GregorianCalendar라고 하는 것을   (9) 이라고 한다. ❸의 선언에서
  (8) 이 아닌   (9) 을 사용할 수 있는 것은 ❶의 선언이 있기 때문이다. 이런 선언은   (10) 선언이라
고 한다.

또한, 클래스의   (11) 멤버를   (9) 로 표현할 수 있는 것은 ❷의 선언 때문이다. 이 선언을   (12) 선언
이라고 한다. Today 클래스 속해 있는 패키지는   (13) 패키지이다.   (8) 은   (14) 이고   (9) 는
  (15) 이다.

- 제곱근을 구하는 Math.sqrt 메서드나 반지름을 나타내는 변수 Math.PI를 단순히 sqrt나 PI로 접근하려면 다
  음 선언이 필요하다.

```
import   (16)  ;
```

- 날짜를 나타내는 GregorianCalendar 클래스와 난수를 생성하는 Random 클래스를   (8) 이 아닌
    (9) 인 GregorianCalendar나 Random으로 접근하게 하려면 다음과 같은 선언해야 한다.

```
import   (17)  ;
```

- Math 클래스가 속해 있는 패키지는   (18) 이며, System 클래스가 속해 있는 패키지는   (19) 이다.

- public 클래스인 abc와 public이 아닌 xyz 클래스를 저장하는 소스 파일의 이름은   (20) 를 사용한다. 클
  래스 abc 는   (21) , xyz는   (22) .
  ▶ (21), (22)의 보기: (a) 동일 패키지에서만 사용할 수 있다
                        (b) 다른 패키지에서만 사용할 수 있다
                        (c) 임의의 패키지에서 사용할 수 있다

- 3개의 클래스 X, Y, Z가 다음과 같이 선언돼 있다.

```
package a;  •———————————❹
public class X {
    public    void m1() { /* ... */ }
    protected void m2() { /* ... */ }
              void m3() { /* ... */ }
    private   void m4() { /* ... */ }

    void f1(X a) {
        // ...
    }
}
```

메서드 f1, f2, f3에서 각각 호출할 수 있는 메서드에 O를 기입하고 그렇지 않으면 X를 기입하자.

– f1 메서드에서 호출:

　m1 : 　(23)　　　m2 : 　(24)　　　m3 : 　(25)　　　m4 : 　(26)

– f2 메서드에서 호출:

　m1 : 　(27)　　　m2 : 　(28)　　　m3 : 　(29)　　　m4 : 　(30)

– f3 메서드에서 호출:

　m1 : 　(31)　　　m2 : 　(32)　　　m3 : 　(33)　　　m4 : 　(34)

❹은 　(35)　 선언이라고 한다. 이 선언은 하나의 소스 프로그램 내에서 　(36)　 작성할 수 있다. 또한, (앞 페이지의) ❶이나 ❷선언 　(37)　 .

▶ (36)의 보기: (a) 몇 개라도　　　 (b) 0개 또는 1개　　　 (c) 1개

▶ (37)의 보기: (a)과 공존할 수 없다　　　　　　　(b)과는 상관 없이 어디에든 둘 수 있다.
　　　　　　　　(c)보다 뒤에 둘 필요가 있다.　　　 (d) 보다 앞에 둘 필요가 있다.

- 클래스의 멤버 및 생성자의 접근성에는 4가지 종류가 있다. 접근성은 키워드를 붙여서 지정한다. public, protected, private 키워드는 각각 　(38)　 공개, 　(39)　 접근, 　(40)　 접근을 제어한다.
클래스 자체가 public이 아닌 경우 public 없이 선언된 멤버 및 생성자의 접근성은 　(41)　 접근이 된다. 또한, 키워드를 지정하지 않은 멤버, 생성자의 접근성은 　(42)　 접근 또는 　(43)　 접근이라고 한다.

클래스의
상속과 다형성

12장에선 기존 클래스를 상속해서 새로운 클래스를 만드는
클래스 상속과 이것을 응용한 다형성에 대해 학습한다.

· 파생에 의한 자원 상속

· 상위/슈퍼 클래스, 하위/서브 클래스

· super(…)를 사용한 슈퍼 클래스의 생성자 호출

· super를 사용한 슈퍼 클래스의 멤버 접근

· is-A와 다형성

· 참조형의 캐스트(업/다운)

· 오버라이드와 @override 어노테이션

· final 클래스

· 상속과 접근성

다음 자동차 클래스 Car에 총 주행 거리를 나타내는 필드와 그 값을 확인하는 메서드를 추가해서 ExCar 클래스를 작성하자. Car 클래스에서 파생시킬 것.

▶ [문제 8-3]에서 작성한 자동차 클래스(Ver.1)을 다음과 같이 변경한다.

· 번호(number), 탱크 용량(tankage), 연비(sfc) 필드와 급유를 위한 refuel 메서드를 삭제한다. 연비는 1로 간주한다.

· 구입일 필드인 purchaseDay의 게터인 getPurchaseDay를 추가한다.

· 위 변경에 따라 생성자와 move 메서드를 수정한다.

```java
// 자동차 클래스(Ver.2)
public class Car {
    private String name;        // 이름
    private int width;          // 폭
    private int height;         // 높이
    private int length;         // 길이
    private double x;           // 현재 위치의 X 좌표
    private double y;           // 현재 위치의 Y 좌표
    private double fuel;        // 남은 연료
    private Day purchaseDay;    // 구입일

    //---생성자 ---//
    Car(String name, int width, int height, int length, double fuel,
        Day purchaseDay) {
        this.name = name; this.width = width; this.height = height;
        this.length = length; this.fuel =  fuel;  x = y = 0.0;
        this.purchaseDay = new Day(purchaseDay);
    }

    public double getX() { return x; }              // 현재 위치의 X좌표 불러오기
    public double getY() { return y; }              // 현재 위치의 Y좌표 불러오기
    public double getFuel() { return fuel; }        // 남은 연료 불러오기
    public Day getPurchaseDay() {
        return new Day(purchaseDay);
    }

    //--- 사양 표시 ---//
    public void putSpec() {
        System.out.println("이름:" + name);
        System.out.println("전폭:" + width + "mm");
        System.out.println("전고:" + height + "mm");
        System.out.println("선상:" + length + "mm");
    }
```

```
        //--- X방향으로 dx, Y방향으로 dy이동 ---//
        public boolean move(double dx, double dy) {
            double dist = Math.sqrt(dx * dx + dy * dy);    // 이동 거리

            if (dist > fuel)

            return false;           // 이동할 수 없다  … 연료 부족
            else {
                fuel -= dist;       // 이동 거리분만큼 연료가 준다
                x += dx;
                y += dy;
                return true;        // 이동 완료
            }
        }
    }
}
```

```
// 자동차 클래스(총 주행 거리 추가)
class ExCar extends Car {   •················①
    private double totalMileage;      // 총 주행 거리

    //--- 생성자 ---//
    public ExCar(String name, int width, int height, int length, double fuel,
    Day purchaseDay) {
        super(name, width, height, length, fuel, purchaseDay);
        totalMileage = 0.0;
    }

    //--- 총 주행 거리 확인 ---//
    public double getTotalMileage() {
        return totalMileage;
    }

    //--- 사양 표시 ---//
    public void putSpec() {
        super.putSpec();
        System.out.printf("총 주행 거리:%.2fkm\n", totalMileage);
    }

    //--- X방향으로 dx, Y방향으로 dy이동 ---//
    public boolean move(double dx, double dy) {
        double dist = Math.sqrt(dx * dx + dy * dy);    // 이동 거리
```

```
    if (!super.move(dx, dy))
    return false;              // 이동할 수 없다 …연료 부족
    else {
       totalMileage += dist;   // 총 주행 거리
       return true;            // 이동 완료
    }
  }
}
```

파생(derive)

파생이란 기존 클래스의 '자원'을 상속inheritance한 새로운 클래스를 만드는 것이다. 파생 시에는 원 클래스의 필드나 메서드 등의 자원을 상속 뿐만 아니라 추가하거나 덮어쓸 수 있다.

ExCar는 Car 클래스의 자원을 상속한 클래스이다. 새로운 클래스를 파생하려면 ❶과 같이 extends 뒤에 파생할 클래스명을 작성한다. extend는 '확장한다'라는 의미의 동사이므로 ExCar의 선언은 'ExCar 클래스는 Car를 확장한 클래스입니다!'라고 읽을 수 있다. 파생 기준이 되는 클래스와 파생에 의해 생성된 클래스를 다음과 같이 표현한다(여러 가지 명칭이 있다).

· 파생 기준 클래스: 부모 클래스 / 상위 클래스 / 기본 클래스 / 슈퍼 클래스
· 파생한 클래스: 자식 클래스 / 하위 클래스 / 파생 클래스 / 서브 클래스

이 책에선 상위/슈퍼와 하위/서브를 사용해서 'ExCar 클래스는 Car 클래스에서 파생됐다는 것'을 다음과 같이 표현한다.

   · ExCar 클래스에 있어 Car 클래스는 슈퍼 클래스(상위 클래스)이다.
   · Car 클래스에 있어 ExCar 클래스는 서브 클래스(하위 클래스)이다.

파생과 자원

[그림 12-1 ⓐ]는 슈퍼 클래스인 Car와 서브 클래스인 ExCar의 자원 관계이다. 서브 클래스는 슈퍼 클래스가 낳은 '자식'과도 같은 존재이다. 슈퍼 클래스와 서브 클래스의 부자 관계는 [그림 12-1 ⓑ]에 클래스 계층도를 통해 볼 수 있다. 자원의 상속은 역방향이므로 서브 클래스에서 슈퍼 클래스 방향으로 화살표를 연결한다.

그림 12-1 파생에 의한 자원의 상속과 클래스 계층도

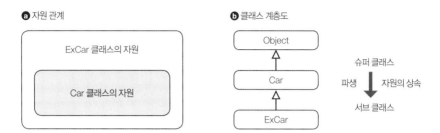

Object 클래스

[그림 12-1ⓑ]의 클래스 계층도에서 최상위에 있는 것은 Object 클래스이다. Car 클래스처럼 extends를 붙이지 않고 선언한 클래스는 자동으로 Object 클래스의 서브 클래스가 된다. java. lang 패키지에 속하는 Object 클래스는 이른바 '원조 클래스'라고 할 수 있다.

클래스 계층도에 있는 것처럼 Car 클래스는 Object의 자식이고 ExCar 클래스는 손자이다. 자바의 모든 클래스는 Object로부터 직접 또는 간접적으로 파생된 클래스로 Object라는 공통의 조상을 가진 '친척 클래스'이다.

상위 클래스와 하위 클래스

파생된 클래스로부터 계속 파생해서 자식이나 손자가 만들어지는 과정을 보았다. [그림 12-2]는 이런 예를 보여준다. 클래스 A로부터 클래스 B가 파생되고 클래스 B로부터 클래스 C와 클래스 D가 파생된다. 클래스 B는 A의 자식이다. 그리고 클래스 C와 D는 B의 자식인 동시에 A의 손자이다. 모든 클래스에 '혈연관계'가 존재한다.

부모를 포함한 상위 클래스를 조상, 자식을 포함한 하위 클래스를 자손이라는 부른다면, 표현은 바로 와닿지 않으며 헷갈리는 경우도 있어서 이후부터는 [표 12-2]처럼 표현하도록 하자. 헷갈리는 이유 중 하나는 문법 용어로 '슈퍼'가 부모를 포함한 조상을 의미하지만, 이후에서 학습할 키워드인 'super'가 부모만 가리키기 때문이다. super는 부모 클래스(직접 상위 클래스)를 참조하는 것으로 super( )는 부모 클래스의 생성자를 호출한다. 부모보다 한 세대 위의 슈퍼 클래스를 참조하거나 생성자를 호출하는 것이 아니다.

표 12-1 슈퍼/상위 클래스와 서브/하위 클래스 (이 책의 정의)

명칭	정의
슈퍼 클래스	파생 기준이 되는 클래스(부모)
서브 클래스	파생에 의해 만들어진 클래스(자식)
상위 클래스	부모를 포함한 조상 클래스(부모, 조부, 증조부…)
하위 클래스	자식을 포함한 자손 클래스(자식, 손자, 증손자…)
간접 상위 클래스	부모를 제외한 조상 클래스(조부, 증조부…)
간접 하위 클래스	자식을 제외한 자손 클래스(손자, 증손자…)

자바에선 여러 클래스로부터 파생하는 다중 상속은 지원하지 않는다. 클래스 계층도에 있어서 화살표의 방향이 '서브 클래스 → 슈퍼 클래스' 즉 '자식→부모'로 파생 방향과 반대 방향인 이유를 다음 선언을 통해 보도록 하겠다.

```
class Derived extends Base {/*…*/}
```

이 선언에서 'extends Base'는 '나는 Base를 부모로 두고 있다'는 선언이다. 이것은 부모인 Base 클래스가 모르는 곳에서 자식이 마음대로 만들어지고 있다는 것을 의미한다. 자식(서브 클래스)은 부모(슈퍼 클래스)를 알고 있지만, 부모(슈퍼 클래스)는 자식(서브 클래스)을 모른다. 애당초 자식이 있는지, 있다면 몇 명이 있는지를 부모가 모르는 것이다.

슈퍼 클래스 측에서 '이 클래스를 내 자식으로 하겠습니다'하고 선언할 수 없다. 서브 클래스 측에서 하는 것은 '이 클래스를 나의 부모로 하겠습니다'하고 선언하는 것이므로 화살표의 방향이 '서브 클래스→슈퍼 클래스'로 된다.

그림 12-2 클래스의 파생

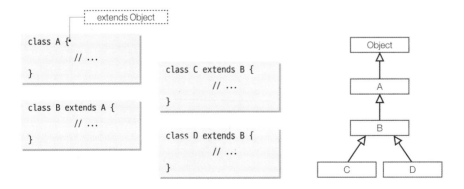

자동차 클래스 ExCar형의 인스턴스를 만들어 현재 위치와 남은 연료량, 구입일을 표시하자.

```java
// 자동차 클래스(총 주행 거리) 사용 예(현재 위치, 연료 잔량, 구입일 표시)
class ExCarTester1 {
    public static void main(String[] args) {
        ExCar myCar = new ExCar("W221",
                            1845, 1490, 5205,
                            90.0,
                            new Day(2015,12,24));
        System.out.printf("현재위치:  (%.2f,%.2f)\n", myCar.getX(), myCar.getY());
        System.out.printf("남은연료:%.2f리터\n",myCar.getFuel());
        System.out.printf("구 입 일:%s\n",myCar.getPurchaseDay());
    }
}
```

실행 예

현재위치 : (0.00,0.00)
남은연료 : 90.00리터
구 입 일 : 2015년 12월 24일(목)

파생과 생성자

이 프로그램에선 ExCar형의 인스턴스 myCar를 생성하고 해당 인스턴스에 getX, getY, getFuel, getPurchaseDay를 호출한다. 모두 ExCar 클래스에는 정의되지 않은 메서드이다. ExCar가 Car 클래스의 필드나 메서드 등의 자원을 상속받고 있다는 것을 알 수 있다.

여기서 Car, ExCar, ExCarTester1 클래스의 소스 파일이나 클래스 파일은 동일 디렉터리에 있어야 한다(별도 디렉터리에 넣는 경우에는 패키지 선언 등이 필요하다). 파생 클래스에는 상속되지 않는 자원이 있다. 그중 하나가 생성자이다. 따라서 서브 클래스에선 생서자를 새롭게 만드는 것이 원칙이다. 이에 대해선 다음 3가지 사항을 이해할 필요가 있다.

1. 슈퍼 클래스의 생성자는 super(…)를 통해 호출할 수 있다.

[그림 12-3]에 있는 ExCar 클래스의 super(…)는 슈퍼 클래스의 생성자를 호출하는 부분이다. 이 호출을 하는 것은 매개 변수로 받은 값을 각 필드에 대입하는 작업을 슈퍼 클래스 Car의 생성자에 위임하기 위해서다.

그림 12-3 super(...)를 사용한 슈퍼 클래스의 생성자 호출

```
public class Car {
    //--- 생성자 ---//
    public Car(String name, int width, int height, int length, double fuel,
                Day purchaseDay) {
        this.name = name;        this.width = width;this.height = height;
        this.length = length;  this.fuel = fuel;       x = y = 0.0;
        this.purchaseDay = new Day(purchaseDay);
    }
}
    class ExCar extends Car {
        //--- 생성자 ---//
        public ExCar(String name, int width, int height, int length, double fuel,
                        Day purchaseDay) {
            super(name, width, height, length, fuel, purchaseDay);
            totalMileage = 0.0;
        }
    }
```

그 결과 ExCar 클래스의 생성자 내에서 직접 값을 대입하는 필드는 새롭게 추가된 총 주행 거리 totalMileage 필드이다. super(...) 호출은 생성자의 시작 부분에서만 가능하다. super(...)는 동일 클래스 내의 다른 생성자를 호출하는 this(...)와 닮았다. 하나의 생성자 안에 super와 this를 모두 호출할 수 없다.

2. super(…)를 명시적으로 호출하지 않는 생성자 내에선 슈퍼 클래스에 속하는 '인수를 받지 않은 생성자' 가 자동으로 호출된다.

ExCar 클래스의 생성자로부터 super()호출을 삭제하고 다음과 같이 변경해보자. 그러면 컴파일 오류가 발생한다.

```
//--- 컴파일 오류가 발생하는 생성자 ---//
public ExCar(String name, int width, int height, int length,
            double fuel, Day purchaseDay) {
    this.name = name; this.width = width; this.height = height;
    this.length = length; this.fuel =  fuel;  x = y = 0.0;
    this.purchaseDay = new Day(purchaseDay); totalMileage =0.0;
}
```

이처럼 super(...)를 명시적으로 호출하지 않은 생성자에는 슈퍼 클래스에 속해 있는 '인수를 받지 않은 생성자'의 호출, 즉 super()호출이 컴파일러에 의해 자동으로 삽입된다. 따라서 위 생성자는 다음과 같이 변경할 수 있다.

```
public ExCar(String name, int width, int height, int length,
          double fuel, Day purchaseDay) {
   super();
   this.name = name; this.width = width; this.height = height;
   this.length = length; this.fuel =  fuel;  x = y = 0.0;
   this.purchaseDay = new Day(purchaseDay); totalMileage =0.0;
}
```

컴파일 오류가 발생하는 이유는 단순하다. 슈퍼 클래스인 Car에 '인수를 받지 않는 생성자'가 존재하지 않으므로 그것을 호출할 수 없기 때문이다.

3. 생성자를 하나라도 정의하지 않으면 super()만 호출하는 기본 생성자가 자동으로 정의된다.

생성자를 하나라도 정의하지 않은 클래스 X에는, 아무것도 하지 않는 빈 생성자(기본 생성자라고 한다)가 컴파일러에 의해 다음과 같은 형식으로 자동 정의된다(8장에서 학습했다).

```
X() { }              //기본 생성자(?)
```

앞에서는 사실 자세히 설명하지 않았다. 자동 생성되는 기본 생성자는 실제로는 다음과 같이 정의된다.

```
X(){ super();}    //기본 생성자의 정체
```

클래스에 생성자를 정의하지 않는 경우에는, 슈퍼 클래스가 '인수를 받지 않는 생성자'를 반드시 가지고 있어야 한다는 것을 알 수 있다.

자동차 클래스 ExCar형의 인스턴스를 만들고, putSpec 메서드를 호출해서 사양을 표시하는 프로그램을 작성하자.

```
//자동차 클래스(총 주행 거리) 사용 예(사양 표시)
class ExCarTester2 {
  public static void main(String[] args) {
    ExCar myCar = new ExCar("W221", 1845, 1490, 5205, 90.0,
                            new Day(2015,12,24));
    myCar.putSpec();        //사양 표시
  }
}
```

```
실행 결과
이름 : W221
전폭 : 1845mm
전고 : 1490mm
전장 : 5205mm
총 주행 거리 : 0.00km
```

메서드 덮어쓰기와 super의 정체

앞 문제에선 슈퍼 클래스의 생성자를 호출하는 super에 대해 배웠다. super의 정체는 클래스 내에 존재하는 슈퍼 클래스의 참조이다. [그림 12-5]는 슈퍼 클래스 Car와 서브 클래스 ExCar 그리고 거기에 포함되는 this와 super의 관계를 도식화한 것이다.

[그림 12-4]에 있는 것처럼 ExCar 클래스에선 putSpec 메서드 내에 'super. 멤버명'을 사용한다. 이 것은 슈퍼 클래스의 멤버에 접근하는 식이다. ExCar 클래스의 putSpec 메서드는 인수를 받지 않고 값을 반환하지 않는다는 점에서 Car 클래스에 있는 것과 같다. [그림 12-4]에 super.putSpec( )은 슈퍼 클래스 Car에 속해 있는 putSpec 메서드를 호출하고 있는 것이다.

따라서 ExCar 클래스의 putSect 메서드를 호출하면, 먼저 Car 클래스의 putSpec에 의해 이름, 전폭, 전고, 전장이 표시되며 마지막으로 총 주행 거리가 표시된다.

그림 12-4 super를 사용한 슈퍼 클래스 멤버 접근

```
public class Car {
  //---사양 표시---//
  public void putSpec() {
    System.out.println("이    름 :" + name);
    System.out.println("전    폭 :" + width  + "mm");
    System.out.println("전    고 :" + height + "mm");
    System.out.println("전    장 :" + length + "mm");
  }
}
  class ExCar extends Car {
    //---사양 표시---//
    public void putSpec() {
      super.putSpec();
      System.out.printf("총 주행 거리 :%.2fkm\n", totalMileage);
    }
  }
```

```
실행 결과
이  름 : W221
전  폭 : 1845mm
전  고 : 1490mm
전  장 : 5205mm
총 주행 거리 : 0.00km
```

다시 한번 그림을 잘 보도록 하자. 슈퍼 클래스의 자원이 서브 클래스에도 동일하게 상속된 것을 알수 있다. 상속 부분을 참조하는 것이 앞서 배운 super이다.

그림 12-5 파생에 의한 자원의 상속과 super 참조

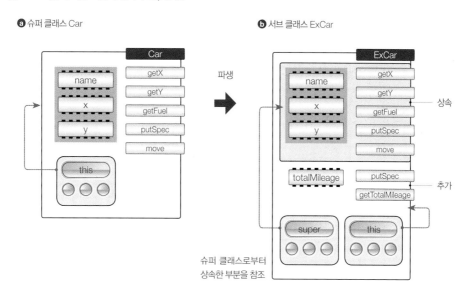

▶ 이 그림은 일부 필드 등을 생략해서 간략화한 것이다.

증분 프로그래밍(incremental programming)

ExCar 클래스에선 생성자과 추가 및 수정된 필드, 메서드만 선언하고 있다. 그 외의 필드와 메서드는 슈퍼 클래스의 Car로부터 상속하고 있으므로 새롭게 정의할 필요가 없다. 상속의 장점 중 하나는 '기존 프로그램을 최소한으로 추가 및 수정만해서 새로운 프로그램을 완성한다'는 증분 프로그래밍이다.

프로그램 개발 시의 효유을 높이거나 유지관리를 용이하게 해준다. 호환성이 없는 '비슷한' 클래스를 다시 작성하는 것보다 '상속'을 활용할 수 있는지 검토해보는 것이 좋다. 상속이 큰 효과를 발휘하는 것은 '증분 프로그래밍'이 아닌, 다음 문제부터 학습할 '다형성'이다.

슈퍼 클래스인 Car형의 클래스형 변수는 서브 클래스인 ExCar형의 인스턴스를 참조할 수 있다. 이것을 프로그램을 작성해서 확인하자.

```
// is-A 관계와 인스턴스 참조
class CarTester1 {
  public static void main(String[] args) {
    Car car1 = new Car("W140", 1885, 1490, 5220,
                       95.0,
                       new Day(2018, 10, 13));

    ExCar car2 = new ExCar("W221", 1845, 1490, 5205,
                          90.0,
                          new Day(2015, 12, 24));

    Car x;       // 클래스형 변수는 …
    x = car1;    // 자기자신의 형 인스턴스를 참조할 수 있다(당연)     ●①
    x = car2;    // 하위 클래스형의 인스턴스도 참조할 수 있다!        ●②

    System.out.println("x구입일:" + x.getPurchaseDay());

    ExCar y;     // 클래스형 변수는 …
//  y = car1;    // 상위 클래스형의 인스턴스는 참조할 수 없다!       ●③
    y = car2;    // 자기자신의 형 인스턴스는 참조할 수 있다(당연)     ●④

    System.out.println("y구입일:" + y.getPurchaseDay());
    System.out.println("y의 총 주행 거리:" + y.getTotalMileage());
  }
}
```

> **실행 결과**
> x구입일:2015년 12월 24일(목)
> y구입일:2015년 12월 24일(목)
> y의 총 주행 거리:0.0

is-A 관계

ExCar는 Car의 자식으로 Car 가족의 일원이라고 볼 수 있다. 이런 관계를 **is-A 관계**라고 하며 다음과 같이 표현한다.

ExCar는 Car의 일종이다.

이 관계의 반대는 성립하지 않는다. 즉, Car는 ExCar의 일종이 아니다. is-A 관계는 **kind-of-A 관계**라고도 불린다.

이 프로그램에선 2개의 인스턴스를 생성하고 있다.

- · car1: 자동차 클래스 Car형의 인스턴스
- · car2: 총 주행 거리가 있는 자동차 클래스 ExCar형의 인스턴스

이 뒤에 선언된 변수 x는 Car형의 클래스형 변수이고 변수 y는 ExCar형의 클래스형 변수이다. ❶ ~❹에선 x와 y에 car1과 car2의 인스턴스의 참조를 대입하고 있다. 이에 대해선 [그림 12-6]을 보면서 확인해보도록 하자.

❶,❹ Car형 변수 x가 동일 형의 car1 인스턴스를 참조하고 ExCar형 변수 y가 동일 형의 car2 인스턴스를 참조하고 있다. 모두 참조 대상과 참조를 하는 쪽의 형이 동일하다(자연스러운 참조로 아무런 문제가 없다).

❷ Car형의 변수 x가 Car의 일종인 서브 클래스 ExCar형의 인스턴스 car2를 참조하고 있다. 그림에 있는 것처럼 서브 클래스인 ExCar 클래스 안에 포함된 Car 클래스의 일부를 변수 x가 참조한다. 즉, ExCar형의 인스턴스가 'Car형의 리모컨으로 조작할 수 있는 상태'이다. Car형 리모컨에는 ExCar 특유의 getTotalMileage 버튼이 없으므로 이 특성은 사용할 수 없다.

❸ 이것은 ❷의 정반대 관계이다. ExCar형의 변수 y는 슈퍼 클래스인 Car형의 car1 인스턴스를 참조할 수 없다. 따라서 ❸을 주석 처리하지 않으면 오류가 발생한다. 변수 y가 car1을 참조할 수 있다면 어떤 문제가 발생할까? 리모컨 y의 총 주행 거리를 확인하는 버튼 getTotalMileage를 실행할 수 있게 된다(즉, y.getTotalMileage()를 호출할 수 있다). 하지만 이런 조작은 허용돼서는 안 된다. 왜냐하면 리모컨 y의 참조 대상인 car1은 총 주행 거리를 가지지 않는 Car형의 인스턴스이기 때문이다.

상위 클래스형의 변수는 하위 클래스의 인스턴스를 참조할 수 있지만, 하위 클래스형의 변수는 상위 클래스의 인스턴스를 참조할 수 없다. 명시적인 캐스트 연산자를 적용하면 참조할 수 있다. [문제 12-6]에서 학습한다.

그림 12-6 슈퍼 클래스/서브 클래스의 인스턴스 참조

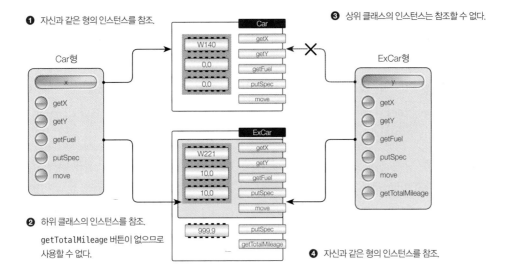

❶ 자신과 같은 형의 인스턴스를 참조.

Car형
- x
- getX
- getY
- getFuel
- putSpec
- move

Car
- W140
- 0.0
- 0.0
- getX
- getY
- getFuel
- putSpec
- move

❸ 상위 클래스의 인스턴스는 참조할 수 없다.

ExCar형
- y
- getX
- getY
- getFuel
- putSpec
- move
- getTotalMileage

ExCar
- W221
- 10.0
- 10.0
- getX
- getY
- getFuel
- putSpec
- move
- 999.9
- putSpec
- getTotalMileage

❷ 하위 클래스의 인스턴스를 참조.
getTotalMileage 버튼이 없으므로
사용할 수 없다.

❹ 자신과 같은 형의 인스턴스를 참조.

문제 12-5

서브 클래스인 ExCar형의 인스턴스를 참조하는 Car형의 클래스형 변수에 putSpec 메서드를 호출하면 어떻게
동작하는지 프로그램을 통해 확인하자.

```
//자동차 클래스 사용 예(다형성 검증)
class CarTester2 {
  public static void main(String[] args) {
    Car car1 = new ExCar("W221", 1845, 1490, 5205,
                    90.0,
                    new Day(2015, 12, 24));
    car1.putSpec();   //사양 표시

  }
}
```

실행 결과
… 다음 페이지에 표기

메서드의 오버라이드

메서드 putSpec이나 move처럼 상위 클래스의 메서드를 하위 클래스에서 새롭게 정의하는 것을 '오버라이드한다'고 표현한다. 이 프로그램에선 Car형의 클래스형 변수 car1이 ExCar형의 인스턴스를 참조한다. 따라서 변수와 참조 대상의 형이 다르다. car1.putSpec( )에 주목해보자. 이 메서드 호출은 다음의 Ⓐ와 Ⓑ중 어떤 방식으로 해석되는 것일까?

Ⓐ Car형의 메서드 putSpec 호출

변수 car1의 형이 Car이므로 Car형의 putSpec를 호출한다. 호출해야 할 메서드가 컴파일 시에 결정되므로 이것을 정적 결합 또는 조기 결합이라고 한다.

```
이  름 : W140
전  폭 : 1885mm
전  고 : 1490mm
전  장 : 5220m
```

Ⓑ ExCar형의 putSpec 호출

참조 대상의 인스턴스가 ExCar형이므로 ExCar형의 putSpec 메서드를 호출한다(ExCar에만 있는 총 주행 거리도 함께 표시된다). 호출해야 할 메서드가 실행 시에 결정되므로 이 방식을 동적 결합dynamic biding 또는 지연 결합late binding이라고 한다. binding에는 '결속'이라는 의미도 있으므로 동적 결속이나 지연 결속이라고 부르는 경우도 있다.

```
이  름 : W221
전  폭 : 1845mm
전  고 : 1490mm
전  장 : 5205mm
총 주행 거리 : 0.00km
```

위 프로그램을 실행해보면 답이 B라는 것을 알 수 있다. 클래스형 변수가 파생 관계에 있는 다양한 클래스형의 인스턴스를 참조하는 것을 **다형성**polymorphism (**폴리모피즘**)이라고 한다. poly는 '많은', morph는 '형태'라는 의미이다. 다형성은 '다양성', '다상성', '동명이형'이라고도 불린다.

다형성이 있는 메서드 호출은 프로그램 실행 시에 호출할 메서드가 결정된다(그림 12-7). 이 방식의 장점은 다음과 같다.

· 서로 다른 클래스형의 인스턴스에 동일한 메시지를 보낼 수 있다.
· 메시지를 받은 인스턴스는 자기자신의 형이 무엇인지 알고 있으며 적절한 동작을 한다.

어노테이션(annotation)

ExCar 클래스의 메서드명 putSpec을 putSpac으로 잘못 정의하면 머리가 나쁜 컴파일러는 'ExCar 클래스에서 putSpac 메서드가 신규로 선언됐다고'해석한다. 이 경우 car1.putSpec( )에선 Car 클래스의 putSpec 메서드가 호출된다. 이런 인위적인 실수를 방지하기 위해 사용하는 것이 어노테이션이다. 이것은 사람뿐만 아니라 컴파일러도 읽을 수 있는 주석이다. 메서드 선언의 이름 앞에 @override 어노테이션을 붙여보자.

```
class ExCar extends Car {
  @override public void putSpec() {
    super.putSpec();
    System.out.printf("총 주행 거리:%.2fkm\n", totalMileage);
  }
}
```

'지금부터 선언하는 것은 상위 클래스의 메서드를 오버라이드하는 메서드입니다. 이 클래스에 새롭게 추가한 메서드가 아닙니다'하고 표명하는 것이다. 실수로 putSpac이라고 하더라도 컴파일러 오류가 발생하므로 프로그래머는 이 오류를 인지해서 수정하면 된다.

'더 좋은 클래스를 작성했다', '클래스 내부적인 사양 변경에 의해 이 메서드는 더 이상 사용해서는 안 된다' 등의 상황이 발생하는 경우 @Deprecated 어노테이션을 사용하면 편리하다. 사용을 권장하지 않는 클래스나 메서드 앞에 @Deprecated를 붙여두면 컴파일 시에 '경고'가 발생한다.

그림 12-7 다형성과 동적 결합

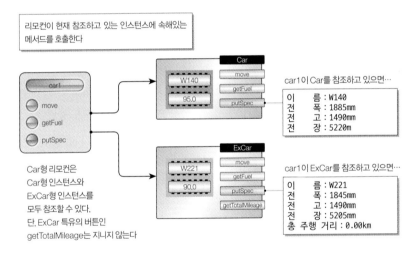

문제 12-6

서브 클래스인 클래스 ExCar형의 인스턴스를 참조하는 Car형의 클래스형 변수에, 메서드 move와 getTotalMileage를 호출한 경우의 동작을 확인하자.

```java
//참조형의 확대 변환과 축소 변환
class CarTester3 {
  public static void main(String[] args) {
    Car car1 = new ExCar("W221", 1845, 1490, 5205,
                         90.0,
                         new Day(2015, 12, 24));
    car1.move(10, 10);                                          // 이동         ❶
//  System.out.println("총 주행 거리:" + car1.getTotalMileage());  // 오류         ❷
    System.out.println("총 주행 거리:" + ((ExCar)car1).getTotalMileage());        ❸
  }
}
```

실행 결과
```
총 주행 거리:14.142135623730951
```

참조형의 확대 변환과 축소 변환

앞 문제와 마찬가지로 Car형의 클래스형 변수 car1이 ExCar형의 인스턴스를 참조한다. 클래스형 변수 car1의 초기화 시에는 ExCar형의 참조가 Car형의 참조로 암묵적으로 캐스트된다. 여기서 이루어지는 형변환은 참조형의 확대 변화 또는 업캐스트라고 한다(그림 12-8ⓐ).

물론 캐스트 연산자를 명시적으로 적용해도 상관없다. 이 경우는 변수 car1의 선언은 다음과 같이 된다.

```java
Car car1 = (Car)new ExCar("W221", 1845, 1490, 5205, 90.0, new Day(2015, 12, 24));
```

▶ 확대 변환이 암묵적으로 이루어지는 것은 기본형의 확대 변환과 같다.

ExCar 클래스의 인스턴스는 자동차가 이동할 때마다 총 주행 거리를 나타내는 totalMileage에 이동 거리를 더해야 한다. 따라서 ExCar 클래스의 move 메서드는 Car 클래스의 move 메서드를 상속하지 않고 오버라이드한다. 메서드 호출에선 동적 결합이 이루어지므로 ❶에 의한 자동차 이동에선 Car 클래스가 아닌 ExCar의 move 메서드가 호출된다(이동한 거리는 totalMileage에 더해진다).

그림 12–8 업캐스트와 다운캐스트

계속해서 ❷는 컴파일 오류가 발생한다. [그림 12–7]에 있는 것처럼 Car 클래스의 클래스형 변수인 리모컨에는 getTotalMileage를 호출하기 위한 버튼이 없기 때문이다. ExCar형의 인스턴스를 Car 형으로 조작할 수 있는 상태이지만, Car형 리모컨에는 ExCar에만 있는 getTotalMileage 버튼이 없다.

이 컴파일 오류를 방지하려면 약간 강제적이긴 하지만 캐스트를 이용해야 한다. 바로 ❸이 이에 해당한다. 이 형변환은 참조형의 축소 변환 또는 다운캐스트라고 한다(그림 12–8❻). 참조형의 확대 변환/축소 변환이라는 명칭은 자바의 문법 용어이고 업캐스트/다운캐스트는 일반적인 프로그래밍 용어이다. 업/다운은 변환 대상이 클래스 계층의 상위/하위인 것에서 유래한 것이다.

프로그램을 실행하면 총 주행 거리가 14.14… 식으로 표시돼서 이동 거리가 제대로 더해진 것을 알 수 있다. 변수 car1이 Car형임에도 불구하고 ❶에서 ExCar형의 move 메서드가 자동 호출되며, ❸에서 명시적 캐스트를 사용해서 ExCar형의 메서드를 호출하고 있는 것을 알 수 있다.

불필요하게 다운캐스트를 해서 하위 클래스형의 변수에 상위 클래스형의 인스턴스를 참조시키는 것은 원칙적으로 피해야 한다. 다음 예를 보도록 하자.

```
ExCar car1 = (ExCar)new Car("W140", 1885, 149_, /*…생략…*/ ));
car1.getTotalMileage(); // 런타임 오류
```

car1의 참조 대상 인스턴스는 ExCar가 아닌 Car이다. 이런 프로그램은 getTotalMileage 메서드의 호출로 동적 결합에 실패하므로 실행 시 오류가 발생한다.

객체 지향 프로그래밍의 3대 요소

8장부터 클래스에 대해 학습해왔다. 그리고 이 장에선 '상속'과 '다형성'에 대해 배웠다. 다음 3가지는 **객체 지향 프로그래밍의 3대 요소**라고 불리는 것이다.

· 클래스(캡슐화)
· 상속
· 다형성

지금까지 내용을 잘 따라왔다면 객체 지향의 기초는 모두 숙지했다고 할 수 있다. 여기서 슈퍼 클래스와 서브 클래스라는 명칭에 대해 생각해보도록 하자. sub는 '부분'이라는 의미이고 super는 '부분을 포함한 전체, 완전'이라는 의미이다. '자원'의 양이라는 관점에선 슈퍼 클래스가 서브 클래스의 '부분'이르므로 sub와 super의 의미가 정반대가 된다. 약간 헷갈릴 수 있으니 주의하자. 프로그래밍 언어 C++에선 서브 클래스/슈퍼 클래스라고 부르지 않고 파생 클래스/기저 클래스라고 부른다.

문제 12-7

아래에 있는 TimeAccount 클래스는 [문제 9-5]의 은행 계좌 클래스(Ver.1)로부터 파생된 정기예금 은행 계좌 클래스이다. 은행 계좌 클래스형 변수 a, b의 보통예금과 정기예금의 잔고 합계를 비교한 결과를 반환하는 compBalance를 작성하자.

static int compBalance(Account a, Account b)

합계 금액을 비교해서 a가 많으면 1, 같으면 0, b가 많으면 -1를 반환할 것. 만약 a나 b의 참조 대상이 정기예금이 없는 Account형 인스턴스이면 보통예금의 합계를 비교할 것.

```java
//정기 예금 은행 계좌 클래스
class TimeAccount extends Account {
    private long timeBalance;            // 예금 잔액(정기예금)

    // 생성자
    TimeAccount(String name, String no, long balance, long timeBalance) {
        super(name, no, balance);        // Acount 클래스의 생성자 호출
        this.timeBalance = timeBalance;  // 예금 잔액(정기예금)
    }

    // 정기예금 잔액 확인
    long getTimeBalance() {
        return timeBalance;
    }
    // 정기예금을 해약하고 전액을 보통예금으로 이체
    void cancel() {
        deposit(timeBalance);
        timeBalance = 0;
    }
}
```

정기예금 은행 계좌 클래스

TimeAccount 클래스는 '정기예금' 기능을 위해 Account 클래스에서 파생시킨 클래스이다. 다음 필드와 메서드가 추가됐다.

- 정기예금의 잔액을 나타내는 timeBalance 필드
- 정기예금의 잔액을 확인하는 getTimeBalance 메서드
- 정기예금을 해약하고 전액을 보통예금으로 이체하는 cancel 메서드

실제 은행 계좌에선 여러 개의 정기예금을 가질 수 있지만, 여기선 단순화시키기 위해 하나만 사용 가능하다(정기예금의 입금일 등도 생략했다). TimeAccount는 Accout의 자식이므로 'TimeAccount 는 Account의 일종이다'는 is-A 관계가 성립한다.

instanceof 연산자

앞 문제까지 클래스형 변수는 해당 클래스형의 인스턴스뿐만 아니라 상위 클래스의 인스턴스나 하위 클래스의 인스턴스도 참조할 수 있다는 것을 배웠다. 다음 페이지의 AccountCompare 프로그램에서 compBalance의 인수 a, b의 형은 Account이다. 따라서 이들의 인수는 해당 형의 인스턴스 참조가 아닌 하위 클래스인 TimeAccout형 인스턴스의 참조가 될 가능성도 있다.

```
//is-A 관계와 인스턴스 참조(메서드의 인수로 검증)
class AccountCompare {
   // 어느 쪽 예금 잔액이 많은가
   static int compBalance(Account a, Account b) {
      long totalBalanceA = a instanceof TimeAccount   •⋯⋯⋯⋯⋯❶
         ? ((TimeAccount)a).getBalance() + ((TimeAccount)a).getTimeBalance()
         : a.getBalance();
      long totalBalanceB = b instanceof TimeAccount   •⋯⋯⋯⋯⋯❷
         ? ((TimeAccount)b).getBalance() + ((TimeAccount)b).getTimeBalance()
         : b.getBalance();
      if (totalBalanceA > totalBalanceB)          // a가 많으면
         return 1;
      else if (totalBalanceA < totalBalanceB)     // b가 많으면
         return -1;
      return 0;                                   // a와 b가 같다
   }

   public static void main(String[] args) {
      Account gildong = new Account("길동", "123456", 500);
      TimeAccount chulsua = new TimeAccount("철수", "654321", 300, 400);

      System.out.println("길동이와 철수의 예금 잔액 비교 결과입니다.");
      switch (compBalance(gildong, chulsua)) {
      case  0 : System.out.println("둘의 예금 잔액은 같습니다."); break;
      case  1 : System.out.println("길동이의 예금 잔액이 많습니다."); break;
      case -1 : System.out.println("철수의 예금 잔액이 많습니다."); break;
      }
   }
}
```

> **실행 예**
> 길동이와 철수의 예금 잔액 비교 결과입니다.
> 철수의 예금 잔액이 많습니다.

a나 b가 참조하는 인스턴스의 형을 판별하는 것이 ❶, ❷이다. 첫 등장하는 instanceof 연산자는 일종의 관계 연산자로 다음과 같이 이용한다(표 12-2).

클래스형변수명 instanceof 클래스명

위 코드에선 a나 b의 참조 대상이 TimeAccount형의 인스턴스이면 true, 그렇지 않으면 false를 생성한다. 이 결과를 바탕으로 다음과 같이 잔액을 구한다.

a와 b의 참조 대상이 TimeAccount의 인스턴스인 경우

getbalance 호출을 통해 얻을 수 있는 보통예금 잔액과 getTimeBalance 호출을 통해 얻을 수 있는 정기예금 잔액의 합계를 구한다. 변수 a와 b는 정기예금을 지니지 않는 Account형의 클래스형 변수

이다. 따라서 일단 TimeAccount형으로 다운캐스트해서 getTimeBalance 메서드를 호출할 필요가 있으니 주의하자.

a와 b의 참조 대상이 Account 의 인스턴스인 경우

getBalance의 호출에 의해 얻을 수 있는 보통예금 잔액을 구한다.

표 12-2 instanceof 연산자

x instanceof t	변수 x가 형 t로 암묵적으로 캐스트할 수 있는 하위 클래스이면 true를 그렇지 않으면 false를 생성.

클래스의 파생과 멤버

클래스의 파생으로 상속되는 것은 클래스의 멤버로 한정된다. 다음은 클래스의 멤버이다.

· 필드	· 메서드	· 클래스	· 인터페이스

▶여기서 '클래스'와 '인터페이스(14장)'는 일반적인 클래스나 인터페이스가 아니라 클래스 안에 선언된 클래스나 인터페이스를 가리킨다.

슈퍼 클래스의 멤버는 원칙적으로 그대로 상속된다. 단, 비공개 접근성을 지니는 멤버, 즉 private 선언된 멤버는 상속되지 않는다. 만약 서브 클래스에서 슈퍼 클래스의 비공개 멤버를 자유롭게 접근할 수 있다면 어떻게 될까? 클래스의 파생만으로도 슈퍼 클래스의 비공개 멤버에 자유롭게 접근할 수 있게 된다. 이 경우 정보 은닉은커녕 모든 것이 노출된다. private 멤버가 상속되지 않지만, 그렇다고 멤버가 삭제되는 것은 아니다. 프로그램상에서는 접근할 수 없지만, 내부적으로는 존재한다. 멤버가 아닌 다음 자원들은 상속되지 않는다.

· 인스턴스 초기화 블록	· 정적 초기화 블록	· 생성자

final 클래스와 메서드

final으로 선언된 클래스나 메서드는 파생 시에 특별하게 취급된다.

final 클래스

final 클래스로부터는 파생할 수 없다. 즉, final 클래스를 슈퍼 클래스로 하는 클래스를 작성할 수 없다. 예를 들어 문자열을 나타내는 String 클래스는 final 클래스이다. String 클래스를 확장한 클래스는 만들 수 없다. 확장하지 말아야 할(마음대로 서브 클래스를 만들어서는 안 되는) 클래스는 final 클래스로 선언하는 것이 좋다.

final 메서드

메서드 선언 시작 부분에 final을 붙인 final 메서드는 서브 클래스에서 오버라이드할 수 없다. 서브 클래스에서 오버라이드 해서는 안 되는 메서드는 final 메서드로 선언하는 것이 좋다. final 클래스에 속하는 메서드는 모두 final 메서드가 된다.

오버라이드와 메서드 접근 제한

[그림 12-9]는 접근 제한의 강함/약함의 정도를 보여준다. 한정자modifier의 접근 제한이 가장 약한 것이 공개 접근성을 지니는 m1이고 가장 강한 것이 비공개 접근성을 지니는 m4이다.

그림 12-9 메서드의 접근 제어

```
                public class A {
약하다(심하지 않다)    public     void m1() { }      // 공개(public)
                   protected void m2() { }      // 한정 공개 (protected)
                              void m3() { }      // 패키지(기본, 접근자 없음)
강하다(심하다)       private    void m4() { }      // 비공개 (private)
                }
```

메서드를 오버라이드할 때는 상위 클래스의 메서드와 동등하거나 약한 접근 제한을 지니도록 한정자를 부여하는 것이 좋다. 즉, [표 12-3]의 규칙을 따를 필요가 있다. 예를 들어 A 클래스에서 파생된 서브 클래스에서 m1 메서드를 오버라이드할 때는 반드시 public을 붙여서 선언해야 한다. public을 붙이지 않으면 컴파일 오류가 발생한다.

또한, m2 메서드를 오버라이드할 때는 반드시 public 또는 protected를 붙일 필요가 있다. 파생 기준이 되는 슈퍼 클래스와 파생한 서브 클래스 각각이 public인지 관계없이, 표의 규칙에 근거해서 각 메서드에 대한 public 및 protected 등의 한정자를 부여한다.

비공개 메서드는 원래 상속되지 않으므로 당연히 오버라이드할 수 없다. 단, A 클래스로부터 파생된 서브 클래스에서 m4 메서드를 정의할 수 있다. 비공개 메서드를 하위 클래스에서 동일 시그니처, 동일 반환형의 메서드로 정의하더라도 오버라이드가 아닌 우연히 동일한 사양의 (아무 관계 없는) 메서드가 되기 때문이다. 슈퍼 클래스의 클래스 메서드를 인스턴스 메서드로 오버라이드할 수 없으니 주의하자.

표 12-3 오버라이드할 메서드에 부여할 수 있는 접근 제한(한정자)

A \ B	공개	한정 공개	패키지	비공개
공개	○	×	×	×
한정 공개	○	○	○	×
패키지	○	○	○	×
비공개	×	×	×	×

· A: 슈퍼 클래스의 메서드 접근 제한(한정자)

　B: 서브 클래스에서 오버라이드하는 메서드의 접근 제한(한정자)

빈칸을 채우시오.

- 클래스의 [(1)] 을 통해 기존 클래스의 자원을 상속한 클래스를 만들 수 있다. [(1)] 기준이 되는 클래스를 [(2)] 클래스라고 하며 [(1)] 에 의해 만들어진 클래스를 [(3)] 클래스라고 한다. 참고로 여러 클래스의 자원을 상속하기 위해 [(1)] 하는 것은 [(4)].
  명시적으로 [(1)] 을 하지 않은 클래스는 [(5)] 패키지에 속한 [(6)] 클래스로부터 [(1)] 된 클래스가 된다.
  ▶ (4)의 보기: (a) 가능하다   (b) 불가능하다

- 생성자를 하나도 정의하지 않은 클래스에는 컴파일러가 [(7)] 생성자를 자동으로 정의한다. 클래스 X에 대한 [(7)] 생성자는 다음과 같다.

```
X() { ( [ (8) ] ) }
```

- 다음 페이지에 있는 것은 회원 클래스 Member와 우대 회원 클래스 SpecialMember, 그리고 이들을 테스트하는 MemberTester이다. 다음은 이 세 클래스 중 두 클래스의 계층도를 보여주고 있다.

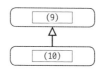

- SpeicalMember 클래스에 있어 부모 클래스 Member는 [(11)] 클래스이며, Member 클래스에 있어 자식 클래스 SpeicalMember는 [(12)] 클래스이다. 참고로 Member 클래스는 [(13)] 클래스의 자식 클래스이다.
  클래스 Member와 SpecialMember 사이에 성립하는 것은 [(14)] 관계로 'SpecialMember 클래스 는 Member 클래스의 [(15)] 이다'라는 것을 표현한다. 반대 관계인 클래스는 'Member 클래스는 SpecialMember의 [(15)] 이다'는 [(16)].
  ▶ (16)의 보기: (a) 성립한다   (b) 성립하지 않는다

- [회원 클래스 테스트] 프로그램에 ❶의 print 메서드 호출에선 Member형의 클래스형 변수가 참조하는 인스턴스형에 따라 SpecialMember의 print 메서드 또는 Member 클래스의 print 가 호출된다.
  어느 쪽 메서드를 호출할지 결정하는 것은 [(17)] 시에 이루어진다. 이렇게 호출해야 할 메서드를 결정하는 것을 [(18)] 또는 [(19)] 이라고 한다.
  ▶ (17)의 보기: (a) 컴파일   (b) 실행

```
//--- 회원 클래스 ---//
public class Member {
  private String name;      // 이름
  private int no;           // 회원 번호
  private int age;          // 연령

  //생성자
  public Member(String name, int no, int age) {
    this.name = name; this.no = no; this.age = age;
  }

  // 이름을 가져온다(name의 게터)
  public String getName() {
    return name;
  }
  // 표시(회원 번호, 이름, 연령)
  public void print() {
    System.out.println("No." + no + ":" + name + " (" + age + "세) ");
  }
}
```

```
//--- 특별 회원 클래스 ---//
public class SpecialMember ( [  (20)  ] ) Member {
  private String privilege;               // 혜택

  // 생성자
  public SpecialMember(String name, int no, int age, [  (21)  ] privilege) {
    [  (22)  ] (name, no, age);
    [  (23)  ] .privilege = privilege;     // 혜택
  }
  // 표시(회원 번호, 이름, 연령, 특전)
  @[  (24)  ] [  (25)  ] void print() {
    [  (26)  ] .print();
    System.out.println("혜택:" + privilege);
  }
}
```

```
//--- 회원 클래스 테스트 ---//
public class MemberTester {
  public static void main(String[] args) {
    Member[] m = {
      [  (27)  ] Member("길동 ", 101, 27),
      [  (27)  ] SpecialMember("철수 ", 102, 31, "회비 무료"),
```

```
            (27)     SpecialMember("영희 ", 103, 52, "회비 반값 할인"),
    };
    // 배열 m의 모든 요소에 대해 메서드 print를 호출한다
    for (    (28)    k : m) {
        k.print();      •━━━━━━━━❶
        System.out.println();
    }
  }
}
```

No.101 : 길동(27세)
No.102 : 철수(31세)
혜택 : 회비 무료
No.103 : 영희(52세)
혜택 : 회비 반값 할인

• SpecialMember 클래스 안의 `  (25)  ` 는 생략 `  (29)  `.

  ▶ (29)의 보기: (a) 할 수 있다   (b) 할 수 없다

• 서브 클래스에 상속되는 것은 O를, 상속되지 않는 것은 X를 기입하자. 단 모두 명시적으로 **private**이 선언돼 있지 않다고 가정한다.

  필드: `  (30)  `   생성자: `  (31)  `

  메서드: `  (32)  `   인스턴스의 초기화 블록: `  (33)  `

  정적 초기화 블록: `  (34)  `

• 상위 클래스의 메서드를 하위 클래스에서 다시 정의하는 것을 `  (35)  ` 라고 한다. 이런 메서드의 선언에는 **@Override**라는 `  (36)  ` 을 사용하는 것이 좋다. `  (36)  ` 은 사람과 컴파일러가 해석할 수 있는 주석이다. 클래스나 메서드의 사양 변경 등에 의해 사용을 권장하지 않는 클래스나 메서드에는 `  (37)  ` 라는 `  (36)  ` 를 사용해서 선언한다.

  메서드를 `  (35)  ` 할 때는 해당 메서드에 상위 클래스의 메서드와 동등하거나 `  (38)  ` 접근 제한을 가지는 한정자를 부여한다.

  ▶ (38) 보기: (a) 약한   (b) 강한

• 상위 클래스에서 **public**으로 선언한 메서드를 `  (35)  ` 할 때에 부여하는 한정자는 `  (39)  ` 이며 **private**으로 선언한 메서드를 `  (35)  ` 할 때는 `  (40)  ` 이고, **protected**로 선언한 메서드는 `  (35)  ` 할 때는 `  (41)  ` 이며, 접근 한정자 없이 선언한 메서를 `  (35)  ` 할 때는 `  (42)  ` 를 사용한다.

  ▶ (39)~(42)는 해당하는 한정자가 여러 개인 경우 모두 기입할 것

• 클래스 멤버란 `  (43)  `, `  (44)  `, `  (45)  `, `  (46)  ` 를 모두 일컫는다.

• 슈퍼 클래스에 속하는 비공개가 아닌 멤버를 접근하는 식은 '`  (47)  `.메서드명'이다.

• 클래스로부터 파생되는 클래스를 허용하지 않으려면 키워드 `  (48)  ` 을 붙여서 선언하면 된다. 이 클래스의 메서드가 파생되지 않게 하려면 키워드 `  (49)  ` 을 붙여 선언하면 된다.

- 기존 프로그램의 최소한으로 추가, 수정해서 새로운 프로그램을 만드는 것을 [(50)] 프로그래밍이라고 한다.

- 클래스형 변수가 파생 관계에 있는 다양한 클래스형의 인스턴스를 참조하는 것을 [(51)] 또는 [(52)] 이라고 한다.

- 객체 지향의 3대 요소는 [(53)], [(54)], [(55)] 이다.

- 다음은 클래스 X와 X로부터 파생된 클래스 Y의 생성자이다.

- 클래스 X에 인스턴스 초기화 블록이 정의된 경우 그것이 호출되는 시점은 a, b 중 [(56)] 이다. 클래스 Y에 인스턴스 초기화 블록이 정의된 경우 그것이 호출되는 시점은 c, d, e 중 [(57)] 이다.

- 맞는 설명에 O를, 틀린 설명에 X를 기입하자.
  [(58)] 클래스 X에 정적 초기화 블록이 정의돼 있지 않으면 컴파일 오류가 발생한다.
  [(59)] 여기에 있는 생성자 외에 인수를 받지 않는 생성자가 클래스 X에 다중 정의돼 있지 않으면 클래스 X에 컴파일 오류가 발생한다.
  [(60)] 여기에 있는 생성자 외에 인수를 받지 않는 생성자가 클래스 Y에 다중 정의돼 있지 않으면 클래스 X에 컴파일 오류가 발생한다.
  [(61)] 클래스 X의 슈퍼 클래스가 인수를 받는 생성자를 가지고 있지만 클래스 X에 컴파일 오류가 발생한다.
  [(62)] 클래스Y로부터 파생된 서브 클래스Z에 명시적으로 선언된 생성자가 없으면 클래스Z에 컴파일 오류가 발생한다.

- 맞는 것에는 O, 틀린 것에는 X를 기입하자.

```
[ (63) ]   X a = new X(1);
[ (64) ]   Y b = new X(1);
[ (65) ]   X c = new Y(1, 2);
[ (66) ]   Y d = new Y(1, 2);
[ (67) ]   X e = (Y)new X(1);
[ (68) ]   Y f = (X)new Y(1, 2);
```

- 변수 v가 X형의 클래스형 변수라고 하자. v의 참조 대상이 클래스 X형의 인스턴스일 때, v instanceof X가 생성하는 값은 [(69)] 이며, v instanceof Y가 생성하는 값은 [(70)] 이다. v의 참조 대상이 클래스 Y형의 인스턴스일 때, v instanceof X가 생성하는 값은 [(71)] 이며, v instanceof Y가 생성하는 값은 [(72)] 이다.

- 슈퍼 클래스형에서 서브 클래스형으로 형변환하는 것을 [(73)] 변환 또는 [(74)] 캐스트라고 한다. 반대로 서브 클래스형에서 슈퍼 클래스형으로 형변환하는 것을 [(75)] 변환 또는 [(76)] 캐스트라고 한다.

추상 클래스

13장에서 학습할 것은 실체가 아닌 개념을 나타내기 위한 추상 클래스와 추상 메서드이다. 추상 클래스나 추상 메서드를 이용하면 앞 장에서 학습한 다형성의 활용 폭이 넓어진다.

· 추상 클래스
· 추상 메서드
· 메서드 구현
· 문서화 주석
· javadoc 툴

개와 고양이 클래스를 각각 Dog와 Cat으로 작성하자. 모두 동물 클래스인 Animal로부터 파생시킬 것. 동물 클래스는 추상 클래스로 작성하고, 동물의 이름 필드(생성자에서 값을 설정), 이름 게터, 짖기 메서드를 지닐 것. 또한, 개의 종류를 나타내는 문자열 필드를 Dog에 추가하고, 나이를 나타내는 정수형 필드를 Cat에 추가할 것 (모두 생성자에서 값을 설정한다).

```java
//--- 동물 클래스 (Ver.1) ---//
abstract class Animal {
    private String name;          // 이름
    public Animal(String name) { this.name = name; }    // 생성자
    public abstract void bark();                        // 짖기
    public String getName() { return name; }            // 이름 확인
}
```

```java
//--- 개 클래스 (Ver.1) ---//
class Dog extends Animal {
    private String type;          // 개의 종류
    public Dog(String name, String type) {              // 생성자
        super(name); this.type = type;
    }
    public void bark() { System.out.println("멍멍!"); }  // 짖기
}
```

```java
//--- 고양이 클래스 (Ver.1) ---//
class Cat extends Animal {
    private int age;               // 나이
    public Cat(String name, int age) {                  // 생성자
        super(name); this.age = age;
    }
    public void bark() { System.out.println("냐옹!"); }  // 짖기
}
```

추상 클래스(abstract class)

'다형성'을 활용해 '개' 클래스와 '고양이' 클래스를 공통 클래스인 '동물' 클래스로부터 파생시킨다. 개나 고양이의 각 클래스에서 '짖다'라는 메서드를 만들어도 클래스 간에는 아무런 관계가 없다.

추상 클래스

동물을 나타내는 Animal 클래스이다. 개 클래스인 Dog와 고양이 클래스인 Cat은 동물 클래스인

Animal로부터 파생된다. 동물 클래스에선 '짖다' 메서드에서 해야 할 처리가 정의돼 있지 않다. 왜냐하면 Animal 클래스는 동물의 '설계도'에 해당하는 것으로 동물에 공물의 공통적인 '개념'을 나타내는 추상적인 설계도이기 때문이다. Animal처럼 다음과 같은 성질을 지니는 클래스를 추상 클래스라고 한다.

· 인스턴스를 생성할 수 없거나 생성해서는 안 되는 것
· 메서드의 내용을 정의할 수 없는 것. 그 내용은 서브 클래스에서 구체화해야 하는 것.

[그림 13-1]는 Dog 클래스와 Cat 클래스가 추상 클래스인 Animal로부터 파생되는 것을 보여준다. **이 책의 클래스 계층도에선 추상 클래스의 이름을 기울임꼴(이탤릭체)로 표현한다.**

〈편주: 본문의 지시대로 클래스 계층도에서 기울임꼴이 잘 표현되도록 편집 시 주의해주세요〉

그림 13-1 동물 클래스의 클래스 계층도

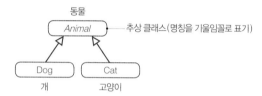

Animal 클래스를 추상 클래스로 선언하기 위해 class 선언 앞에 키워드 abstract를 추가한다.

추상 메서드

abstract 키워드는 Animal 클래스의 bark 메서드에도 붙어있다. 이처럼 abstract을 붙여 선언한 메서드는 추상 메서드가 된다. 메서드 앞에 붙은 abstract의 의미는 다음과 같다.

이 클래스에선 메서드 자체를 정의할 수 없으니, 나로부터 파생된 클래스에서 정의해주세요!"

추상 메서드에는 처리 내용이 없으므로 {...} 대신에 ;를 적어서 선언하다. 아무리 빈 메서드라고 해도 {} 블록을 작성해서는 안 된다.

개 클래스 Dog와 고양이 클래스 Cat은 모두 Animal로부터 파생되며, bark 메서드를 오버라이드해서 처리 내용을 정의한다. 이처럼 추상 클래스로부터 파생된 클래스에서 추상 메서드를 오버라이드해서 정의하는 것을 '**메서드를 구현한다**implement'라고 한다. 클래스 Dog와 Cat은 모두 추상 클래스인 Animal의 bark 메서드를 '구현'하는 것이다.

추상 메서드를 1개라도 가지는 클래스는 반드시 추상 클래스로 선언해야 한다. 만약 Animal 클래스

의 선언에서 abstract을 삭제하면 컴파일 오류가 발생한다. 추상 메서드가 1개도 없는 클래스라도 추상 클래스로 선언할 수 있다. 또한, 추상 클래스에는 final, static, private을 지정할 수 없다.

```java
// 동물 클래스 (Ver.1) 테스트 프로그램
class AnimalTester1 {
    public static void main(String[] args) {
        // 다음 선언은 오류 : 추상 클래스는 인스턴스화할 수 없다
        // Animal x = new Animal();

        Animal[] a = new Animal[2];
        a[0] = new Dog("뭉치", "치와와");  // 개
        a[1] = new Cat("마이클", 7);        // 고양이

        for (Animal s : a) {
            System.out.print(s.getName() + " ");
            s.bark();  // 짖기
            System.out.println();
        }
    }
}
```

실행 결과
뭉치 멍멍!

마이클 냐옹!

```java
class AnimarTester2
for (int i=0; i < a.length; i++) {
    System.out.print(a[i].getName() + " ");
    a[i].bark();     // 짖기
    System.out.println();
}
```

AnimalTester1은 동물 클래스를 사용하는 예이다.

추상 클래스의 인스턴스는 생성할 수 없다.

위와 같은 경우에는 Animal형 변수 x의 선언에서 오류가 발생한다(주석 처리했다). 만약 추상 클래스의 인스턴스를 생성할 수 있다고 하면, 내용이 없는 bark 메서드를 x.bark()로 호출할 수 있게 돼서 문제가 될 수 있다.

추상 클래스와 다형성

변수 a는 Animal형의 배열을 참조하는 배열 변수이다. 배열 a의 요소 a[0]와 a[1]는 Animal형의 클래스형 변수이다(추상 클래스는 본체인 인스턴스는 만들 수 없지만, 리모컨인 클래스형 변수는 만들 수 있다).

[그림 13-2]은 a[0]는 클래스 Dog형의 인스턴스를 참조하고 a[1]는 클래스 Cat형의 인스턴스를 참조한다. 즉, 두 요소의 참조 대상은 Animal로부터 파생된 클래스의 인스턴스이다. 확장 for문에선 배열 a의 모든 요소에 getName 메서드와 bark 메서드를 호출한다. 별도 답으로 AnimalTester2를 게재했다. 기본 for문을 사용한 프로그램이다.

❶ getName 메서드는 동물 클래스 Animal에서 정의한 메서드로 이름을 String형으로 반환한다. 클래스 Dog와 Cat에선 getName은 오버라이드하지 않는다. Animal 클래스에 선언된 메서드가 그대로 상속된다.

❷ bark 메서드는 동물 클래스 Animal에서 추상 메서드로 정의돼 있으며, 서브 클래스인 Dog과 Cat에서 구현되는 메서드이다. 첫 요소인 a[0]에서 Dog의 메서드 bark가 호출되고, 두 번째 요소인 a[1]에서 클래스 Cat의 bark 메서드가 호출된다는 것을 실행 결과를 통해 알 수 있다.

그림 13-2 Animal형의 배열과 다형성

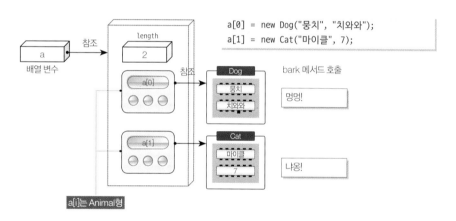

추상 클래스 Animal은 구체적인 동물이 아닌 동물의 '개념'을 나타내는 클래스이다. 실체를 생성할 수 없는 불완전한 클래스이지만, 자신을 포함해서 파생된 클래스에 대해 '혈연관계'를 지니게 하는 것이 주요 역할이다. 하위 클래스를 그룹화해서 다형성을 적용할 클래스가 구체적인 실체가 없는 것이라면 해당 클래스는 추상 클래스로 만드는 것이 좋다.

추상 클래스로부터 파생된 서브 클래스에서 추상 메서드를 구현하지 않으면, 추상 메서드 그대로 상속된다. 이것을 [그림 13-3]을 통해 확인해보자. 추상 클래스 A의 2가지 메서드 a와 b는 모두 추상 메서드이다.

· A 클래스로부터 파생됐으며 b 메서드를 구현하지 않은 B 클래스도 추상 클래스이다. 만약 B 클래스의 선언에서 abstract를 생략하면 컴파일 오류가 발생한다.

· B 클래스로부터 파생된 C 클래스는 b 메서드를 구현하므로 추상 클래스가 아니다.

▶추상 메서드를 가지지 않는 클래스를 추상 클래스로 만들 수 있으므로, C를 추상 클래스로 정의할 수 있다.

그림 13-3 추상 클래스와 메서드 구현

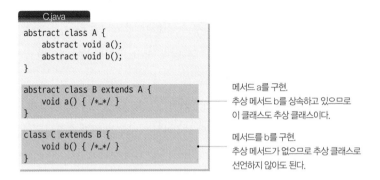

메서드 a를 구현.
추상 메서드 b를 상속하고 있으므로
이 클래스도 추상 클래스이다.

메서드를 b를 구현.
추상 메서드가 없으므로 추상 클래스로
선언하지 않아도 된다.

앞 문제의 동물 클래스에 다음과 같이 toString과 introduce 메서드를 추가하자.

· toString: Dog 클래스에선 'type의 name'이라는 문자열(예: "치와와의 뭉치")을 반환하고, Cat 클래스에
  선 'age살의 name'이라는 문자열(예: "7살의 마이클")을 반환하자.

· introduce: 모든 동물 클래스에 공통. toString의 반환 문자열에 "이다."를 더해서 표시하고 bark 메서드
  를 사용해서 짖을 것(예: "치와와의 뭉치이다.멍멍!"이라고 표시).

```
//--- 동물 클래스 (Ver.2) ---//
abstract class Animal {
  private String name;                          // 이름
  public Animal(String name) { this.name = name; }   // 생성자
  public abstract void bark();                   // 짖기
  public String getName() { return name; }       // 이름 확인
  public abstract String toString();             // 문자열 표현 반환        ❶
  public void introduce() {
    System.out.print(toString()+"이다.");
    bark();
  }
}
```
처리 내용이 없는 추상 메서드 호출

```
//--- 개 클래스 (Ver.2) ---//
class Dog extends Animal {
  private String type;                          // 개의 종류
  public Dog(String name, String type) {         // 생성자
    super(name); this.type = type;
  }
  public void bark() { System.out.println("멍멍!"); }  // 짖기
  public String toString() {                     // 문자열 표현 반환        ❷
    return type + "의 " + getName();
  }
}
```

```
//--- 고양이 클래스 (Ver.2) ---//
class Cat extends Animal {
  private int age;                              // 나이
  public Cat(String name, int age) {             // 생성자
    super(name); this.age = age;
  }
  public void bark() { System.out.println("냐옹!"); }  // 짖기
  public String toString() {                     // 문자열 표현 반환        ❸
    return age + "의 "+getName();
  }
}
```

toString 메서드의 오버라이드

위 프로그램에서 ❶, ❷, ❸은 문자열을 반환하는 toString 메서드를 선언한다. Animal 클래스 내의 toString은 추상 메서드로 선언돼 있다(그림 13-4). toString은 전체 클래스의 대장격인 Object 에서 정의된 메서드이다. 또한, extends를 부여하지 않고 선언한 클래스는 암묵적으로 Object 클래스로부터 파생되므로, Animal 클래스는 Object 클래스의 서브 클래스가 된다. 즉, Animal은 슈퍼 클래스인 Object의 비추상 메서드를 추상 메서드로 오버라이드한다.

```
// 동물 클래스 (Ver.2) 사용 예
class AnimalTester1 {
  public static void main(String[] args) {
    Animal[] a = new Animal[2];
    a[0] = new Dog("뭉치", "치와와");  // 개
    a[1] = new Cat("마이클", 7);       // 고양이

    for (int i=0; i < a.length; i++) {
      System.out.println("a[" + i + "] = " + a[i]);   •----------❹
    }
    for (int i=0; i < a.length; i++) {
      System.out.print("a[" + i + "] = ");
      a[i].introduce();
    }
  }
}
```

실행 결과
```
a[0] = 치와와의 뭉치
a[1] = 7살의 마이클
a[0] = 치와와의 뭉치이다.멍멍!
a[1] = 7살의 마이클이다.냐옹!
```

toString 메서드를 추상 클래스로 선언하는 것은 해당 클래스의 하위 클래스에 toString 메서드의 구현을 강요하는 역할을 한다. 만약 개 클래스나 고양이 클래스에서 toString 메서드를 구현하지 않는다면, (클래스를 abstract로 선언하지 않는 한) 컴파일 오류가 발생한다.

AnimalTester1은 동물 클래스를 테스트하는 프로그램이다. ❹에선 암묵적으로 toString 메서드를 호출한다. 다음과 같이 하면 명시적으로 toString 메서드를 호출할 수 있다.

```
System.out.println("a[" + i + "] = " + a[i].toString());
```

그림 13–4 동물 클래스, 개 클래스, 고양이 클래스에서의 toString 메서드 구현

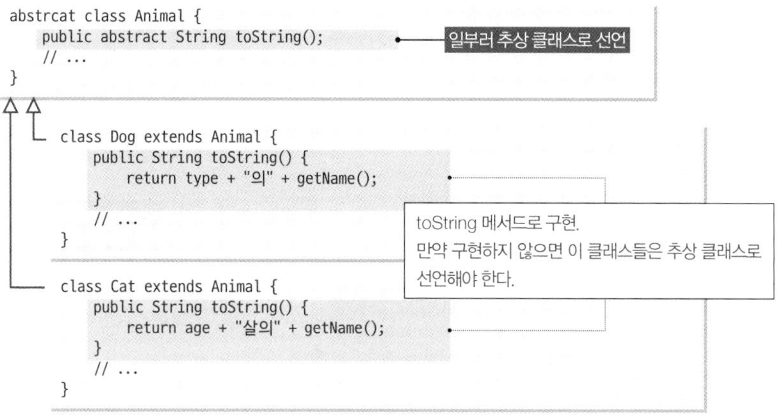

```
abstrcat class Animal {
    public abstract String toString();        ●──── 일부러 추상 클래스로 선언
    // ...
}

    ┌─ class Dog extends Animal {
    │      public String toString() {
    │          return type + "의" + getName();
    │      }                                      ●┐
    │      // ...                                   │
    │  }                                            │  ┌─────────────────────────────┐
    │                                               └──│ toString 메서드로 구현.         │
    │                                                  │ 만약 구현하지 않으면 이 클래스들은 추상 클래스로 │
    └─ class Cat extends Animal {                      │ 선언해야 한다.                  │
           public String toString() {            ●─────└─────────────────────────────┘
               return age + "살의" + getName();
           }
           // ...
       }
```

introduce 메서드 추가

introduce 메서드는 toString이 반환하는 문자열에 "이다."를 더해서 표시하고, bark를 호출해서 짖는 메서드이다. 모든 동물 클래스에 개별적으로 정의하는 것은 매우 번거롭다. 공통 자원은 슈퍼 클래스로 묶어 놓아야 한다.

답안 프로그램에선 introduce 메서드는 Animal 클래스에 정의된다. Dog과 Cat에서 오버라이드하지 않고 그대로 상속한다. Animal 클래스내의 introduce 정의는 아무것도 아닌 것처럼 보일 수 있지만, 사실 고도의 기술이 숨겨져 있다.

그것은 비추상 메서드 introduce 안에 내용을 지니지 않는 추상 메서드 toString과 bark를 호출하는 것이다. p가 클래스 Animal형 변수이고 다음과 같이 introduce 메서드를 호출한다.

```
p.introduce();
```

introduce 메서드 내에선 toString 메서드와 bark 메서드가 호출된다. 이때 [그림 13–5]에 있는 것처럼 p가 참조하는 인스턴스의 형(Dog 또는 Cat)에 따라 적절한 것이 선택된다. 즉, 동적 결합이 이루어진다.

추상 클래스인 Animal을 설계하는 단계에선, (toString과 bark를 순서대로 호출해서 화면에 표시한다는) 처리 알고리즘만 결정해둔다. 그리고 구체적인 처리는 (나중에 만들) 하위 클래스에서 위임하는 것이다.

AnimalTester1 프로그램의 후반부에선 introduce 메서드를 호출한다. 배열 a의 요소는 동물 클래

스 Animal형이다. a[0]은 클래스 Dog형의 인스턴스를 참조하고 a[1]은 클래스 Cat형의 인스턴스를 참조하며 예상한 실행 결과를 얻을 수 있다.

그림 13-5 비추상 메서드로부터 호출된 추상 메서드

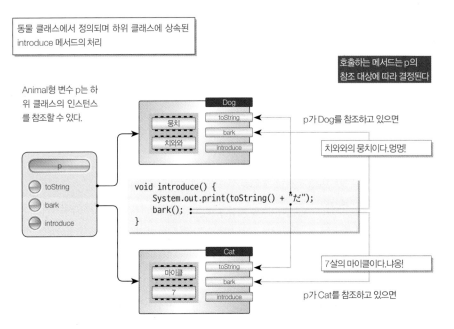

다음의 도형 클래스들(Shape, Point, AbstLine, HorzLine, VertLine, Rectangle)을 테스트하는 프로그램을
작성하자. Shape형의 배열을 이용해서 인스턴스를 생성하고 출력할 것. 단, 개별 요소가 참조하는 인스턴스는
프로그램 내에서 부여하는 것이 아니라 키보드를 통해 입력받을 것.

```java
/**
 * Shape 클래스는 도형의 개념을 나타내기 위한 추상 클래스이다.
 * 추상 클래스이므로 이 클래스의 인스턴스를 생성할 수 없다.
 * 구체적인 도형 클래스는 이 클래스로부터 파생된다.
 * @author 시바타
 * @see  Object
 */
public abstract class Shape {
   /**
    * 도형 정보를 나타내는 문자열을 반환하는 추상 메서드이다.
    * Shape 클래스에서 파생되는 클래스에서 이 메서드를 구현한다.
    * 이 메서드는 java.lang.Object 클래스의 메서드를 추상 메서드로
    * 오버라이드한 메서드이다.
    */
   public abstract String toString();

   /**
    * draw 메서드는 도형을 그리기 위한 추상 메서드이다.
    * Shape 클래스에서 파생되는 클래스에서 이 메서드를 구현한다.
    */
   public abstract void draw();

   /**
    * print 메서드는 도형 정보의 표시하고 도형 자체를 그린다.
    * 구체적으로는 다음 두 단계를 따른다.
    * Step 1. toString 메서드가 반환하는 문자열을 표시하고 줄 바꿈
    * Step 2. draw 메서드를 호출해서 도형을 그림
    */
   public void print() {
      System.out.println(toString());
      draw();
   }
}
```

```java
/**
 * Point 클래스는 점을 나타내는 클래스이다.
 * 이 클래스는 도형을 나타내는 추상 클래스 Shape로부터 파생된 클래스이다.
 * 필드는 없다.
 * @author 시바타
 * @see Shape
*/
public class Point extends Shape {
    /**
     * 점을 생성하는 생성자이다.
     * 받는 인수가 없다
     */
    public Point() {
        // 아무것도 하지 않는다
    }

    /**
     * toString 메서드는 점에 관련된 도형 정보를 문자열로 반환한다.
     * 반환하는 문자열은 항상 "Point"이다.
     * @return 문자열 "Point"를 반환한다.
     */
    public String toString() {
        return "Point";
    }

    /**
     * draw 메서드는 점을 그리는 메서드이다.
     * 플러스 기호'+'를 1개만 표시하고 줄 바꿈한다
     */
    public void draw() {
        System.out.println('+');
    }
}
```

```java
/**
 * AbstLine 클래스는 직선을 나타내는 추상 클래스이다.
 * 이 클래스는 도형을 나타내는 추상 클래스 Shape로부터 파생되는 클래스이다.
 * 추상 클래스이므로 본 클래스의 인스턴스를 생성할 수 없다.
 * 구체적인 직선 클래스는 이 클래스를 통해 파생된다.
 * @author 시바타
 * @see Shape
 * @see HorzLine VertLine
*/
```

```java
public abstract class AbstLine extends Shape {
  /**
   * 직선의 길이를 나타내는 int형 필드
   */
  private int length;

  /**
   * 직선을 생성하는 생성자이다.
   * 길이를 인수로 받는다.
   * @param length 생성할 직선의 길이
   */
  public AbstLine(int length) {
    setLength(length);
  }

  /**
   * 직성의 길이를 반환한다.
   * @return 직선의 길이
   */
  public int getLength() {
    return length;
  }

  /**
   * 직선의 길이를 설정한다.
   * @param length 설정할 직선의 길이
   */
  public void setLength(int length) {
    this.length = length;
  }

  /**
   * toString 메서드는 직선에 관련된 도형 정보를 문자열로 반환한다.
   * @return 문자열 "AbstLine(length:3)"을 반환한다.
   * 3 부분은 길이에 해당하는 값이다.
   */
  public String toString() {
    return "AbstLine(length:" + length + ")";
  }
}
```

```
/**
 * HorzLine 클래스는 수평선을 나타내는 클래스이다.
 * 이 클래스는 직선을 나타내는 추상 클래스 AbsLine에서 파생된 클래스이다.
 * @author 시바다
 * @see Shape
 * @see AbstLine
 */
public class HorzLine extends AbstLine {
    /**
     * 수평선을 생성하는 생성자이다.
     * 길이를 인수로 받는다.
     * @param length 생성할 직선의 길이
     */
    public HorzLine(int length) {
        super(length);
    }

    /**
     * toString 메서드는 수평선에 관련된 도형 정보를 문자열로 반환한다.
     * @return 문자열 "HorzLine(length:3)"을 반환한다.\
     * 3부분은 길이에 해당하는 값이다.
     */
    public String toString() {
        return "HorzLine(length:" + getLength() + ")";
    }

    /**
     * draw 메서드는 수평선을 그린다.
     * 마이너스 기호 '-'를 옆으로 나열해서 그린다.
     * 길이의 개수만큼 '-'를 연속으로 표시한 후 줄 바꿈한다.
     */
    public void draw() {
        for (int i = 1; i <= getLength(); i++)
            System.out.print('-');
        System.out.println();
    }
}


/**
 * VertLine 클래스는 수직선을 나타내는 클래스이다.
 * 이 클래스는 직선을 니디네는 추상 클래스 AbstLine로부터 파생된 클래스이다.
 * @author 시바타
 * @see Shape
 * @see AbstLine
```

```
*/
public class VertLine extends AbstLine {
    /**
     * 수직선을 생성하는 생성자이다.
     * 길이를 인수로 받는다.
     * @param length 생성할 직선의 길이
     */
    public VertLine(int length) {
        super(length);
    }


    /**
     * toString 메서드는 수직선에 관련된 정보를 문자열로 반환한다.
     * @return 문자열 "VertLine(length:3)"를 반환한다.
     * 3부분은 길이에 해당하는 값이다.
     */
    public String toString() {
        return "VertLine(length:" + getLength() + ")";
    }
    /**
     * draw 메서드는 수직선을 그린다.
     * 세로선 기호 '|'를 세로로 나열해서 그린다.
     * 길이의 개수만큼 '|'를 표시한 후 줄 바꿈하는 것을 반복한다.
     */
    public void draw() {
        for (int i = 1; i <= getLength(); i++)
        System.out.println('|');
    }
}
```

```
/**
 * Rectangle 클래스는 사각형을 나타내는 클래스이다.
 * 이 클래스는 도형을 나태는 추상 클래스 Shape에서 파생된 클래스이다.
 * @author 시바타
 * @see Shape
 */
public class Rectangle extends Shape {
    /**
     * 사각형의 너비를 나타내는 int형 필드이다.
     */
    private int width;

    /**
     * 사각형의 높이를 나타내는 int형 필드이다.
```

```
*/
private int height;

/**
 * 사각형을 생성하는 생성자이다.
 * 너비와 높이를 인수로 받는다.
 * @param width 사각형의 너비
 * @param height 사각형의 높이
 */
public Rectangle(int width, int height) {
   this.width = width; this.height = height;
}


/**
 * toString 메서드는 사각형에 관련된 도형 정보를 문자열로 반환한다.
 * @return 문자열"Rectangle(width:4, height:3)"을 반환한다.
 * 4와 3부분은 각각 너비와 폭에 해당하는 값이다.
 */
public String toString() {
   return "Rectangle(width:" + width + ", height:" + height + ")";
}


/**
 * draw 메서드는 사각형을 그린다.
 * 별표 '*'를 나열해서 그린다.
 * 너비의 개수만큼 '*'를 표시하고 줄 바꿈하는 것을 width회만큼 반복한다.
 */
public void draw() {
   for (int i = 1; i <= height; i++) {
      for (int j = 1; j <= width; j++)
         System.out.print('*');
      System.out.println();
   }
}
}
```

도형 클래스군

[그림 13–6]은 도형을 나타내는 클래스들의 계층 관
계다. 클래스 Shape와 AbstLine는 추상 클래스이다.
각 클래스는 다음 3가지 메서드를 지닌다.

그림 13–6 도형 클래스군

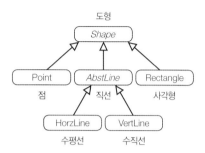

- · toString: 도형의 형태나 크기 등의 상태를 문자열로 반
  환한다
- · draw: 기호 문자로 도형을 그린다
- · print: toString 메서드가 반환하는 문자열과 draw가
  그리는 도형을 연속해서 표시한다.

Shape 클래스에선 toString과 draw가 추상 메서드로 정의돼 있다. 반면, print 메서드는 이 2가
지의 추상 메서드를 내부에서 호출하는 비추상 메서드이다. draw와 print 메서드는 앞 문제에서
Animal 클래스의 bark와 introduce에 해당한다.

도형 클래스 Shape

도형의 개념을 나타내는 추상 클래스이다. 구체적인 도형 클래스는 이 클래스로부터 직접 또는 간
접적으로 파생된다. toString 메서드와 draw 메서드는 모두 추상 메서드이다. 단, 비추상 메서드인
print는 하위 클래스에 그대로 상속된다(Animal 클래스의 introduce 메서드와 동일한 방식이다).

점 클래스 Point

점을 나타내는 클래스로 필드를 지니지 않는다. toString 메서드는 문자열 "Point"를 반환하고
draw는 기호 문자 '+'를 1개만 표시한다.

직선 클래스 AbstLine

직선의 개념을 나타내는 추상 클래스로 길이를 나타내는 int형 필드 length와 게터인 getLength,
세터인 setLength로 구성된다. toString 메서드는 "AbstLine(length:3)" 형식의 문자열을 반환
한다. draw 메서드의 구체적인 정의를 포함하지 않으므로 Shape 클래스의 draw 메서드를 추상 클래
스 그대로 상속한다.

수평선 클래스 HorzLine

직선 클래스 AbstLine의 서브 클래스이다. 필드 length와 접근자(세터와 게터)를 상속하므로 생성
자와 draw만 정의돼 있다. toString 메서드는 "HorzLine(length:3)" 형식으로 문자열을 반환하
고, draw는 기호 문자 '-'를 가로 방향으로 length개 나열해서 표시한다.

수직선 클래스 VertLine

수평선 클래스와 마찬가지로 생성자과 draw 메서드만 정의돼 있다. toString 메서드는 "VertLine(length:3)" 형식의 문자열을 반환하고 draw는 기호 문자 'l'를 세로 방향으로 length개 나열해서 표시한다.

사각형 클래스 Rectangle

사각형을 나타내는 클래스이다. 너비와 높이를 나타내는 int형 필드 width와 height를 가진다. toString 메서드는 "Rectangle(width:4, height:3)" 형식의 문자열을 반환한다. draw는 세로, 가로 방향으로 '*'를 나열해서 표시한다.

ShapteTester는 도형 클래스군을 이용하는 프로그램 예이다. 이 프로그램에선 클래스 Shape형의 배열을 이용해서 다형성의 장점을 확인할 수 있다.

```java
// 도형 클래스군의 테스트 프로그램
import java.util.Scanner;

class ShapeTester {
  public static void main(String[] args) {
    Scanner stdIn = new Scanner(System.in);

    System.out.print("도형의 개수:");          ●————————❶
    int no = stdIn.nextInt();       //도형의 개수를 입력받는다
    Shape[] p = new Shape[no];

    for (int i =0; i < no; i++) {   ●————————❷
      int type;
      do {
        System.out.print((i + 1) + "번 도형의 종류(1…점/2…수평선" +
        "/3…수직선/4…사각형) :");
        type = stdIn.nextInt();
      } while (type < 1 || type > 4);

      switch (type) {
      case 1 : p[i] = new Point();          // 점  ●————————❸
            break;
      case 2 :                              // 직선 ●————————❹
      case 3 : System.out.print("길이는:");
            int len = stdIn.nextInt();
            p[i] = (type == 2) ? new HorzLine(len) : new VertLine(len);
            break;
```

```
            case 4 : System.out.print("너비:");      // 사각형  •·············•❺
                    int width = stdIn.nextInt();
                    System.out.print("높이:");
                    int height = stdIn.nextInt();
                    p[i] = new Rectangle(width, height);
                    break;
                }
            }
        for (Shape s : p) {   •·············•❻
            s.print();
            System.out.println();
        }
    }
}
```

```
도형의 개수:4
1번 도형의 종류(1…점／2…수평선／3…수직선／4…사각형) :1
2번 도형의 종류(1…점／2…수평선／3…수직선／4…사각형) :2
길이는:8
3번 도형의 종류(1…점／2…수평선／3…수직선／4…사각형) :3
길이는:3
4번 도형의 종류(1…점／2…수평선／3…수직선／4…사각형) :4
너비:4
높이:3
Point
+

HorzLine(length:8)
--------

VertLine(length:3)
¦
¦
¦

Rectangle(width:4, height:3)
****
****
****
```

❶ 배열의 생성

요소의 형이 Shape이고 요소 수가 no인 배열 p를 생성한다. 배열 p의 개별 요소는 도형의 인스턴스 자체가 아니라 도형 인스턴스를 참조하기 위한 클래스형 변수이다(모든 요소가 기본값 null로 초기화된다).

❷ 도형 인스턴스 생성

이 for문에선 no회 반복하면서 대화형으로 no개의 도형을 생성한다. 생성할 도형의 종류를 입력받아 type에 저장한다. 점은 1, 수평선은 2, 수직선은 3, 사각형은 4이다. 실제로 인스턴스를 생성하는 것은 switch문 내부이다(❸~❺).

❸ 점 클래스의 인스턴스 생성

클래스 Point형의 인스턴스를 생성하고 해당 인스턴스의 참조를 p[i]에 대입한다.

❹ 직선 클래스의 인스턴스 생성

키보드를 통해 입력받은 길이를 가지고 직선 클래스의 인스턴스를 생성하고 그 인스턴의 참조를 p[i]에 대입한다. 생성할 인스턴스의 형은 type가 2이면 HorzLine형이고 type에 3이면 VertLine형이다.

❺ 사각형 클래스의 인스턴스 생성

입력받은 너비와 높이를 바탕으로 Rectangle형의 인스턴스를 생성하고 그 인스턴스의 참조를 p[i]에 대입한다.

❻ 모든 도형의 표시

배열 p내의 각 요소가 참조하는 도형을 표시한다. 확장 for문에선 모든 요소의 참조 대상 인스턴스에 대해 print 메서드를 호출한다.

도형 클래스군에 직각 이등변 삼각형을 나타내는 클래스군을 추가하자. 좌하가 직각인 것, 좌상이 직각인 것, 우하가 직각인 것, 우상인 직각인 것을 추가할 것. 직각 이등변 삼각형을 나타내는 추상 클래스를 만들고 이 클래스에서 개별 클래스를 파생해서 만들 것.

```java
/**
 * AbstTriangle 클래스는 직각 이등변 삼각형을 나타내는 추상 클래스이다.
 * 이 클래스는 도형을 나타내는 추상 클래스 Shape로 부터 파생된 클래스이다.
 * 추상 클래스이므로 인스턴스를 생성할 수 없다.
 * 구체적인 직각 이등변 삼각형 클래스는 이 클래스로부터 파생시킨다.
 * @author 시바타
 * @see Shape
 * @see TriangleLB TriangleLU TriangleRB TriangleRU
 */
public abstract class AbstTriangle extends Shape {
  /**
   * 한 편의 길이를 나타내는 int형 필드
   */
  private int length;

  /**
   * 직각 이등변 삼각형을 생성하는 생성자이다.
   * 한 변의 길이를 인수로 받는다.
   * @param length 생성할 이등변 삼각형의 한 변의 길이
   */
  public AbstTriangle(int length) {
    setLength(length);
  }

  /**
   * 한 변의 길이를 반환한다
   * @return 한 변의 길이
   */
  public int getLength() {
    return length;
  }

  /**
   * 힌 변의 길이를 설정한다.
   * @param length 설정한 한 변의 길이
   */
  public void setLength(int length) {
    this.length = length;
  }
```

```
    /**
     * toString 메서드는 이등변 삼각형과 관련된 정보를 문자열로 반환한다.
     * @return 문자열 "AbstTriangle(length:3)"를 반환한다.
     * 3 부분은 한 별의 길이에 해당하는 값이다.
     */
    public String toString() {
        return "AbstTriangle(length:" + length + ")";
    }
}
```

```
/**
 * TriangleLB 클래스는 좌하가 직각인 이등변 삼각형 클래스이다.
 * 이 클래스는 직각 이등변 삼각형을 나타내는
 * 추상 클래스 AbstTriangle로부터 파생된 클래스이다.
 * @author 시바타
 * @see Shape
 * @see AbstTriangle*/
public class TriangleLB extends AbstTriangle {
    /**
     * 좌하가 직각인 이등변 삼각형을 생성한다.
     * 한 변의 길이를 인수로 받는다.
     * @param length 생성할 이등변 삼각형의 한 변의 길이
     */
    public TriangleLB(int length) {
        super(length);
    }

    /**
     * toString은 좌하가 직각인 삼각형의 정보를 문자열로 반환한다.
     * @return 문자열 "TriangleLB(length:3)"을 반환한다.
     * 3부분은 길이에 해당하는 값이다.
     */
    public String toString() {
        return "TriangleLB(length:" + getLength() + ")";
    }

    /**
     * draw는 좌하가 직각인 삼각형을 그린다.
     * 별표 '*'를 나열해서 그린다.
     */
    public void draw() {
        for (int i = 1; i <= getLength(); i++) {
            for (int j = 1; j <= i; j++)
                System.out.print('*');
```

```
            System.out.println();
        }
    }
}
```

```java
/**
 * TriangleLU 클래스는 좌상이 직각인 이등변 삼각형 클래스이다.
 * 이 클래스는 직각 이등변 삼각형을 나타내는
 * 추상 클래스 AbstTriangle로부터 파생된 클래스이다.
 * @author 시바타
 * @see Shape
 * @see AbstTriangle
 */
public class TriangleLU extends AbstTriangle {

    /**
     * 좌상이 직각인 이등변 삼각형을 생성한다.
     * 한 변의 길이를 인수로 받는다.
     * @param length 생성할 이등변 삼각형의 한 변의 길이
     */
    public TriangleLU(int length) {
        super(length);
    }

    /**
     * toString은 좌상이 직각인 삼각형의 정보를 문자열로 반환한다.
     * @return 문자열 "TriangleLU(length:3)"을 반환한다.
     * 3부분은 길이에 해당하는 값이다.
     */
    public String toString() {
        return "TriangleLU(length:" + getLength() + ")";
    }

    /**
     * draw는 좌상이 직각인 삼각형을 그린다.
     * 별표 '*'를 나열해서 그린다.
     */
    public void draw() {
        for (int i = getLength(); i >= 1; i--) {
            for (int j = 1; j <= i; j++)
                System.out.print('*');
            System.out.println();
        }
    }
}
```

```
/**
 * TriangleRB 클래스는 우하가 직각인 이등변 삼각형 클래스이다.
 * 이 클래스는 직각 이등변 삼각형을 나타내는 추상 클래스 AbstTriangle로부터
 * 파생된 클래스이다.
 * @author 시바타
 * @see Shape
 * @see AbstTriangle
 */
public class TriangleRB extends AbstTriangle {

  /**
   * 우하가 직각인 이등변 삼각형을 생성한다.
   * 한 변의 길이를 인수로 받는다.
   * @param length 생성할 이등변 삼각형의 한 변의 길이
   */
  public TriangleRB(int length) {
    super(length);
  }


  /**
   * toString은 우하가 직각인 삼각형의 정보를 문자열로 반환한다.
   * @return 문자열 "TriangleRB(length:3)"을 반환한다.
   *3부분은 길이에 해당하는 값이다.
   */
  public String toString() {
    return "TriangleRB(length:" + getLength() + ")";
  }


  /**
   * draw는 우하가 직각인 삼각형을 그린다.
   * 별표 '*'를 나열해서 그린다.
   */
  public void draw() {
    for (int i = 1; i <= getLength(); i++) {
      for (int j = 1; j <= getLength() - i; j++)
        System.out.print(' ');
      for (int j = 1; j <= i; j++)
        System.out.print('*');
        System.out.println();
    }
  }
}
```

```
/**
 * TriangleRU 클래스는 우상이 직각인 이등변 삼각형 클래스이다.
 * 이 클래스는 직각 이등변 삼각형을 나타내는 추상 클래스 AbstTriangle로부터
 * 파생된  클래스이다.
 * @author 시바타
 * @see Shape
 * @see AbstTriangle*/
public class TriangleRU extends AbstTriangle {

  /**
   * 우상이 직각인 이등변 삼각형을 생성한다.
   * 한 변의 길이를 인수로 받는다.
   * @param length 생성할 이등변 삼각형의 한 변의 길이
   */
  public TriangleRU(int length) {
    super(length);
  }

  /**
   * toString은 우상이 직각인 삼각형의 정보를 문자열로 반환한다.
   * @return 문자열 "TriangleRU(length:3)"을 반환한다.
   * 3부분은 길이에 해당하는 값이다.
   */
  public String toString() {
    return "TriangleRU(length:" + getLength() + ")";
  }

  /**
   * draw는 우상이 직각인 삼각형을 그린다.
   * 별표 '*'를 나열해서 그린다.
   */
  public void draw() {
    for (int i = getLength(); i >= 1; i--) {
      for (int j = 1; j <= getLength() - i; j++)
        System.out.print(' ');
      for (int j = 1; j <= i; j++)
        System.out.print('*');
        System.out.println();
    }
  }
}
```

직각 이등변 삼각형 클래스

직각 이등변 삼각형 클래스군은 5개의 클래스로 구성된다. [그림 13-7]은 [문제 13-3]의 클래스들과 합친 클래스 계층도이다.

직각 이등변 삼각형의 개념을 보여주는 것이 추상 클래스 AbstTriangle이며, 구체적인 이등변 삼각형 클래스는 이 클래스로부터 파생된다. 이 추상 클래스에 추가된 것은 한 변의 길이를 나타내는 int형 필드 length와 게터인 getLength 세터인 setLength이다. toString 메서드는 "AbstTriangle(length:3)"이라는 문자열을 반환한다. 참고로 Shape 클래스의 draw 메서드로 추상 메서드 그대로 상속한다.

구체적인 이등변 삼각형을 나타내는 것이 다음 4개의 클래스이다.

- TriangleLB 클래스: 좌하가 직각인 이등변 삼각형
- TriangleLU 클래스: 좌상이 직각인 이등변 삼각형
- TriangleRB 클래스: 우하가 직각인 이등변 삼각형
- TriangleRU 클래스: 우상이 직각인 이등변 삼각형

이 클래스들은 모두 toString과 draw 메서드를 지닌다. draw는 기호 문자 '*'를 나열해서 이등변 삼각형을 그리는 메서드이다.

그림 13-7 도형 클래스군의 클래스 계층도

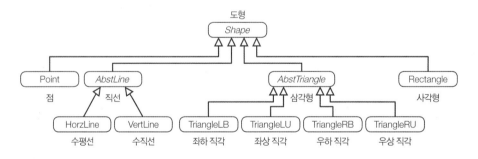

```java
// 직각 이등변 삼각형 클래스군의 테스트 프로그램
import java.util.Scanner;

class TriangleTester {
    public static void main(String[] args) {
        Scanner stdIn = new Scanner(System.in);
```

```
System.out.print("삼각형의 개수:");
int no = stdIn.nextInt();        // 도형의 개수를 입력
AbstTriangle[] p = new AbstTriangle[no];

for (int i =0; i < no; i++) {
    int type;
    do {
        System.out.print((i + 1) + "번의 삼각형 종류 (1…좌하 직각/2…좌상 직각"
                                 + "/3…우하 직각/4…우상 직각) :");
        type = stdIn.nextInt();
    } while (type < 1 || type > 4);

    System.out.print("길이:");
    int len = stdIn.nextInt();
    p[i] = (type == 1) ? new TriangleLB(len) :
           (type == 2) ? new TriangleLU(len) :
           (type == 3) ? new TriangleRB(len) :
                         new TriangleRU(len);
}
for (AbstTriangle s : p) {
    s.print();
    System.out.println();
}
}
}
```

실행 결과	
삼각형의 개수:4	*
1번 삼각형 … 중략… : 1	**
길이:2	
2번 삼각형 … 중략… : 2	TriangleLU(length:3)
길이:3	***
3번 삼각형 … 중략… : 3	**
길이:4	*
4번 삼각형 … 중략… : 4	
길이:3	TriangleRB(length:4)
TriangleLB(length:2)	… 이하 생략 …

TriangleTester는 이등변 삼각형 클래스군을 테스트하는 프로그램이다. 키보드를 통해 입력받은 도형의 개수를 no에 읽어서 요소의 형이 AbstTriangle이고 요소 수가 no인 배열 p를 생성한다. 개별 요소는 이등변 삼각형의 인스턴스 자체가 아니라, 인스턴스를 참조하는 클래스형 변수이다. 첫번째 기본 for문에선 no회 반복을 하면서 대화형으로 no개의 삼각형을 생성한다. 두 번째 확장 for문에선 모든 이등변 삼각형을 표시한다.

문서화 주석과 Javadoc

도형 클래스의 소스 프로그램에는 /** … */ 형식의 문서화 주석을 사용한다. 이 주석을 바탕으로 프로그램 설명서를 생성할 수 있다. 문서화 주석을 사용해서 문서를 생성하는 것은 javac 컴파일러가 아닌 javadoc이라는 툴이다. 여기선 기초적이면서도 중요한 사항만 추려서 문서화 주석 및 javadoc 툴에 대해 설명하겠다. javadoc 툴을 이용하면 소스 프로그램으로부터 사양서를 만들 수 있다. [그림 9-10]에선 자바의 표준 라이브러리인 API의 설명서를 보았다. 자바 표준 라이브러리인

Object, System, Scanner, Random 등의 모든 소스 프로그램에는 문서화 주석이 기입돼 있다. 이 소스 프로그램들에 javadoc툴을 적용해서 생성한 문서가 웹사이트를 통해 제공되는 것이다.

문서화 주석의 여백

문서화 주석은 /**와 */ 사이에 기입한 주석이다. 주석을 여러 줄에 걸쳐 작성하려면 다음과 같이 '*'를 시작 위치에 작성하는 것이 일반적이다.

중간 행의 시작 지점에 위치하는 '*'와 그 왼쪽에 있는 공백 문자 및 탭 문자는 모두 무시한다. 따라서 문서 생성 시에는 다음 부분만 표시된다.

```
/**
 * 문서화 주석은, 클래스, 인터페이스,
 * 생성자, 메서드, 필드 바로 앞에 기술한다.
 */
```

```
문서화 주석은, 클래스, 인터페이스,
생성자, 메서드, 필드 바로 앞에 기술한다.
```

문서화 주석의 위치

문서화 주석은 클래스, 인터페이스, 생성자, 메서드, 필드의 선언 바로 앞에 작성한 것만 인식된다. 다음과 같이 import 선언 앞에 주석을 작성하면 클래스에 대한 주석이라고 인식하지 못하므로(무시되므로) 주의해야 한다.

```
/** Day 클래스는 날짜를 나타내는 클래스 */
import java.util.*;

class Day{
   //…
}
```

문서화 주석과 HTML 태그

주석에는 웹사이트에서 사용되는 언어인 HTML 태그를 이용할 수 있다. 예를 들어 와 로 감싼 부분은 굵은 글씨로 표시되고 <i> 와 </i>로 감싼 부분은 기울임꼴로 표시된다. 또한, 태그
를 작성한 부분에선 줄 바꿈이 이루어진다.

상세 설명과 요약(개요)

주석의 첫 부분에는 '상세 설명'을 기입한다. 이 부분에는 여러 문장을 기입할 수 있지만, 첫 번째 문장은 클래스나 메서드 등의 '요약(개요)'문으로 작성해야 한다. 첫 번째 문장만 '요약'으로 추출되기 때문이다. 예를 들어 [그림 13-8]에 있는 예에선 AbstLine 클래스의 생성자에 다음과 같은 주석화 문서를 사용한다

직선을 생성하는 생성자이다.
길이를 인수로 받는다.

여기서 첫 번째 문장이 요약 항목으로 추출되며(그림 13-8❶), 첫 번째와 두 번째 문장이 모두 상세 설명 부분에 표시된다(그림 13-8❷). 주요 설명 뒤에는 프로그램 작성자, 메서드 반환값 등을 문서화 주석 전용 태그를 사용해서 기술한다. 여기서 태그는 @로 시작하는 특수한 명령이다.

@author "작성자"

문서에 '작성자(author)' 항목을 추가한다. 하나의 @author에 여러 명의 작성자를 작성할 수 있으며, 작성자마다 @author를 부여할 수 있다.

{@code "코드"}

프로그램 코드임을 나타낸다. 생성된 HTML에선 <code> 와 </code> 태그 사이에 놓인다. 따라서 대부분의 브라우저에서 등간격 폰트로 표시된다. 프로그램 부분이나 변수명 등을 표시할 때에 이용한다.

@return "반환값"

문서에 '반환값(returns)' 항목을 추가한다. 메서드의 반환값 형이나 값에 관련된 정보를 기술한다. 메서드의 주석에서만 유효하다. 반환값은 메서드가 반환하는 값을 의미한다.

@Parameter "인수명" "해설"

문서에 '파라미터(parameters)' 항목을 추가하고 '인수명'과 그에 대한 '해설'을 추가한다. 메서드, 생성자, 클래스의 주석에서만 유효하다. 파라미터는 메서드의 매개 변수를 의미한다.

@see "참조 대상"

문서에 '관련 항목'을 추가하며, '참조 대상'을 가리키는 링크 또는 문서를 추가한다. @see 태그는 임의의 개수로 지정할 수 있다.

❶ @see '문자열'

'문자열'을 추가한다. 링크는 생성되지 않는다. URL로는 접근할 수 없는 정보의 참조 대상을 표시할 때 사용한다.

❷ @see <a href="URL#value">lable</a>

URL#Value로 정의된 링크를 추가한다. URL#value는 상대 URL 또는 절대 URL이다.

❸ @see package.class#member label

지정한 이름의 멤버 관련 문서(링크)를 label과 함께 추가한다. label은 생략 가능하다. label을 생략하면 링크 대상인 멤버의 이름이 짧게 표시된다.

javadoc 툴을 사용한 문서화 주석 생성

소스 프로그램 안에 기입한 문서화 주석을 바탕으로 문서를 생성하는 것이 javadoc 툴이다. 이 툴의 실행은 다음과 같이 한다.

javadoc 옵션 패키지명 소스파일 @인수파일

자세한 것은 javadoc 관련 자료를 참고하도록 하고 여기서는 중요한 점만 다루도록 하겠다.

옵션

[표 13-1]은 지정할 수 있는 옵션의 정리이다. javadoc은 커스터마이징이 가능한데 아무것도 지정하지 않으면 기본 형식이 사용된다.

패키지명

문서를 작성할 패키지명 지정한다.

소스 파일

문서를 작성할 소스 파일을 지정한다.

인수 파일

javadoc의 실행에 사용할 옵션 파일의 이름을 지정한다.

도형 클래스군의 문서 생성

도형 클래스군의 문서 생성 방법을 윈도를 기준으로 설명하도록 하겠다. 여기서는 도형의 각 클래스 소스 파일이 `gildongJava/shape` 디렉터리에 저장돼 있다고 가정한다. 문서 생성 방법은 다음과 같다.

· 현재 디렉러티를 `gildingJava/shape`로 이동한다.

· javadoc 명령을 다음과 같이 실행한다.

· javadoc shape `*.java`

표 13-1 javadoc의 옵션

− overview 〈file〉	HTML 파일에서 개요 문서를 읽는다
− public	public 클래스와 멤버만 표시
− protected	protected/public 클래스와 멤버를 표시(기본 설정)
− package	package/protectd/public 클래스와 멤버 표시

– private	모든 클래스와 멤버 표시
– help	명령의 도움말 표시
– doclet ⟨class⟩	대체 doclet를 사용해서 문서를 생성한다
– docletpath ⟨path⟩	doclet 클래스 파일을 찾을 위치 지정
– sourcepath ⟨pathlist⟩	소소 파일이 있는 위치를 지정
– classpath ⟨pathlist⟩	사용자 클래스 파일이 있는 위치를 지정
– exclude ⟨pkglist⟩	제외할 패키지 리스트 지정
– subpackages ⟨subpkglist⟩	재귀적으로 로드할 서브 패키지 지정
– breakiterator	BreakIterator로 첫 번째 문을 계산
– bootclasspath ⟨pathlist⟩	부트스트랩 클래스 로더를 사용해서 불러온 클래스 파일의 위치를 오버라이드한다
– source ⟨release⟩	지정한 릴리즈와 소스 간 호환성이 제공된다
– extdirs ⟨dirlist⟩	확장 기능이 설치된 위치를 오버라이드한다
– verbose	javadoc의 동작과 관련된 메시지를 출력한다
– locale ⟨name⟩	en_US나 en_US_WIN 등 사용할 지역 정보(locale)를 지정한다
– encoding ⟨name⟩	소스 파일의 엔코딩명을 지정한다
– quiet	상태 메시지를 표시하지 않는다
– J⟨flag⟩	'flag'를 실행 시스템이 직접 전달

그림 13-8 AbstLine 클래스의 소스와 문서

```java
// List 13-10 (shape2/AbstLine.java)
/**
 * AbstLine 클래스은 직선을 나타내는 추상 클래스이다.
 * 이 클래스는 도형을 나타내는 추상 클래스 Shape로부터 파생되는 클래스이다.
 * 추상 클래스이므로 본 클래스의 인스턴스를 생성할 수 없다.
 * 구체적인 직선 클래스는 이 클래스롤 통해 파생된다.
 * @author 시바타
 * @see Shape
 * @see HorzLine VertLine
 */
public abstract class AbstLine extends Shape {
    /**
     * 직선의 길이를 나타내는 int형 필드
     */
    private int length;
```

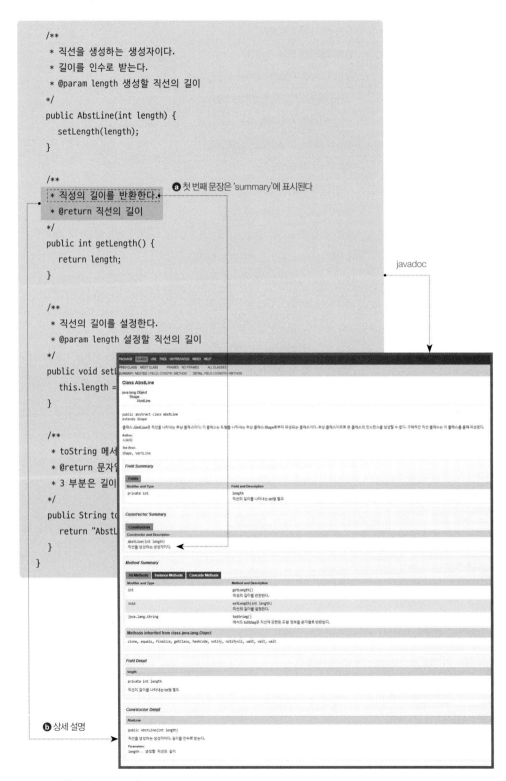

```
/**
 * 직선을 생성하는 생성자이다.
 * 길이를 인수로 받는다.
 * @param length 생성할 직선의 길이
 */
public AbstLine(int length) {
    setLength(length);
}


/**
 * 직성의 길이를 반환한다.
 * @return 직선의 길이
 */
public int getLength() {
    return length;
}


/**
 * 직선의 길이를 설정한다.
 * @param length 설정할 직선의 길이
 */
public void setL
    this.length =
}

/**
 * toString 메서
 * @return 문자열
 * 3 부분은 길이
 */
public String to
    return "AbstL
}
}
```

ⓐ 첫 번째 문장은 'summary'에 표시된다

javadoc

ⓑ 상세 설명

가위바위보 게임에서 '플레이어'를 나타내는 추상 클래스를 정의하자. 클래스로부터 다음 클래스를 파생시킬 것.

· 사람 플레이어 클래스(낼 손을 키보드를 통해 입력 받음)

· 컴퓨터 플레이어 클래스(낼 손을 난수를 사용해 생성)

```java
// 가위바위보 플레이어를 나타내는 추상 클래스
public abstract class Player {
    int hand;                           // 손(0:가위/1:바위/2:보)
    public abstract int nextHand();     // 다음 손 결정
}
```

```java
// 가위바위보 사람 플레이어 클래스
import java.util.Scanner;

public class HumanPlayer extends Player {
    private static Scanner stdIn;
    static {
        stdIn = new Scanner(System.in);
    }

    //--- 손 결정(키보드를 통해 입력) ---//
    public int nextHand() {
        do {
            System.out.print("가위바위보!!!0…가위／1…바위／2…보:");
            hand = stdIn.nextInt();
        } while (hand < 0 ¦¦ hand > 2);
        return hand;
    }
}
```

```java
// 가위바위보 컴퓨터 플레이어 클래스
import java.util.Random;

public class ComputerPlayer extends Player {
    private static Random rand;
    static {
        rand = new Random();
    }

    //--- 손 결정(난수를 통해 생성) ---//
    public int nextHand() {
        return rand.nextInt(3);
    }
}
```

플레이어 클래스

3개의 클래스가 선언돼 있다.

Player 클래스

가위바위보의 플레이어를 나타내는 추상 클래스이다. 필드 hand는 플레이어의 손을 의미한다. 가위, 바위, 보를 각각 0, 1, 2로 표현한다. nextHand 메서드는 다음에 낼 손을 결정하는 메서드이다. 추상 메서드이므로 처리 내용이 없이 선언만 한다.

HumanPlayer 클래스

사람 플레이어 클래스이다. 낼 손을 키보드를 통해 입력받는다. 키보드 입력 시에 필요한 stdIn이 비공개 클래스 변수(정적 필드)로 선언돼 있다. nextHand 메서드는 키보드로부터 0, 1, 2 중 하나의 값을 받아서 반환한다.

ComputerPlayer 클래스

컴퓨터 플레이어 클래스이다. 낼 손을 난수로 결정한다. 난수 생성에 필요한 변수 rand가 비공개 클래스 변수(정적 필드)로 선언돼 있다. nextHand 메서드는 0, 1, 2 중 하나를 랜덤하게 생성해서 반환한다.

클래스의 실체와 Class 클래스

8장에선 '클래스는 회로의 설계도에 해당하는 것이며 실체가 아니다'라는 것을 배웠다. 사실 프로그램 실행 시의 클래스에는 실체가 존재한다.

클래스를 사용하는 프로그램에선 실행 시에 메모리상에 클래스가 로드되며, 필요에 따라 클래스 초기화 블록이 실행된다. 따라서 설령 클래스형의 인스턴스를 전혀 만들지 않더라도 클래스를 적용하기 위한 데이터나 처리가 필요하다.

프로그램 실행 시의 클래스의 실체를 나타내는 것이 Class라는 이름의 클래스이다. 이 클래스는 '회로의 설계도인 클래스를 운용하기 위한' 또 다른 회로의 설계도에 해당한다. 실행 중인 프로그램의 클래스 및 인터페이스를 나타내는 것은 Class 클래스형의 인스턴스이다.

선언 시의 접근자 순서

클래스나 필드 등의 선언에선 어노테이션이나 public, final 등의 접근자 속성을 지정한다. 접근자가 여러 개 있는 경우는 순서에 상관없이 지정할 수 있지만, 가능하면 [표 13-2]에 있는 순서를 권장한다(이 표는 이 책에서 배우지 않는 접근자도 포함한다).

표 13-2 선언 시의 접근자 (권장 순서)

클래스	어노테이션 public protected private abstract static final strictfp
필드	어노테이션 public protected private static final transient volatile
메서드	어노테이션 public protected private abstract static final synchronized native strictfp
인터페이스	어노테이션 public protected private abstract static strictfp

앞 문제에서 작성한 플레이어 클래스를 이용해서 가위바위보 게임을 하는 프로그램을 작성하자.

```java
//가위바위보 테스트 프로그램
import java.util.Scanner;

class FingerFlashing {
    public static void main(String[] args) {
        Scanner stdIn = new Scanner(System.in);
        HumanPlayer hp = new HumanPlayer();              ❶
        ComputerPlayer cp = new ComputerPlayer();
        String[] hands = {"가위", "바위", "보"};            ❷

        int retry; // 다시 한번?
        do {
            // 컴퓨터의 손을 생성                          ❸
            int comp = cp.nextHand();

            // 사람의 손 생성(읽기)                        ❹
            int user = hp.nextHand();

            // 양쪽의 손을 표시
            System.out.println("나는 "   + hands[comp] + "이고,    ❺
                            당신은 " + hands[user] + "입니다.");
            // 판정     ❻
            int judge = (user - comp + 3) % 3;
            switch (judge) {
             case 0 : System.out.println("비겼습니다. "); break;
             case 1 : System.out.println("당신이 졌습니다. "); break;
             case 2 : System.out.println("당신이 이겼습니다. "); break;
            }

            // 다시 한번 할지 확인
            do {
                System.out.print("다시 한번? ( 0) 아니오  (1)네:");
                retry = stdIn.nextInt();
            } while (retry != 0 && retry != 1);
        } while (retry == 1);
    }
}
```

실행 예

```
가위바위보!!! 0…바위／1…가위／2…보:1
나는 가위이고, 당신은 가위입니다.
비겼습니다.
다시 한번? (0) 아니오  (1)네:1
가위바위보!!! 0…바위／1…가위／2…보:2
나는 가위이고, 당신은 보입니다.
당신이 졌습니다.
다시 한번? (0) 아니오  (1)네:0
```

FingerFlashing은 플레이어 클래스들을 이용해서 가위바위보를 하는 프로그램이다.

❶ 가위바위보 대전을 할 플레이어를 선언한다. 사람 플레이어는 hp이고 컴퓨터는 cp이다.

❷ 손을 나타내는 문자열이다. '바위', '가위', '보'의 인덱스는 각각 0, 1, 2이다.

❸ 컴퓨터의 손을 생성한다. 만약 사람 플레이어의 손을 읽은 후라면 컴퓨터가 이기도록 조정할 수 있으므로 사람 플레이어의 손을 읽기 전(❹)에 한다. ComputerPlayer 클래스의 nextHand 메서드가 호출되므로 변수 comp는 0, 1, 2 중 하나의 값이 난수로 초기화된다.

❹ 사람 플레이어의 손을 생성한다. HumanPlayer 클래스의 nextHand 메서드가 호출되므로 변수 user는 키보드를 통해 읽은 값으로 초기화된다.

❺ 사람의 손과 컴퓨터의 손을 표시한다.

❻ 사람과 컴퓨터의 손을 비교해서 승부를 판정한다. [그림 13-9]은 판정 방법을 보여준다.

그림 13-9 가위바위보 승리 결정하기

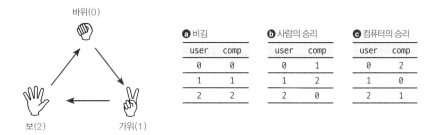

❸ 비김		❹ 사람의 승리		❺ 컴퓨터의 승리	
user	comp	user	comp	user	comp
0	0	0	1	0	2
1	1	1	2	1	0
2	2	2	0	2	1

❸ 비김

user와 comp값이 같으면 비김이다. 즉, user - comp의 값이 0일 때이다.

❹ 사람의 승리

그림에 있는 0, 1, 2, 0, 1, 2,…의 순환에서 화살표 시작 지점이 승리이고 종료 지점이 패이다. 사람이 시점, 컴퓨터가 종점이 되는 조합에선 사람이 승리이다. 이때 user-comp의 값은 -1 또는 2가 된다.

❺ 컴퓨터의 승리

b와 반대다. 사람이 종점, 컴퓨터가 시점이 되는 조합이 컴퓨터의 승리이다. 이때 user - comp의 값은 -2 또는 1이 된다.

3가지 판정은 공통 식 (user - comp +3) % 3으로 한다. 이 값이 0이면 비김, 1이면 컴퓨터의 승리, 2이면 사람의 승리이다.

[문제 9–6]에서 작성한 '사람 클래스'에 javadoc 주석을 부여한 (Ver.5)를 작성하자. 그리고 javadoc 툴을 사용해서 문서를 생성하자.

```java
/**
 * Human(Ver.5) 클래스는 인간 클래스이다.
 * @author 시바타
 */
public class Human {
    /** 이름을 나타내는 String형 필드 */
    private String name;
    /** 신장을 나타내는 int형 필드 */
    private int height;
    /** 체중을 나타내는 int형 필드 */
    private int weight;
    /** 생일을 나타내는 Day형 필드 */
    private Day birthday;

    /**
     * 사람 클래스 Human의 생성자
     * @param name 이름 문자열
     * @param height 신장 숫자
     * @param weight 체중 숫자
     * @param birthday 생일 날짜
     */

    public Human(String name, int height, int weight, Day birthday){
        this.name   = name;    this.height  = height ;
        this.weight =weight;    this.birthday = new Day(birthday);
    }

    /**
     * 이름을 확인한다
     */
    public String getName() { return name;}
    /**
     * 신장을 확인한다
     */
    public int getHeight() { return height;}
    /**
     * 체중을 확인한다
     */
    public int getWeight() { return weight;}
```

```
/**
 * 생일을 확인한다
 */
public Day getBirthDay() {return new Day(birthday);}
/**
 * 살이 찐다. 인수에 지정한 값만큼 체중이 증가한다.
 * @param w
 */
public void gainWeight(int w) { weight+=w;}
/**
 * 살이 빠진다. 인수에 지정한 값만큼 체중이 감소한다.
 * @param w
 */
public void reduceWeight(int w) {weight-=w;}
/**
 * 이름, 신장, 체중을 표시한다.
 */
public void putData() {
    System.out.println("이름:" + name);
    System.out.println("신장:" + height +"cm");
    System.out.println("체중:" + weight + "kg");
}
/**
 * 문자열 표현을 반환한다.
 */
public String toString() {
    return "{" + name + ": " + height + "cm " + weight + "kg "
            + birthday + "출생}";
}
}
```

문서 생성

[문제 9-6]에서 작성한 **Human** 클래스에 javadoc용의 문서화 주석을 삽입한 프로그램이다. [그림 13-10]에 있는 것이 javadoc 툴을 사용해 생성된 문서의 예이다.

그림 13-10 사람 클래스 Human의 문서

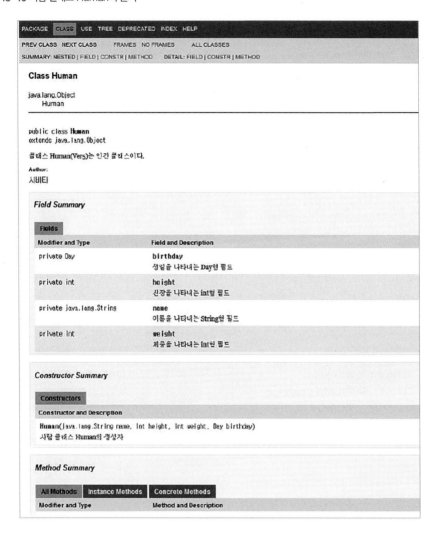

• abstract으로 선언된 클래스는 [(1)] 클래스이고 abstract으로 선언된 메서드는 [(2)] 메서드이다. 상위 클래스의 [(2)] 메서드를 오버라이드해서 메서드 본체를 정의하는 것을 '메서드를 [(3)] 한다'고 한다.

• 맞는 내용에는 O를 틀린 내용에는 X를 기입하자.

　　[(4)] : [(1)] 클래스는 [(2)] 메서드를 반드시 1개 이상 가지고 있어야 한다.

　　[(5)] : [(1)] 클래스는 final 클래스로 선언할 수 있다.

　　[(6)] : [(2)] 메서드를 1개라도 가지는 클래스는 [(1)] 클래스여야 한다.

　　[(7)] : [(2)] 메서드에는 공개 접근성을 부여할 필요가 있다.

　　[(8)] : [(1)] 클래스는 생성자를 가질 수 없다

　　[(9)] : [(1)] 클래스형의 클래스형 변수를 만들 수 있다.

　　[(10)] : [(1)] 클래스형의 인스턴스를 생성할 수 있다.

　　[(11)] : [(1)] 클래스형의 클래스형 변수는 하위 클래스형의 인스턴스를 참조할 수 있다.

　　[(12)] : 메서드 내에선 동일 클래스에 속하는 [(2)] 메서드를 호출할 수 있다.

　　[(13)] : 상위 클래스의 비 [(2)] 메서드를 [(2)] 메서드로 오버라이드할 수 있다.

　　[(14)] : 상위 클래스의 [(2)] 메서드를 비 [(2)] 메서드로 오버라이드할 수 있다.

　　[(15)] : [(1)] 클래스로부터 파생된 서브 클래스에선 반드시 [(2)] 메서드를 오버라이드해서 메서드
　　　　　　내용을 정의해야 한다.

　　[(16)] : java.lang.Object 클래스에선 public String toString()이 [(2)] 메서드로 정의돼 있다.

　　[(17)] : 직접 만든 클래스에서 public String toString()을 [(2)] 메서드로 정의할 수 있다.

• 문서화 주석은 [(18)] 과 [(19)] 사이에 기술하는 주석으로 웹사이트 작성 언어로 알려진 [(20)] 태그를 사용할 수 있다. 문서화 주석을 바탕으로 문서를 생성하는 툴이 [(21)] 이다. 소스 프로그램 안에 import 선언과 클래스 선언이 있는 경우, 클래스에 대한 문서화 주석은 [(22)] 에 위치해야 한다.

　▶ (22) 보기: (a) import 선언 앞　　　(b) import 선언과 클래스 선언 사이

• 다음에 있는 것은 동물을 나타내는 클래스군과 이것을 이용하는 프로그램이다.

```
//--- 동물 클래스 ---//
  (23)    class Animal {
  private String name;                 // 이름
  Animal(String name) { this.name = name; }
    (24)    void bark();               // 짖는다
    (25)     (26)    String toString(); // 문자열 표현 반환
  String getName() { return name; }
  void introduce() {
```

```java
      System.out.print(   (27)    + "입니다.");
         (28)   ;
   }
}
```

//--- 개 클래스 ---//
```java
class Dog    (29)    Animal {
   private String type;                 // 개의 종료
   Dog(String name, String type) {
         (30)    (name);  this.type = type;
   }
      (31)    bark() { System.out.println("멍멍!!"); }
      (32)        (33)    toString() { "저는 " + return type + getName(); }
}
```

//--- 고양이 클래스 ---//
```java
class Cat    (34)    Animal {
   private int age;                      // 나이
   Cat(String name, int age) { super(name);  this.age = age; }
      (35)    bark() { System.out.println("냐옹!!"); }
      (36)        (37)    toString() { "저는 " + return age + getName(); }
}
```

//--- 동물 클래스 테스트 ---//
```java
class AnimalTester {
      (38)    static void main(String[] args) {
         (39)    a = {
         new Dog("타워", "진돗개"),    // 개
         new Cat("마이클", 7),          // 고양이
         new Dog("뭉치", "치와와"),     // 개
   };
   for (Animal k : a) {
         (40)   ;
      System.out.println();
      }
   }
}
```

```
저는 진돗개 타워입니다. 멍멍!!
저는 7살 마이클입니다. 냐옹!!
저는 치와와 뭉치입니다. 멍멍!!
```

인터페이스

14장에선 인터페이스를 학습한다. 그대로는 사용할 수 없는 인터페이스는
클래스를 만들 때에 '구현'을 통해 사용할 수 있다. 인턴페이스의 구현은
파생에 의한 클래스 계층 관계와는 또다른 관계를 클래스 사이에 부여한다.

· 인터페이스 선언
· 인터페이스 구현
· 클래스 파생과 인터페이스 구현
· 인터페이스 상속

'입기'와 '벗기' 메서드를 가지는 Wearable 인터페이스를 작성하자. 또한, 이 인터페이스를 구현한 다음 2개의 클래스를 작성하자.

- 헤드폰 클래스 Headphone(볼륨 조절 메서드를 지님)
- 웨어러블 컴퓨터 클래스 WearableComputer(재시작 메서드를 지님)

```
// 웨어러블 인터페이스 Wearable

public interface Wearable {
  void putOn();    // 입기
  void putOff();  // 벗기
}
```

인터페이스(interface)

헤드폰과 웨어러블 컴퓨터(입는 컴퓨터)는 모두 '입기', '벗기'가 가능하다. 이 조작을 리모컨을 예로 들어 보여주고 있는 것이 [그림 14-1ⓐ]의 인터페이스이다. 인터페이스는 리모컨 자체가 아니라 리모컨의 설계도라고 할 수 있다.

'Wearable 리모컨은 2개의 버튼인 putOn과 putOff로 구성된다'라는 설계도를 프로그램으로 만든 것이 [그림 14-1ⓑ]의 인터페이스 선언이다. 클래스 선언과 비슷하지만, 앞에 있는 키워드가 class가 아닌 interface인 것이 차이다.

인터페이스 내의 메서드는 public 이자 abstract이다(public이나 abstract의 키워드를 붙여서 선언해도 되지만, 중복해서 선언하는 것과 같다). abstract 즉 추상 메서드이므로 메서드 내용 {…}이 없고 ;를 붙여서 선언한다. 이 점은 클래스의 추상 메서드와 동일하다.

그림 14-1 웨어러블 인터페이스

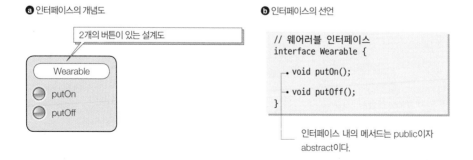

ⓐ 인터페이스의 개념도

2개의 버튼이 있는 설계도

Wearable
putOn
putOff

ⓑ 인터페이스의 선언

```
// 웨어러블 인터페이스
interface Wearable {

  void putOn();

  void putOff();
}
```

인터페이스 내의 메서드는 public이자 abstract이다.

인터페이스 구현

인터페이스 내에서 선언된 메서드는 추상 메서드이므로, 인터페이스를 구현한 클래스 내에선 메서드의 내용을 정의한다.

```java
// 헤드폰 클래스 Headphone
public class Headphone implements Wearable {
    int volume =0;        // 볼륨

    public void putOn() {
        System.out.println("헤드폰을 착용했습니다.");
    }
    public void putOff() {
        System.out.println("헤드폰을 벗었습니다.");
    }
    public void setVolume(int volume) {
        this.volume = volume;
        System.out.println("볼륨을 " + volume + "로 변경했습니다.");
    }
}
```

```java
//웨어러블 컴퓨터 클래스 WearableComputer
public class WearableComputer implements Wearable {
    public void putOn() {
        System.out.println("컴퓨터를 실행했습니다.");
    }
    public void putOff() {
        System.out.println("컴퓨터를 껐습니다.");
    }
    public void reset(){
        System.out.println("컴퓨터를 재시작했습니다.");
    }
}
```

Headphone과 WearableComputer 클래스 선언에서 implements Wearable이 Wearable 인터페이스를 구현하는 부분이다. 상속 선언과 비슷하지만 사용하는 키워드가 extends가 아니라 implements이다. Headphone 클래스의 선언은 다음과 같이 이해할 수 있다.

이 클래스에선 Wearble 리모컨을 구현합니다. 따라서 각 버튼에 의해 호출되는 메서드 내용도 구현해야 합니다.

이 관계를 보여주는 것이 [그림 14-2]이다. 이 책에선 클래스와 구분할 수 있게 인터페이스 상자에 음영을 넣어 표시한다. 또한, 특정 클래스가 인터페이스를 구현하는 것을 표현하기 위해 클래

스로부터 인터페이스로 향하는 점선을 연결한다. Headphone 클래스는 Wearable 인터페이스를 구현함과 동시에 메서드 putOn과 putOff를 구현한다. 이 메서드들을 오버라이드해서 처리 내용을 정의한다.

그림 14-2 인터페이스 구현

Headphone 클래스는
Wearable 인터페이스를 구현한다

메서드 구현

인터페이스의 메서드는 public이므로 오버라이드하는 메서드의 선언에는 public을 붙여야 한다. 클래스 파생 시에 메서드를 오버라이드하는 경우와 같다. 접근 제한을 강화할 수 없기 때문이다. [그림 14-3]은 '클래스 Headphone과 WearableComputer가 Wearable 인터페이스을 구현한다'는 것을 보여준다. Headphone 리모컨과 WearableComputer 리모컨은 모두 Wearable 리모컨의 버튼인 putOn과 putOff를 가진다.

그림 14-3 Wearable 인터페이스를 구현한 클래스

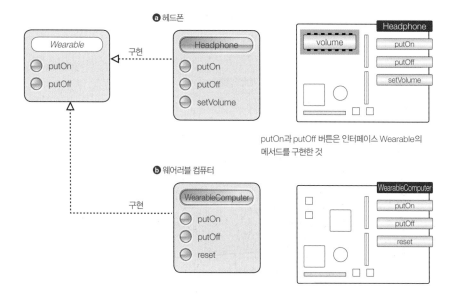

Headphone 클래스

putOn 메서드는 "**헤드폰을 착용했습니다**"라고 표시하고 putOff 메서드는 "**헤드폰을 벗었습니다**"라고 표시한다. 이 클래스에는 볼륨용의 필드인 volume이 있다. setVolume 메서드 이 필드값을 설정한다.

WearableComputer 클래스

이 클래스에는 필드가 없다. putOn 메서드는 "컴퓨터를 실행했습니다"라고 표시하고, putOff는 "컴퓨터를 껐습니다"라고 표시한다. 이 클래스에만 있는 reset 메서드는 "컴퓨터를 재실행했습니다"라고 표시한다.

▶ 주의할 것은 2개의 클래스는 Wearable 인터페이스의 필드나 메서드 등의 자원을 상속하지 않는다. 상속받은 것은 Wearable의 메서드 사양(리모컨상의 버튼 사양)만이다.

인터페이스형의 인스턴스는 생성할 수 없다

인터페이스는 회로의 설계도가 아닌 리모컨의 설계도이다. 인터페이스의 실체로 회로(인스턴스)를 만들 수 없다. 따라서 다음과 같은 선언은 오류가 발생한다.

```
Wearable a = new Wearable();   //오류
```

인터페이스형의 변수는 그것을 구현한 클래스의 인스턴스를 참조할 수 있다.

인터페이스형의 변수는 해당 인터페이스를 구현한 클래스의 인스턴스를 참조한다. 따라서 Wearable 리모컨의 변수는 그것을 구현한 클래스인 Headphone이나 WearableComputer의 인스턴스를 참조할 수 있다. 이것은 그다지 이상할 것이 없다. 왜냐하면 Headphone과 WearableComputer의 회로 모두 'putOn 버튼'과 'putOff 버튼'을 조작할 수 있기 때문이다. 이 점에선 슈퍼 클래스형의 변수가 서브 클래스형의 인스턴스를 참조할 수 있다는 점에서 닮았다.

```java
// 인터페이스 Wearable을 구현한 클래스의 사용 예
class WearableTester {
  public static void main(String[] args) {
    Wearable[] a = new Wearable[2];
    a[0] = new Headphone();          // 헤드폰
    a[1] = new WearableComputer();   // 웨어러블 컴퓨터

    for (int i =0; i < a.length; i++)
       a[i].putOn();

    for (int i =0; i < a.length; i++)
       a[i].putOff();
  }
}
```

실행 결과

헤드폰을 착용했습니다.
컴퓨터를 실행했습니다.
헤드폰을 벗었습니다.
컴퓨터를 껐습니다.

WearableTester 프로그램은 클래스 Headphone과 WearableComputer를 사용하는 프로그램 예이다. 배열 a는 인터페이스 Wearable형을 요소의 형으로 하는 배열이다. a[0]는 Headphone의 인스턴스를 참조하고 a[1]는 WearableComputer의 인스턴스를 참조한다. 2개의 for문에선 각 요소에 putOn과 putOff 메서드를 순서대로 호출한다. 동적 결합이 이루어지므로 참조 대상의 인스턴스에 속해있는 메서드가 호출된다.

인터페이스 Wearable형 리모컨의 버튼은 putOn과 putOff뿐이다. 따라서 Wearable형 변수인 a[0]나 a[1]을 통해서 Headphone 특유의 setVolume이나 WearableComputer 특유의 reset을 호출할 수 없다. 클래스형 변수와 마찬가지로 인터페이스형의 변수에 instanceof 연산자를 적용해서 참조 대상의 인스턴스형을 판정할 수 있다. 이 프로그램 예는 [문제 14-4]에서 학습한다.

다음의 스킨을 변경하는 Skinnable 인터페이스를 구현한 클래스를 작성하자. 검정/빨강/초록/파랑/노랑을 선택할 수 있도록 changeSkin 메서드를 구현할 것.

```java
// 스킨 변경 Skinnable 인터페이스
public interface Skinnable {
    int BLACK = 0;        // 검정
    int RED = 1;          // 빨강
    int GREEN = 2;        // 초록
    int BLUE = 3;         // 파랑
    int YELLOW = 4;       // 노랑
    void changeSkin(int skin);  // ★스킨 변경
}
```

인터페이스의 멤버

Skinnable 인터페이스의 이름은 '갈아입을 수 있는'을 의미한다. 변경 시에 지정하는 색상 변수와 그것을 변경하기 위한 메서드를 선언한다. 프로그램 창이나 버튼의 디자인을 자유롭게 변경할 수 있는 소프트웨어가 있다. 이런 프로그램을 skinnable이라고 표현한다.

인터페이스는 상수를 가질 수 있다

Skinnable 인터페이스에 정의된 BLACK이나 RED 등의 필드는 변수라기보다는 상수이다. 인터페이스 내의 필드는 모두 public이자 static이면서 final이 되기 때문이다. 클래스를 예로 들자면, '인스턴스 변수'가 아닌 '클래스 변수'에 해당하는 것이다.

static으로 선언된 클래스 변수를 '클래스명.필드명'으로 접근하는 것과 마찬가지로, 인터페이스 내의 상수는 '인터페이스명.필드명'으로 접근할 수 있다. 따라서 검정은 'Skinnable.BLACK', 노랑은 'Skinnable.YELLOW'로 접근한다.

인터페이스는 회로가 아닌 리모컨의 설계도이므로 상수가 아닌 필드, 즉 값을 변경할 수 있는 변수를 지닐 수 없다. 인터페이스가 가질 수 있는 멤버는 다음과 같이 제한돼 있다.

· 클래스
· 상수(public이면서 static이고 final인 필드)
· 인터페이스
· 추상 메서드(public이면서 abstract인 메서드)

이름 부여 방법은 클래스와 같다

인터페이스의 이름은 클래스와 마찬가지로 명사를 사용하는 것이 원칙이다. 단, 이 문제에서처럼 '…가 가능한'이라는 의미를 나타내는 인터페이스는 접미어로 able을 붙인 형용사를 사용할 것을 권장한다.

인터페이스 구현 시는 모든 메서드를 구현해야 한다

인터페이스를 구현하는 것은 리모컨의 각 버튼의 기능을 구현하는 것이다. 따라서 구현할 인터페이스의 모든 메서드를 구현하지 않는 클래스는 추상 클래스가 된다(abstract을 붙여서 선언해야 한다).

인터페이스의 접근성은 클래스와 같다

인터페이스의 멤버는 public이 되지만, 인터페이스 자체의 접근성은 클래스와 마찬가지로 임의로 결정할 수 있다. public을 붙이면 공개 접근성을 가지게 되며, public 없이 선언하면 패키지 접근성을 지니게 된다.

```java
// 색상 변경이 가능한 소프트웨어 SkinnableSoftware 클래스
class SkinnableSoftware implements Skinnable {
  int skin;  // 스킨

  // 생성자
  public SkinnableSoftware() { this.skin = BLACK; }
  public SkinnableSoftware(int skin) { this.skin = skin; }

  public void changeSkin(int skin) { this.skin = skin; }  // ★스킨 변경
  public int getSkin() { return skin; }                   // 스킨 가져오기
  public String getSkinString() {                         // 스킨의 문자열 반환
    switch (skin) {
    case BLACK:  return "BLACK";
    case RED:    return "RED";
    case GREEN:  return "GREEN";
    case BLUE:   return "BLUE";
    case YELLOW: return "YELLOW";
    }
    return "";
  }
}
```

```
public class SkinnableSoftwareTester {
  public static void main(String[] args) {
    SkinnableSoftware x = new SkinnableSoftware();                  // 검정
    SkinnableSoftware y = new SkinnableSoftware(Skinnable.GREEN);   // 초록

    x.changeSkin(Skinnable.YELLOW); // x의 스킨을 노랑으로 변경

    System.out.println("x의 스킨은 " + x.getSkinString() + "입니다.");
    System.out.println("y의 스킨은 " + y.getSkinString() + "입니다.");
  }
}
```

실행 결과

x의 스킨은 YELLOW입니다.
y의 스킨은 GREEN입니다.

SkinnableSoftware 클래스는 Skinnable 인터페이스를 구현한 클래스이다. 인수를 받지 않는 생성자는 스킨을 '검정'으로 설정하고 인수를 받는 생성자는 지정한 skin으로 스킨을 설정한다. changeSkin 메서드는 스킨을 변경하는 메서드이다. Skinnable 인터페이스내에서 선언된 메서드에 처리 내용을 부여해서 구현했다. 클래스 내에선 구현한 인터페이스 내의 필드를 단순 명칭으로 접근할 수 있다. 즉, Skinnable.BLACK 은 단순히 BLACK으로 접근할 수 있다.

현재 스킨을 가져오는 메서드는 getSkin 메서드이고 현재 스킨의 문자열 표현을 반환하는 메서드는 getSkinString 메서드이다.

다음은 면적을 구하는 getArea 메서드를 지니는 2차원 인터페이스 Plane2D와 이 인터페이스를 구현한 사각형 클래스(문제 13-3), 그리고 평행 사변형 클래스이다. 이 도형 클래스들을 사용하는 프로그램 예를 작성하자.

```java
//--- 2차원 인터페이스 ---//
public interface Plane2D {
    int getArea();  //면적을 구한다
}
```

```java
//--- 사각형 ---//
public class Rectangle extends Shape implements Plane2D {
    private int width;       // 너비
    private int height;      // 높이

    public Rectangle(int width, int height) {
        this.width = width; this.height = height;
    }

    public String toString() {  // 문자열 표현
        return "Rectangle(width:" + width + ", height:" + height + ")";
    }

    public void draw() {         // 그리기
        for (int i = 1; i <= height; i++) {
            for (int j = 1; j <= width; j++)
                System.out.print('*');
            System.out.println();
        }
    }
    public int getArea() {return width * height;}   // 면적 구하기
}
```

```java
//--- 평행 사변형 ---//
public class Parallelogram extends Shape implements Plane2D {
    private int width;     // 밑변의 너비
    private int height;    // 높이

    public Parallelogram(int width, int height) {
        this.width = width; this.height = height;
    }
```

```
    public String toString() {    // 문자열 표현
        return "Parallelogram(width:" + width + ", height:" + height + ")";
    }
    public void draw() {          // 그리기
        for (int i = 1; i <= height; i++) {
            for (int j = 1; j <= height - i; j++) System.out.print(' ');
            for (int j = 1; j <= width; j++) System.out.print('#');
            System.out.println();
        }
    }
    public int getArea() { return width * height; }    // 면적 구하기
}
```

```
// 도형 클래스군 사용 예
class ShapeTester {
    public static void main(String[] args) {
        Plane2D[] a = {
            new Rectangle(2, 5),      // 사각형
            new Parallelogram(2, 5),  // 평행 사변형
        };
        for (int i = 0; i < a.length; i++)
            System.out.println("a[" + i + "]의 면적=" + a[i].getArea());
    }
}
```

> **실행 결과**
> a[0]의 면적=10
> a[1]의 면적=10

클래스의 파생과 인터페이스 구현

Plane2D 인터페이스로 선언된 getArea는 면적을 구해서 반환하는 메서드이다. [문제 13-3]에서 작성한 사각형 클래스 Rectangle은 Plane2D를 구현하도록 수정한 것이다. 또한, 평행 사변형 클래스 Parallelogram은 클래스 Shape로부터 파생됨과 동시에 Plane2D 인터페이스를 구현한다.

이와 같이 extends를 통한 클래스 파생과 implements를 사용한 인터페이스 구현을 동시에 할 때는 반드시 extends를 먼저 작성해야 한다. Shape를 포함한 클래스군은 '혈연관계'로 연결된 'Shape 가족' 또는 'Shape족'에 해당한다고 앞에서 학습했다.

한편, Plane2D와 그것을 구현하는 클래스군에 부여되는 것은 혈연관계가 아니라 동일 그룹에 속해 있는 '친구 관계'라고 볼 수 있다. Shape 가족이든, 전혀 관계없는 클래스이든, Plane2D 그룹에 속하고 싶다면 그것을 implements하면 되는 것이다. 친구 관계는 혈연관계인 파생(상속)과는 상관없이 만들 수 있다.

ShapeTester 프로그램의 배열 a는 인터페이스 Plane2D형을 요소의 형으로 하는 배열이다. a[0]는
Rectangle의 인스턴스를 참조하고 a[1]는 Parallelogram의 인스턴스를 참조한다.

그림 14-4 도형 클래스군의 클래스 계층도(파생과 구현)

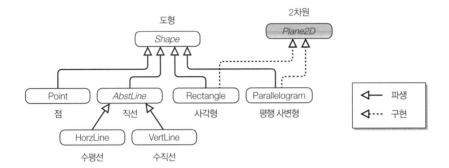

다음은 애완견 클래스 Pet으로부터 로봇 애완견 클래스 RobotPet을 파생한다. RobotPet 클래스를 확장해서 스킨을 변경할 수 있는 로봇형 애완견 클래스를 작성하자. Skinnable 인터페이스[문제 14-2]를 구현할 것.

```java
// 애완견 클래스
public class Pet {
    private String name;            // 애완견 이름
    private String masterName;      // 주인 이름

    //생성자
    public Pet(String name, String masterName) {
        this.name = name;                // 애완견 이름
        this.masterName = masterName;    // 주인 이름
    }

    // 애완견 이름 확인
    public String getName() { return name; }

    // 주인 이름 확인
    public String getMasterName() { return masterName; }

    //자기 소개
    public void introduce() {
        System.out.println("■나의 이름은 " + name + "입니다.");
        System.out.println("■주인님의 이름은 " + masterName + "입니다.");
    }
}
```

```java
//로봇 애완견 클래스
public class RobotPet extends Pet{
    // 생성자
    public RobotPet(String name, String masterName) {
        super(name, masterName);       // 슈퍼 클래스의 생성자
    }

    // 자기 소개
    public void introduce() {
        System.out.println("◇나는 로봇! 이름은 " + getName() + ".");
        System.out.println("◇주인님의 이름은 " + getMasterName() + ".");
    }
```

```
    // 가사일 하기
    public void work(int sw) {
      switch (sw) {
      case 0: System.out.println("청소를 합니다.") ; break;
      case 1: System.out.println("세탁을 합니다.") ; break;
      case 2: System.out.println("밥을 합니다.")  ; break;
      }
    }
  }
```

애완견 클래스

먼저 주어진 두 클래스 Pet와 RobotPet를 보도록 하자.

애완견 클래스 Pet

애완견을 나타내는 클래스이다.

필드

name: 애완견의 이름이다.

masterName: 주인 이름이다.

생성자

Pet: 애완견과 주인의 이름을 설정한다.

메서드

getName: 애완견의 이름을 확인하는 메서드이다(name의 게터).

getMasterName: 주인 이름을 확인하는 메서드이다(masterName의 게터)

introduce: 자기 소개를 하는 메서드이다(그림 14-5ⓐ).

로봇 애완견 클래스 RobotPet

로봇 애완견을 나타내는 클래스이다. Pet에서 파생된 서브 클래스이다.

필드

Pet 클래스를 가진 2개 필드를 상속한다.

생성자

RobotPet: 애완견과 주인 이름을 설정한다. 설정 작업을 슈퍼 클래스 Pet의 생성자에 위임하기 위해 super(…)를 호출한다.

메서드

work: 가사일을 하는 메서드이다. 일의 종류(청소/세탁/밥)은 인수로 0, 1, 2라는 값을 지정한다.

introduce: 자기 소개를 하는 메서드이다(그림 14-5❸). Pet 클래스에 있는 것을 상속하지 않고

덮어쓴다.

클래스 RobotPet와 Pet의 메서드 관계를 정리하면 다음과 같이 된다.

· 그대로 상속: getName, getMasterName   · 오버라이드: introduce   · 신규 추가: work

그림 14-5 애완견 클래스에 introduce 메서드

   ❸ Pet 클래스

> ▪ 나의 이름은 ++++입니다.
> ▪ 주인님의 이름은 ****입니다.

   ❺ RobotPet 클래스

> ◇ 나는 로봇. 이름은 ++++
> ◇ 주인님의 이름은 ****

```java
// 스킨 변경 가능한 로봇 애완견 클래스

public class SkinnableRobotPet extends RobotPet implements Skinnable{
  private int skin;    // 스킨

  // 생성자
  public SkinnableRobotPet(String name, String masterName, int skin) {
    super(name, masterName);      // 슈퍼 클래스의 생성자
    this.skin = skin;
  }

  // 스킨 변경
  public void changeSkin(int skin) {
    this.skin = skin;
  }
  // 현재의 스킨을 표시
  public void printSkin() {
    switch (skin) {
    case BLACK:  System.out.print("검정"); break;
    case RED:    System.out.print("빨강"); break;
    case GREEN:  System.out.print("초록"); break;
    case BLUE:   System.out.print("파랑"); break;
    case YELLOW: System.out.print("노랑"); break;
    }
  }
}
```

클래스의 파생과 인터페이스 구현

스킨 변경 가능한 로봇 애완견 클래스 SkinnableRobotPet는 앞 문제서 작성한 사각형이나 평행 사변형 클래스와 마찬가지로 extend를 통해 클래스를 상속하고 implements를 통해 인터페이스를 구현한다(그림 14-6). RobotPet 클래스로부터 파생한 후 Skinnable 인터페이스을 구현한다.

그림 14-6 스킨 변경 가능한 로봇 애완견 클래스

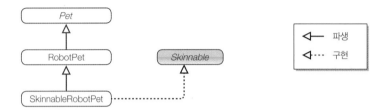

클래스 선언 내에선 필드 skin과 생성자, 2개의 메서드를 정의한다.

필드

스킨을 나타내기 위한 필드가 skin이다.

생성자

애완견 이름과 주인 이름 설정을 슈퍼 클래스 RobotPet의 생성자에게 위임한다. 인수로 받은 스킨을 필드 skin에 설정한다.

changeSkin 메서드

인수에 지정한 스킨으로 변경한다.

printSkin 메서드

현재 스킨을 표시한다.

SkinnableRobotPetTester는 스킨 변경 가능한 로봇 애완견형 클래스 SkinnableRobotPet을 이용하는 프로그램 예이다.

```java
//스킨 변경 가능한 로봇 애완견형 크래스 SkinnableRobotPet 사용 예
public class SkinnableRobotPetTester {
  // p가 참조하는 인스턴스에 자기 소개를 시킨다
  static void intro(Pet p) {
    p.introduce();
  }
```

```java
public static void main(String[] args) {
    Pet[] a = {
        new Pet("Kurt", "아이"),
        new RobotPet("R2D2", "루크"),
        new SkinnableRobotPet("OSX5", "Apple", Skinnable.YELLOW),
        new Pet("마이클", "영남"),
    };

    for (Pet p : a) {
        intro(p); // p가 참조하는 인스턴스에 자기 소개를 시킨다
        // p의 참조 대상이 SkinnableRobotPet이면…
        if (p instanceof SkinnableRobotPet) {              ❶
            System.out.print("스킨은 ");
            ((SkinnableRobotPet)p).printSkin();
            System.out.println("입니다.");
        }
        System.out.println();
    }
}
```

```
실행 결과
■나의 이름은 Kurt입니다.
■주인님의 이름은 아이입니다.
◇나는 로봇! 이름은 R2D2.
◇주인님의 이름은 루크。

◇나는 로봇! 이름은 OSX5.
◇주인님의 이름은 Apple。
스킨은 노랑입니다.

■나의 이름은 마이클입니다.
■주인님의 이름은 영남입니다.
```

intro 메서드는 입력 받은 매개 변수인 p의 introduce 메서드를 실행하는 것이다. 매개 변수 p는 Pet형이므로 Pet 클래스형의 인스턴스 참조뿐만 아니라 하위 클래스인 RobotPet형이나 SkinnableRobotPet형 인스턴스 참조도 받을 수 있다.

main 메서드에선 Pet, RobotPet, SkinnableRobotPet형의 인스턴스가 혼재하는 배열을 생성하며, 각 인스턴스의 참조를 intro 메서드가 전달한다. 요소의 형에 따라 introduce 메서드가 호출된다. ❶에서 하는 것은 p의 참조 위치가 SkinnableRobotPet형 인스턴스인 경우에만 스킨을 표시한다. instanceof 연산자를 사용해서 참조 대상 형을 확인하며 SkinnableRobotPet형인 것을 확인하면 p를 해당 형으로 캐스트한 후에 스킨을 표시하기 위한 printSkin을 호출한다.

스킨 변경이 가능하고 탈착이 가능한 헤드마운트 디스플레이 클래스 HeadMountedDisplay를 작성하자. 인터페이스인 Wearable[문제 14-1]과 Skinnable[문제 14-2]를 구현할 것.

```java
// 헤드마운트 디스플레이 클래스
public class HeadMountedDisplay implements Wearable, Skinnable {
    private int skin; //      스킨

    // 착용
    public void putOn() {
        System.out.println("디스플레이를 착용했습니다.");
    }

    // 해제
    public void putOff() {
        System.out.println("디스플레이를 벗었습니다。");
    }

    // 스킨 변경
    public void changeSkin(int skin) {
        this.skin = skin;
    }

    // 현재 스킨 표시
    public void putSkin() {
        switch (skin) {
        case BLACK:  System.out.println("BLACK DISPLAY");     break;
        case RED:    System.out.println("RED DISPLAY");       break;
        case GREEN:  System.out.println("GREEN DISPLAY");     break;
        case BLUE:   System.out.println("BLUE DISPLAY");      break;
        case YELLOW: System.out.println("YELLOW DISPLAY");    break;
        }
    }
}
```

복수의 인터페이스 구현

클래스의 파생과 인터페이스 구현의 가장 큰 차이점은 복수의 클래스/인터페이스를 동시에 상속/구현할 수 있는지이다. 클래스 파생이 단일 상속만 인정하는 것과는 달리(여러 클래스를 슈퍼 클래스로 지정할 수 없다), 인터페이스는 복수의 인터페이스를 구현할 수 있다. 즉, 여러 그룹에 소속돼서 복수의 '친구 관계'를 만들 수 있는 것이다. 여러 명의 '혈연관계'를 맺을 수 없는 것(다중 상속할 수 없음)과는 대조적이다.

[그림 14-7]은 복수의 인터페이스 구현을 일반화해서 보여준다. 클래스 선언 시에는 implements 뒤에 구현할 인터페이스를 쉼표로 연결해서 나열한다. 물론 A 클래스에선 2개의 인터페이스 B와 C의 메서드를 모두 구현해야 한다. 모두 구현하지 않으면 A 클래스는 추상 클래스로 선언한다.

HeadMountedDisplay 클래스는 인터페이스 Wearable과 Skinnable 양쪽을 구현한다. [그림 14-8]은 이들의 인터페이스와 클래스 관계를 보여준다. HeadMountedDisplay 클래스에선 인터페이스 Wearble의 메서드 putOn과 putOff, 그리고 인터페이스 Skinnable의 메서드 changeSkin을 구현한다.

HeadMountedDisplay 클래스를 사용한 프로그램 예가 HeadMoutedDisplayTester이다.

그림 14-7 복수의 인터페이스 구현

이 클래스는 인터페이스 B와 C를 동시에 '구현'한다.

```
class A implements B , C {

    // 인터페이스 B의 메서드

    // 인터페이스 C의 메서드

}
```

그림 14-8 복수의 인터페이스 구현

2개의 인터페이스 구현

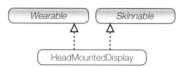

```
//헤드마운트 디스플레이 클래스 사용 예
public class HeadMountedDisplayTester {
  public static void main(String[] args) {
    HeadMountedDisplay hmd = new HeadMountedDisplay();
    hmd.putOn();      // 착용
    hmd.putOff();     // 해제
    hmd.changeSkin(Skinnable.YELLOW);    // 스킨 변경
    hmd.putSkin();    // 스킨 표시

    Wearable w = hmd;
    w.putOn();        // 착용
    w.putOff();       // 해제

    Skinnable s = hmd;
    s.changeSkin(Skinnable.BLACK);       // 스킨 변경

    hmd.putSkin();    // 스킨 표시
  }
}
```

실행 결과
```
디스플레이를 착용했습니다.
디스플레이를 벗었습니다.
YELLOW DISPLAY
디스플레이를 착용했습니다.
디스플레이를 벗었습니다.
BLACK DISPLAY
```

이 프로그램에선 HeadMountedDisplay 클래스형의 인스턴스를 1개만 생성한다. HeadMountedDisplay 클래스형의 변수 hmd, Wearable형의 변수 w, Skinnable형의 변수 s는, 모두 생성된 동일 인스턴스를 참조한다. 변수 hmd, w, s의 형이 각각 다르므로 해당 형에서 호출 가능한 메서드만 호출한다.

문제 14-6

아래에 있는 DVDPlayers 클래스를 사용한 프로그램 예를 작성하자.

```java
// 플레이어 인터페이스 Players
public interface Players {
    void play();      // 재생
    void stop();      // 정지
}
```

```java
//확장 플레이어 인터페이스(느린 재생 기능 추가) ExPlayer
public interface ExPlayer extends Players {      •
    void slow();   // 느린 재생
}
```

> 인터페이스로 Players로부터 상속

```java
// DVD 플레이어 클래스 DVDPlayer
public class DVDPlayer implements ExPlayer {
    public void play() {                        // 재생
        System.out.println("■DVD 재생 시작!");
    }
    public void stop() {                        // 정지
        System.out.println("■DVD 재생 종료!");
    }
    public void slow() {                        // ●느린 재생
        System.out.println("■DVD 느린 재생 시작!");
    }
}
```

인터페이스 파생

비디오 플레이어, CD 플레이어, DVD 플레이어 등의 재생 장치는 '재생'이나 '정지' 등을 조작할 수 있다. 플레이어 내에서의 실제 동작은 플레이어마다 다르지만, 리모컨에 '재생 버튼'과 '정지 버튼'이 있다는 것은 같다. Players 인터페이스는 추상 메서드인 play와 stop 버튼을 가진다.

클래스가 파생에 의해 자원을 상속하는 것처럼 인터페이스도 파생을 통한 자원 상속이 가능하다. 즉, 기존 리모컨의 설계도를 바탕으로 더 향상된 리모컨 설계도를 만들 수 있는 것이다.

Players 리모컨의 자원을 상속하고 '느린 재생' 버튼을 추가한 것이 ExPlayer 리모컨이다. [그림 14-9]에 있는 것이 이 파생 처리를 보여준다. 인터페이스 ExPlayer는 Players의 자원인 play 버튼과 stop 버튼을 그대로 상속한다. 새롭게 추가된 것은 느린 재싱을 위한 slow 버튼이다.

인터페이스 선언 시에는 'extends 파생할 인터페이스명'으로 선언해야 하며, 인터페이스 본체에선 추가할 메서드나 필드만 선언한다. 클래스의 파생과 마찬가지로 인터페이스 파생에선 부자 관계가 성립한다. 파생 기준이 되는 인터페이스를 슈퍼 인터페이스super interface라고 하고 파생에 의해 만들어진 인터페이스를 서브 인터페이스sub interface라고 한다.

복수의 슈퍼 인터페이스를 가지는 인터페이스를 만들 수 없다. 인터페이스도 클래스와 마찬가지로 다중 상속할 수 없다.

```
// DVD 플레이어 클래스 사용 예
class DVDPlayerTester {
  public static void main(String[] args) {
    DVDPlayer a = new DVDPlayer();
    Players b = new DVDPlayer();
    ExPlayer c = new DVDPlayer();

    System.out.println("DVDPlayer형 변수a");
    a.play();    // 재생
    a.stop();    // 정지
    a.slow();    // 느린 재생

    System.out.println("Player형 변수b");
    b.play();       // 재생
    b.stop();       // 정지

    System.out.println("ExPlayer형 변수c");
    c.play();    // 재생
    c.stop();    // 정지
    c.slow();    // 느린 재생
  }
}
```

실행 결과
```
DVDPlayer형 변수a
■DVD 재생 시작!
■DVD 재생 종료!
■DVD 느린 재생 시작!
Player형 변수b
■DVD 재생 시작!
■DVD 재생 종료!
ExPlayer형 변수c
■DVD 재생 시작!
■DVD 재생 종료!
■DVD 느린 재생 시작!
```

ExPlayer 인터페이스는 파생 기준으로부터 상속한 것을 포함해서 3개의 추상 메서드를 가진다. 따라서 인터페이스 구현 시에는 이 메서드들을 모두 구현해야 한다. ExPlayer 인터페이스를 구현하는 DVDPlayer 클래스는 3개의 메서드를 모두 오버라이드해서 구현한다.

DVDPlayer 클래스를 이용한 프로그램이 DVDPlayerTester이다. 인터페이스 Player형의 변수, 인터페이스 ExPlayer형의 변수, 클래스 DVDPlayer형의 변수 모두 DVDPlayer형의 인스턴스를 참조할 수 있다. 단, Players형의 변수를 통해서 slow 메서드를 호출할 수 없다.

그림 14-9 인터페이스의 파생

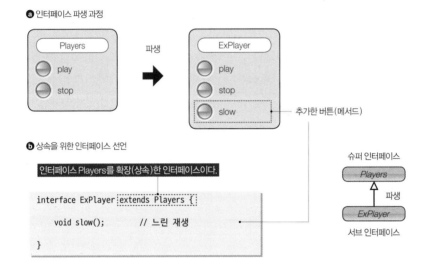

- 인터페이스 내에서 선언한 멤버에는 정해진 속성을 부여할 수 있다. 메서드의 속성은 abstract 및 ⬚(1) 이고, 필드의 속성은 ⬚(1) 및 ⬚(2) 이자 ⬚(3) 이다. 인터페이스 자체에는 고정 속성으로 ⬚(1) 을 부여 ⬚(4) .

  (4)의 보기: (a)할 수 있다　　(b)할 수 없다

- 맞는 것에 O을 틀린 것에 X를 기입하자.

  ⬚(5) : 인터페이스 내에서 선언하는 메서드는 반드시 처리 내용을 정의해야 한다.

  ⬚(6) : 인터페이스의 이름의 접미어로 ~able를 사용해야만 한다.

  ⬚(7) : 단일 인터페이스로부터 인터페이스를 상속할 수 있다.

  ⬚(8) : 복수의 인터페이스로부터 인터페이스를 상속할 수 있다.

  ⬚(9) : 단일 클래스로부터 상속과 단일 인터페이스로의 구현을 동시에 할 수 있다.

  ⬚(10) : 복수의 인터페이스를 구현할 수 있다.

  ⬚(11) : 인터페이스형의 변수를 만들 수 있다.

  ⬚(12) : 인터페이스형의 인스턴스를 생성할 수 있다.

  ⬚(13) : 인터페이스형의 변수는 그것을 구현한 클래스의 인스턴스를 참조할 수 있다.

  ⬚(14) : 인터페이스형의 변수에 instanceof 연산자를 적용할 수 없다.

  ⬚(15) : 인터페이스를 구현할 때는 키워드 extends를 사용한다.

  ⬚(16) : 인터페이스를 구현한 클래스에선 구현할 메서드에 public 속성을 부여해도 되고 안 해도 된다.

  ⬚(17) : 인터페이스를 구현한 클래에선 모든 메서드를 정의하지 않으면 해당 클래스는 추상 클래스로 선언해야 한다.

  ⬚(18) : 슈퍼 클래스의 메서드를 오버라이드한 메서드 호출이 동적 결합으로 이루어지는 반면, 인터페이스의 메서드를 오버라이드한 메서드의 호출은 정적 결합으로 이루어진다.

  ⬚(19) : 인터페이스를 구현하는 클래스에선 인터페이스에서 선언된 필드를 반드시 "인터페이스명. 필드명" 형식으로 접근해야 한다.

  ⬚(20) : 데이터 은닉을 위해선 인터페이스에서 정의하는 필드는 원칙적으로 비공개 접근성을 부여해야 한다.

  ⬚(21) : 인터페이스형은 참조형의 일종이다.

- 다음은 변경 가능한 웨어러블 로봇 클래스와 테스트 프로그램이다.

```
// 웨어러블 인터페이스
  (22)    Wearable {
  void putOn();    // 입기
  void putOff();   // 벗기
}
```

```
// 색칠 인터페이스
  (23)    Colorable {
  int RED   = 1;   // 빨강
  int GREEN = 2;   // 초록
  int BLUE  = 3;   // 파랑
  void changeColor(int color);    // 색 변경
}
```

```
//--- 웨어러블 컴퓨터 클래스 ---//
class WearableComputer [ (24) ] Wearable {
  private String name;     // 이름
  [ (25) ] (String name) { this.name = name; }
  [ (26) ] void putOn()  { System.out.println(name + " ON!!"); }
  [ (27) ] void putOff() { System.out.println(name + " OFF!!"); }
}
```

```
//--- 스킨 변경 가능한 웨어러블 로봇 클래스 ---//
class WearableRobot [ (28) ] Wearable, [ (29) ] {
  private int color;     // 색
  WearableRobot(int color) { [ (30) ] (color); }
  [ (31) ] void changeColor(int color) { [ (32) ] .color = color; }
  [ (33) ] String toString [ (34) ] {
    [ (35) ] (color) {
      [ (36) ] RED   : return "빨강 로봇";
      [ (37) ] GREEN : return "초록 로봇";
      [ (38) ] BLUE  : return "파랑 로봇";
    }
    return "로봇";
  }
  [ (39) ] void putOn()  { System.out.println( [ (40) ] + " 착용!!"); }
  [ (41) ] void putOff() { System.out.println( [ (42) ] + " 해제!!"); }
}
```

```
//--- 테스트 ---//
class Test {
  public static void main(String[] args) {
    [ (43) ] [] w = {
      new WearableComputer("HAL"),
      new WearableRobot(Colorable.RED),
      new WearableRobot(Colorable.GREEN),
    };
    [ (44) ] (Wearable k [ (45) ] w) {
      [ (46) ] .putOn();
      [ (47) ] .putOff();
      System.out.println();
    }
  }
}
```

```
HAL ON!!
HAL OFF!!
빨강 로봇 착용!!
빨강 로봇 해제!!
초록 로봇 착용!!
초록 로봇 해제!!
```

15장

문자와 문자열

사람과 프로그램 간에 정보를 교환할 때 필요한 문자와
문자열을 학습한다. 문자는 char형으로 표현하고
문자열은 String형으로 표현한다.

· char형
· 문자와 문자 리터럴
· 유니코드(Unicode)와 ASCII 코드, 유니코드 확장
· String형
· 문자열과 문자열 리터럴
· 문자열 배열
· 커맨드라인 인수

문자와 문자 코드를 이용해서 영문, 숫자 및 기호를 표시하자.

```
//영문, 숫자와 기호를 문자와 문자 코드로 표시
class PrintAscii {
  public static void main(String[] args) {
    for (char i =0x21; i <= 0x7E; i++)
      System.out.printf("%c %04x\n", i, (int)i);
  }
}
```

실행 결과
! 0021
" 0022
0023
…중략…
} 007d
~ 007e

유니코드(Unicode)와 ASCII 코드

사람이 글자와 발음 등으로 문자를 식별하는 것과는 달리 프로그램은 각 문자에 부여된 정숫값인 '코드'를 통해 문자를 식별한다.

유니코드

자바가 사용하는 문자 코드는 다음 방침을 기준으로 만들어진 유니코드이다.

· 모든 문자에 고유 번호를 부여한다   · 플랫폼에 의존하지 않는다.
· 프로그램에 의존하지 않는다.   · 언어에 의존하지 않는다.

각 문자는 기본적으로 16비트로 표현되며 문자 코드값은 0~65,535이다. 16비트로 표현되는 것은 기본 다국어 평면 basic multilingual plane 문자로 제한한다. 자바에서 16비트로 표현할 수 없는 보조 문자는 2개의 char를 조합해서 표현한다.

ASCII 코드

유니코드의 선두 128문자는 미국에서 고안돼서 오랜 시간 동안 사용돼온 ASCII 코드와 일치한다. [표 15-1]에 있는 것이 ASCII 코드표이다. 이 표에선 백스페이스, 탭 등의 문자를 자바의 확장 표기(\b나 \t 등)로 표기한다.

표의 0~F는 16진수 표기의 각 자릿수 값이다. 다음에 있는 것이 코드의 한 예이다.

```
'R' ---- 0x52
'g' ---- 0x67
```

표 15-1 ASCII 코드표

	0	1	2	3	4	5	6	7	← 상위
0				0	@	P	'	p	
1			!	1	A	Q	a	q	
2			"	2	B	R	b	r	
3			#	3	C	S	c	s	
4			$	4	D	T	d	t	
5			%	5	E	U	e	u	
6			&	6	F	V	f	v	
7			'	7	G	W	g	w	
8	\b		(	8	H	X	h	x	
9	\t		)	9	I	Y	i	y	
A	\n		*	:	J	Z	j	z	
B	\v		+	;	K	[	k	{	
C	\f		,	<	L	¥	l	|	
D	\r		-	=	M	]	m	}	
E			.	>	N	^	n		
F			/	?	O	_	o		

↓ 하위

즉, 이 표에 있는 문자 코드는 2자릿수의 16진수로 나타내면 0x00~0x7F이며 10진수에선 0~127이다. 숫자 문자 '1'의 문자 코드는 16진수는 0x31, 10진수는 1이 아닌 49이다. 숫자와 숫자 문자를 혼동하지 않도록 주의하자.

char형

PrintAscii 프로그램은 0x21부터 0x7E까지의 코드 문자를 표시한다. for문에선 char형의 변수 i가 0x21로 초기화되고 그 값이 0x7E 이하인 동안 반복한다. 문자를 나타내는 char형은 내부가 16비트이고 0~65,535인 값을 의미한다. 변수 i에 (문자가 아닌) 정숫값을 넣을 수 있는 것은, char형이 일종의 정수형이기 때문이다. 문자 코드 0x21의 문자는 '!'이고 0x7E는 '~'이므로 이 프로그램의 for문은 다음과 같이 표현할 수 있다.

```
for (char i ='!'; i <= '~'; i++)
    System.out.printf("%c %04x\n", i, (int)i);
```

'!'처럼 단인 인용 부호로 문자를 감싼 것을 문자 리터럴char literal이라 한다. 문자 리터럴의 예를 아래에 정리했다.

```
'A' : 알파벳 "A"              '字' : 한자의 "자"
'\'' : 단일 인용 부호          '\n' : 줄 바꿈 문자
```

for문의 루프 내에선 형식 문자열 "%c"로 i를 "문자"로 표시하고, %04x는 int형으로 캐스트한 i를 "4자리의 16진수"로 표시한다.

유니코드 확장(Unicode escape)

5장에서 배운 유니코드 확장은 \u 다음에 4자리의 16진수를 사용해 문자를 나타내는 표기 방법이다. 위에서 본 4개의 문자를 유니코드 확장으로 표기하면 다음과 같다(16진수의 a~f는 대문자 A~F를 사용할 수 있다).

```
\u0041    알파벳 "A": ASCII 코드는 16진수로 0x41
\u5b57    한자의 "자(字)"
\u0060    단일 인용 부호
\u000a    줄 바꿈 문자
```

ASCII 코드에 포함되는 문자의 경우는 [표 15-1]에 있는 2자리 16진수 코드 앞에 \u00을 붙이면 유니코드 확장이 된다. 프로그램의 컴파일 첫 단계에서 유니코드 확장은 해당하는 문자로 치환된다.

따라서 다음 프로그램은 컴파일 오류가 발생한다.

```
System.out.println("ABC\u000aDEF");
```

왜냐하면 실질적인 컴파일 작업을 하기 전 단계에서 다음과 같이 \u000a가 실제 줄 바꿈 문자로 치환돼 버리기 때문이다.

```
System.out.println("ABC
DEF");
```

유니코드 확장은 단순히 8진 확장 표기의 기수를 8에서 16으로 바꾸는 것이 아니다. 외국어의 문자나 특수한 기호 등을 표현할 필요가 있을 때만 사용하는 것이 원칙이다. 줄 바꿈 문자나 백스페이스 문자를 \u000a나 \u000d로 표기해서는 안 된다.

유니코드 확장에선 \ 뒤에 여러 개의 u를 둘 수 있다. 예를 들어 알파벳 A는 \uu0041이나 \uu0041이라고 표기할 수 있다(컴파일 과정에서 치환된 문자와 그렇지 않은 문자를 구별하기 위한 문법상의 사양이다).

String형의 문자열을 생성하는 프로그램을 작성하자. 생성은 여러 가지 방법을 사용할 것.

```java
// 문자열 생성
import java.util.Scanner;

class StringConstructor {
  public static void main(String[] args) {
    Scanner stdIn = new Scanner(System.in);

    char[] c = {'A', 'B', 'C', 'D', 'E', 'F', 'G', 'H', 'I', 'J'};
    String s1 = "ABC";              // 문자열 리터럴로 초기화
    String s2 = new String();       // String()
    String s3 = new String(c);      // String(char[])
    String s4 = new String(c, 5, 3);  // String(char[], int, int)
    String s5 = new String("XYZ");  // String(String)

    System.out.print("문자열:");
    String s6 = stdIn.next();

    System.out.println("s1 = " + s1);
    System.out.println("s2 = " + s2);
    System.out.println("s3 = " + s3);
    System.out.println("s4 = " + s4);
    System.out.println("s5 = " + s5);
    System.out.println("s6 = " + s6);
  }
}
```

```
실행 예
문자열:HAL
s1 = ABC
s2 =
s3 = ABCDEFGHIJ
s4 = FGH
s5 = XYZ
s6 = HAL
```

String형의 생성자

String형의 문자열을 생성하는 프로그램이다. String형은 기본형(int형이나 double형 등의 내장형)이 아닌 java.lang 패키지에 소속된 클래스이다.

변수 s1: 문자열 리터럴로 초기화

변수 s1의 초깃값은 문자열 리터럴 "ABC"이다. 1장에서 '문자의 나열'이라고 학습한 문자열 리터럴의 정체는, 컴파일러에 의해 자동으로 생성되는 '문자의 나열을 내부에 지니는 String형 인스턴스'를 참조하는 것이다. String 클래스는 문자열을 저장하기 위한 문자의 배열이나 문자 수를 나타내는 필드 등을 내부에 지닌다. 따라서 변수 s1과 그에 의해 참조되는 인스턴스는 관계는 [그림

15-1**ⓐ**]처럼 된다.

인스턴스 안에 final char[]형의 필드가 있고, 배열의 선두 요소로부터 순서대로 문자 'A', 'B', 'C'가 저장돼 있다. 또한, 문자 수를 나타내는 final int형 필드가 있고 문자 수인 3이 저장돼 있다. 이외에도 몇 개의 필드가 있지만, 이 그림에선 생략한다.

문자열 리터럴용 인스턴스는 컴파일러에 의해 자동으로 생성된다. 변수 s1은 이 인스턴스의 참조로 초기화되므로 명시적으로 new 연산자로 인스턴스를 생성할 필요가 없다.

그림 15-1 String형 변수와 인스턴스

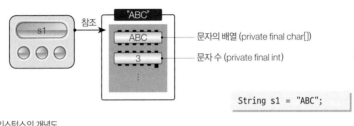

ⓐ String형 변수와 인스턴스

참조

"ABC"

ABC ········ 문자의 배열 (private final char[])

3 ········ 문자 수 (private final int)

```
String s1 = "ABC";
```

ⓑ String형 변수와 인스턴스의 개념도

참조

s1 → A B C

변수

▶ 이후부터는 지면 절약을 위해서 [그림 15-1**ⓑ**]처럼 클래스형 변수와 인스턴스를 모두 단순한 상자로 표기한다.

변수 s2: 생성자 String()

0개의 문자로 구성되는 빈 문자열을 생성한다(문자 수 0인 문자열이 생성되는 것으로 아무것도 생성되지 않는 것은 아니니 주의하자).

변수 s3: 생성자 String(char[])

char형의 배열 c에 포함되는 모든 문자 'A', 'B', …, 'J'를 가지고 문자열을 생성한다. s3가 참조하는 문자열은 "ABCDEFGHIJ"가 된다.

변수 s4: 생성자 String(chart[], int, int)

char형의 배열 c에서 5번째 요소부터 3개의 연속 문자 'F', 'G', 'H'를 사용해 문자열을 생성한다. s4가 참조하는 문자열은 "FGH"가 된다.

변수 s5: 생성자 String(String)

여기서 사용하는 생성자는 복사 생성자이다. 문자열 리터럴 "XYZ"과 동일한 문자열을 신규로 생성하며 그것을 s5가 참조한다.

변수 s6: next 메서드 호출

메서드 `next()` 또는 `nextLine()`을 사용해서 문자열을 입력받는 방법은 2장에서 배웠다. 이 메서드들은 키보드를 통해 읽은 문자열을 내부에 지니고 있는 String형 인스턴스를 새롭게 생성하고, 그 인스턴스의 참조를 반환한다.

따라서 읽은 문자열(실행 예에선 "HAL")을 저장한 String형 인스턴스의 참조가 반환되고 그 참조를 변수 s6가 저장하는 것이다. 변수 s1의 경우와 마찬가지로 생성자를 명시적으로 호출하지 않는 것에 주의하자.

String형 변수가 null 참조 또는 빈 문자열 대입 그리고 다른 String형 변수가 참조하는 문자열을 대입하는
경우 어떻게 되는지 프로그램을 작성해 비교해보자.

```java
// 문자열과 null 참조, 빈 문자열, 다른 String형 변수가 참조하는 문자열을 참조
class StringTester {
  public static void main(String[] args) {
    String s1 = null;      // null참조(참조하지 않는다)
    String s2 = "";        // ""을 참조
    String s3 = "ABC";     // "ABC"를 참조
    String s4 = "ABC";     // "ABC"를 참조
    String s5 = "ABC";     // "ABC"를 참조
    s5 = "XYZ";

    System.out.println("문자열 s1 = " + s1);
    System.out.println("문자열 s2 = " + s2);
    System.out.println("문자열 s3 = " + s3);
    System.out.println("문자열 s4 = " + s4);
    System.out.println("문자열 s5 = " + s5);
    System.out.println("s3와 s4는 같은 문자열 리터럴을 참조" +
                       ((s3 == s4) ? "하고 있다." : "하고 있지 않다."));
  }
}
```

```
실행 결과
문자열 s1 = null
문자열 s2 =
문자열 s3 = ABC
문자열 s4 = ABC
문자열 s5 = XYZ
s3와 s4는 같은 문자열 리터럴을 참조하고 있다.
```

String형 변수의 참조 대상

이 프로그램에서 String형 변수는 명시적으로 생성자를 호출하지 않고 초기화한다.

s1: null 참조에 의한 초기화

변수 s1는 null(빈 참조를 나타내는 리터럴)로 초기화돼 있으므로 참조 대상이 없다(그림 15-2ⓐ).
null 참조의 출력에 의해 'null'이 표시된다는 것은 [문제 6-17]에서 배웠다.

s2: 빈 문자열에 의한 초기화

변수 s2는 구성 문자가 0개인 문자열을 참조한다(그림 15-2ⓑ). 실행 결과가 보여주듯이 빈 문자
열을 출력해도 아무것도 표시되지 않는다. null 참조인 s1과 빈 문자열을 참조하는 s2의 차이는, 다
음 문제에서 배울 문자열 길이(문자 수)를 가져오는 String.length 메서드를 호출해서 간단히 확
인할 수 있다.

```java
System.out.println("문자열 s1의 길이 = " + s1.length());
```

이것을 실행하면 "**java.lang.NullPointerException**" 오류가 발생한다. 참조 대상이 없으므로 문자열 길이를 확인할 수 없기 때문이다. 또한,

```
System.out.println("문자열 s2의 길이 = " = s2.length());
```

를 실행하면, "문자열 s2의 길이 = 0"이라고 표시된다. 컴파일러에 의해 자동 생성되는 인스턴스 안의 필드(문자 수를 나타내는)에 0이 저장돼 있기 때문이다.

s3: 문자열 리터럴에 의한 초기화

변수 s3는 문자열 리터럴 "ABC"로 초기화한다(그림 15-2ⓒ). 이것은 앞 문제의 s1과 동일한 것이다.

s4: 다른 String형 변수가 참조하는 것과 동일한 문자열 리터럴로 초기화

초깃값으로 주어진 문자열 리터럴 "ABC"는 변수 s3의 초깃값과 같다. (s3 == s4) 부분은 변수 s3와 s4가 참조하는 문자열 리터럴의 인스턴스가 동일한지 판정하는 부분이다. 실행 결과로부터 s3==s4를 평가한 값이 **true**라는 것을 알 수 있다. [그림 15-2ⓒ, ⓓ]에 있는 것처럼 동일한 문자열은 동일 String형의 인스턴스를 참조한다고 볼 수 있다.

그림 15-2 String형 변수와 인스턴스

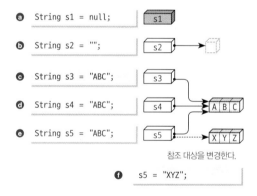

s5: 문자열 리터럴의 대입

변수 s5는 일단 "ABC"로 초기화한 후에 "XYZ"를 다시 대입한다. 대입에 의해 문자열의 내용이 "ABC"에서 "XYZ"로 변경된 것은 아니다. 단순히 "XYZ"의 참조가 s5에 대입된 것이다. 즉, 대입에 의해 [그림 15-2ⓔ]에서 [그림 15-2ⓕ]로 변화한다(s5의 참조가 실선에서 점선으로 바뀐다).

문자열의 인턴(intern)

1. 동일 문자열 리터럴은 동일 String형 인스턴스의 참조가 된다.

2. 상수 식으로 생성된 문자열은 컴파일 시에 계산돼서 리터럴처럼 처리된다.

3. 실행 시에 생성되는 문자열은 신규로 생성됐다고 인식된다.

4. 실행 시에 생성되는 문자열을 명시적으로 인턴하면, 그 결과는 내용을 보유하고 있는 기존 문자열 리터럴과 같게된다.

'인턴'이라는 처리를 하면, 별개로 존재하던 동일 내용의 문자열이 동일 문자열로 집약된다. 다음 프로그램을 보자.

```
String s = "DEF";
String s1 = "ABC" + s;
String s2 = "ABC" + s;
s1 = s1.intern();   •·········❶
s2 = s2.intern();   •·········❷
```

생성된 s1과 s2가 참조하는 문자열은 모두 "ABCDEF"이다. 하지만 두 변수는 개별적으로 만들어졌기 때문에 서로 다른 String형 인스턴스를 참조한다. 하지만 ❶, ❷와 같이 인턴한 후에는 동일 인스턴스로 집약되기 때문에 s1과 s2의 참조 대상이 같아진다.

문제 15-4

문자열을 읽어서 그 문자열을 역순으로 표시하는 프로그램을 작성하자.

```java
// 문자열을 한 문자씩 역순으로 표시
import java.util.Scanner;

class ScanStringRev {
    public static void main(String[] args) {
        Scanner stdIn = new Scanner(System.in);

        System.out.print("문자열:");
        String s = stdIn.next();

        System.out.print("반대로 읽으면 ");
        for (int i = s.length() - 1; i >=0; i--)    ●·········❶
            System.out.print(s.charAt(i));
        System.out.println("입니다.");
    }
}
```

실행 예

```
문자열:AB가나
반대로 읽으면 나가BA입니다.
```

문자열 길이를 구하는 방법과 일이의 문자 접근

읽은 문자열 내의 문자를 뒤에서부터 앞으로 한 문자씩 읽어서 표시하는 프로그램이다. 이 프로그램에선 String형의 메서드를 2개 호출한다. 이 메서드는 다음 페이지의 [그림 15-3]를 보면서 확인해보도록 하자.

length 메서드: 문자 수를 확인한다

문자열의 길이(즉, 문자열에 포함된 문자의 수)를 확인하는 메서드이다. 인수를 받지 않으므로 다음과 같은 형식으로 호출한다.

변수명.length()

이 메서드는 문자열의 길이를 int형 값으로 반환한다. 배열의 구성 요소 수를 확인하는 '배열명.lenght'와 혼동하지 말자. 배열의 length 뒤에는 ( )를 붙이지 않는다. 이때 length는 클래스의 final int형 필드에 해당하기 때문이다.

charAt 메서드: 문자열 안의 문자를 확인한다

문자열 안의 임의의 위치의 문자를 확인하는 메서드이다. n번째 문자(배열의 인덱스와 마찬가지로

0번째부터 센다)는 다음과 같은 형식으로 가져온다.

변수명.charAt(n)

반환값의 형은 char형이다.

❶은 for문에선 문자열을 뒤에서부터 앞으로 확인하기 위해 변수 i값을 s.length()-1부터 0까지 감소시킨다. 이 과정에서 s.charAt(i)에 의해 가져온 문자를 표시한다.

문자열을 읽어서 포함된 모든 문자의 문자 코드를 표시하자.

```
// 문자열을 한 글자씩 확인해서 문자 코드로 표시
import java.util.Scanner;

class StringCode {
  public static void main(String[] args) {
    Scanner stdIn = new Scanner(System.in);

    System.out.print("문자열s:");
    String s = stdIn.next();

    for (int i = 0; i< s.length(); i++)
      System.out.printf("s[%d] = %c %4X \n", i, s.charAt(i), (int)s.charAt(i));
  }
}
```

실행 예
```
문자열s : AB가나
s[0] = A  41
s[1] = B  42
s[2] = 가 AC00
s[3] = 나 B098
```

문자열의 길이와 임의의 문자에 접근

앞 문제와 마찬가지로 문자열 내의 문자를 한 문자씩 표시하는 프로그램이다. 단, 여기서는 순회 방향이 앞에서 뒤이다. for문에 변수 i값은 문자열을 앞에서부터 읽기 위해 s.lenght() - 1까지 증가한다(코드에선 i < s.length()로 =이 없으므로 s.lenght() - 1까지만 반복한다). 이 과정에서 s.charAt(i)를 사용해 가져온 문자를 표시하며 문자 코드를 함께 표시한다.

그림 15-3 문자열의 길이와 임의의 문자

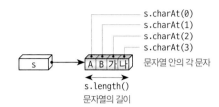

컴파일러와 유니코드

자바를 개발하거나 실행하는 환경(윈도우, 리눅스 등)에서 유니코드 이외의 문자 코드도 사용할 수 있다. 이때 자바의 컴파일러가 자동으로 문자 코드를 변환한 후에 컴파일 작업을 하기 때문에 문자 코드의 차이에 대해서 크게 의식할 필요는 없다.

문자열 s1 안에 문자열 s2가 포함됐는지 확인하는 프로그램을 작성하자. 포함돼 있지 않으면 "s1 안에 s2가 포함돼 있지 않습니다."고 표시하고, 포함된 경우는 일치하는 부분을 위아래 정렬되도록 가로로 표시할 것.

```java
// 문자열 탐색
import java.util.Scanner;

class SearchString {
    public static void main(String[] args) {
        Scanner stdIn = new Scanner(System.in);

        System.out.print("문자열 s1:");  String s1 = stdIn.next();
        System.out.print("문자열 s2:");  String s2 = stdIn.next();

        // s1에 s2가 포함되어 있는가?
        int idx = s1.indexOf(s2);
        if (idx == -1)
            System.out.println("s1 안에 s2가 포함돼 있지 않습니다.");
        else {
            System.out.println(s1);
            for (int i =0;i < idx; i++)
                System.out.print(' ');    ●────────────────❶
            System.out.println(s2);
        }
    }
}
```

```
실행 예
문자열 s1:ABCDEFGHI
문자열 s2:EFG
ABCDEFGHI
    EFG
```

문자열에서 특정 문자열 탐색

indexOf 메서드: 문자열 내에 포함된 문자열을 탐색한다

인수에 지정한 문자열이 포함되었는지 확인하는 메서드이다. 포함돼 있지 않으면 -1를 반환하고 포함돼 있으면 그 '위치'를 반환한다. 위치는 앞에서부터 0, 1, … 순의 값이다. 다음과 같은 형식으로 호출한다.

변수명.indexOf(s)

실행 예에선 s1.indexOf(s2)는 4를 반환한다(그림 15-4❹). ❶에서 4개의 공백 문자를 표시하므로 "EFG"는 5번째 위치에서 표시된다.

그림 15-4 indexOf 메서드를 사용한 문자열 탐색

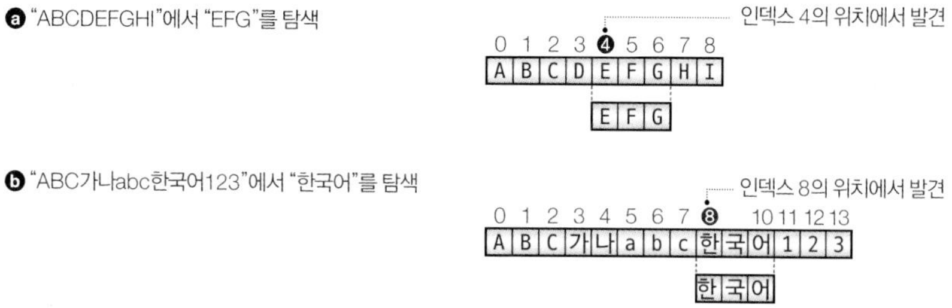

ⓐ "ABCDEFGHI"에서 "EFG"를 탐색

인덱스 4의 위치에서 발견

```
0 1 2 3 ❹ 5 6 7 8
A B C D E F G H I
        E F G
```

ⓑ "ABC가나abc한국어123"에서 "한국어"를 탐색

인덱스 8의 위치에서 발견

```
0 1 2 3 4 5 6 7 ❽    10 11 12 13
A B C 가 나 a b c 한 국 어 1  2  3
              한 국 어
```

문제 15-7

키보드에서 입력한 2개의 문자열이 같은지 판정하는 프로그램을 작성하자.

```java
// 문자열 비교
import java.util.Scanner;

class CompareString {
  public static void main(String[] args) {
    Scanner stdIn = new Scanner(System.in);

    System.out.print("문자열 s1:"); String s1 = stdIn.next();
    System.out.print("문자열 s2:"); String s2 = stdIn.next();

    if (s1 == s2)
      System.out.println("s1 == s2입니다.");
    else
      System.out.println("s1 != s2입니다.");

    if (s1.equals(s2))
      System.out.println("s1과 s2의 내용이 같습니다.");
    else
      System.out.println("s1와 s2의 내용이 다릅니다.");
  }
}
```

```
실행 예
문자열 s1 : ABC
문자열 s2 : ABC
s1 != s2입니다.
s1과 s2의 내용이 같습니다.
```

문자열의 동등성 판정

문자열이 같은지를 판정하는 프로그램이다. 실행 예에선 s1과 s2 양쪽에 "ABC"를 대입한다. 동일한 문자열이지만 각 인스턴스는 별도로 생성되므로 [그림 15-5]와 같이 s1과 s2는 다른 영역상에 저장된 문자열을 참조한다. 따라서 s1 == s2의 판정은 입력된 값과 상관없이 false이다.

동일 문자열이 인스턴스를 공유하는 것은 원칙적으로 문자열 리터럴로 한정된다. 생성자 등에 의해 신규로 문자열을 생성하는 경우 그 때마다 새로운 인스턴스를 생성한다(next 메서드나 nextLine 메서드를 사용해 키보드를 통해 값을 입력받을 때도 마찬가지다).

equals 메서드: 다른 문자열과 같은지 비교

인수에 지정한 문자열과 같은지(문자열의 모든 문자가 같은지)를 확인하는 메서드이다. 다음과 같은 형식으로 호출한다.

변수명.equals(s)

문자열이 s와 같으면 true, 다르면 false를 반환한다.

그림 15–5 별도로 생성된 문자열

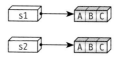

문제 15-8

두 문자열의 대소 관계를 판정하는 프로그램을 작성하자.

```java
// 문자열 비교(대소 관계)
import java.util.Scanner;

class StringCompareTo {
  public static void main(String[] args) {
    Scanner stdIn = new Scanner(System.in);

    System.out.print("문자열 s1:"); String s1 = stdIn.next();
    System.out.print("문자열 s2:"); String s2 = stdIn.next();

    int balance = s1.compareTo(s2);
    if (balance < 0)
      System.out.println("s1이 작다.");
    else if (balance > 0)
      System.out.println("s2가 작다");
    else
      System.out.println("s1과 s2가 같다.");
  }
}
```

실행 예
```
문자열 s1 : ABC
문자열 s2 : XYZ
s1이 작다.
```

문자열의 대소 관계 판정

compareTo 메서드: 다른 문자열과의 대소 관계 판정

인수에 지정한 문자열과의 대소 관계를 판정하는 메서드이다. 다음과 같은 형식으로 호출한다.

변수명.compareTo(s)

비교는 문자열의 내의 문자 유니코드를 사용한다. 주어진 문자열이 문자열 s보다 사전적(사전순)으로 앞에 있으면 음수를 반환하고, 뒤에 있으면 양수를 반환한다. 같은 경우는 0을 반환한다.

동일 인덱스상에 위치하는 문자가 모두 같은 경우

짧은 문자열이 사전적으로 앞에 있다고 판정한다. 따라서 문자열 길이의 차이, 즉 this.length() - s.lenght()를 반환한다.

문자가 다른 경우

동일한 인덱스상에 위치하는 문자가 다른 경우, 해당 문자가 있는 가장 앞 인덱스를 k라고 한다. 이 메서드는 인덱스 k상의 문자 값의 차이를 나타내므로 this.charAt(k) - s.charAt(k)를 반환한다. 다음은 s1.compareTo(s2)의 반환값 예를 보여준다.

```
s1 : "ABC"      s2 : "XYZ"      반환값 : 23
s1 : "ABC"      s2 : "ABCD"     반환값 : -1
s1 : "ABCDE"    s2 : "ABCEE"    반환값 : -1
```

부동소수점값 x에서 소수점 이하 부분 p자리로, 그리고 전체를 적어도 w자리로 표시하는 메서드 printDouble
을 작성하자.

```
printDouble(double x, int p, intw)
```

```java
// 부동소수점값을 임의의 자릿수로 표시
import java.util.Scanner;

class PrintDouble {
    // 부동소수점값 x를 소수점 이하 9자리, 전체를 적어도 w자리로 표시
    static void printDouble(double x, int p, int w) {
        System.out.printf(String.format("%%%d.%df", w, p), x);
    }

    public static void main(String[] args) {
        Scanner stdIn = new Scanner(System.in);

        System.out.print("실수값:");
        double x = stdIn.nextDouble();

        System.out.print("전체 자릿수:");
        int w = stdIn.nextInt();

        System.out.print("소수점 이하 자릿수:");
        int p = stdIn.nextInt();

        printDouble(x, p, w);
        System.out.println();
    }
}
```

```
실행 예
실수값 : 3.1415926535
전체 자릿수 : 9
소수점 이하 자릿수 : 4
         3.1416
```

format 메서드를 사용한 문자열 형식

이 프로그램에선 String.format을 사용해서 형식 문자열을 생성하고 그것을 printf 메서드로
표시한다. [그림 15-6]은 이 과정을 보여준다. 서식화된 문자열을 만들 때에 사용하는 String.
format 메서드는 System.out.printf의 출력 위치를 콘솔 화면에서 문자열로 바꾼다.

확장 표기 %%는 단일 문자 %이다. 또한, %d 부분에는 후속 인수로 부여된 정숫값이 10진수로 변환된
다. 실행 예처럼 변수 w가 9이고 p가 4라면, 만들어지는 문자열은 "%9.4f"가 된다.

그림 15-6 String.format과 System.out.printf 조합을 사용한 형식 출력

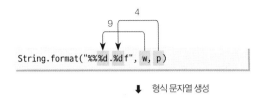

System.out.printf("%9.4f", x)

String형 배열에 저장된 모든 문자열을 표시하는 메서드를 작성하자. 문자열 표시는 charAt 메서드에 의해 한 문자씩 순회하고 각 문자열을 표시할 때마다 줄 바꿈 문자를 출력할 것.

```java
// 문자열 배열을 표시하는 메서드
import java.util.Scanner;

class PrintStringArray {
    // 문자열 배열 표시
    static void printStringArray(String[] a) {
        for (int i =0; i < a.length; i++) {
            for (int j =0; j < a[i].length(); j++)
                System.out.print(a[i].charAt(j));
            System.out.println();
        }
    }

    public static void main(String[] args) {
        Scanner stdIn = new Scanner(System.in);

        System.out.print("문자열의 개수:");
        int n = stdIn.nextInt();
        String[] sx = new String[n];
        for (int i = 0; i < sx.length; i++) {
            System.out.print("sx[" + i + "] = ");
            sx[i] = stdIn.next();
        }
        printStringArray(sx);
    }
}
```

```
실행 예
문자열의 개수:3
sx[0] = Turbo
sx[1] = NA
sx[2] = DOHC
Turbo
NA
DOHC
```

문자열의 배열

next 메서드는 읽은 문자열을 저장한 String형의 인스턴스를 생성하고 그 참조를 반환한다. 따라서 각 요소 sx[0], sx[1], sx[2]는 각 문자열의 인스턴스를 참조한다(그림 15-7). 다음과 같이 선언 하면 문자열 배열의 초기화가 이루어진다.

```java
String[] sx = {"Turbo", "NA", "DOHC"};
```

printStringArray 메서드는 String형의 배열을 받아서 모든 문자열을 표시한다. a.length는 배열 a의 길이(구성 요소 수)이고 a[i].length( )는 개별 문자열 a[i]의 길이(문자 수)이다.

그림 15-7 문자열의 배열

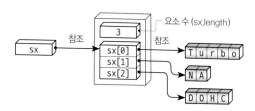

3명이 참여하는 가위바위보 게임을 작성하자. 플레이어 3명 중 2명은 컴퓨터가 하고 남은 1명은 사람이 할 것.
또한, [문제 13-5]에서 작성한 플레이어 클래스를 이용할 것.

```java
// 3인 가위바위보
import java.util.Scanner;

class FingerFlashing3 {
    public static void main(String[] args) {
        Scanner stdIn = new Scanner(System.in);
        HumanPlayer hp = new HumanPlayer();
        ComputerPlayer cp1 = new ComputerPlayer();
        ComputerPlayer cp2 = new ComputerPlayer();

        String[] hands = {"가위", "바위", "보"};
        int retry; // 다시 한 번?

        do {
            // 컴퓨터의 손 생성
            int comp1 = cp1.nextHand();
            int comp2 = cp2.nextHand();

            // 사람의 손 생성(읽기)
            int user = hp.nextHand();

            // 양쪽의 손 표시
            System.out.println("컴퓨터1은 " + hands[comp1] + "이고, " +
                               "컴퓨터2는 " + hands[comp2] + "이며, " +
                               "당신은 "    + hands[user]  + "입니다.");

            // 판정
            int r1 = (user - comp1 + 3) % 3;    // user 대 comp1
            int r2 = (user - comp2 + 3) % 3;    // user 대 comp2

            if (r1 == 2 && r2 == 2)             // user의 승리
                System.out.println("당신이 이겼습니다.");
            else if (r1 == 1 && r2 == 0)        // comp1의 승리
                System.out.println("컴퓨터1이 이겼습니다.");
            else if (r1 == 0 && r2 == 1)        // comp2의 승리
                System.out.println("컴퓨터2가 이겼습니다.");
            else if (r1 == 0 && r2 == 2)        // user와 comp1의 승리
                System.out.println("당신과 컴퓨터1이 이겼습니다.");
            else if (r1 == 2 && r2 == 0)        // user와 comp2의 승리
                System.out.println("당신고 컴퓨터2가 이겼습니다.");
```

```
        else if (r1 == 1 && r2 == 1)        // comp1과 comp2의 승리
            System.out.println("컴퓨터1과 2의 승리입니다.");
        else                                // 비김
            System.out.println("비겼습니다.");
        // 다시 한 번 할지 확인
        do {
            System.out.print("다시 한 번? ( 0)아니오 (1)네:");
            retry = stdIn.nextInt();
        } while (retry != 0 && retry != 1);
    } while (retry == 1);
  }
}
```

> **실행 예**
>
> 가위바위보!!! 0...바위／1...가위／2...보:0
> 컴퓨터1은 바위이고, 컴퓨터2는 바위이며,
> 당신은 바위입니다.
> 비겼습니다.
> 다시 한 번? (0)아니오 (1)네:0

문제 15-12

프로그램 실행 시에 커맨드라인에서 부여한 문자열(커맨드라인 인수)를 모두 표시하자.

```java
// 커맨드라인 인수 표시
public class PrintArgs {
  public static void main(String[] args) {
    for (int i =0; i < args.length; i++)
      System.out.println("args[" + i + "] = " + args[i]);
  }
}
```

실행 예

```
java PrintArgs Turbo NA DOHC Y
args[0] = Turbo
args[1] = NA
args[2] = DOHC
```

커맨드라인 인수

자바 프로그램은 실행 시에 부여한 커맨드라인 인수command-line argument를 받을 수 있다. 프로그램 실행 직후(즉, main 메서드 실행 시작 직전)에 main 메서드에 String형 배열이 전달된다. PrintArgs 프로그램 실행 시에 "Turbo", "NA", "DOHC"라는 커맨드라인 인수를 다음과 부여해서 실행해보자.

```
java PrintArgs Turbo NA DOHC
```

main 메서드는 '커맨드라인 인수로 부여된 개별 문자열 "Turbo", "NA", "DOHC"의 참조를 요소로 지니는 배열'에 대한 참조를 args 인수에 전달한다. [그림 15-8]은 이 과정을 보여준다. 개별 문자열용 String형 인스턴스와 그것을 참조하는 String형 배열이 자바 프로그램을 움직이는 '자바 가상 머신'에 의해 자동으로 생성된다. 배열의 요소 수는 커맨드라인 인수의 개수와 같으므로, 이 예에서 3이 된다. 그리고 main 메서드 시작 시에, 생성된 배열의 참조가 전달된다.

그림 15-8 커맨드라인 인수

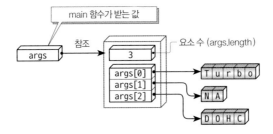

커맨드라인 인수로 부여된 값을 반지름으로 하는 원의 둘레와 넓이를 구하자.

```java
// 커맨드라인 인수로 부여된 값을 반지름으로 하는 원의 둘레와 넓이
class Circle {
    public static void main(String[] args) {
        double r = Double.parseDouble(args[0]);
        System.out.printf("반지름 %.2f인 원의 둘레는 %.2f이고 넓이는 %.2f입니다.\n",
                    r, 2 * Math.PI * r, Math.PI * r * r);
    }
}
```

실행 예

```
java Circle 5.5
반지름 5.5인 원의 둘레는 34.56이고 넓이는 95.03입니다.
```

 **15-14**

커맨드라인 인수로 부여된 모든 숫자를 합해서 표시하는 프로그램을 작성하자. 확장 for문을 사용할 것.

```
public class SumOfArgs {
    public static void main(String[] args){
        double sum = 0.0;
        for (String s:args)
            sum += Double.parseDouble(s);
        System.out.println("합계는 "+ sum+"입니다.");
    }
}
```

> **실행 예**
> java SumOfArgs 5.5 3.75 2.25
> 합계는 11.5입니다.

문자열을 숫자로 변환

앞 문제와 마찬가지로 커맨드라인 인수에 지정한 문자열을 처리하는 프로그램이다. Circle 프로그램에선 첫 번째 커맨드라인 인수인 args[0]만 사용한다. 인수가 2개 이상 주어지더라도 args[1] 이후는 무시한다.

'Double.parseDouble(s)'에 주목하자. 이 형식은 다음과 같다.

Double.parseDouble(문자열)

이것은 Double 클래스에 속해 있는 클래스 메서드 parseDoulbe을 호출하는 것이다. 따라서 인수로 주어진 "123.5"나 "52.5346" 등의 문자열은 double형의 숫자인 123.5 및 52.5346으로 변환해서 반환한다.

동일한 방식으로 변환하는 메서드들을 아래에 정리했다.

```
Byte.parseByte(문자열)              Short.parseShort(문자열)
Integer.parseInt(문자열)           Long.parseLong(문자열)
Float.parseFloat(문자열)           Double.parseDouble(문자열)
Boolean.parseBoolean(문자열)
```

커맨드라인 인수로 지정한 월의 달력을 표시하는 프로그램을 작성하자. 커맨드라인에서 연(年)만 지정한 경우는 해당 연의 1월부터 12까지 달력을 표시하고 연과 달이 주어진 경우는 해당 월의 달력을 표시한다. 만약 연과 월 모두 주어지지 않은 경우에는 현재 월의 달력을 표시할 것.

```java
// 커맨드라인 인수로 지정한 월의 달력을 표시
import java.util.GregorianCalendar;
import static java.util.GregorianCalendar.*;

class Calendar {
    //--- 각 월의 일수 ---//
    static int[] mday = {31, 28, 31, 30, 31, 30, 31, 31, 30, 31, 30, 31};

    //--- year년month월day일의 요일을 구하기 ---//
    static int dayOfWeek(int year, int month, int day) {
        if (month == 1 || month == 2) {
            year--;
            month += 12;
        }
        return (year + year/4 - year/100 + year/400 + (13*month + 8) / 5 + day) % 7;
    }
    //--- year년은 윤년?? (0…평년／1…윤년) ---//
    static boolean isLeap(int year) {
        return year % 4 ==0 && year % 100 != 0 || year % 400 == 0;
    }

    //--- year년month월의 일수 (28~31)  ---//
    static int monthDays(int year, int month) {
        if (month-- != 2)                          // month가 2월이 아니면
            return mday[month];
        return mday[month] + (isLeap(year) ? 1 : 0);  // month가 2월이면
    }

    //--- year년month월의 달력 표시 ---//
    static void putCalendar(int year, int month) {
        int wd = dayOfWeek(year, month, 1);   // year년 month월1일의 요일  •————————❶
        int mdays = monthDays(year, month);   // year년 month월의 일수  •————————❷

        System.out.println(" 일 월 화 수 목 금 토 ");  •————————❸
        System.out.println("---------------------");

        for (int i = 0; i < wd; i++)  •————————❹
            System.out.print("   ");   // 1일보다 왼쪽 스페이스를 표시
```

```java
        for (int i = 1; i <= mdays; i++) {                    •-------------⑤
            System.out.printf("%3d", i);
            if (++wd % 7 == 0)              // 토요일을 표시한 후
                System.out.println();     // 줄 바꿈
        }
        System.out.println();
    }

    public static void main(String[] args) {
        int year = 1, month = 1;
        if (args.length == 0) {
            GregorianCalendar today = new GregorianCalendar();    // 현재 날짜
            year = today.get(YEAR);                 // 년
            month = today.get(MONTH) + 1;           // 월
        }else {
            if (args.length >= 1) {                 // args[0] 해석
                year = Integer.parseInt(args[0]);
                if (year < 0) {
                    System.out.println("년 지정이 잘못됐습니다.");
                    return;
                }
            }
            if (args.length >= 2) {                 // args[1] 해석
                month = Integer.parseInt(args[1]);
                if (month < 1 || month > 12) {
                    System.out.println("월 지정이 잘못됐습니다.");
                    return;
                }
            }
        }
        if (args.length == 0 || args.length >= 2) {
            System.out.printf("%d년 %d월 달력\n", year, month);
            putCalendar(year, month);            // year년month월 달력 표시
        } else {
            System.out.printf("%d년의 달력\n", year);
            for (month = 1; month <= 12; month++) {
                System.out.printf("%d월\n", month);
                putCalendar(year, month);        // year년month월 달력 표시
                System.out.println();
            }
        }
    }
}
```

▶ 인수를 부여하지 않고
  실행하면 현재 월의 달
  력이 표시됨

▶ 연과 월을 부여해서 실행하면
  해당 연.월의 달력 표시

▶ 연을 지정해서 실행하면 해당 연의 1월부터
  12월까지의 달력이 표시된다

달력

이 프로그램에는 main 메서드를 포함해 5개의 메서드가 존재한다.

dayOfWeek 메서드

year년 month월 day일의 요일을 구하는 메서드이다. 일요일부터 토요일까지를 0~6의 값으로 반환한다.

isLeap 메서드

year년이 윤년인지 판정하는 메서드이다. 윤년이면 true를 아니면 false를 반환한다.

monthDays

year년 month월의 일 수를 구한다. 반환하는 값은 28, 29, 30, 31 중 하나의 값이다.

putCalendar

year년 month월의 달력을 표시하는 메서드이다. 다음 단계로 구성돼 있다.

❶ 1일의 요일을 계산

year년 month월 1일의 요일을 구한다. 변수 wd에 들어 있는 값은 일요일부터 토요일을 정숫값 0부터 6으로 표현한 것이다.

❷ 월의 일 수를 계산

year년 month월의 일 수를 변수 mdays에 저장한다. 연과 월에 따라 28이상 31 이하의 값이 된다.

❸ 제목 표시

달력의 제목 부분을 표시한다.

❹ 1일 왼쪽으로 공백 표시

1일의 날짜가 일요일이면 행의 선두에 표지하지만 그렇지 않으면 그 왼쪽에 여백이 필요하다. 이 달력에선 각 날짜를 3자리로 표시한다. 따라서 만약 1일이 금요일이라면 1일의 왼쪽에는 15개의 공백이 필요하다. year년 month월 1일의 요일이 wd에 0~6의 값으로 대입되어 있으므로 여기에 3을 곱한 개수만큼 공백 문자를 출력한다.

❺ 날짜 표시

날짜를 하나씩 표시하는 for문이다. 변수 i값을 1부터 시작해서 해당 월의 일 수인 mdays까지 반복한다. 날짜를 표시할 때마다 요일을 나타내는 변수 wd를 증가시키며 그것을 7로 나눈 나머지가 0이 된 시점에 줄 바꿈 문자를 출력한다. 이와 같이 해서 토요일을 표시한 후에는 줄 바꿈한다.

빈칸을 채우시오.

• 문자는 모양이나 발음이 아니라 '문자 [(1)] 로 식별된다. 자바에서 사용하는 문자 [(1)] 는 [(2)] 이다. 유니코드의 첫 128문자는 [(3)] 라고 하는 문자 [(1)] 와 일치한다. 문자를 나타내는 것은 [(4)] 형으로 문자를 인용 부호로 감싼 'X'라는 식은 [(5)] 이라고 한다. 문자 '1'의 문자 [(1)] 는 1 [(6)] .

▶ (6)의 보기: (a)이다   (b)이 아니다

• 문자열을 나타내는 **String** 클래스 [(7)] 패키지에 속해있다. 문자열을 이중 인용 부호로 감싼 "…"라는 식은 [(8)] 이라고 하며 그 실체는 **String**형의 인스턴스이다.

• 다음 프로그램의 실행 결과를 기입하자.

```
String s1 = null;
String s2 = "";
String s3 = "ABC";
String s4 = new String();
String s5 = new String("XYZ");
System.out.println("s1 = " + s1);
System.out.println("s2 = " + s2);
System.out.println("s3 = " + s3);
System.out.println("s4 = " + s4);
System.out.println("s5 = " + s5);
```
[(9)]

```
String s1 = "ABC";
String s2 = "ABC";
String s3 = new String("ABC");
String s4 = new String("ABC");
System.out.println(s1 == "ABC");
System.out.println(s1 == s2);
System.out.println(s3 == s4);
```
[(10)]

```
for (int i = 1; i <= 4; i++)
    System.out.printf(String.format("%%%dd\n", i), i);
```
[(11)]

• 다음은 문자열의 2차원 배열 a 내에 있는 모든 문자열을 한 문자씩 표시하는 메서드이다.

```
static void printString2DArray( [ (12) ] a) {
    for (int i = 0; i < a. [ (13) ] ; i++) {
        for (int j = 0; j < a[i]. [ (14) ] ; j++) {
```

```
            for (int k = 0; k < a[i][j].  (15)  ; k++)
                System.out.print(a[i][j].  (16)  (  (17)  ));
            System.out.println();
        }
    }
}
```

• 다음은 String 클래스가 제공하는 기본적인 메서드를 사용하는 프로그램 예이다.

```
import java.util.Scanner;
class Test1 {
    public static void main(String[] args) {
        Scanner  stdIn = new Scanner(System.in);
        System.out.print("문자열 s1:"); String s1 =  (18)  .next();
        System.out.print("문자열 s2:"); String s2 =  (19)  .next();

        for (int i = 0; i < s1.length(); i++)    // 문자열 s1 표시
            System.out.println("s1[" + i + "] = " + s1.  (20)  (i));
        for (int i = 0; i < s2.length(); i++)    // 문자열 s2 표시
            System.out.println("s2[" + i + "] = " + s2.  (21)  (i));

        int idx = s1.  (22)  (s2);
        if (idx == -1)
            System.out.println("s1 안에 s2가 포함되지 않는다.");
        else
            System.out.println("s1은" + (idx + 1) + " 문자째에 s2가 포함된다 ");
        if (s1.  (23)  (s2))
            System.out.println("s1와 s2의 내용은 같다.");
        else
            System.out.println("s1과 s2의 내용은 같지 않다.");
        int balance = s1.  (24)  ;
        if (balance <  (25)  )
            System.out.println("s1이 작다.");
        else if (balance >  (26)  )
            System.out.println("s2가 작다.");
        else
            System.out.println("s1과 s2는 같다.");
        System.out.println("문자열\"123\"을 정숫값으로 변환한 결과:"
                        + Integer.  (27)  ("123"));
        System.out.println("문자열\"123.45\"을 정숫값으로 변환한 결과:"
                        + Double.  (28)  ("123.45"));
    }
}
```

• 다음은 커맨드라인 인수로 부여한 문자열 배열과 가위바위보의 손을 나타내는 문자열 배열을 표시하는 프로그램이다.

```
class Test2 {
  static void printStringArray(    (29)    s) {
    for (int i = 0; i < s.length; i++)
      System.out.println("No." + i + " = " + s[i]);
  }
  public static void main(    (30)    args) {
      (31)    hands = {"바위", "가위", "보"};
    System.out.println("커맨드라인 인수");
    printStringArray(    (32)    );
    System.out.println("가위바위보의 손");
    printStringArray(    (33)    );
  }
}
```

```
java Test2 Turbo NA DOHC
커맨드라인 인수
No.0 = Turbo
No.1 = NA
No.2 = DOHC
가위바위보의 손
No.0 = 바위
No.1 = 가위
No.2 = 보
```

16장

예외 처리

프로그램상에서 예기치 못한 상태나 대응하기 곤란한 상황이 발생할 수 있다.
이 경우 치명적인 상황으로 이어지는 것을 막고 정상 상태로 회복시키는
'예외 처리'를 배운이다.

· 런타임 오류와 예외
· 예외와 예외 처리
· 예외 던지기와 throw문
· 예외 포착(try문/try블록)
· 예외 핸들러(catch절)
· 검사 예외
· 비검사 예외

입력한 두 정숫값의 곱과 몫을 구하는 프로그램을 작성하자. 다양한 값을 입력해서 프로그램의 동작을 확인해보자.

```java
// 2개의 정숫값을 읽어서 곱과 몫 구하기
import java.util.Scanner;

class MulDiv1 {
  public static void main(String[] args) {
    Scanner stdIn = new Scanner(System.in);

    System.out.print("x값:"); int x = stdIn.nextInt();
    System.out.print("y값:"); int y = stdIn.nextInt();

    System.out.println("x * y = " + (x * y));  // x * y값 표시(곱)
    System.out.println("x / y = " + (x / y));  // x / y값 표시(몫)
  }
}
```

```
실행 예
x값:7
y값:5
x * y = 35
x / y = 1
```

런타임 오류와 try문

[그림 16-1]은 이 프로그램의 실행 시에 부정한 값이 입력된 경우의 처리 과정을 보여준다.

· 실행 예1 : 변수 y에 문자열 "ABC"를 입력하면 **런타임 오류**가 발생한다. 계산을 진행하지 않고 프로그램 실행이 종료된다.

· 실행 예2 : 변수 y에 0을 입력하면 곱셈은 진행되지만 나눗셈 계산 시 **런타임 오류**가 발생해서 프로그램이 종료된다.

프로그램이 예측하는 상태와 다르거나, 일반적인 범위에서는 고려하지 않는(또는 고려할 수 없는) 상태를 예외exception라 한다. 두 실행 예에서 발생하는 예외는 다음과 같다.

· 실행 예1 : 입력 부적합 예외

· 실행 예2 : (0으로 나누어 발생하는) 산술 연산 예외

예외에는 java.util.InputMismatchException 클래스형과 java.lang.ArithmeticException 클래스형이다. 대규모 프로그램이나 프로그램 내에서 사용되는 클래스 및 메서드 등에선 예외를 적절히 처리하는 것이 중요하다. 예외를 발생시키는 것을 '예외를 던진다throw'라고 표현한다. [그림 16-2]은 던진 예외를 검출, 포착catch해서 대응하는 try문try statement이다. 이 try문은 3개의 부분으

로 구성된다.

try 블록(try block)

try 키워드 바로 뒤에 블록 {}를 작성하는 구조이다. try 블록 실행 중에 예외가 던져지면 처리가 중단되고 catch절로 이동한다. try 블록 실행 중에 예외가 발생하지 않으면 try 블록의 마지막까지 실행되며(catch절은 건너뛴다) 프로그램의 흐름이 ❸으로 이동한다.

그림 16-1 프로그램 실행 시에 발생하는 오류와 그로 인한 프로그램 중단

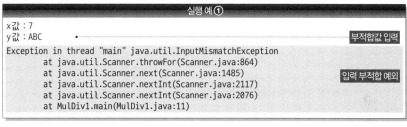

catch절(catch clause)

catch절은 try 블록 실행 중에 발생한 예외를 '포착'해서 구체적인 '대처'를 하는 부분으로 예외 핸들러exception handler라고도 한다. 키워드 catch 뒤의 ( ) 안에는 캐치한 예외의 형과 부여할 매개 변수 명을 선언한다. 함수의 매개 변수 선언과 비슷하지만, 선언할 수 있는(즉, 받을 수 있는) 인수가 1개로 한정돼 있다.

예외 핸들러의 순서가 ❶→❷ 순이므로 이 순으로 예외가 포착 가능한지를 확인할 수 있다(catch절의 순서에 따라선 결과가 달라질 가능성이 있다). 예외 핸들러의 본체에선 캐치한 예외에 대해 적질한 내처를 한다. 그리고 예외 핸들러의 실행이 종료되면 마지막의 예외 핸들러 다음 위치[그림 16-2]에선 ❸으로 이동한다. 자바 SE7부터는 |로 연결하며 여러 종류의 예외에 대한 처리를 단일 예외 핸들러로 대응할 수 있다.

```
catch (Exp1 | Exp2 e) {
    /* Exp1과 Exp2에 대한 (동일) 대처 */
}
```

finally절(finally clause)

finally절은 try 블록의 예외 발생 여부와 상관없이 반드시 실행된다. 자원의 해제 처리(예를 들어 오픈한 파일의 닫기 처리) 등의 뒤처리에 사용된다. 참고로 해야 할 처리가 없는 경우 finally절은 생략한다. finally절이 있는 try문은 try-catch-finally문이라고 부르며, finally절을 생략한 try 문은 try-catch문이라고 부른다.

그림 16-2 try문의 구조

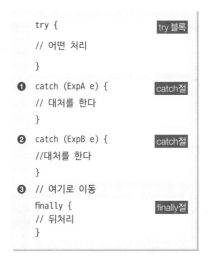

[문제 16-2]의 프로그램을 수정해서 정숫값의 곱과 몫을 구하는 처리를 작성하고, 각각을 순차적으로 호출해서 결과를 표시하도록 독립된 메서드로 작성하자. 그리고 예외를 캐치하도록 수정하자.

```java
// 두 정숫값을 읽어서 곱셈과 나눗셈 계산(메서드화 + 예외 처리)
import java.util.Scanner;
import java.util.InputMismatchException;

class MulDiv2 {
    static int mul(int x, int y) {
        return x * y;
    }
    static int div(int x, int y) {
        return x / y;                        // 예외가 전파된다.
    }
    static void muldiv(int x, int y) {
        System.out.println("x * y = " + mul(x, y));    // x * y값 표시(곱)
        System.out.println("x / y = " + div(x, y));    // x / y값 표시(몫)
    }

    public static void main(String[] args) {
        Scanner stdIn = new Scanner(System.in);

        try {
            System.out.print("x값:"); int x = stdIn.nextInt();
            System.out.print("y값:"); int y = stdIn.nextInt();
            muldiv(x, y);
        } catch (InputMismatchException e) {
            System.out.println("입력 오류 발생." + e);        // ❶
            e.printStackTrace();
        } catch (ArithmeticException e) {
            System.out.println("산술 오류 발생." + e);        // ❷
            e.printStackTrace();
        } finally {
            System.out.println("프로그램을 종료합니다.");
        }
    }
}
```

예외 핸들러

최초의 예외 핸들러는 java.util.InputMismatchException형의 예외를 캐치하며 2번째 예외 핸들러는 java.lang.ArithmeticException형 예외를 캐치한다. 2개의 핸들러 모두 매개 변수 e에 예외를 받는다. 하지만 매개 변수의 형은 '클래스형'이므로 e에 받는 것은 예외 자체가 아니라 예외 클래스형의 인스턴스 참조이다.

❶, ❷에선 '문자열 + e' 연산을 한다. '문자열+클래스형 변수'의 연산은 '문자열+클래스형 변수.toString()'이었다. 예외 e에 toString 메서드를 호출하면 예외 내용을 '간단하게' 표현한 문자열을 가져온다. [실행 예1]에서 가져온 문자열은 "java.util.InputMismatchException"이고 [실행 예2]에선 "java.lang.ArithmeticException: / by zero"이다.

그림 16-3 프로그램 실행 시에 발생하는 오류와 예외 처리

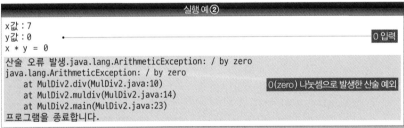

예외를 나타내는 문자열을 표시한 후 e.printStackTrace()이 실행된다. 이 메서드 호출에 의해 예외가 메서드를 거치면서 전파되는 과정이 표시된다.

> 실행 예2 구체적인 예: 메서드 div의 13번 행에서 발생한 예외가 포착되지 않았으므로 div의 실행이 중단된다. → muldiv 메서드의 18번 행으로 돌아가지만 거기서도 예외가 캐치되지 않았으므로 muldiv 실행이 중단된다. → main 메서드의 27번 행으로 돌아간다.

이처럼 예외를 호출한 위치를 돌아가서(메서드 호출의 역순) 표시하는 것을 스택 트레이스stact trace

라고 한다.

대규모 프로그램에서 예외가 발생한 경우 어떻게 대처하면 좋을까? 예를 들어 예외를 캐치해서 프로그램을 강제 종료시키기은 오히려 쉽다. 그렇다고 해당 메서드의 모든 이용자가 '프로그램을 강제 종료시킨다'는 해결 방법을 원하는 것은 아니다. 메서드나 클래스 등의 '부품'을 개발할 때는 다음과 같은 벽에 부딪히게 된다.

예외나 오류의 발생을 발견하기는 쉽지만, 그 예외나 오류에 대해 어떻게 대처할지 결정하는 것은 어렵거나 때에 따라선 불가능하기도 하다. 그 이유는 예외나 오류에 대한 대처 방법은 부품 개발자가 아닌 이용자에 의해 정해지는 경우가 많기 때문이다. 부품 이용자가 상황에 따라 대처 방법을 결정할 수 있게 되면 소프트웨어가 더 유연해진다.

Exception 예외와 RuntimeException 예외를 던지고 캐치하는 프로그램을 작성하자.

· 키보드를 통해 입력받은 값에 따라 던지거나 별도의 핸들러로 캐치할 것

```java
//Exception 예외와 RuntimeException 예외를 던지고 캐치하기
import java.util.Scanner;

class ThrowAndCatch {
  //--- sw값에 따라 예외 발생 ---//
  static void check(int sw) throws Exception {
    switch (sw) {
     case 1: throw new Exception("검사 예외 발생!!");
     case 2: throw new RuntimeException("비검사 예외 발생!!");
    }
  }

  //--- check를 호출 ---//
  static void test(int sw) throws Exception {
    check(sw);    // 이 호출은 검사 예외 Exception이 발생할 가능성이 있다.
  }

  public static void main(String[] args) {
    Scanner stdIn = new Scanner(System.in);

    System.out.print("sw:");
    int sw = stdIn.nextInt();
    try {
      test(sw);
    } catch (RuntimeException e) {    // e: 예외 RuntimeException와 그 하위 클래스를 포착한다.
      System.out.println(e.getMessage());
    } catch (Exception e) {    // e: 예외 Exception와 그 하위 클래스를 포착한다.
      System.out.println(e.getMessage());
    }
  }
}
```

실행 예
```
sw:1
검사 예외 발생!!
sw:2
비검사 예외 발생!!
```

예외 클래스

[그림 16-4]는 자바에서 제공하는 예외 클래스의 계층 관계를 보여준다. 그림 내에서 최상위에 있는 Throwable 클래스는 Object 클래스의 서브 클래스이다. Throwable, Error, Exception은 모두 java.lang 패키지에 속한다.

Throwable 클래스

Throwable는 예외 클래스 계층의 정점에 위치한 클래스이다. 자바의 모든 예외 클래스는 이 클래스의 하위 클래스로 다음과 같은 규칙이 있다.

- catch 절의 매개 변수 선언 시에 Throwable의 하위 클래스가 아닌 형을 지정하면 컴파일 오류가 발생한다.
- 예외 클래스를 직접 만들 때는 Throwable의 하위 클래스로 만들어야 한다.

Error 클래스

프로그램 회복을 기대하지 않는(기대할 수 없는) '치명적'인 예외이다. 명칭 그대로 예외라기보다는 '오류'이다. 일반적으로 캐치해서 처리할 필요가 없다. 설령 캐치한다고 해도 대처가 불가능하거나 아주 어렵다.

Exception 클래스

프로그램 회복을 기대하는(기대할 수 있는) 예외이다. Exception 클래스의 하위 클래스는 기본적으로 검사 예외checked exception라고 불린다. 단, RuntimeException 클래스와 그 하위 클래스에 한해선 비검사 예외unchecked exception가 된다.

검사 예외

검사 예외는 '대처가 필수인 예외'로 컴파일 시에 프로그램에 대처 여부를 검사한다. 예외 포착(캐치)과 대처가 필요하며, 다음 중 하나를 하지 않으면 오류가 발생한다.

Ⓐ 검사 예외를 던질 가능성이 있는 코드는 try문 안에 두어서 예외를 캐치한다.

Ⓑ 메서드나 생성자의 선언에서 던질 가능성이 있는 예외를 throws절 로 명시한다.

비검사 예외

비검사 예외는 '대처가 필수는 아닌 예외'이다. 프로그램상에서 대처할지는 임의이며, 대처하고 있는지는 컴파일 시에 검사하지 않는다. 캐치나 대처를 하지 않아도 컴파일 오류가 발생하지 않는다.

Ⓒ 비검사 예외를 던질 가능성이 있는 코드는 try문 안에 두지 않아도 된다.

Ⓓ 비검사 예외를 던질 가능성이 있는 메서드나 생성자는 그 예외를 throws절에 명시하지 않아도 된다.

그림 16-4 예외 클래스의 계층 관계

Throwable 클래스

Throwable 클래스는 모든 예외 클래스의 최상위 클래스이므로 예외 처리를 마스터하려면 이 클래스에 대해 (어느 정도)는 알고 있어야 한다.

Throwable 클래스의 생성자

[표 16-1]는 Trowable의 생성자 개념을 정리한 것이다.

표 16-1 Trowable 클래스의 생성자

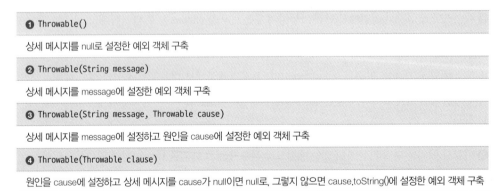

이 표에서 '상세 메시지'와 '원인'을 설정할 수 있다는 것을 알 수 있다(단, 양쪽 모두 설정을 생략할수 있다). '원인'은 예외를 발생시킨 계기가 된 예외이다. 예외A가 발생한 것을 계기로 예외B가 발생했다면 예외B의 인스턴스를 구축할 때에 A를 원인으로 설정할 수 있다(구체적인 예는 [문제 16-7]

을 참고). 이 표에선 생략했지만 한정 공개 접근성을 지니는 생성자도 정의돼 있다.

예외의 실체

자바의 예외는 상세 메시지와 원인이라는 적어도 2가지 정보를 가지며, Throwable 클래스의 하위 클래스형의 인스턴스(실체)이다. 예외가 발생하면 이 정보들을 가진 인스턴스가 전달된다. 이 프로그램처럼 프로그램상에서 예외를 발생시키는 경우는 new 연산자를 사용해서 인스턴스를 생성한다.

Throwable 클래스의 메서드

메시지나 원인 등의 정보는 예외 인스턴스에서 추출할 수 있다. 이 메서드를 정리한 것이 [표 16-2] 이다. 마지막 6개는 스택 트레이스 관련 메서드이다. 스택 트레이스를 화면 등에 출력할 뿐만 아니라 분해해서 추출할 수 있다.

표 16-2 Throwable 클래스의 주요 메서드

`String getMessage()`
상세 메시지를 반환한다.
`Throwable getLocalizedMessage()`
지역화된 상세 메시지를 반환한다. Throwable의 하위 클래스에서 본 메서드를 오버라이드하면 로케일(지역) 고유의 메시지를 작성할 수 있다. 오버라이드하지 않으면 getMessage과 같은 문자열을 반환한다.
`Throwable getCause()`
원인을 반환한다. 원인이 존재하지 않는 불명확한 경우에는 null을 반환한다.
`Throwable initCause(Throwable cause)`
원인을 설정한다. 이 메서드는 1회만 호출할 수 있다. 생성자3과 4의 내부에서 자동으로 호출되므로 이 생성자들로 구축한 경우에는 1회도 호출할 수 없다.
`String toString()`
다음 3가지를 연결한 짧은 문자열을 반환한다. · 객체의 클래스명 · ':' (콜론과 스페이스) · 객체의 getLocalizedMessage 메서드를 호출한 결과 getLocalizedMessage가 null이면 클래스명만 반환한다.
`void printStackTrace()`
객체와 그 백트레이스를 표준 오류 스트림에 출력한다. 출력 첫 번째 줄에는 객체의 toString 메서드가 반환하는 문자열이 포함된다. 나머지 행은 fillInStackTrace 메서드에 의해 기록된 데이터를 표시한다.
`void printStackTrace(PrintStream s)`

객체와 그 백트레이스를 출력 스트림 s에 출력한다.

```
void printStackTrace(PrintWriter s)
```

객체와 그 백트레이스를 출력 기록기 s에 출력한다.

```
Trowable fillInStackTrace()
```

현재 스레드가 가진 스택 프레임의 현재 상태와 관련된 정보를 객체 내에 기록한다. 단, 스택 트레이스를 기록할 수 없는 경우에는 아무런 처리도 발생하지 않는다.

```
StackTraceElement[] getStackTrace()
```

printStackTrace에 의해 출력되는 스택 트레이스를 개별 요소로 지니는 배열을 반환한다.

```
void setStackTrace(StackTraceElement[] stackTrace)
```

getStactTrace에 의해 반환되며 printStackTrace 및 관련 메서드에 의해 출력될 스택 트레이스 요소를 설정한다.

Exception 클래스와 RuntimeException 클래스

Throwable 클래스의 직접 하위 클래스인 Exception 클래스와 RuntimeException도 Throwabler과 같은 형식의(동일 인수를 받는) 생성자를 정의한다. 또한, [표 16-2]에 있는 주요 메서드도 그대로 상속한다.

예외 던지기 및 캐치

이 문제의 프로그램은 예외를 일부러 던지는 인위적인 처리가 포함돼 있지만, 다양한 핵심 개념이 사용된다. 프로그램에 check(sw)와 test(sw)부분은 검사 예외 Exception이 발생할 가능성이 있는 코드이다. 또한, 해설의 **A**, **B**, **C**, **D**는 검사, 비검사 예외에서 설명한 규칙이다.

check 메서드

인수 sw에 받은 값에 따라 Exception 또는 RuntimeException 예외를 던지는 메서드이다.

throws절(예외를 던질 가능성이 있는 검사 예외 선언)

메서드 선언에 있는 'throws Exception'부분은 throws절이다. 검사 예외를 던질 가능성이 있는 메서드는 그 예외를 모두 throws절에 열거한다(여러 개인 경우 쉼표로 연결)(**B**: throws절의 Exception 열거를 생략하면 컴파일 오류 발생). 비검사 예외의 열거는 불필요하다(**D**). 비검사 예외 RuntimeException을 다음과 같이 열거해도 컴파일 오류가 발생하지 않는다(컴파일러는 무시한다).

```
static void (check) throws Exception, RuntimeException {…}
```

예외 던지기

메서드 본체의 switch문에선 sw값에 따라 예외를 던진다. 예외를 던지는 것이 throw문 이고 그 형식은 'throw 식;'이다. 지정하는 식은 예외 클래스형 인스턴스의 참조이다. 여기선 Exception 또는 RuntimeException의 인스턴스를 new로 생성한 후에 참조를 던진다. Throwable의 하위 클래스가 아닌 클래스(의 인스턴스 참조)는 지정할 수 없다(컴파일 오류가 발생한다). 생성자에 문자열을 인수로 부여하므로 [표 16-1]의 ❷생성자가 호출되며 문자열 "**검사 예외 발생!!**" 또는 "**비검사 예외 발생!!**"이 상세 메시지로 예외 인스턴스에 기록된다.

test 메서드

test 메서드는 check 메서드를 호출하는 것이 전부인 메서드이다. 메서드에서 호출되는 check에서 검사 예외 Exception이 발생한다는 것을 (프로그래머와 컴파일러) 알고 있다. 따라서 test 메서드도 검사 예외 Exception가 발생할 가능성이 있으므로 'throws Exception'이라는 throws절 지정이 필수이다(B: throws절의 Exception 열거를 생략하면 컴파일 오류가 발생한다).

main 메서드

main 메서드에선 예외에 대한 대처 처리를 한다.

검사 예외 캐치

main 메서드에선 변수 sw에 값을 저장한 후에 test 메서드를 호출한다. 검사 예외가 발생할 가능성이 있는 코드(test(sw)의 호출)는 try문 안의 try 블록 내에 둔다(Ⓐ: 이렇게 하지 않으면 컴파일 오류가 발생한다).

예외의 상세 메시지

예외 핸들러에선 e.getMessage() 즉 e의 상세 메시지를 추출해 출력한다. Exception를 캐치하면 "**검사 예외 발생!!**", RuntimeException을 캐치하면 "**비검사 예외 발생!!**"이 표시된다.

캐치할 예외의 계층

이 프로그램의 try문을 다음과 같이 변경해도 동일한 결과를 얻을 수 있다.

```
try {
    test(sw);
} catch (Exception e) {
    System.out.println(e.getMessage());
}
```

catch절의 매개 변수 e는 Exception형이지만 Exception과 RuntimeException 모두 캐치할 수 있다. 왜냐하면 예외 핸들러는 매개 변수의 형에 대해 '대입 가능한 예외'는 모두 받는다는 규칙이 있기 때문이다. 따라서 catch절의 매개 변수로 지정한 클래스형의 예외에 추가로 그 하위 클래스형 예외도 캐치 된다. 또한, getMessage 메서드의 동작은 동적 결합에 의해 e의 참조 대상 형(Exception 또는 RuntimeException)에 따라 달라진다.

주요 비검사 예외

기본으로 제공되는 비검사 예외에는 다음과 같은 것이 있다.

· NullPointerException

null 참조를 통해 필드 접근이나 메서드 호출 등을 한 경우나 null 참조를 예외로 던지려고 할 때 발생하는 예외이다.

· ClassCastException

특정 객체를 상속 관계가 없는 클래스로 캐스트 하려고 할 때 발생하는 예외이다.

· ArrayIndexOutOfBoundsException

배열에 부정한 인덱스를 적용했을 때에 발생하는 예외이다. IndexOutOfBoundsException의 서브 클래스이다.

· StringIndexOutOfBoundsException

String형 문자열에 부정한 인덱스를 적용했을 때 발생하는 예외이다. IndexOutOfBoundsException의 서브 클래스이다.

· IllegalArgumentException

부정한 인수나 부적절한 인수가 메서드에 전달됐을 때 발생하는 예외이다.

프로그램의 이전 실행 날짜 및 시간, 종료 날짜 및 시간을 표시하는 프로그램을 작성하자. 처음 프로그램을 실행할 때는 "이 프로그램을 실행하는 것은 처음입니다"고 표시할 것.

```java
// 이전 프로그램의 실행, 종료 날짜 및 시간
import java.io.*;
import java.util.GregorianCalendar;
import static java.util.GregorianCalendar.*;

class LastTime {
    //--- 이전 날짜, 시간을 읽는다 ---//
    static void init() {
        BufferedReader br = null;

        try {
            br = new BufferedReader(new FileReader("LastTime.txt"));
            String time = br.readLine();
            System.out.println("이전 시간은 " + time + "였습니다.");
        } catch (IOException e){
            System.out.println("이 프로그램을 실행하는 것은 처음입니다.");
        } finally {
            if (br != null) {
                try {
                    br.close();
                } catch (IOException e){
                    System.out.println("파일 닫기 실패.");
                }
            }
        }
    }

    //--- 현재 날짜, 시간 읽기 ---//
    static void term() {
        FileWriter fw = null;
        try {
            fw = new FileWriter("LastTime.txt");
            GregorianCalendar c = new GregorianCalendar();     // 현재 날짜, 시간
            fw.write((String.format("%04d년 %02d월 %02d일 %02d시 %02d분 %02d초",
                            c.get(YEAR), c.get(MONTH) + 1, c.get(DATE),
                            c.get(HOUR_OF_DAY), c.get(MINUTE), c.get(SECOND))));
        } catch (IOException e){
            System.out.println("오류 발생!!");
        } finally {
```

```
        if (fw != null) {
          try {
            fw.close();
          } catch (IOException e){
            System.out.println("파일 닫기 실패.");
          }
        }
      }
    }

  public static void main(String[] args) {
      init();   // 이전 날짜, 시간 읽기
      term();   // 현재 날짜, 시간 기록
    }
  }
```

ⓐ 처음 프로그램을 실행한 경우

실행 예

이 프로그램을 실행하는 것은 처음입니다.

ⓑ 2회째 실행한 경우

실행 예

이전 시간은 2018년 09월 30일 20시 04분 37초였습니다.

검사 예외 처리

init 메서드

가장 먼저 실행되는 메서드이다. 파일 'LastFile.txt'를 열어서 한 줄의 문자열을 time에 읽은 후 표시한다. 단, 첫 실행 시(또는 어떤 이유로 파일이 부정한 상태인 경우)에는 파일 열기 및 읽기 시에 예외가 발생한다. 예외를 캐치한 catch절에선 "이 프로그램을 실행하는 것은 처음입니다."라고 표시한다.

term 메서드

프로그램 마지막에 실행되는 메서드이다. 파일 'LastTime.txt'를 열어서 현재 날짜, 시간을 문자열로 기록한다.

두 메서드 모두 다음 두 곳에서 IOException 예외가 발생할 가능성이 있다.

❶ 파일을 열 때(이것을 BufferReader와 연결할 때)

❷ 파일에 실제로 입/출력을 할 때

❶이 성공해서 ❷에서 예외가 발생한 경우에도 파일 닫기 처리는 필수이다. 따라서 파일 닫기 처리는 예외 발생과 상관없이 항상 실행되는 finally절 안에 둔다. 이 finally절에선 br이나 fw가 null이 아닐 때(파일 열기가 성공한 경우)에 close 메서드를 호출해서 닫기 처리를 한다.

닫기 처리 자체도 예외가 발생할 가능성이 있으므로 close 메서드 호출 코드는 try문 안의 try블록 내에 두어야 한다. 이 때문에 프로그램 구조가 복잡해진다(어쩔 수 없다). 자바 SE7부터는 **리소스 기능 try문**^{try-with-resources statement}이라는 새로운 try문이 도입됐다. 다음과 같이 파일이나 메모리 등의 자원(리소스)을 획득하는 처리를 ( ) 안에 기술한다(여기선 보여주지 않지만, term 메서드의 try문도 동일하다).

```java
try (
  br = new BufferedReader(new FileReader("LastTime.txt"));
) {
  String time = br.readLine();
  System.out.println("이전 시간은 " + time + "였습니다.");
} catch (IOException e){
  System.out.println("이 프로그램을 실행하는 것은 처음입니다.");
}
```

리소스 기능 try문에선 java.lang.AutoClosable 인터페이스를 구현하는 형은 자동으로 닫힌다. 따라서 자원의 해제 처리(이 경우는 close 메서드의 명시적인 호출) 코드를 생략할 수 있어서 프로그램이 매우 간단해진다.

java.io.FileReader와 java.io.FileWriter는 텍스트 파일에 문자를 입/출력할 때 이용하는 클래스이다. 생성자에 오픈할 파일명을 지정하면 파일을 연다. 이 파일에 읽기, 쓰기를 끝냈으면 파일을 닫을 필요가 있다. 이것을 하는 것이 close 메서드이다.

FileReader을 사용해서 읽는 것은 효율이 좋지 않다(버퍼링을 사용하지 않기 때문이다). 문자형 입력 스트림에서 텍스트를 읽을 때는 BufferReader 클래스를 사용하는 것이 좋다. read 메서드로 한 문자씩 읽고, readLine 메서드로 한 줄씩 문자열을 읽을 수 있다. 이 라이브러리들의 상세한 내용은 API 문서 등을 참고하도록 하자.

2개의 정수를 덧셈하는 메서드를 작성하자. 더할 값과 연산 결과가 모두 한자리가 되도록 하는 것이 전제이며 그렇지 않은 경우는 예외를 발생시킬 것.

```java
// 한 자리(0~9) 덧셈 하기
import java.util.Scanner;

//--- 범위 밖 예외 ---//
class RangeError extends RuntimeException {
  RangeError(int n) { super("범위 밖 값:" + n);}
}

//--- 범위 밖 예외 (매개 변수) ---//
class ParameterRangeError extends RangeError {
  ParameterRangeError(int n) { super(n); }
}

//--- 범위 밖 예외(반환값) ---//
class ResultRangeError extends RangeError {
  ResultRangeError(int n) { super(n); }
}
```

```java
public class RangeErrorTester {
  /*--- n은 1자리(0~9)인가? ---*/
  static boolean isValid(int n) {
    return n >=0 && n <= 9;
  }
  /*--- 1자리(0~9) 정수a와 b의 합 구하기 ---*/
  static int add(int a, int b) throws ParameterRangeError, ResultRangeError {
    if (!isValid(a)) throw new ParameterRangeError(a);
    if (!isValid(b)) throw new ParameterRangeError(b);
    int result = a + b;
    if (!isValid(result)) throw new ResultRangeError(result);
    return result;
  }

  public static void main(String[] args) {
    Scanner stdIn = new Scanner(System.in);

    System.out.print("정수 a:"); int a = stdIn.nextInt();
    System.out.print("정수 b:"); int b = stdIn.nextInt();

    try {
      System.out.println("합은 " + add(a, b) + "입니다.");
```

실행 예1

```
정수 a : 52
정수 b : 5
범위 밖 예외가 발생했습니다.
범위 밖 값 : 52
```

실행 예2

```
정수 a : 7
정수 b : 5
범위 밖 예외가 발생했습니다.
범위 밖 값 : 12
```

```
    } catch (RangeError e) {
        System.out.println("범위 밖 예외가 발생했습니다.\n" + e.getMessage());
    }
  }
}
```

예외 클래스 작성

예외 클래스를 직접 만들 때는 Exception 클래스 또는 하위 클래스로부터 파생된 것을 사용한다.
단, 만드는 것이 비검사 예외라면 RuntimeException 클래스 또는 그 하위 클래스에서 파생된 것을
사용해야 한다.

Error 클래스는 대치가 불가능하거나 아주 어려운 치명적인 오류이므로 이 클래스를 상속해서 클래
스는 만드는 것은 (문법적으로는 가능하지만) 현실적이지 못하다. 이 프로그램은 더하는 수와 계산
결과 모두 0~9가 되도록 해야 한다. 이 규칙을 만족하지 못하면 다음과 같은 예외를 던진다.

· RangeError: 값이 범위 밖에 있는(0~9가 아닌) 것을 나타내는 예외

· ParameterRangeError: 메서드의 매개 변수가 범위 밖에 있는 것을 나타내는 예외

· ResultRangeError: 연산 결과가 범위 밖인 것을 나타내는 예외

마지막 2개의 예외는 RangeError로부터 파생된 것이다. 여기선 3개의 클래스 모두 생성자만 정의
한다. 이미 배운 것처럼 Throwable 클래스의 생성자는 String형의 '상세 메시지'나 Throwable형의
'원인'을 받는다. 따라서 예외 클래스를 직접 만들 때는 동일한 형식의 생성자를 만드는 것이 일반적
이다. 여기선 일부러 int형을 받는 생성자를 정의한다(사양이 달라도 상관없다는 것을 보여주기 위
해서다).

RangeError 클래스는 RuntimeException 클래스에서 파생된 것이므로 비검사 예외이다. 생성자에
선 super를 사용해 문자열을 부여하므로 [표 16-1]의 ❷ 생성자를 호출해서 상세 메시지를 설정한
다. super를 사용해 RangeError 클래스의 생성자가 호출하고 거기서 RuntimeException의 생성자
를 호출하며 다시 Throwable 생성자를 호출한다.

메서드 add에선 인수나 연산 결과가 한 자리가 아닌 경우 ParameterRangeError또는
ResultRangeError 예외를 던진다. main 메서드에선 이 예외들을 한 번에 캐치한다(예외 핸들러에
선 RangeError 클래스와 그 하위 클래스가 캐치된다).

다음은 2개의 예외를 별도로 캐치하는 예이다.

```
try {
    System.out.println("합은 " + add(a, b) + "입니다.");
} catch (ParameterRangeError e) {
    System.out.println("더하는 수가 범위 밖입니다.\n" + e.getMessage());
} catch (ResultRangeError e) {
    System.out.println("계산 결과가 범위 밖입니다.\n" + e.toString());
}
```

ParameterRangeError를 캐치할 때는 getMessage 메서드에 의해 상세 문자열을 가져와 표시하고, ResultRangeError를 캐치하면 toString에 의해 간이 메시지를 가져와 표시한다. 따라서 다음과 같은 실행 결과를 얻을 수 있다.

실행 예1
정수 a : 52 정수 b : 5 더하는 수가 범위 밖입니다. 범위 밖 값 : 52

실행 예2
정수 a : 7 정수 b : 5 계산 결과가 범위 밖입니다. ResultRangeError: 범위 밖 값 : 12

배열의 요소를 반대로 나열하는 메서드를 작성하자. 존재하지 않는 요소에 접근하는 버그를 심어서 프로그램 동작을 확인할 것.

```java
// 배열의 요소에 값을 읽어서 반대로 나열한다(버그 있음 : reverse에서 예외 발생)
import java.util.Scanner;

class ReverseArray1 {
   //--- 배열의 요소 a[idx1]와 a[idx2]를 교환 ---//
   static void swap(int[] a, int idx1, int idx2) {
      int t = a[idx1];
      a[idx1] = a[idx2];
      a[idx2] = t;
   }
   //--- 배열a의 요소를 반대로 나열(오류) ---//
   static void reverse(int[] a) {
      try {
         for (int i = 0; i < a.length / 2; i++)
            swap(a, i, a.length - i);
      } catch (NullPointerException e) {
         e.printStackTrace();
         System.exit(1);
      } catch (ArrayIndexOutOfBoundsException e) {
         e.printStackTrace();
         System.exit(1);
      }
   }

   public static void main(String[] args) {
      Scanner stdIn = new Scanner(System.in);
      System.out.print("요소 수:");
      int num = stdIn.nextInt();    // 요소 수
      int[] x = new int[num];       // 요소 수 num의 배열

      for (int i = 0; i < num; i++) {
         System.out.print("x[" + i + "]:");
         x[i] = stdIn.nextInt();
      }

      reverse(x);                   // 배열x의 요소를 반대로 순으로 나열

      System.out.println("요소를 반대로 나열했습니다.");
      for (int i = 0; i < num; i++)
```

실행 예1

```
요소 수 : 5
x[0] : 10
x[1] : 73
x[2] : 2
x[3] : -5
x[4] : 42
java.lang.ArrayIndexOutOfBoundsException: 5
   at ReverseArray1.swap(ReverseArray1.java:7)
   at ReverseArray1.reverse(ReverseArray1.java:14)
   at ReverseArray1.main(ReverseArray1.java:36)
```

```
        System.out.println("x[" + i + "] = " + x[i]);
    }
}
```

예외를 그냥 던짐

배열을 역으로 나열하는 reverse 메서드이다(단, 버그가 있다). swap(a, i, a.length-i-1)라고
해야 하지만 swap(a, i, a.length-1)이라고 하고 있다. 만약 프로그램이 맞고 요소 수가 5이면 다
음과 같이 요소 교환을 2회한다.

  · a[0]와 a[4] 교환

  · a[1]과 a[3] 교환

버그가 심겨져 있는 reverse는 a[0]과 a[5]를 교환하려고 한다.

main 메서드로부터 호출되는 reverse 내에서 다시 2개의 배열 요소를 교환하는 swap이 호출되는
구조이다. 규모가 큰 프로그램에선 메서드 호출 단계가 더 많아진다.

메서드 swap과 reverse에선 다음 예외가 발생할 가능성이 있다.

  · NullPointerException
    매개 변수 a에 받은 참조가 null 참조일 때

  · ArrayIndexOutOfBoundsException
    배열a의 요소에 접근할 때에 0미만 또는 a.length 이상의 값을 지정했을 때

모든 계층의 메서드에서 받은 배열 변수가 null인지 또는 배열 요소에 접근하는 인덱스값이 범위 내
인지를 예외 처리하면, 본질적으로 동일한 처리를 몇 번이고 반복하게 돼서 성능 저하를 초래할 수
있다.

어떤 (계층의) 메서드에서 예외 대처를 해야 할지는 소프트웨어에 따라 달라진다. 이 프로그램에선
reverse에서 예외를 처리한다.

배열의 두 요소를 교환하는 swap 메서드에선, 예외에 대해 대처를 하고 있지 않으므로
NullPointerException 나 ArrayIndexOutOfBoundsException 예외가 발생할 경우 호출한 메서드
인 reverse에 예외가 전달된다.

즉, 예외에 대한 대처를 하지 않고 '그냥 던지는' 것이다. 여기서 그냥 던지는 것은 비검사 예외이다.

만약 그냥 던지는 것이 검사 예외라면 메서드 선언에 throws 절이 필요하다. 예외에 대한 대처를 하는 것이 reverse 메서드이다. swap 메서를 호출을 try 블록 내에 넣어서 예외를 캐치한다. 예외 핸들러에선 다음과 같은 처리를 한다.

· printStackTrace 메서드 호출에 의한 스택 트레이스 표시

· System.exit 메서드 호출에 의한 프로그램 강제 종료

앞 문제의 reverse 메서드에서 ArrayIndexOutOfBoundsException를 캐치할 때 또다른 예외를 던지도록 프로그램을 수정하자.

```java
// 배열의 요소에 값을 읽어서 반대로 나열(버그 있음:reverse에서 예외 다시 던짐)
import java.util.Scanner;

class ReverseArray2 {
  //--- 배열의 요소 a[idx1]와 a[idx2]를 교환 ---//
  static void swap(int[] a, int idx1, int idx2) {
    int t = a[idx1];
    a[idx1] = a[idx2];
    a[idx2] = t;
  }
  //--- 배열a의 요소를 반대로 나열(오류) ---//
  static void reverse(int[] a) {
    try {
      for (int i = 0; i < a.length / 2; i++)
      swap(a, i, a.length - i);
    } catch (NullPointerException e) {
      e.printStackTrace();
      System.exit(1);
    } catch (ArrayIndexOutOfBoundsException e) {
      throw new RuntimeException("reverse의 버그?", e);      •┄┄┄┄┄┄┄❶
    }
  }

  public static void main(String[] args) {
    Scanner stdIn = new Scanner(System.in);
    System.out.print("요소 수:");
    int num = stdIn.nextInt();     // 요소 수

    int[] x = new int[num];        // 요소 수  num의 배열

    for (int i = 0; i < num; i++) {
      System.out.print("x[" + i + "]:");
      x[i] = stdIn.nextInt();
    }

    try {
      reverse(x); // 배열x의 요소를 반대로 순으로 나열

      System.out.println("요소를 반대로 나열했습니다.");
```

실행 예1

```
요소 수:5
x[0]:10
x[1]:73
x[2]:2
x[3]:-5
x[4]:42
예외        :
java.lang.RuntimeException: reverse의 버그?
예외의 원인:
java.lang.ArrayIndexOutOfBoundsException: 5
```

```
        for (int i = 0; i < num; i++)
            System.out.println("x[" + i + "] = " + x[i]);
    } catch (RuntimeException e) {
        System.out.println("예외        :"+e);
        System.out.println("예외의 원인:"+e.getCause());
    }
  }
}
```

예외 다시 던지기

이 프로그램에선 reverse 메서드에서 예외를 받으면 다른 예외로 던지게 된다. reverse에선
ArrayIndexOutOfBoundsException를 캐치한 경우의 대처로 RuntimeException 예외를 새롭게 생
성해서 던진다. NullPointerException를 캐치한 경우는 앞 문제의 프로그램과 동일하게 스택 트
레이스를 표시함과 동시에 프로그램을 강제 종료한다.

새로운 예외를 생성하고 던지는 ❶에 주목하자. 여기선 생성자에 2개의 인수를 부여
한다. 1인수는 '상세 메시지'이고 2인수는 '원인'이다(표 16-1, ❸). 2인수로 e, 즉
ArrayIndexOutOfBoundsException 예외의 참조를 부여하므로 RuntimeException 예외
가 발생한 원인이 ArrayIndexOutOfBoundsException 예외인지 알 수 있다. 예외 핸들러에선
ArrayIndexOutOfBoundsException 예외를 캐치하므로 이 예외에 대한 대처를 완료한다(이 예
외가 그대로 던져져서 전파될 일은 없다). 메서드 호출 위치에 전달되는 것은 새롭게 생성한
RuntimeException 예외이다.

main 메서드에선 reverse 메서드가 던진 예외를 잡는다. getCause는 예외의 원인을 확인
하기 위한 메서드이다(표 16-2). 따라서 캐치한 예외와 예외의 원인 모두 표시된다. 캐치
한 예외가 RuntimeException인 것과 예외의 원인이(부정한 인덱스 5를 사용해서 발생한)
ArrayIndexOutOfBoundsException 예외인 것을 실행 결과를 통해 알 수 있다.

이 프로그램은 원리를 이해하기 위한 예제이므로 약간 어색한 측면이 있다. 캐치한 예외에 대해 '어
떤 대처를 했지만 그래도 부족하다' 하는 경우에는 예외를 다시 던지면 된다.

• 다음은 키보드를 통해 읽은 값에 따라서 다른 예외이 발생하고 그 예외를 인지해서 처리하는 프로그램이다.

```java
import java.util.Scanner;
//---- 직접 만든 예외[1] ---//
class Exception1    (1)    Exception {
    Exception1(String s,    (2)    e) { super(s, e); }
}
//---- 직접 만든 예외[2] ---//
class Exception2    (1)    RuntimeException {
    Exception2(String s,    (2)    e) { super(s, e); }
}
public class Tester {
    //--- sw값에 따라 다른 예외 던짐 ---//   •————————❶
    static void work(int sw)    (3)    Exception {
        switch (sw) {
        case 1 :    (4)    new RuntimeException("예외[1] 발생!!");
        case 2 :    (4)    new Exception("예외[2] 발생!!");
        }
    }
    //--- work 호출 ---//   •————————❷
    static void test(int sw)    (3)    Exception {
            (5)    {
            work(sw);   •————————❸
        }
            (6)    (RuntimeException e) {
                (7)    new Exception1("예외[1]", e);
        }    (8)    (Exception e) {
                (9)    new Exception2("예외[2]", e);
        }                                          •————————❹
    }
    public static void main(String[] args) {
        Scanner stdIn = new Scanner(System.in);
        System.out.print("sw:");
        int sw = stdIn.nextInt();
            (10)    {
            test(sw);
        }    (11)    (    (12)    e) {
            // 여기선 Exception1과 Exception2 양쪽을 캐치
            System.out.println("예외      :" + e);
            System.out.println("예외의 원인:" + e.    (13)    ());   •————————❺
            e.    (14)    (); // 예외 전파 상황 표시
```

```
    }    (15)    {
        System.out.println("프로그램 종료");    •············ ❻
    }
   }
}
```

- 위 프로그램에서 ❶과 ❷에 (3) Exception을 (16) 이라고 한다. 다음 중 (17) 는(은) 생략할 수 있는 것은?
  ▶ (17)의 보기: (a) 전자   (b) 후자   (c) 양쪽 모두   (d) 없다

- Exception은 (18) 예외라고 불리며 RuntimeException은 (19) 예외라고 불린다. 이 두 클래스는 모두 (20) 패키지에 속한다. 이 둘 중에 상위 클래스는 (21) 이다.
  ▶ (21)의 보기: (a)전자   (b) 후자

- 모든 예외 클래스의 최상위에 위치하고 있는 것은 (22) 클래스이다. 예외는 (23) 와 원인이라는 적어도 2개의 정보를 가진 (22) 클래스의 인스턴스이다.

- ❸은 (24) 블록이라고 하며 ❹는 (25) 절 또는 예외 (26) 라고 한다.

- ❺의 실행에 의해 표시되는 결과을 기입하자

      키보드를 통해 입력한 값이 1일 때의 실행 결과
      1일 때의 실행 결과   2일 때의 실행 결과
      ┌─────────────────┐   ┌─────────────────┐
      │   (27)   │   │   (28)   │
      └─────────────────┘   └─────────────────┘

- (14) 메서드 호출에 의해 예외 전파 상황이 표시된다. 예외가 여러 메서드에 걸쳐 전파되는 상태를 (29) 라고 한다.

- ❻은 키보드에서 입력한 값이 (30) 일 때 실행된다.
  ▶ (30)의 보기: (a) 1   (b) 2   (c) 1일 때와 2

- Exception1 클래스에 대한 대처를 하고 있는지는 컴파일 시에 (31) .
  Exception2 클래스에 대한 대처를 하고 있는지는 컴파일 시에 (32) .
  ▶ 공통 보기: (a) 검사된다   (b) 검사되지 않는다

- null 참조를 통한 필드의 접근이나 메서드 호출 등을 하려고 할 때나 null 참조를 예외로 던지려고 할 때에 발생하는 예외는 (33) 클래스 형의 예외이다. 이 예외에 대한 대처는 (34) .
  ▶ (34)의 보기: (a) 필수이다   (b) 필수가 아니다

- 배열에 부정한 인덱스를 적용했을 때에 발생하는 것은 ☐(35) 클래스형 예외이다. 이 예외에 대한 대처는 ☐(36) .

  ▶ (36)의 보기: (a) 필수이다 (b) 필수가 아니다

- 프로그램이 기대하는 것과 다른 상태나 일반적으로 범위가 아닌 경우, 또는 예측할 수 없는 상태를 ☐(37) 라고 한다.

- ☐(37) 를 발생시키는 것을 ☐(38) 라고 한다. ☐(38) ☐(37) 를 검출하는 것을 ☐(39) 한다고 한다.

- 대처가 필수인 ☐(37) 은 ☐(40) 검사 ☐(37) 라고 하며 ☐(41) 클래스의 직접 또는 간접 하위 클래스로 만들어진다.

- 대처가 필수가 아닌 ☐(37) 는 ☐(42) ☐(37) 라고 하며 ☐(43) 클래스의 직접 또는 간접 하위 클래스로 만들어진다.

- Throwable 클래스의 직접 하위 클래스(서브 클래스)는 ☐(44) 클래스와 ☐(45) 클래스이다. 참고로 전자는 ☐(37) 가 발생한 경우 프로그램 회복을 기대할 수 없다.

- 다음은 sw 값이 1이면 Exception 예외를 던지는 메서드이다.

```
void func(int sw) throws    (46)    {
   if (sw == 1) throw    (47)    Exception();
}
```

JDK 설치 및 환경 설정
실전 문제 해답

책에 수록된 자바 문제들을 테스트하기 위해선 자바 실행 환경을 설치해야 한다(단, 이 책에 실린 코드들은 문제용으로, 전체 코드를 싣지 않은 경우도 있다. 따라서 코드가 실행되지 않을 수도 있으니 유의하도록 하자). 자바 설치는 크게 JDK 설치 및 환경 설정 그리고 코드 편집기(이클립스) 설치 파트로 나뉜다. 참고로 이 책에선 윈도우10을 기준으로 설명하고 있다.

JDK 설치

자바를 사용하려면 우선 JDKJava Development Kit을 설치해야 한다. JDK는 다음 웹사이트에서 무료로 다운로드할 수 있다.

▶JDK에 자세한 내용은 1장에서 다룬다.

http://www.oracle.com/technetwork/java/javase/downloads/jdk8-downloads-2133151.html

그림 A-1 JDK 다운로드 페이지

Product / File Description	File Size	Download
Linux ARM 32 Hard Float ABI	72.86 MB	jdk-8u212-linux-arm32-vfp-hflt.tar.gz
Linux ARM 64 Hard Float ABI	69.77 MB	jdk-8u212-linux-arm64-vfp-hflt.tar.gz
Linux x86	174.11 MB	jdk-8u212-linux-i586.rpm
Linux x86	188.92 MB	jdk-8u212-linux-i586.tar.gz
Linux x64	171.13 MB	jdk-8u212-linux-x64.rpm
Linux x64	185.98 MB	jdk-8u212-linux-x64.tar.gz
Mac OS X x64	252.25 MB	jdk-8u212-macosx-x64.dmg
Solaris SPARC 64-bit (SVR4 package)	125.06 MB	jdk-8u212-solaris-sparcv9.tar.Z
Solaris SPARC 64-bit	88.15 MB	jdk-8u212-solaris-sparcv9.tar.gz
Solaris x64 (SVR4 package)	124.3 MB	jdk-8u212-solaris-x64.tar.Z
Solaris x64	85.41 MB	jdk-8u212-solaris-x64.tar.gz
Windows x86	202.64 MB	jdk-8u212-windows-i586.exe
Windows x64	215.26 MB	jdk-8u212-windows-x64.exe

2019년 4월, 최신 버전은 자바 12이지만 아직 보편화되지 않은 버전이므로 8 버전(8u212)을 사용하도록 한다. 먼저 'Accept License Agreement'를 클릭한 후 자신의 OS 버전에 맞는 버전을 다운로드한다. 여기서는 윈도우 64bit를 기준으로 'jdk-8u212 windows-x64.exe' 파일은 선택한다. 윈도우 32bit 사용

자라면 'jdk-8u212-windows-i586.exe'를 받는다. 파일을 선택하면 다운로드가 시작된다. 다운로드가 끝나면 해당 파일을 더블 클릭해서 실행한다.

그림 A-2 JDK 파일 실행 화면

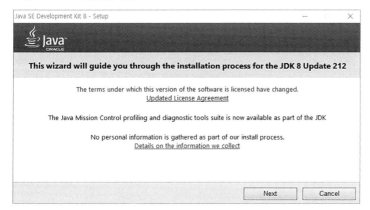

[그림 0-2]에서 'Next'를 클릭해서 다음 화면으로 넘어가면 설치할 프로그램을 선택하는 화면이 나온다. 기본 설정 그대로 사용하면 된다. 혹, 설치할 위치를 변경하고 싶다면 [그림 0-3]에서 'Change'를 사용해서 원하는 위치를 지정해준다(기본 설정 그대로 사용하는 것을 권장한다).

그림 A-3 설치 프로그램 선택 화면

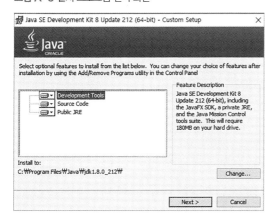

'Next'를 클릭하면 설치에 필요한 파일을 다운로드 한다. 잠시 후 다시 설치 위치 변경을 묻는 화면이 뜬다.

그림 A-4 설치 위치 변경

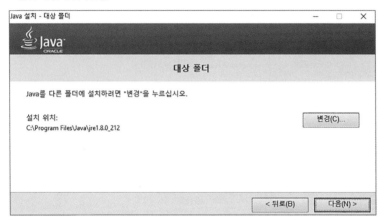

기본 설정을 그대로 사용하자. '다음'을 클릭하면 설치가 시작된다. 설치가 끝나면 'Close'를 클릭해서 종료한다.

그림 A-5 설치 완료

JDK 환경 변수 설정

이제 JDK를 실행하기 위한 환경 변수를 설정해주어야 한다. 먼저 윈도우 탐색기를 열어서 '내 PC'를 오른쪽 클릭한 후 속성을 선택한다.

그림 A-6 내 PC에서 속성 선택

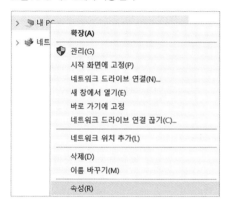

다음 화면에서 왼쪽의 '고급 시스템 설정'을 선택한다.

그림 A-7 '고급 시스템 설정' 선택

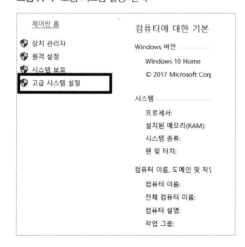

다음 화면에서 '환경 변수'를 클릭한다.

그림 A-8 '환경 변수' 클릭

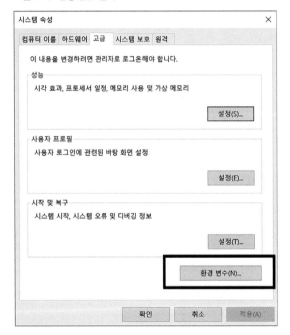

아래의 '시스템 변수'에서 '새로 만들기'를 클릭한다.

그림 A-9 환경 변수 새로 만들기

다음과 같이 변수 이름에 'JAVA_HOME'이라고 입력하고 변수 값에 JDK 설치 위치를 입력해준다. 기본 설정을 그대로 사용하고 있다면 화면에 있는 값을 그대로 사용하면 된다.

그림 A-10 JAVA_HOME 설정

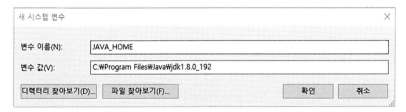

'확인'을 클릭한 후 빠져나온다. 이번에는 'Path'를 선택한 후 '편집' 버튼을 클릭한다.

그림 A-11 'Path' 선택 후 '편집' 클릭

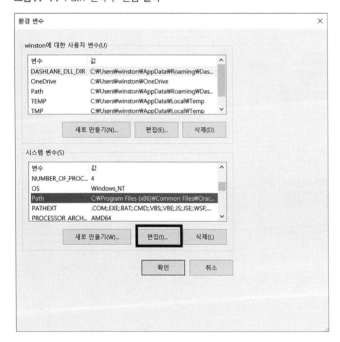

새로운 화면이 나오면 오른쪽에 '새로 만들기'를 클릭한다.

그림 A-12 Path 추가 화면

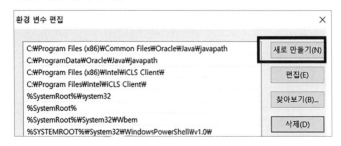

다음과 같이 JDK 설치 위치의 bin 폴더를 추가해준다.

그림 A-13 JDK의 bin 폴더를 Path에 추가

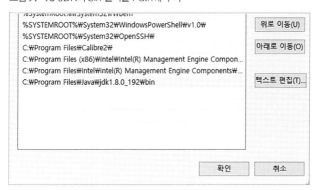

마지막으로 'CLASSPATH'를 추가해야 한다. 'JAVA_HOME' 설정 방법과 동일한다. 시스템 변수의 '새로 만들기'를 클릭한 후 변수 이름 및 변숫값을 그림과 같이 설정한다(JDK 설치 위치의 lib 폴더를 지정한다).

그림 A-14 CLASSPATH 설정 화면

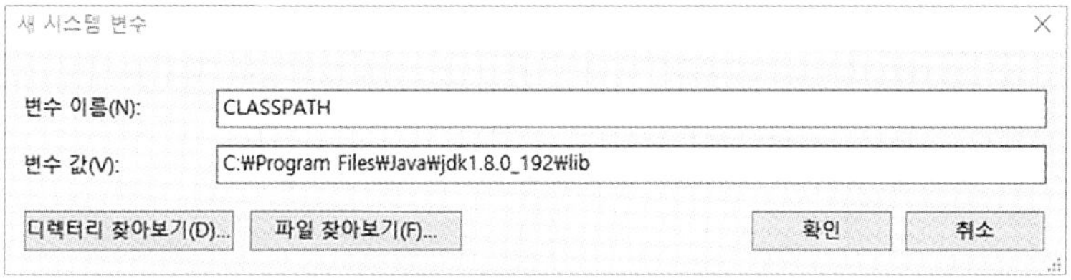

이것으로 모든 설정이 완료됐다. 실제로 자바가 잘 실행되는지 확인해보도록 하자. 이를 위해선 명령 프롬프트cmd를 실행해야 한다. 왼쪽 하단의 돋보기 아이콘을 클릭한 후 검색 창에 'cmd'라고 입력하면 명령 프롬프트가 검색 결과에 표시된다. 이것을 클릭하자(또는 Window키+R키를 누른 후 실행창에 cmd라고 입력해도 된다).

그림 A-15 명령 프롬프트 실행

명령 프롬프트가 실행되면 화면에 'java -version'이라고 입력하자. 다음과 같이 'java version 1.80_212'이라고 표시되면 성공적으로 설치한 것이다.

그림 A-16 java -version 실행 결과

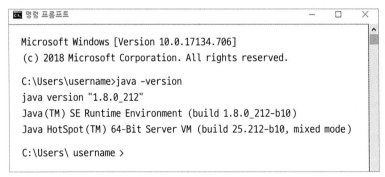

이클립스(Eclipse) 설치

자바 코드를 편집할 수 있는 편집기들이 많이 있지만 여기서는 가장 많이 사용되는 이클립스를 기준으로 설명하도록 한다. 이클립스는 다음 웹페이지에서 다운로드할 수 있다.

https://www.eclipse.org/downloads/

그림 A-17 이클립스 다운로드 페이지

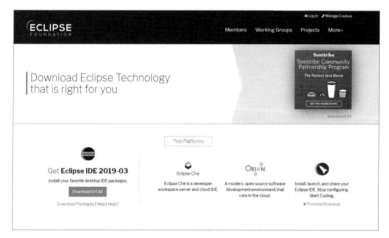

2019년 4월 현재 최신 버전은 Eclipse IDE 2019-03이다. DOWNLOAD 64bit(또는 32bit)를 클릭하자. 다운로드가 끝나면 해당 파일을 클릭해 실행한다. 다음 화면이 표시되면 가장 위에 있는 Eclipse IDE for Java Developers를 선택한다.

그림 A-18 자바 개발자용 이클립스 IDE 선택

그러면 다음과 같이 설치 위치를 지정하는 화면이 나온다. 기본 설정을 그대로 사용해도 상관없다. In-stall을 클릭해서 설치를 시작한다.

그림 A-19 이클립스 설치 위치 지정

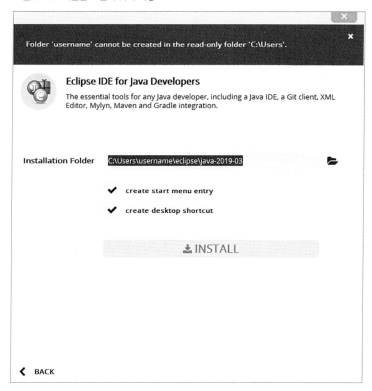

라이선스 동의 화면이 뜨면 하단의 옵션 'Remember accepted licenses'을 체크한 후 Accept를 클릭하자.

그림 **A-20** 라이선스 동의

설치가 끝나면 다음과 같은 화면이 뜬다. 'LAUNCH'를 클릭하면 이클립스가 실행된다.

그림 **A-21** LAUNCH를 클릭해서 이클립스 실행

이클립스를 처음 실행하면 워크스페이스(workspace) 위치를 지정하는 화면이 뜬다. 기본 설정을 사용해도 상관없다.

그림 A-22 워크스페이스 위치 지정

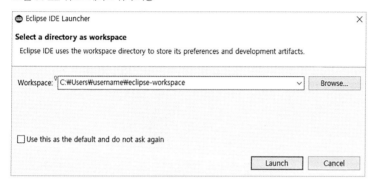

이클립스가 실행되면 마지막으로 이클립스와 자바를 연동시켜줘야 한다. 다음과 같은 화면이 뜨면 위에 Window에서 Preference를 선택하자.

그림 A-23 Preference 화면

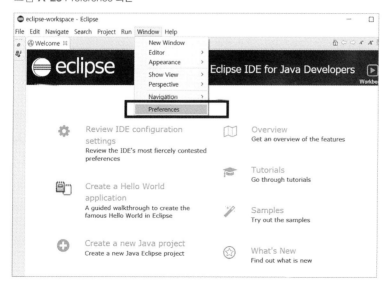

왼쪽의 메뉴에서 Java를 선택한 후 Compiler를 선택하면 다음과 같은 화면이 나온다.

그림 **A-24** 자바 컴파일러 설정 화면

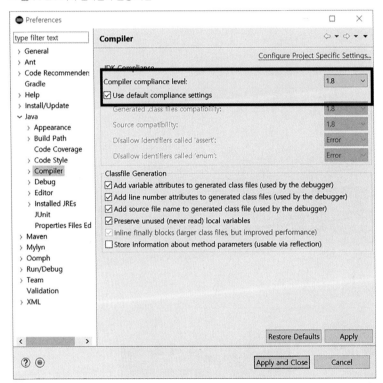

마지막으로 JRE가 정상적으로 연동되는지 확인하자(JRE는 JDK 설치 시에 자동으로 설치된다). 다음과 같이 JRE가 표시되면 별도로 변경할 것이 없다. 혹, JRE가 보이지 않는다면 Add를 클릭해서 JRE가 설치된 곳을 수동으로 지정해주면 된다. 대부분의 경우 JRE는 JDK가 설치된 폴더(JAVA)에 함께 설치된다.

그림 **A-25** JRE 위치 설정

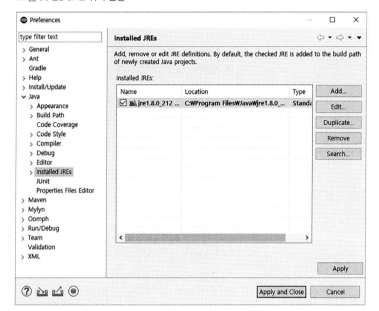

이상으로 모든 설치가 완료됐다.

1장

1. 객체	2. JDK
3. 소스 프로그램	4. .java
5. 컴파일	6. javac
7. 클래스 파일	8. .class
9. 클래스	10. java
11. 주석	12. b
13. / *	14. * /
15. / **	16. * /
17. b	18. //
19. b	20. 문자열 리터럴

21.
```
AB
CD

EFG
```

22. class

23. static	24. main
25. String	26. System
27. println	28. 쌍반점 또는 세미콜론
29. 쌍점 또는 콜론	30. 마침표 또는 온점
31. 쉼표 또는 콤마	32. 중괄호
33. 소괄호	34. 작은따옴표
35. 큰따옴표	

2장

1. 정수 리터럴	2. 실수 리터럴
3. 변수	4. 자료형
5. 초기화	6. 대입
7. 연산자	8. 피연산자
9. 1	10. 3
11. (단순) 대입 연산자	12. 들여쓰기
13. util	14. Scanner
15. public	16. void
17. Scanner	18. System.in

19. nextInt()	20. *
21. /	22. %
23. −x	24. (x + y) / 2
25. byte	26. int
27. long	28. short
29. double	30. float
31. 기본형	

32.
```
13 + 57 = 1357
13 + 57 = 70
```

33.
```
x = x
x = 10
```

34.
```
3
70
1
3
```

35.
```
1
-1
-1
1
```

36.
```
2
2
-2
-2
```

37. import	38. class
39. []	40. final
41. stdIn	42. nextDouble()
43. PI * r	44. r * r
45. util	46. Random
47. Random	48. nextInt
49. 450	50. 101
51. 10 * k	52. k % 10
53. next ()	

54. "안녕하세요,"+ last + ""+ first + "씨."

55. "Hello"+ first + " "+ last + "."

56. [-> {   (2곳)
   ] -> }   (2곳)
   pubilc 대신 public
   main 앞에 void 추가
   x의 선언 final은 제거해야한다
   plintln 아닌 println
   x를 대입하는 문장의 마지막 부분 : -> ;
   (""a = ""a) -> (""a = "" + a);
   (""b = ""b) -> (""b = "" + b);
   (""x = "", x) -> (""x = "" + x);

3장

1. 식

2. 표현문

3. 공문

4. 블록

5. 우선순위

6. 결합 규칙

7. 관계 연산자

8. 등가 연산자

9. 논리 연산자

10. 논리 부정 연산자

11. 조건 연산자

12. 단락 평가

13. 키워드

14. 식별자

15. 정렬(sort, 소트)

16. 명확

17. 유한개

18. false

19. false

20. false

21. true

22. false

23. true

24. true

25. true

26.
```
true
true
false
false
false
true
−7
1
5
5
```

27. if

28. %

29. if

30. else

31. (a)= ? a : −a)

32. (a ⟨ b ? a : b)

33. (a ⟩ b ? a : b)

34. switch

35. case

36. break

37. true

38. false

39. 좌결합

40. 우결합

41. m ═ 3

42. m ═ 4

43. m ═ 5

44. m ⟩= 3

45. m ⟨= 5

46. !

47. m ⟨ 3

48. m ⟩ 5

49. m % 3 ═ 0

50. if (m % 3 ═ 1)

51. if (m % 3 ═ 2)

52. m % 3

53. 0 :

54. 1 :

55. 2 :

56. a % b ═ 0

57. a ⟩ b

58. b

59. t

60. AB

61. B

62. C

63. A

64. A

65. a

66. b

67. a ═ b

68. b ═ c

69. java

70. class

71. static

72. String[]

73. stdln

74. a % 2 ═ 0

75. b % 2 ═ 0

76. c

77. c ═ 1

78. c ═ 2

4장

1. 문자 리터럴

2. char

3. 복합 대입 연산자

4. 전위 증가 연산자

5. 후위 증가 연산자

6. 루프

7. 다중

8. 평가

9.
```
1350
135
5
15
5
```

10.
```
1
3
3
1
3
```

11. do

12. while

13. n % 2 != 0

14. while

15. i

16. i

17. for

18. i

19. +=

20. for

21. 1

22. ++

23. i * 10

24. System.in

25. 100

26. 900

27. do
28. ++
29. while
30. count
31. 선택문
32. 반복문
33. a
34. b
35. b
36. n % 2 == 1 && n >= 11 && n <= 999
37. n − i + 1
38. i
39. n − i
40. i
41. i >= 1
42. i
43. 1
44. c−−
45. *=
46. 1
47. n
48. *=
49. do
50. i < n
51. i <= n
52. i < n
53. i <= n
54. n−−
55. n−−
56. i < n
57. i <= n
58. n
59. i % 2
60. n
61. (i − 1) % 2
62. i % 1
63. i % 1
64. (i − 1) % 10
65. 후
66. 전
67. 안녕하세요.
68. 0
69. n % 1
70. 10
71. 1
72. n
73. i + "□*□"
74. *=
75. n + "□=□"
76. *=
77. fact
78. "□ □" + i
79. 27
80. 9
81. i + "□|"
82. 9
83. i * j
84. "□ □"
85. "□"
86. height
87. width
88. n
89. i + 1
90. n − 1

91. i + 1
92. n
93. n − i − 1
94. i + 1
95. n − 1
96. n − i − 1
97. i + 1
98. i % w == 0
99. n % w != 0
100. n < 0
101. n >= 0
102. ++
103. /=
104. 15 − d
105. n
106. n / w
107. n % w
108. p
109. (i < p || q !=)
110. q
111. n
112. i + 1
113. (n − i) * 2
114. (i + 1) % 10
115. height
116. width
117. (i + j − 1) % 10
118. break
119. continue
120. a / i
121. AA
122. ABA
123. ABAB
124. ABAB
125. ABAB
126. ABAB

5장

1. 0
2. 65535
3. 16
4. −128
5. 127
6. 8
7. −32768
8. 32767
9. 16
10. −2147483648
11. 2147483647
12. 32
13. 64
14. 8
15. 10
16. 16
17. 10
18. 8
19. 10
20. 8
21. 16
22. l
23. L
24. 정밀도
25. 64
26. 32

27. d

28. D

29. f

30. F

31. 이항 숫자 승격

32. 축소

33. 확대

34. 확장 표기

35. \f

36. \b

37. \r

38. \t

39. \n

40. \\

41. \'

42. \"

43.
```
15
13
21
```

44.
```
7
7.5
7.5
7.5
```

45.
```
7.5
7.5
```

46.
```
0.0
3
```

47.
```
true
false
```

48.
```
157
111
6f
6F
```

49.
```
1 2 3 4 5
1 2 3 4 5
□□1 2 3 4 5
□□1 2 3
0 0 1 2 3
```

50.
```
□□□□□5.4
□□□□5.4 3
□□□5.4 3 2
□□5.4 3 2 1
```

51.
```
\/%%

\/%
```

52. 12345FG

53. ABCDEF12345

54. 0

55. 2

56. 0x

57. 0X

58. a

59. b

60. int

61. long

62. double

63. float

64. 캐스트

65. double

66. float

67. long

68. int

69. ○

70. ×

71. ×

72. ○

73. ×

74. ○

75. ×

76. ○

77. ○

78. ○

79. ○

80. "\"ABC\""

81. n

82. \'

83. "당신은 \" "

84. "\"을(를) 입력했습니다. "

85. "당신은 ₩'% s ₩ "을(를) 입력했습니다.₩ n"

86. n

87. %

88. n

89. %%

90. n

91. i + 1

92. \\

93. x / y

94. %4d\n

95. x %% y

96. %4d\n

97. %o\n

98. %d\n

99. %X\n

100. %10.5f

6장

1. 객체

2. 배열

3. 가비지 컬렉션

4. 인덱스

5. i + 1

6. 인덱스

7. int[][]

8. int[]

9. int

10. 4

11. 3

12. null 참조

13. null 형

14. null

15. 0

16. 0L

17. 0.0f

18. 0

19. false

20. null

21. 순회

22. {1, 2, 3}

23. [3]

24. 0 0 0

25. a[0]

26. a[0]

27. 1

28. a[i]

29. a[i]

30. (max − min)

31. new int[5]

32. a.length

33. (i + 1) * 10

34. a.length / 2

35. a.length − i − 1

36. a.length − i − 1

37. t

38. 확장 for

39. 0.0f

40. a.length

41. a[i]

42. float

43. a

44. i

45. a.length

46. a.length − 1

47. a.length

48. a.length − 1

49. 참조

50. 1 2 3

51. a.length

52. i

53. a[i]

54. 0

55. a.length

56. max

57. a.length

58. i % 10

59. max

60. a.length

61. i

62. 검색

63. 키

64. 선형 탐색

65. a.length

66. a[i]

67. break

68. (i 〈 a.length) ? i : − 1

69. new int[a.length]

70. a.length

71. a[i]

72. a.length

73. count++

74. new int[count]

75. a.length

76. b[j++] = a[i]

77. int[2][3]

78. {0, 0, 0}, {0, 0, 0}

79. int[3]

80. int[3]

81. int[2][]

82. int[3]

83. int[3]

84. new int[a.length][]

85. a.length

86. new int[a[i].length]

87. a[i].length

88. a[i][j]

89. ×

90. ×

91. ○

92. ×

93. ○

94. ○

95. String[]

96. {

97. }

98. int[]

99. order.length

100. 12

101. 12

102. order[idx2]

103. t

104. month + 1

105. month

106. correct++

107. a.length

108. a[i].length

109. a[i].length − 1

110. a[i][j]

111. a[i].length

112. a[i][a[i].length − 1]

7장

1. 메서드 헤더

2. 메서드 본문

3. 반환형

4. 메서드명

5. 매개 변수 나열

6. a

7. b

8. 메서드 호출

9. 인수

10. 시작

11. 실행한다

12. void

13. b

14. int

15. 1

16. 0

17. 0

18. 0

19. 1

20. 0

21. 1

22. 1

23. 1

24. 0

25. 1

26. 1

27. 0

28. 1

29. 0

30.
```
2
11
9
```

31.
```
148
9
9
```

32. a + b

33. a 〉= b

34. b − a

35. return a − b

36. return b − a

37. a 〉= b

38. b

39. (double)

40. a == b

41. 지역 변수　　42. 필드

43. a

44. 다중 정의 or 오버로드(overload)

45. 시그니처　　46. ○

47. ×　　48. ×

49. ○　　50. 1.0

51. n──　　52. 0

53. n──　　54. c

55. putChars('+', n)　　56. String

57. month >= 1 && month <= 12

58. ms[month − 1]

59. 31　　60. (x >>> i)

61.
```
00000000000000000000000000000000
00000000000000000000000000000001
11111111111111111111111111111111
11111111111111111111111111111111
00000000000000000000000010100000
00000000000000000000000011111010
00000000000000000000000010011010
00000000000000000000000011111000
00000000000000000000000001111000
00000000000000000000000011110000
00000000000000000000000001111100
00000000000000000000000111100000
00000000000000000000000011110
11111111111111111111111100000
11111111111111111111111111111
00000111111111111111111111111111
```

62. 32

63. (x >>> i & 1) == 0　　64. >>>=

65. return　　66. int[]

67. 0　　68. 0

69. 1　　70. a.length

71. min　　72. a[i]

73. max　　74. a[i]

75. max − min　　76. 0

77. max　　78. a[i]

79. i　　80. return idx

81. a.length　　82. b.length

83. b[i]　　84. int[]

85. k　　86. int[]

87. new int[n]　　88. i++

89. a[i]　　90. a

91. int[]　　92. int[]

93. int[]

94. new int[a.length + b.length]

95. a.length　　96. i

97. b.length　　98. i + a.length

99. z　　100. int[][]

101. int[]　　102. int[][]

103. int[a.length][]　　104. a.length

105. i　　106. int[a[i]]

107. return　　108. int[][]

109. int[][]　　110. int[][]

111. int[a.length][]　　112. a.length

113. i　　114. int[a[i].length]

115. a[i].length　　116. a[i][j]

117. c　　118. int[][]

119. int[][]　　120. int[][]

121. x.length　　122. y.length

123. int[][]　　124. x[i].length

125. y[i].length　　126. widthMax

127. widthMin　　128. widthMax

129. x[i][j]　　130. widthMax

131. y[i][j]　　132. heightMax

133. x[i].length　　134. x[i].length

135. x[i][j]　　136. heightMax

137. y[i].length　　138. y[i].length

139. y[i][j]　　140. [height][]

141. a.length　　142. [width]

143. width　　144. a.length

145. %d　　146. %d

147. 0   148. 99
149. a.length   150. a[i].length
151. a[i][j]   152. maxWidth

8장

1. 필드   2. 생성자
3. 메서드   4. gildong
5. new Member("gildong", 75, 55)
6. gildong
7. new Member("gildong", 75, 55)
8. chulsu
9. new Member("chulsu", 35, 65)
10. nango.setNo(80)
11. nango.getNo()   12. .print()
13. ×   14. ×
15. ×   16. ×
17. ×   18. ×
19. ×   20. ×
21. ○   22. ○
23. ×   24. ×
25. c   26. c
27. class   28. Abc
29. this   30. int
31. void   32. class
33. static   34. main
35. new Abc   36. new Abc
37. x.getSum()   38. y.getSum()
39. x.print()   40. y.print()
41. c   42. c
43. c   44. 인스턴스
45. 비공개   46. 공개
47. 은닉   48. 캡슐화
49. 스테이트   50. 인스턴스

51. 메시지   52. 멤버 접근
53. b   54. b
55. 기본   56. b
57. c

9장

1. 게터   2. 세터
3. 접근자   4. b
5. b   6. b
7. a   8. a
9. 복사   10. public
11. String   12. toString
13. a   14. b
15. null 참조   16. null
17. import   18. util
19. v   20. this.v
21. static   22. Int
23. Int   24. x.getV()
25. y.getV()   26. x.getV()
27. y.getV()   28. System.in
29. new Int   30. new Int
31. a   32. b
33. 클래스 Int 또는 클래스 IntTester 선언에 붙은 public 중 적어도 하나를 삭제해야한다 (모두를 제거 할 수있다). 단일 소스 프로그램으로 public 클래스를 2 개 이상 선언 할수 없기 때문이다.
34. Int[]
35. {new Int(1), new Int(2), new Int(3), new Int(4), new Int(5)}
36. Int[][]
37. new Int[2][]
38. Int[]{new Int(1), new Int(2), new Int(3)}
39. Int[]{new Int(5), new Int(6), new Int(7), new Int(8)}

40. class

41. p.x   42. p.y

43. this.x   44. this.y

45. setX   46. setY

47. class   48. Point2D()

49. new Point2D(c)   50. Point2D

51. center   52. c.getX()

53. c.getY()   54. this.radius

55. toString()   56. new Point2D[]

57. new   58. new

59. p[i]

※ p[i].toString ()도 가능

60. c1   ※ c1.toString ()도 가능

61. c2   ※ c2.toString ()도 가능

62. b

63. Point2D   64. x == p.x && y == p.y

65. Circle

66. radius == p.radius &&

center.getX() == p.getCenter.getX() &&

center.getY() == p.getCenter.getY()

67. Circle   68. Circle

69. c1.getRadius() == c2.getRadius() &&

c1.getCenter().getX() ==

c2.getCenter().getX() &&

c1.getCenter().getY() ==

c2.getCenter().getY()

70. Circle[][]

71. {new Circle(new Point2D(0, 0), 5),

new Circle(new Point2D(10, 10), 8)}

72. a.getCenter().getX()

73. a.getCenter().getY()   74. public

75. has-A

10장

1. c   2. b

3. 정적   4. 정적

5. a   6. b

7. a   8. b

9. a   10. a

11. a   12. a

13. a   14. 유틸리티

15. Math.PI   16. Math.abs(x)

17. Math.sqrt(x)   18. final

19. MIN_VALUE 또는 Integer.MIN_VALUE

20. MAX_VALUE 또는 Integer.MAX_VALUE

21. getCounter 메서드 안의 return this.counter; 부분. counter는 클래스 변수이고 getCounter는 클래스 메서드이므로 return counter; 라고 해야 한다.

22. counter

23. id, x, y, z   24. util

25. static   26. r

27. ++counter   28. static

29. String[]   30. Point3D.getCounter()

31. p1.getId()   32. p2.getId()

33. p3.getId()   34. p4.getId()

35. 클래스 초기화 블록 or 정적 초기화 블록

36. a

37. 인스턴스 초기화 블록   38. b

11장

1. util   2. static

3. public   4. void

5. YEAR   6. MONTH

7. DATE   8. 완전 한정 명칭

9. 단순 명칭   10. 형 임포트

11. 정적
12. 정적 임포트
13. 무명
14. Today
15. Today
16. static Math.*
17. java.util.*
18. java.lang
19. java.lang
20. abc.java
21. c
22. a
23. ○
24. ○
25. ○
26. ○
27. ○
28. ○
29. ○
30. ×
31. ○
32. ×
33. ×
34. ×
35. 패키지
36. b
37. d
38. 공개
39. 비공개
40. 비공개
41. 패키지
42. 패키지
43. 기본

<h2>12장</h2>

1. 파생
2. 슈퍼 or 직접 상위
3. 서브 or 직접 하위
4. b
5. java.lang
6. Object
7. 기본
8. super();
9. Member
10. SpecialMember
11. 슈퍼
12. 서브
13. Object 또는 java.lang.object
14. is-A
15. 종류
16. b
17. b
18. 동적 결합
19. 정적 결합
20. extends
21. String
22. super
23. this
24. Override
25. public
26. super

27. new
28. Member
29. b
30. ○
31. ×
32. ○
33. ×
34. ×
35. 오버라이드
36. 어노테이션
37. @Deplicate
38. a
39. public
40. 정답 없음 or 오버라이드할 수 없음
41. public, protected
42. public, protected
43. 인터페이스
44. 클래스
45. 필드
46. 메서드
47. super
48. final
49. final
50. 증분
51. 다형성
52. 폴리모피즘
53. 클래스
54. 상속
55. 다형성
56. a
57. d
58. ×
59. ×
60. ○
61. ×
62. ○
63. ○
64. ×
65. ○
66. ○
67. ○
68. ×
69. true
70. false
71. true
72. true
73. 참조형의 축소
74. 다운
75. 참조형의 확대
76. 업

<h2>13장</h2>

1. 추상
2. 추상
3. 구현
4. ×
5. ×
6. ○
7. ×
8. ×
9. ○
10. ×

11. ○   12. ○

13. ×   14. ×

15. ×   16. ×

17. ○   18. /**

19. */   20. HTML

21. javadoc   22. b

23. abstract   24. abstract

25. public   26. abstract

27. toString()   28. bark()

29. extends   30. super

31. void   32. public

33. String   34. extends

35. void   36. public

37. String   38. public

39. Animal[]   40. k.introduce()

14장

1. public   2. final

3. static   4. b

5. ×   6. ×

7. ○   8. ×

9. ○   10. ○

11. ○   12. ×

13. ○   14. ×

15. ×   16. ×

17. ○   18. ×

19. ×   20. ×

21. ○   22. interface

23. interface   24. implements

25. WearableComputer   26. public

27. public   28. implements

29. Colorable   30. changeColor

31. public   32. this

33. public   34. ()

35. switch   36. case

37. case   38. case

39. public   40. toString()

41. public   42. toString()

43. Wearable   44. for

45. :   46. k

47. k

15장

1. 코드   2. 유니코드 또는 Unicode

3. ASCII   4. char

5. 문자 리터럴   6. b

7. java.lang   8. 문자열 리터럴

9.
```
s1 = null
s2 =
s3 = ABC
s4 =
S5 = XYZ
```
10.
```
true
true
false
```

11.
```
1
  2
    3
      4
```
12. String[][]

13. length   14. length

15. length()   16. charAt

17. ks   18. stdIn

19. stdIn   20. charAt

21. charAt   22. indexOf

23. equals   24. compareTo(s2)

25. 0   26. 0

27. parseInt   28. parseDouble

29. String[]   30. String[]

31. String[]   32. args

33. hands

16장

1. extends
2. Throwable
3. throws
4. throw
5. try
6. catch
7. throw
8. catch
9. throw
10. try
11. catch
12. Exception
13. getCause
14. printStackTrace
15. finally
16. throws절
17. d
18. 검사
19. 비검사
20. java.lang
21. a
22. Throwable
23. 상세 메세지
24. try
25. catch
26. 핸들러
27. 예외 : Exception1 : 예외 [1]

　　예외의 원인 : java.lang.RuntimeException :

　　예외[1] 발생 !!
28. 예외 : Exception1 : 예외 [2]

　　예외의 원인 : java.lang.Exception :

　　예외[2] 발생 !!
29. 스택 트레이스
30. c
31. a
32. b
33. NullPointerException
34. b
35. ArrayIndexOutOfBoundsException
36. b
37. 예외
38. 던진다
39. 캐치 or 포착
40. 검사
41. Exception
42. 비검사
43. RuntimeException
44. Error
45. Exception
46. Exception
47. new

찾아보기